PUBLICATIONS

DE

L'ÉCOLE DES LANGUES ORIENTALES VIVANTES

ʿOUMÂRA DU YÉMEN

SA VIE ET SON ŒUVRE

PAR

HARTWIG DERENBOURG

MEMBRE DE L'INSTITUT

TOME SECOND

(Partie française)

Vie de ʿOumâra du Yémen

PARIS

ERNEST LEROUX, ÉDITEUR

LIBRAIRE DE LA SOCIÉTÉ ASIATIQUE,

DE L'ÉCOLE DES LANGUES ORIENTALES VIVANTES, ETC.

28, RUE BONAPARTE, 28

1909

PUBLICATIONS

DE

L'ÉCOLE DES LANGUES ORIENTALES VIVANTES

IVe SÉRIE. — VOL. XI

(PARTIE FRANÇAISE)

ʿOUMÂRA DU YÉMEN

TOME SECOND

(PARTIE FRANÇAISE)

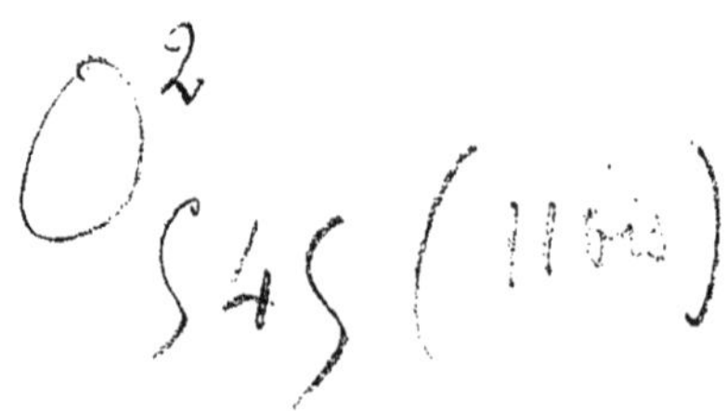

CHALON-SUR-SAÔNE, IMP. FRANÇAISE ET ORIENTALE DE E. BERTRAND

ʿOUMÂRA DU YÉMEN

SA VIE ET SON ŒUVRE

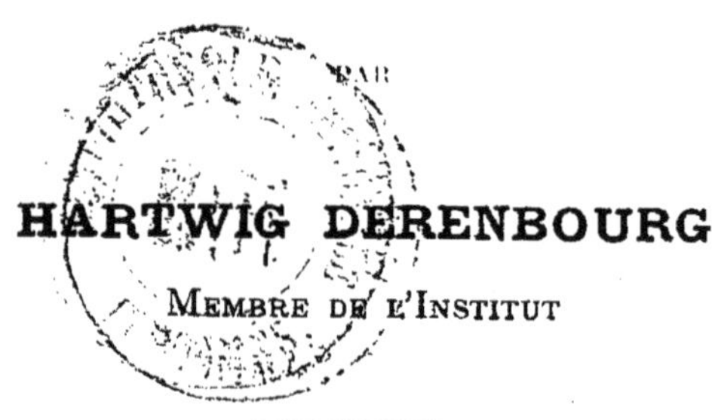

PAR

HARTWIG DERENBOURG

MEMBRE DE L'INSTITUT

TOME SECOND

(PARTIE FRANÇAISE)

VIE DE ʿOUMÂRA DU YÉMEN

PARIS

ERNEST LEROUX, ÉDITEUR

LIBRAIRE DE LA SOCIÉTÉ ASIATIQUE

DE L'ÉCOLE DES LANGUES ORIENTALES VIVANTES, ETC.

28, RUE BONAPARTE, 28

1904

VIE DE ʿOUMÂRA DU YÉMEN

INTRODUCTION

Nonumque prematur in annum. Cette esquisse biographique de ʿOumâra du Yémen, dans sa rédaction de premier jet, était destinée, en 1895, au volume somptueux par lequel l'École spéciale des langues orientales vivantes se préparait à célébrer son centenaire. Le travail projeté n'avait pas tardé, en dépit des efforts tentés pour le condenser, à dépasser les limites qui m'étaient assignées et s'était grossi de tant d'affluents divers qu'il menaçait de déborder sur les terres limitrophes, dans lesquelles mes collègues et collaborateurs se plaignaient justement d'être resserrés. La documentation inédite sur « ʿOumâra du Yémen, sa vie et son œuvre », avec les tables nécessaires, a fini par n'occuper pas moins de 696 pages. Je ne savais pas le moins du monde, je l'avoue, dans quelle voie je m'engageais et jusqu'où je serais entraîné, lorsque, le 4 juillet 1895, j'obtenais de M. Charles Schefer qu'il inscrivît à la marge supérieure d'un feuillet provisoire pour une échéance indéfinie et pour un ouvrage à l'état embryonnaire, son hardi « Bon pour l'impression ». Mon savant confrère et honoré administrateur, M. Barbier de Meynard, a ratifié la décision prise naguère par son prédécesseur et j'ai affronté allègrement les responsabilités que m'imposaient ces témoignages réitérés de bon vouloir et de confiance.

I

En laissant de côté, d'une part, les textes décrits dans mon double Avant-Propos et publiés dans les deux volumes de la Partie arabe et, d'autre part, les antiques trésors, amassés, triés et étalés par M. J. De Goeje dans sa précieuse *Bibliotheca geographorum arabicorum* (vol. I-VIII, in-8), j'ai cru qu'il ne serait peut-être pas inutile de dresser l'inventaire à peu près complet des autres matériaux de provenance orientale, manuscrits et imprimés, que j'ai tenté de mettre en œuvre :

1° Ibn Doraid, mort en 321 de l'hégire (934 de notre ère), *Kitâb al-ischtiḳâḳ* « Livre intitulé : L'étymologie », répertoire incomparable pour l'onomastique arabe, qui a été publié par F. Wüstenfeld (*Abu Bekr Muhammed ben el-Hasan Ibn Doreid's genealogisch-etymologisches Handbuch,* Göttingen, 1854, in-8) après avoir été utilisé, résumé et comparé par le même savant avec les meilleurs ouvrages consacrés au même sujet dans ses *Genealogische Tabellen der Arabischen Stämme und Familien* (Göttingen, 1852, in-4 oblong) et surtout dans le *Register,* dépouillement alphabétique de cette littérature (*ibid.,* 1853, pet. in-8).

2° Al-Hamdânî, mort à Ṣan'â en 334 de l'hégire (945 de notre ère), *Djazîrat al-'Arab* « La péninsule arabique », édition dédiée par D. H. Müller (Leiden, 1884-1891, in-8) à deux pionniers trop souvent méconnus, A. von Kremer et A. Sprenger, celui-ci auteur d'un ouvrage suggestif, basé sur une étude approfondie de la *Djazîrat al-'Arab* :

Die alte Geographie Arabiens als Grundlage der Entwicklungsgeschichte des Semitismus (Bern, 1875, in-8). Il lui avait fait des emprunts utiles dans ses *Post- und Reiserouten des Orients* (Leipzig, 1864, in-8), et lui est revenu sur le tard par son *Versuch einer Kritik von Hamdânis Beschreibung der arabischen Halbinsel,* dans la *Zeitschrift d. deutsch. morg. Gesellschaft,* XLV (1891), p. 361-394.

3° La chronique *(Ta'rîkh)* d'Al-Mousabbiḥî, mort en 420 (1029), est perdue, sauf un fragment relatif aux années 414 et 415 (1023 et 1024) conservé à l'Escurial[1]. M. le Dr Carl H. Becker en a tiré de copieux extraits dans ses *Beiträge zur Geschichte Ägyptens unter dem Islam,* I (1902, in-8), p. 59-80, après en avoir apprécié et démontré l'importance, *ibid.,* p. 14-19 et 32-58.

4° Nâṣiri Khosrau, mort en 481 (1088), *Séfer Nâméh* « Relation de voyage », texte persan, publié, traduit et annoté par Charles Schefer (Paris, 1881, gr. in-8), souvenirs précis et curieux sur la Syrie, la Palestine, l'Égypte, l'Arabie et la Perse que l'auteur a parcourues de 437 à 444 (1046 à 1052).

5° Al-Bakrî Aboû 'Obaid 'Abd Allâh, mort en 487 (1094), *Mou'djam mâ 'sta'djam* « Dictionnaire de ce qui a été obscur », qui a été publié par M. F. Wüstenfeld sous le titre de *Das geographische Wörterbuch des..... el-Becri* (Göttingen, 1876-1877, 2 vol. in-8). J'ai joint à l'édition la traduction allemande de la préface, par le même arabisant : *Die Wohnsitze und Wanderungen der arabischen Stämme* (Göttingen, 1869, in-4). On pourrait, je pense, collationner avec fruit le manuscrit 1651 de l'Escurial (Casiri, 1646) ; voir mes *Manuscrits arabes de l'Escurial,* I, p. 524 ; II, p. XVI.

6° 'Oumâra, Histoire du Yémen, intitulée : *Al-Moufîd*

1. Numéro 534, 2, dans mes *Manuscrits arabes de l'Escurial,* I, p. 363.

fî akhbâr Zabîd « L'instructif, sur les événements de Zabîd[1] ». Ce titre a été copié par ʿOumâra sur celui qu'avait adopté son précurseur immédiat, le roi de Zabîd Aboû 'ṭ-Ṭâmi Djayyâsch le Nadjâḥite, mort vers 500 de l'hégire (1106 de notre ère). C'est sous le titre de *Ta'rîkh al-Yaman*[2] « Chronique du Yémen » que le *Moufîd* a été édité par Henry Cassels Kay, avec une traduction anglaise et une annotation substantielle[3]. Plusieurs passages du texte et de l'interprétation ont été amendés par le regretté W. Robertson Smith, dont les « Remarques » ont suscité de la part de M. Kay des « Observations[4] » indignées.

7° Le Voyage *(Riḥla)* de Moḥammad ibn Aḥmad Ibn Djobair, né à Valence en 539 (1144), mort à Alexandrie en 614 (1217). M. Wright a publié à Leide, en 1852[5], la

1. Al-Moukaddasî (De Goeje, *Bibliotheca*, III, p. 84, l. 13), caractérise Zabîd comme مفيد لمن دخله. Le titre du *Moufîd*, qui reproduit cet adjectif, accouplé naturellement par sa rime au nom de Zabîd, a été imité par Wadjîh ad-Dîn Aboû ʿAbd Allâh ʿAbd ar-Raḥmân ibn ʿAlî Asch-Schaibânî, surnommé Ibn Ad-Daibaʿ, qui écrivait à Zabîd au commencement du xe siècle de l'hégire, du xvie de notre ère, et qui a dénommé son livre *Bouggat al-moustafîd fî akhbâr madînat Zabîd*. En dehors des exemplaires manuscrits cités dans ma *Vie d'Ousâma*, page 424, note 5, et 427, note 5, j'en signale deux autres cotés 5897 et 6069 à notre Bibliothèque Nationale ; voir mes *Manuscrits arabes de la Collection Schefer*, p. 19. C'est l'ouvrage, dont un précieux résumé a été mis à la portée des travailleurs dans Johannsen, *Historia Iemanæ* (Bononiæ, 1828, in-8).

2. Ce titre, qui a détrôné celui d'*Al-Moufîd* trop sujet à confusion, se trouve chez Yâkoût (10°), Aboû Schâma (13°), Ibn Khallikân (14°), Aboû 'l-Fidâ (15°).

3. Henry Cassels Kay, M. R. A. S., *Yaman. Its early mediæval History by Najm ad-Din ʿOmārah Al-Ḥakamî* (London, 1892), p. 1-102 des textes ; 1-137 des traductions ; 213-300 de l'annotation, notes 1-103. La pagination des traductions et des notes est partout citée dans ce volume.

4. *The Journal of the Royal Asiatic Society* de 1893, p. 181-217 et 218-236.

5. Si l'édition, le début d'un maître, est d'une rare perfection, l'index est parfois insuffisant. Il n'en sera pas de même, je l'espère, dans la traduction française que prépare un de mes bons élèves, M. E. A. Thubert.

relation de son premier contact avec les pays orientaux de fin 578 au commencement de 581 (de 1183 à 1185). Le pèlerin et le touriste savent observer les hommes et les choses avec intelligence et justesse, excellent à les décrire avec une sobriété de bon aloi au service d'une grande vivacité d'impressions.

8° Aboû Ṣâliḥ, ou plutôt Aboû Ṣalâḥ l'Arménien, a écrit sur « les églises et les monastères de l'Égypte » un ouvrage arabe, dont le titre est inconnu et dont il ne subsiste que l'exemplaire unique conservé à notre Bibliothèque Nationale sous le numéro 307. L'édition de M. B. T. A. Evetts, avec une traduction anglaise et des notes supplémentaires, par Alfred J. Butler (Oxford, 1895, in-8), a comblé une lacune signalée depuis longtemps. Quant à Aboû Ṣalâḥ, si le passage où il mentionne l'année 1208 de notre ère[1] n'est pas une interpolation, il ne doit pas avoir vécu longtemps après cette date, ayant commencé la rédaction de son livre à la fin de 1168. Les pages de la traduction ont été adoptées pour les citations de *The Churches and Monasteries of Egypt*.

9° Djamâl ad-Dîn Aboû 'l-Ḥasan 'Alî ibn Ṭhâfir Al-Azdî, *Akhbâr ad-douwal al-mounḳaṭi'a* « Événements des dynasties par monographies ». L'auteur est mort en 623 de l'hégire (1225 de notre ère). J'ai entrevu son livre à travers G. Weil, *Geschichte der Chalifen* (cf. II, p. IX), et surtout à travers F. Wüstenfeld, *Geschichte der Faṭimiden-Chalifen,* dont il est la source principale sous son *laḳab* de Djamâl ad-Dîn.

10° Yâḳoût Al-Ḥamawi, *Mou'djam al-bouldân* « Dictionnaire des contrées ». Il a été publié intégralement par F. Wüstenfeld, *Geographisches Wörterbuch* (Leipzig,

1. Abû Ṣâliḥ, *The Churches and Monasteries of Egypt*, p. 152; cf. p. x.

1866-1873, 6 vol. in-8). Yâḳoût, qui mourut en 626 (1229) et qui emprunte à 'Oumâra maint article sur le Yémen, nomme sa Chronique (6°) I, p. 707; III, p. 249; peut-être IV, p. 472; cf. F. J. Heer, *Die historischen und geographischen Quellen in Jâqûts Geographischem Wörterbuch* (Strassburg, 1898, in-8), p. 28. J'ai aussi trouvé plus d'un épi à glaner dans F. Wüstenfeld, *Jâcût's Reisen, aus seinem Geographischen Wörterbuche beschrieben;* voir *Zeitschrift d. deutsch. morg. Gesellschaft,* XVIII (1864), p. 397-493.

11° 'Abd al-Laṭîf, mort en 629 (1232), *Al-Ifâda wal-i'tibâr* « La leçon utile et l'instruction par les exemples », voyage traduit et commenté par Silvestre de Sacy sous le titre de : *Relation de l'Égypte, par Abd-Allatif, médecin arabe de Bagdad* (Paris, 1810, in-4).

12° La Chronique « parfaite » d'Ibn Al-Athîr Al-Djazarî, mort en 630 (1233), a été citée parfois d'après l'édition de Tornberg (Lugduni Batavorum, 1867-1876, 12 vol. in-8), plus souvent d'après les *Historiens orientaux des croisades,* I (1872, in-folio), p. 187 et suiv. C'est au même recueil (II, 2) que j'ai emprunté quelques renvois à son *Histoire des atabecs de Mosul.*

13° Aboû Schâma, mort en 665 (1267), *Kitâb ar-rauḍatain fî akhbâr ad-daulatain* « Livre intitulé : Les deux jardins, histoire des deux règnes », c'est-à-dire celui de Noûr ad-Dîn et celui de Ṣalâḥ ad-Dîn (Saladin). Le premier « jardin » contient nombre de citations authentiques de 'Oumâra et aussi d'informations précieuses dont ce récit a profité largement. J'ai consulté le tome premier de l'édition du Caire[1] (2 vol. in-8), tome achevé à la fin de

1. Les *Noukat* (Partie arabe, p. 5-154) sont appelés par Aboû Schâma, *Rauḍatain,* I, p. 125, l. 6; 130, l. 16; 158, l. 4; 222, l. 10 كتاب الوزراء المصرية « Le livre des vizirs égyptiens »; une autre fois (I, p. 225, l. 11 et 12) « un

1287 (en mars 1871), en rectifiant certains passages fautifs, non seulement d'après les manuscrits 1700 et 5882 de la Bibliothèque Nationale, mais aussi d'après le choix judicieux fait par M. Barbier de Meynard, qui a accompagné sa sélection d'une traduction française dans les *Historiens orientaux des croisades*, tome IV.

14° Ibn Khallikân, mort en 681 (1282), *Wafayât al-a'yân* « Les nécrologes des hommes illustres », dont je cite, en général, avec pleine sécurité, la version anglaise due au maître arabisant qu'était le baron Mac Guckin de Slane (*Ibn Khallikan's Biographical Dictionary*, Paris, 1843-1871, 4 vol. in-4). L'article sur 'Oumâra y est II, p. 367-372. Le biographe arabe a utilisé les *Noukat* (II, p. 114, 367 et 370), la Chronique du Yémen (II, p. 348 et 370 = 6°), plusieurs poésies, parmi lesquelles la *Schikâyat al-moutaṭhallim* « La plainte de l'opprimé » (I, p. 13, 247, 610-611; II, p. 368-370, 445; III, p. 428, 548); cf. celle-ci dans la Partie arabe, p. 287-291. Quant au *Fawât al-wafayât* « L'omission[1] des Nécrologes », supplément à Ibn Khallikân par Ibn Schâkir Al-Koutoubî, mort en 764 (1362), le texte arabe de Boûlâḳ, 1299 = 1882, m'a été un auxiliaire intermittent.

15° Aboû 'l-Fidâ Ismâ'îl, mort en 732 (1332), *Moukhtaṣar ta'rîkh al-baschar*, « Chronique abrégée de l'humanité », a été mis à contribution, ainsi que la traduction latine de Reiske[2] (*Abvlfedæ Annales Mvslemici*, Hafniæ, 1789-

petit livre, dans lequel 'Oumâra a raconté les événements de sa vie et ce qui lui advint dans le Yémen et plus tard à Miṣr ».

1. Je n'essaye pas de rendre le double sens de *wafât* « omission » et « mort soudaine », qui a provoqué le calembour d'Ibn Schâkir.

2. Reiske, au tome IV, p. 9, dit dans sa traduction : « Omara, filius Alii, Iemanicus, cujus e Chronico rerum patriæ suæ, quæ illa de regione hactenus passim narravimus omnia, unice deprompta sunt. » Ce renseignement ne figure pas ici dans l'arabe; voir IV, p. 8, et *Historiens orientaux*

1794, 5 vol. in-4) et la traduction française du baron de Slane (*Historiens orientaux des croisades,* I, p. 1-165). Pour certaines localités, j'ai été renseigné par la *Géographie d'Aboulféda,* traduite de l'arabe en français par Reinaud et Stanislas Guyard (Paris, 1848-1883, deux parties d'un même tome in-4).

16° C'est en 732 (1332) également que mourut Bahâ ad-Dîn Al-Djanadî (Partie arabe, p. 541-548 et 630-649; Avant-propos, p. XXVII). A ces extraits ajoutez celui que Kay a donné d'après le manuscrit unique, coté 2127 à notre Bibliothèque Nationale; cf. *Yaman,* p. 139-152 des textes; 191-212 de la traduction; 322-327 de l'annotation, notes 131-144.

17° M. Jules Gantin vient de rendre un grand service aux études d'histoire orientale en publiant, au moment même où je l'en loue et où je l'en remercie, le tome premier du *Târîkhè Gozîdè,* rédigé en persan par « Hamd Ollâh Mostooufi Qazvînî », avec une traduction française (Paris, 1903, gr. in-8). L'auteur mourut en 750 (1349) d'après Reinaud, *Introduction générale à la géographie des Orientaux,* p. CLV. Il s'est occupé dans son livre des « dynasties persanes pendant la période musulmane, depuis les Ṣaffârides jusques et y compris les Mogols de la Perse en

des croisades, I, p. 44, où M. de Slane s'est bien gardé de laisser pénétrer cette addition. Elle a été suggérée à Reiske par les citations authentiques de la Chronique du Yémen par 'Oumâra (6°) dans *Annales Moslemici,* II, p. 222; III, p. 56, 188, 566, ce dernier passage omis dans la traduction, tandis que 'Oumâra y est nommé III, p. 197 et 569, sans être mentionné dans les textes correspondants, comme il appert d'une collation faite par M. René Dussaud avec nos manuscrits 1508, l'autographe d'Aboû 'l-Fidâ, et 1510. Un exemple des enjolivements, dont Reiske a paré son texte, est l'expression de *Francicum diluvium* (III, p. 553), qu'Aboû 'l-Fidâ aurait employé pour protester contre le fléau diluvien des croisades. Le texte ne porte pas trace de cette image, qui a été reproduite sans examen par H. Prutz, *Kulturgeschichte der Kreuzzüge* (Berlin, 1883), p. 508.

1330 de notre ère ». L'ouvrage passe souvent au delà des frontières assignées à la « Chronique choisie » par le sous-titre que je viens de transcrire.

18° Ibn Khaldoûn 'Abd ar-Raḥmân, mort en 808 (1406), *Al-'Ibar*, « Les exemples », aurait pris place dans la Partie arabe, si je n'avais pas été devancé par Kay, *Yaman,* p. 103-138 des textes; 138-190 de la traduction anglaise; 300-322 de l'annotation, notes 104-130. J'ai mis aussi à contribution les traductions françaises impeccables de M. le baron de Slane, *Prolégomènes* (Paris, 1862-1868, 3 vol. in-4) et *Histoire des Berbères* (Alger, 1852-1856, 4 vol. gr. in-8), ainsi que la version italienne partielle de Michele Amari, dans sa *Biblioteca Arabo-Sicula,* II (Torino e Roma, 1881, in-8), p. 163-243.

19° Al-Ḳalḳaschandî Aboû 'l-'Abbâs Aḥmad ibn 'Alî, mort en 821 (1418), a intitulé son manuel du parfait fonctionnaire égyptien et des notions qui lui sont indispensables sur la géographie, l'histoire et la civilisation du pays qui l'emploie : *Ṣoubḥ al-a'schâ fî ṣinâ'at al-inschâ* « L'aurore de l'aveugle, sur l'art du protocole épistolaire ». En attendant l'édition du texte arabe annoncée au Caire et qui est sous presse dans les *Publications de la Bibliothèque Khédiviale,* j'ai appelé à mon aide la monographie de F. Wüstenfeld, intitulée : *Die Geographie und Verwaltung von Ägypten, nach dem Arabischen des.... el-Calcaschandi* (Göttingen, 1879, in-4).

20° *Al-Mawâ'iẓh wal-i'tibâr fî dhikr al-khiṭaṭ wal-âthâr* « Les exhortations et l'instruction par les exemples, la mention des districts et des monuments », la topographie du Caire d'Al-Maḳrîzî Aḥmad ibn 'Alî, mort en 845 (1142), est appelée dans mes notes plus brièvement *Al-Khiṭaṭ.* En dehors du texte arabe complet, deux volumes gr. in-4 publiés à Boûlâḳ en 1270 (1853), j'ai utilisé le morceau édité et traduit en allemand par F. Wüstenfeld sous le titre de *Macrizi's Geschichte der Copten* (Göttingen, 1845, in-4), ainsi que la traduction française commencée par Urbain Bouriant (Paris, 1895-1900, 2 fascicules gr. in-4), qui sera continuée et achevée par Paul Casanova.

21° D'Al-Maḳrîzî également est un opuscule, publié et traduit en allemand par F. Wüstenfeld, *El-Macrizi's Abhandlung über die in Ägypten eingewanderten arabischen Stämme* (Göttingen, 1847, pet. in-8). Le titre arabe est : *Al-Bayân wal-i'râb 'ammâ bi-arḍ Miṣr minal-A'râb* « Exposé et énumération des Arabes qui sont dans le pays d'Égypte ». Je rappelle qu'Al-Maḳrîzî est représenté dans la Partie arabe par un fragment de son *Souloûk;* voir p. 650-652 et l'Avant-propos, p. XXVIII.

22° Venture, dans Volney, *Voyage en Syrie et en Égypte pendant les années 1783-1784 et 1785* (3e éd., an VII = 1799, I, p. 247-287), et Silvestre de Sacy, *Chrestomathie arabe* (2e éd., II, p. 2-12 du texte; 1-70 de la traduction française), avaient appelé l'attention des érudits sur Khalîl ibn Schâhîn Aṭh-Ṭhâhîrî, mort en 872 (1467), et sur sa *Zoubdat kaschf al-mamâlik fî bayân aṭ-ṭourouḳ wal-masâlik* « La crême de l'exposé des royaumes pour en faire connaître les chemins et les routes ». L'édition du texte par Paul Ravaisse (Paris, 1894, gr. in-8), confirme l'importance de ce manuel pour la connaissance de l'administration égyptienne au XVe siècle de notre ère, manuel qui sera plus aisément et plus fréquemment consulté lorsqu'en aura paru la traduction française « en préparation ».

23° Les annales d'Ibn Tagrîbardî Aboû 'l-Maḥâsin Yoûsouf, mort en 874 (1469), sont intitulées: *An-Noudjoûm az-zâhira fî mouloûk Miṣr wal-Ḳâhira* « Les étoiles brillantes sur les rois de l'Égypte et du Caire » ont été éditées en partie par F. G. Juynboll et Matthes (Lugduni Batavorum, 1855-1861, 2 vol. in-8). Cette amorce d'une publication interrompue à l'an 365 (975) n'a pas eu de prolongement. Les admirables exemplaires de notre Bibliothèque Nationale, cotés 1771-1790, 4948 et 6065, fourniraient un appareil de premier ordre pour la constitution d'un texte excellent[1], nécessaire surtout à ceux qui n'ont pas à leur portée nos collections si richement pourvues pour l'étude d'Ibn Tagrîbardî et de ses annales.

24° As-Soyoûṭî Djalâl ad-Dîn ʿAbd ar-Raḥmân, mort en 911 (1505), *Ḥousn al-mouḥâḍara fî akhbâr Miṣr wal-Ḳâhira* « La beauté de l'entretien sur l'histoire de l'Égypte et du Caire » m'a été accessible dans l'édition imprimée au Caire même en 1299 (1882).

25° Al-Ḥasan ibn Moḥammad Al-Wazzân Al-Garnâṭî Al-Fâsî, plus connu sous son nom chrétien de Jean Léon l'Africain, naquit à Grenade vers 1491 et mourut dans la région de Tunis après 1529. J'ai utilisé la traduction française publiée par Ch. Schefer sous le titre de : *Description de l'Afrique tierce partie du monde escrite par Jean Leon African Premièrement en langue Arabesque, puis en Toscane et à présent mise en François,* Paris, 1896-1898, 3 vol. gr. in-8. Il est regrettable que le troisième volume, publié après la mort de l'éditeur annotateur, n'ait pas été accompagné d'un index général qui eût été un complément nécessaire. Sur Léon l'Africain, voir la note arabe contenue dans son manuscrit autographe conservé à l'Escurial sous

1. A mon instigation (voir mes *Manuscrits arabes de la Collection Schefer*, p. 23), M. le Dr William Popper, de New-York, a fait en 1901 des copies et des collations qui, je l'espère, aboutiront bientôt à une édition critique de la partie inédite.

le numéro 598 et reproduite dans mes *Manuscrits arabes de l'Escurial,* I, p. 410.

26° Ḥâdjî Khalîfa Kâtib Dschalabî Mouṣṭafâ ibn 'Abd Allâh, mort en 1068 (1658), *Kaschf aṭh-ṭhounoûn fî asâmî al-koutoub wal-founoûn* « L'examen des opinions sur les noms des livres et des branches de la science », texte arabe publié avec nombre d'annexes profitables et traduit en latin par G. Flügel, sous le titre de *Lexicon bibliographicum et encyclopædicum,* London, 1835-1858, 7 vol. gr. in-4.

II

En dehors des auteurs européens rappelés à propos des écrivains arabes qui m'ont servi de guides ou d'auxiliaires, je ne saurais passer sous silence les savants occidentaux qui ont déblayé des parcelles du terrain où je me suis engagé, qui ont frayé la route et qui ont aplani les difficultés par lesquelles leurs devanciers avaient été souvent arrêtés. C'est l'ordre chronologique qui a été suivi dans cette énumération, comme dans la précédente :

Et. Quatremère, *Mémoires géographiques et historiques sur l'Égypte et sur quelques contrées voisines,* Paris, 1811, 2 vol. in-8, avec son supplément : *Observations sur quelques points de la géographie de l'Égypte,* Paris, 1812, in-8.

Reinaud, *Extraits des historiens arabes, relatifs aux guerres des croisades,* Paris, 1828, in-8.

E. W. Lane, *An Account of the Manners and Customs of the modern Egyptians,* written in Egypt during the years 1833, 34, and 35, London, 1846, édition en 2 vol. in-18, omise par Stanley Lane Poole, *Life of Edward William Lane* (London, 1877, in-8), p. 86 et 141.

C. Ritter, *Die Erdkunde*. VIII. *Die Halbinsel Arabien*, Berlin, 1846-1847, 2 vol. in-8.

G. Weil, *Geschichte der Chalifen*, Mannheim, 1846-1851, 3 vol. in-8.

Hammer-Purgstall, *Literaturgeschichte der Araber*. VI et VII, Wien, 1855 et 1856, gr. in-4 ; les articles consacrés à ʿOumâra sont : VI, p. 462 ; VII, p. 689-690 ; 934-941 ; 1200-1201.

Baron Mac Guckin de Slane, *Introduction*, dans *Historiens orientaux des Croisades*, I (1872), p. I-LXXI, in-folio.

F. Wüstenfeld, *Die Statthalter von Ägypten zur Zeit der Chalifen*. 4 parties, Göttingen, 1875-1876, in-4.

A von Kremer, *Culturgeschiche des Orients unter den Chalifen*, Wien, 1875-1877, 2 vol. in-8.

F. Wüstenfeld, *Geschichte der Faṭimiden-Chalifen*, Göttingen, 1881, in-4 (cf. 9°).

Du même, *Die Geschichtschreiber der Araber und ihre Werke*, Göttingen, 1882, in-4. Le paragraphe sur ʿOumâra porte le numéro 263 aux pages 90 et 91.

A. Müller, *Der Islam im Morgen- und Abendland*, Berlin, 1884-1887, 2 vol. gr. in-8.

De Goeje, *Mémoire sur les Carmathes du Bahraïn et les Fatimides*. 2e éd. Leide, 1886, in-8.

Paul Ravaisse, *Essai sur l'histoire et la topographie du Caire d'après Maḳrîzî*, dans les *Mémoires publiés par les membres de la Mission archéologique française au Caire*, I, 3 (Paris, 1887), p. 409-480 ; III, 4 (1890), p. 33-115, gr. in-4.

Snouck Hurgronje, *Mekka*, Haag, 1888-1889, 2 vol. gr. in-8 et atlas gr. in-4.

Hartwig Derenbourg, *Vie d'Ousâma*, Paris, 1889-1893, gr. in-8.

Reinhold Röhricht, *Amalrich I, König von Jerusalem*,

dans les *Mittheilungen des Instituts für œsterreichische Geschichtsforschung*, XII (Wien, 1891), p. 432-492.

Max Van Berchem, *Notes d'archéologie arabe. Monuments et inscriptions Fatimites; Toulounides et Fatimites*, Paris, 1891 et 1892, in-8. Extraits du *Journal asiatique* de 1891 et de 1892.

Paul Ravaisse, *Égypte musulmane*, dans la *Grande Encyclopédie*, XV (Paris, 1892, in-4), p. 691-699. ʿOumâra du Yémen y est appelé (p. 694 *a*) « le poète Ourâra »; cf. Paul Casanova, dans le *Journal asiatique* de 1891, I, p. 323.

E. Amélineau, *La géographie de l'Égypte à l'époque copte*, Paris, 1893, gr. in-8.

Paul Casanova, *Les derniers Fâṭimides*, dans les *Mémoires publiés par les membres de la Mission archéologique française au Caire*, VI, 3 (Paris, 1893, gr. in-4), p. 415-445. — *Ḳaraḳoûch*, *ibid.*, p. 447-491. — *Histoire et description de la citadelle du Caire*, *ibid.*, VI, 4 et 5 (Paris, 1894-1897), p. 509-781.

Stanley Lane-Poole, *The Mohammedan Dynasties*, Westminster, 1894, pet. in-8.

Max Van Berchem, *Corpus inscriptionum arabicarum*, première partie : Égypte; fascicules I-III, Le Caire, dans les *Mémoires publiés par les membres de la Mission archéologique française au Caire*, XIX (Paris, 1894-1900, gr. in-4), p. 1-599.

Reinhold Röhricht, *Geschichte des Königreichs Jerusalem* (1100-1291), Innsbruck, 1898, gr. in-8[1].

Carl Brockelmann, *Geschichte der arabischen Litteratur*, Weimar et Berlin, 1898-1902, 2 vol. in-8; cf. mes *Manu-*

1. Plusieurs points de détails sont précisés par Max Van Berchem, *Notes sur les croisades*, I, *Le royaume de Jérusalem et le livre de M. Röhricht*, dans le *Journal asiatique* de 1902, I, p. 385-456.

scrits arabes de l'Escurial, II, p. XXVI-XXVII. L'article sur 'Oumâra est dans Brockelmann au tome I, p. 333-334.

Stanley Lane-Poole, *A History of Egypt in the Middle Ages*, London, 1901, in-8.

Paul Casanova, *Les noms coptes du Caire et localités voisines,* dans le *Bulletin de l'Institut français d'archéologie orientale,* I (Le Caire, 1901, in-4), p. 139-224.

Georges Salmon, *Études sur la topographie du Caire,* dans les *Mémoires publiés par les membres de l'Institut français d'archéologie orientale du Caire,* VII, 1, p. 1-137, Le Caire, 1902, gr. in-4.

Alfred J. Butler, *The arab Conquest of Egypt and the last thirty years of the roman Dominion,* Oxford, 1902, in-8.

Carl H. Becker, *Beiträge zur Geschichte Ägyptens unter dem Islam.* Hefte 1 (cf. 3°) und 2, Strassburg, 1902-1903, in-8.

Else Reitemeyer, *Beschreibung Ägyptens im Mittelalter,* Leipzig, 1903, in-8.

Auguste Choisy, *L'art de bâtir chez les Égyptiens*, Paris, 1904, 155 pages de texte gr. in-8, avec 106 figures intercalées et 25 planches d'héliogravure, continuation de la série qui comprend *L'art de bâtir chez les Romains,* Paris, 1873, gr. in-4, et *L'art de bâtir chez les Byzantins,* Paris, 1882, gr. in-4, dans le format plus maniable de la remarquable *Histoire de l'architecture,* Paris, 1899, 2 vol. gr. in-8.

Les listes pourraient être étendues à l'infini et servir de thèmes à des abréviations conventionnelles. J'ai repoussé de propos délibéré ce système, mon esthétique ne s'accommodant pas des notations algébriques. Si je m'y suis résigné pour les manuscrits cités au bas des pages dans la Partie arabe, c'est que les indications relatives aux corrections ou aux variantes exigent un surcroît de concision et qu'on y doit éviter à tout prix les répétitions oiseuses, monotones par leur fréquence.

Je ne me dissimule pas que la *Vie de 'Oumâra du Yémen* eût été quelque peu allégée par l'adoption d'un tel palliatif, qui aurait atténué l'empiétement des notes sur la structure de la narration. Mon éminent confrère, M. Bouché-Leclercq, en présence de la même difficulté, l'a bravée comme moi et ne s'en est inquiété que pour prévoir l'objection et pour la réfuter en commençant sa belle *Histoire des Lagides*[1]. On prétend parfois que certaines informations feraient aussi bonne figure dans le texte que dans les notes, dans les notes que dans le texte. C'est oublier que ce sont deux domaines absolument différents, séparés l'un de l'autre par des murs infranchissables. Quelle interruption constante dans la trame du récit, si elle était coupée sans cesse par des enchevêtrements de démonstrations, de preuves, de pièces à l'appui, de citations, de documents! Comme d'autre part les justifications se meuvent plus à l'aise et s'arrogent une liberté incontestée d'allure indépendante, lorsqu'elles sont détachées du nom historique ou géographique dont elles rendent compte, des événements qu'elles commentent, des faits controversés dont elles s'acharnent obstinément à démontrer la réalité, des jugements qu'elles visent à étayer d'arguments solides!

Paris, ce 11 décembre 1903.

1. Bouché-Leclercq, *Histoire des Lagides*, I (1903), p. III.

CHAPITRE PREMIER

ENFANCE, ÉDUCATION ET JEUNESSE DE ʿOUMÂRA (1121-1138)

Au milieu de l'année 1174, en quelques mois, Saladin fut délivré des trois adversaires qui empêchaient son autorité de se consolider et de s'étendre. Le six avril, il avait fait pendre au Caire, dans une dépendance du palais, ʿOumâra du Yémen, impliqué dans une vaste conspiration contre sa vie et contre sa possession du pouvoir en Égypte. Le quinze mai, une esquinancie le débarrassait à propos de Noûr ad-Dîn, alors que son suzerain, devenu son adversaire, que son protecteur d'autrefois, de plus en plus jaloux de son ambition et de ses succès, préparait à Damas une expédition vers les rives du Nil pour tenter de l'y supplanter. Enfin, le onze juillet, une dysenterie mal soignée emportait, à l'âge de trente-huit ans, le roi de Jérusalem Amaury Ier, qui avait à plusieurs reprises envahi le territoire égyptien, qui s'était abstenu d'y reprendre l'offensive depuis la campagne malheureuse d'octobre à décembre 1169, mais dont les arrière-pensées se laissaient deviner menaçantes pour l'indépendance d'un pays qu'il n'avait pas quitté sans esprit de retour.

Des trois personnages qui disparurent ainsi presque simultanément de la scène du monde, j'ai choisi comme modèle d'un portrait aussi ressemblant que possible celui qui y avait joué le rôle le moins en vue, et j'ai détaché de son milieu sa figure pour la mettre en pleine lumière. Sa physionomie si vivante et si mobile vaut d'être fixée dans ses traits essentiels. Elle est caractéristique de sa race et de son temps. Comme l'émir Ousâma Ibn Mounḳidh, le héros de mes recherches antérieures, ʿOumâra du Yémen appartient à cette catégorie de musulmans bien doués, instruits, curieux, inquiets, capricieux, mal équilibrés, tolérants, à la fois naïfs et roués, sans préjugés et sans scrupules, dont, au XIIe siècle, le mouvement des croisades secoua la torpeur, qui renouvelèrent leurs conceptions natives au contact des Francs et qui, dans l'excitation générale des esprits, déployèrent à tort et à travers une activité désordonnée, brouillonne, incohérente, sans règle, sans frein et sans suite, souvent stérile, mise en branle plutôt que dirigée par l'influence des événements et des hommes, et aussi par la tyrannie d'impulsions irréfléchies. Leurs deux individualités ont beau être nettement tranchées sur les fonds plus effacés de leurs entourages respectifs, ils sont avant tout l'un et l'autre des produits spécifiques, bien que supérieurs, de l'époque qui les a vus naitre et se développer, des régions dans lesquelles ils ont été ballottés par des circonstances impérieuses. A propos d'Ousâma, j'ai rappelé naguère le proverbe arabe : « Les hommes ressemblent plus à leur temps qu'à leur père[1]. » Il ne s'applique pas moins justement à ʿOumâra du Yémen, jurisconsulte et poète, historien et commerçant, orthodoxe rigide et panégyriste des schîʿites, courtisan et conspirateur[2]. Seulement, tandis

1. Hartwig Derenbourg, *Vie d'Ousâma*, p. 41. ʿOumâra, *An-Noukat*, p. 7, rappelle un proverbe tout contraire : « L'homme se reconnaît d'après le lieu de sa naissance, et se fortifie d'après l'endroit où il est mis au monde. »

2. Cette variété d'existences diverses et de situations sociales presque incompatibles n'a réuni dans aucune vie d'homme des antinomies aussi contradictoires que chez le géographe Al-Mouḳaddasî, si nous en croyons

qu'Ousâma, né dans l'Antiliban, a quitté son manoir de Schaizar pour « jeter son bâton[1] » à Damas, où il fit trois longs séjours et où il mourut en 1188, à Miṣr et dans le Diyâr Bekr, ʿOumâra n'a jeté le sien qu'en Arabie et en Égypte, dans son pays d'origine et sur cette terre d'adoption, où il devait finir si cruellement.

Aboû Ḥamza[2] ʿOumâra, fils d'Aboû 'l-Ḥasan ʿAlî le jeune[3],

son témoignage dans son *Aḥsan at-taḳâwîm*, publié par M. J. De Goeje comme volume III de sa *Bibliotheca geographorum arabicorum* (Lugduni Batavorum, 1877), p. 43-45. M. A. von Kremer a traduit cette confession, datée de 375 (985), dans sa *Culturgeschichte des Orients unter den Chalifen*, II, p. 429-433.

1. Expression arabe pour indiquer une halte plus ou moins prolongée dans un endroit. Ousâma est l'auteur d'une monographie sur les bâtons célèbres (extraits dans ma *Vie d'Ousâma*, p. 499-542), depuis le bâton de Moïse jusqu'à celui sur lequel l'émir vieilli appuyait son corps recourbé, « semblable à un arc dont son bâton serait la corde ».

2. ʿOumâra, *An-Noukat*, p. 12, l. 8 et 9; cf. *Diwân*, p. 155, l. 5; ʿImâd ad-Dîn, dans la Partie arabe, p. 395, l. 5; Aboû Schâma, *Kitâb ar-rauḍatain*, I, p. 158, l. 4. ʿOumâra échangera plus tard ce prénom contre celui d'Aboû Moḥammad, sous lequel il est connu. Le prénom de son père, Aboû 'l-Ḥasan, lui est attribué en tête du manuscrit E par une erreur du copiste; voir la Partie arabe, p. 405, note 1.

3. Le père de ʿOumâra avait un frère plus âgé qui, comme lui, se nommait ʿAlî, fils de Zaidân. On pourrait croire que le cadet aurait été désigné par le diminutif du nom porté par son aîné, à l'instar d'Al-Ḥasan et Al-Ḥosain, fils de ʿAlî. Mais un ʿOlayy, possible en lui-même, n'aurait pas le prénom d'Aboû 'l-Ḥasan que portait le père de ʿOumâra et sous lequel il est cité de préférence plutôt que sous son nom de ʿAlî, même par son fils; voir *An-Noukat*, p. 8, l. 8. Je me résous donc à supposer un *ʿAlî al-akbar* « ʿAlî l'ancien » et un *ʿAlî al-aṣgar* « ʿAlî le jeune », bien que cette distinction ne soit nulle part indiquée par nos textes. Je l'introduis pour la clarté et dans les traductions et dans les récits. M. Goldziher me fournit comme parallèles, mais à une époque bien plus reculée, *ʿOullafa al-akbar* et *ʿOullafa al-aṣgar*, dans *Agânî*, XI, p. 91 et 92, deux frères; plus tard, *Loubâba al-koubrâ* et *Loubâba aṣ-ṣougrâ*, deux sœurs, dans Ibn Al-Athîr, *Ousd al-gâba*, V, p. 399. « En Kabylie, dit M. E. Doutté, il est usuel d'appeler le premier de ses enfants Moḥammed et le suivant Mḥammed, ce qui est souvent une cause de confusion pour les Européens. » Voir les *Mémoires de la Société de linguistique de Paris*, XII, 6 (1903), p. 398, note 2. Les deux frères, oncle et père de ʿOumâra, paraissent désignés comme les deux ʿAlî dans un vers de ʿOumâra (Partie arabe, p. 325, l. 6).

fils de Zaidân, fils d'Aḥmad, fils de Moḥammad[1], naquit dans l'été de 514 ou dans celui de 515 de l'hégire[2] (1120 ou 1121 de notre ère) à Marṭân[3], ville du Tihâma, c'est-à-dire du Bas-Yémen[4], dans la vallée de Wasâ'[5], qui fait partie intégrante du district appelé Az-Zarâ'ib « les Enclos[6] ». Cette vaste oasis de fraîcheur avait pour station principale Ṣabyâ[7], campagne aux riches pâturages, aux vergers fertiles, où la nature se montrait plus bienfaisante que les hommes, que troublaient le passage tumultueux des pèlerins arabes et abyssins, et aussi celui des lions[8], inoffensifs lorsqu'ils étaient rassasiés, effrayants et voraces lorsqu'ils sortaient affamés de leurs antres. En bordure des Enclos, à l'Ouest et à l'Est, serpentaient deux routes suivies par les pèlerins d'Aden[9], la route la plus occidentale qui longeait la côte de la mer Rouge d'une part, et, d'autre part, à une journée de marche environ de la mer et à égale distance des régions monta-

1. J'emprunte le nom du bisaïeul à 'Oumâra, *Al-Moufîd*, dans Kay, *Yaman*, p. 29; cf. *ibid.*, p. v, note 1.

2. As-Soyoûṭî, *Ḥousn al-mouḥâḍara*, I, p. 228. Al-Djanadî, plus prudent, dit « en 510 et quelque, approximativement »; voir la Partie arabe, p. 542, l. 2; 553, l. 10.

3. 'Oumâra, *An-Noukat*, p. 7, et la Partie arabe, p. 395, 497, 542, 554.

4. Sur ce sens donné au Tihâma du Yémen, voir Ibn Khaldoûn, dans Kay, *Yaman*, p. 165; cf. Sprenger, *Die Post- und Reiserouten des Orients*, p. 109; Maltzan, *Reise nach Südarabien*, II, p. 277, note 18.

5. Il se peut que Wasâ' soit en même temps le nom de la rivière dont les eaux fécondaient la vallée du même nom.

6. 'Oumâra, *Al-Moufîd*, dans Kay, *Yaman*, p. 28 et 29; Ibn Khaldoûn, *ibid.*, p. 167; Bâ Makhrama, dans la Partie arabe, p. 554. Wüstenfeld, *Die aus Medina auslaufenden Hauptstrassen*, p. 8, mentionne un endroit appelé Dhât az-zarâb.

7. Al-Hamdânî, *Djazîrat al-'Arab*, p. 54, 73, 120; 'Oumâra, *An-Noukat* p. 16, l. 5; F. Wüstenfeld, *Yemen im XI* (XVII) *Jahrhundert*, p. 101.

8. Le Wâdî Wasâ', en raison de ces hôtes incommodes, était aussi appelé Wâdî 's-sibâ', « la vallée des lions »; cf. 'Abd ar-Raḥmân Al-Khazradjî, dans la Partie arabe, p. 497.

9. Al-Djanadî mentionne une poésie sur les stations de cette troisième route qui passait par Zabîd; voir la Partie arabe, p. 543.

gneuses du Djibâl, la route sulṭanienne, qui tantôt restait dans la plaine, tantôt gravissait les collines et allait se confondre avec la route maritime à Al-Hadjar pour s'en séparer de nouveau à partir d'As-Sirrain jusqu'à la Mecque[1]. De Marṭân en Zarâ'ib, il fallait onze journées de voyage pour arriver au sanctuaire de la Ka'ba[2].

Les seigneurs de la famille de 'Oumâra, chassés par les ardeurs excessives d'un soleil implacable des hauteurs où étaient juchés leurs manoirs d'Arabes sédentaires, descendaient chaque année dans leurs fiefs des Enclos et se répandaient, pour y respirer à quelque distance les effluves de la brise maritime, dans leurs domaines de Ṣabyâ, de Marṭân, peut-être aussi d'Az-Zarâ'ib[3], la ville d'après laquelle « les Enclos » avaient été dénommés. L'automne venu, les campagnards de la vallée de Wasâ' redevenaient « les hommes du Djibâl[4] », les montagnards.

Leur château fort, avec ses vastes dépendances, était situé à 'Oukwa[5]. Il était protégé et rendu imprenable par les défenses naturelles du massif qui le dominait et en interdisait l'accès à toute incursion ou agression. C'était une chaine comprenant au moins deux couples de montagnes jumelles : Al-'Oukwatâni, « les deux épaisseurs[6] », qui

1. 'Oumâra, *Al-Moufîd*, dans Kay, *Yaman*, p. 9-12 : Ibn Khaldoûn, *ibid.*, p. 167.

2. 'Oumâra, *An-Noukat*, p. 7; cf. la Partie arabe, p. 395, 497. Dans un autre passage des *Noukat*, p. 14, 'Oumâra évalue la distance « entre nous et la Mecque à neuf jours ». D'après le contexte, il s'agit cette seconde fois du retour, tandis que les onze jours étaient la durée de l'aller.

3. 'Oumâra, *Al-Moufîd*, dans Kay, *Yaman*, p. 29.

4. Partie arabe, p. 395, 546, 555, 604.

5. 'Oumâra, *Al-Moufîd*, dans Kay, *Yaman*, p. 29, auquel ont été empruntés les éléments de ce paragraphe.

6. Je m'associe aux objections que M. Kay, *Yaman*, p. 252, a soulevées contre l'assertion de Yâḳoût, *Mou'djam*, III, p. 707, qui place les 'Oukwatâni au-dessus de Zabîd.

avaient donné leur nom au bourg édifié à dessein sous leur protection, et les deux mamelons de ʿAḳâd, « monts de refuge ». Un poète inconnu rassure les pèlerins en marche, aux yeux tuméfiés par l'insomnie, en montrant à son œil « d'un endroit découvert » ces quatre sommets :

Réjouis-toi, ô œil, tu dormiras.

Le Djibâl, comme les Zarâ'ib, appartiennent à la grande province qui termine le Yémen à l'extrême nord-ouest, sur les confins du Ḥidjâz, au Mikhlâf As-Soulaimânî ou, comme on dit encore, au Mikhlâf Banî Soulaimân, qui conserve la mémoire de Soulaimân ibn Taraf, roi du Tihâma, qui avait sa capitale et sa résidence à ʿAthtar, au milieu du ve siècle de l'hégire, du xie de notre ère[1]. Les Zarâ'ib sont placés à la limite orientale de la province[2].

La position de Marṭân dans un site abrité et productif, permet de supposer que des buissons embaumés de myrtes y étalaient leurs plants et l'inondaient de leurs parfums, lorsque ʿOumâra y vint au monde. Cet arbre paraît avoir été acclimaté en Arabie, bien que d'éminents botanistes ne l'y aient pas rencontré ou se soient abstenus de le signaler parmi ses produits[3]. L'illustre explorateur de Berlin, Georg

1. Je renvoie à la note développée de ma *Vie d'Ousâma*, p. 423, note 6, qui se prolonge au bas de la p. 424. La ville de ʿAthtar est citée dans la Partie arabe, p. 580 et 581, le Mikhlâf Banî Soulaimân, *ibid.*, p. 565, l. 10; cf. p. 541, l. 7.

2. Bâ Makhrama, dans la Partie arabe, p. 554.

3. Ni Forskal, *Flora ægyptiaco-arabica* (Hafniæ, 1775), ni Edmond Boissier, *Flora orientalis* (Basileæ, 1867-1884, 5 vol.), II, p. 796, n'ont mentionné le myrte dans la flore de l'Arabie (communication de mon savant confrère M. Ed. Bornet, du 29 novembre 1902). C'est dans le même sens que M. A. Deflers m'avait écrit du Caire, le 4 septembre 1903, qu'il n'a rencontré le myrte nulle part au Yémen, ni dans les districts limitrophes. Il ne l'a pas mentionné, du reste, dans son *Voyage au Yémen. Journal d'une excursion botanique faite en 1887 dans les montagnes de l'Arabie Heureuse* (Paris, 1889).

Schweinfurth, dont l'herbier ne renferme qu'un seul échantillon de myrte qui soit de provenance yéménite, suppose pourtant que le myrte était cultivé dans les différentes provinces du Yémen[1]. Marṭân, ignoré des géographes arabes, le serait également des biographes, tant orientaux qu'occidentaux, si 'Oumâra, l'un de ses enfants, ne l'avait pas révélé comme son lieu de naissance et ne l'avait pas illustré en l'admettant à partager sa renommée.

La race dont 'Oumâra put se prévaloir était de la plus vieille noblesse arabe. Les anneaux de la chaîne sont ainsi comptés par 'Oumâra lui-même dans l'ordre où ils se succèdent[2] : « Ḳaḥṭân, puis Al-Ḥakam ibn Sa'd al-'Aschîra Al-Madhḥidjî. » De là ses ethniques d'Al-Ḳaḥṭânî[3], d'Al-

1. Voici quelques extraits d'une seconde lettre que M. A. Deflers m'a écrite du Caire le 22 septembre 1903 : « M. Schweinfurth n'ayant publié que des résultats partiels de son voyage au Yémen, j'ai tenu à lui soumettre la question que vous m'aviez adressée. Dans sa réponse, datée du 9 septembre, M. Schweinfurth m'apprend que, contrairement à ce que j'avais supposé, il a trouvé le myrte cultivé au Yémen, dans la région du caféier, près d'une petite localité nommée Ḥilla; ce village est situé sur le versant occidental du Djabal Boûrâ, à environ trois jours de marche à l'est de Ḥodaida. M. Schweinfurth ne paraît pas penser que le myrte soit localisé exclusivement aux environs de Ḥilla; toutefois, il ne se prononce pas explicitement à ce sujet. » Les mots arabes pour désigner le myrte étant آس, هدس, مرسين, رند (sur ce dernier, Mordtmann und Müller, *Sabäische Denkmäler*, p. 82), si *marṭân* a le sens que je lui ai donné par conjecture, c'est que cette plante, importée en Arabie, y est entrée sous son vocable étranger; cf. μύρτος et μύρτον, *myrtus*. Il faut en distinguer absolument μύρον, « myrrhe », nom sémitique d'une plante odorante, indigène en Arabie. C'est au myrte qu'il faut peut-être aussi rapporter les noms d'Al-Marṭa, ville sur la route de Khaibar à Médine dans Al-Bakrî, *Mou'djam*, p. 331, et de la tribu yéménite Mourâṭa, dans Ibn Doraid, *Ischtiḳâḳ*, p. 248. Pape, *Wörterbuch der griechischen Eigennamen*, p. 963 et 964 de la 3e édition, fait connaître nombre de noms de lieux tirés du myrte.

2. 'Oumâra, *An-Noukat*, p. 7; cf. p. 8. Boû Makhrama (Partie arabe, p. 553) dit : ibn Madhḥidj.

3. 'Oumâra, *Diwân*, p. 155. Un vers de Naschwân Al-Ḥimyarî (Partie arabe, p. 602) porte : « Glorifie-toi de Ḳaḥṭân; car, si les autres hommes sont en nacre, ceux de Ḳaḥṭân sont en perles précieuses. »

Ḥakami[1], d'Al-Madhḥidjî[2]. Ajoutez-y ceux d'Al-Yamanî « natif du Yémen[3] », d'Al-Ḥoudhafî « celui qui se rattache à Ḥoudhaifa[4] », d'Asch-Schâfiʿî « le partisan des doctrines schâfiʿites[5] », d'Al-Faraḍi « le savant versé dans la science des *farâ'iḍ*, des successions[6] ». Il a été aussi surnommé *al-faḳîh* « le jurisconsulte[7] », *al-adîb* « le lettré[8] », *asch-schâʿir* « le poète[9] », *al-ḳâḍî* « le juge[10] », *ḍaif amîr almou'-minîn* « l'hôte de l'émir des croyants[11] », c'est-à-dire du khalife fâṭimide d'Égypte, l'imâm Al-Fâ'iz d'abord, puis l'imâm Al-ʿÂḍid li-Din Allâh. Le surnom honorifique de ʿOumâra est Nadjm ad-Dîn[12], « l'Étoile de la religion ». Peut-être a-t-il été appelé Saif al-Moulk[13] « l'Épée du royaume », par allusion à la pression qu'il exerça sur le frère aîné de Saladin, Toûrânschâh Saif al-Islâm « l'Épée

1. Document officiel cité par ʿOumâra, *Al-Moufîd*, dans Kay, *Yaman*, p. 79; cf. la Partie arabe, p. VII, 5, note 1, 387, 405, 491, 496, 542, 553.

2. Partie arabe, p. 491, 496, 542.

3. Partie arabe, p. VI, VII, 5, 155, 387, 392, 395, 398, etc.

4. Bâ Makhrama, *ibid.*, p. 553 et 555. Si la lecture est exacte, ce dont je doute, je n'ai aucun renseignement sur Ḥoudhaifa.

5. *Ibid.*, p. 491, 496.

6. *Ibid.*, p. 491, 496, 546, 555. La quinzième « séance » d'Al-Ḥarîrî, relative aux successions, est intitulée *al-maḳâma al-faraḍiyya;* cf. l'édition Reinaud et Derenbourg, p. 162 et suiv.

7. *Ibid.*, p. VII, VIII, 5, notes 1 et 2, p. 45, 155, 387, 491, 496, 542, 546, 553, 555, 633, 634, 647, 650; Aboû Schâma, *Kitâb ar-rauḍatain*, I, p. 158, l. 4; Kay, *Yaman*, p. v.

8. Partie arabe, p. 155, 387, 553.

9. *Ibid.*, p. 565, 569, 616, 623; Aboû Schâma, *Kitâb ar-rauḍatain*, I, p. 158, l. 4; 216, l. 19 *schâʿir al-ḳaṣr;* 219, l. 27 et 30; 220, l. 13; Ibn Khaldoûn, dans Kay, *Yaman*, p. 150 et 169.

10. Partie arabe, p. VI, VII, 5, notes 1 et 2; Kay, *Yaman*, p. v; C. Rieu, *Supplément*, p. 376.

11. Partie arabe, p. VI et 5, note 2.

12. *Ibid.*, p. VI, 5, note 2, 491, 496; Ibn Khallikân, *Biographical Dictionary*, II, p. 367.

13. Un fils de ʿOumâra est appelé « Saif al-Moulk, fils de Saif al-Moulk », dans la Partie arabe, au bas de la page 376.

de l'islâm », pour lui faire entreprendre la conquête du Yémen.

Les chefs des Ḥakamites descendaient seuls temporairement dans la vallée de Wasâʿ, qui, elle aussi, avait sa population permanente, en contact régulier, au mois de dhoû 'l-ḥidjdja, avec les colonnes denses des pèlerins exaltés, fanatiques, indisciplinés, aux appétits déchaînés, vivant de rapines sur le pays qu'ils désolaient par le pillage sans merci des contrées et le rançonnement sans relâche des habitants. Les *schaikhs*[1] du Djibâl interposaient leur autorité, et on ne se reprenait à respirer dans la vallée de Wasâʿ que lorsque les pieuses caravanes aux itinéraires immuables avaient dépassé le territoire des Zarâ'ib. Ce pays ouvert avait été, vers 460 de l'hégire[2] (1067 de notre ère), le théâtre de batailles sanglantes entre le *dâʿî* ʿAlî ibn Moḥammad le Ṣoulaiḥide[3], à la tête de 2.700 cavaliers, et un Ibn Ṭaraf, descendant de Soulaimân, soutenu dans son agression par « les rois des Abyssins et un ramassis de nègres[4] ». L'aïeul de ʿOumâra, Aḥmad, fils de Moḥammad, qui avait contribué à la victoire finale du *dâʿî*, interna dans les dépendances de son castel ʿOukwa et s'appropria[5] un millier de nègres qui avaient survécu à un massacre si destructeur que, plus de soixante ans après,

1. Le prince est nommé le *schaikh* par Aboû Tammâm, *Ḥamâsa*, éd. Freytag, p. 145, l. 1, et par ʿOumâra, *An-Noukat* ; voir plus loin, p. 31, 37 et 40.

2. La date de 460 n'est qu'approximative ; voir la note 51 dans Kay, *Yaman*, p. 252-253.

3. ʿOumâra, *Al-Moufîd*, dans Kay, *Yaman*, p. 19-31 ; Partie arabe, p. 586-589.

4. ʿOumâra, *Al-Moufîd*, dans Kay, *Yaman*, p. 28 ; cf. Ibn Khallikân, *Biographical Dictionary*, I, p. 360 ; II, p. 346.

5. ʿOumâra, *Al-Moufîd*, dans Kay, *Yaman*, p. 21, l. 4 du texte. Je ne garantis l'exactitude ni du mot احتزهم, ni de ma traduction.

lorsque les vents soufflaient avec violence, le jeune ʿOumâra se heurtait, sur le lieu du combat, à des os et à des ongles balayés par l'ouragan[1].

De tels fléaux n'étaient pas à redouter sur les hauteurs formidables du Djibâl. Aucun élément étranger ne pouvait y être introduit dans les habitations des Ḥakamites, repliés sur eux-mêmes, rebelles à toute intrusion, à toute influence extérieure. C'est surtout au Djibâl que me paraît s'appliquer ce que ʿOumâra rapporte sur Marṭân, « le lieu où il est né et où il a été élevé », lorsqu'il exprime en ces termes son orgueil légitime de sa lignée, des traditions littéraires de sa famille, de l'arabe pur et sans mélange, que ses ancêtres lui ont légué, héritage qu'il a conservé précieusement à travers les vicissitudes de son existence mouvementée[2] :

« A la base de ma généalogie, il y a Ḳaḥṭân, puis Al-Ḥakam ibn Saʿd al-ʿAschîra al-Madhḥidjî.... Les habitants de Marṭân, où je suis né et où j'ai été élevé, sont les derniers restes des vrais Arabes dans le Tihâma, parce qu'aucun citadin du dehors ne demeure, qu'aucun n'est admis à une alliance de mariage avec eux. Ils n'admettent pas le témoignage d'un citadin étranger et ne croient pas, en le tuant, avoir suffisamment vengé le meurtre d'un Ḥakamite. Aussi leur langage est-il demeuré à l'abri de toute corruption[3].

1. ʿOumâra, *Al-Moufîd*, dans Kay, *Yaman*, p. 30.

2. ʿOumâra, *An-Noukat*, p. 7, cité par Yâḳoût, *Mouʿdjam*, III, p. 707: cf. ʿOumâra, *Al-Moufîd*, dans Kay, *Yaman*, p. 29.

3. Al-Hamdânî, *Djazîrat al-ʿArab*, p. 135, l. 11, témoigne que, vers 300 de l'hégire, au commencement de notre dixième siècle, la langue des Ḥakamites n'était contaminée que dans les villes; cf. Sprenger, *Die alte Geographie Arabiens*, p. 74. Des phénomènes analogues de persistance linguistique, la langue parlée différant peu de l'arabe du Coran, ont été constatés dans les idiomes désertiques de l'Arabie par Ad-Dimischḳî, *Nozhat ad-dahr* (tr. Mehren), p. 301; Niebuhr, *Description de l'Arabie* (Paris, 1779), I, p. 120; Palgrave, *Narrative of a year's journey through central and eastern Arabia* (London, 1862-1863), I, p. 25, 311-313.

La direction et la conduite de leurs affaires ressortaient à Al-Mouthîb ibn Soulaimân, mon grand-père maternel, et à Zaidân ibn Aḥmad, mon grand-père paternel. Tous deux étaient cousins par leurs pères. Zaidân disait : Je me reporte en arrière à onze générations ; mes ancêtres sans exception étaient des savants, des écrivains dans les genres divers. Quant à moi, j'ai encore pu voir mon oncle paternel ʿAlî l'ancien, fils de Zaidân, et mon oncle maternel Moḥammad ibn Al-Mouthîb, qui se partageaient et réunissaient le gouvernement d'Al-Ḥakam ibn Saʿd al-ʿAschîra. Parmi les hommes que j'ai rencontrés, je n'en connais aucun dont la maîtrise (*saudad*) vaille celle de ʿAlî l'ancien, fils de Zaidân. Or, ce mot *saudad* « maîtrise » indique un degré supérieur des qualités que l'on impute, comme marques de toute supériorité, aux chefs d'entre les plus nobles des Arabes. »

Je me ferais scrupule de rien changer au tableau si animé que ʿOumâra trace de la vie qu'ont menée ses ancêtres et du pays où s'est écoulée son adolescence auprès de ses oncles, de son père et de ses frères, dans l'heureuse sécurité de leur vie seigneuriale et familiale. Son Autobiographie, placée en tête de ses Finesses contemporaines, récits sur les vizirs égyptiens [1], a conservé les souvenirs de sa jeunesse en pleine fraîcheur, comme s'il les avait notés au passage, sans attendre que l'impression en fût atténuée par le temps et par les événements. Ces notes, recueillies au jour le jour, reflètent les jugements successifs de l'auteur avec une exactitude dont mon essai de traduction aimerait à rendre la justesse et la sincérité :

« Mon frère [aîné] Yaḥyâ connaissait à fond les journées des Arabes [2]. J'étais très lié avec ce Yaḥyâ. Nos *schaikhs*,

1. Partie arabe, p. 7-21.

2. Le livre de « la deuxième perle » dans Ibn ʿAbd Rabbihi, *Al-Iḳd al-farîd* (III, p. 60-116), est consacré aux « journées des Arabes ». On en trouve

comme mon oncle maternel Moḥammad, comme mon père et comme leurs pairs, allaient à pied dans la demeure de ce Yaḥyâ et ne descendaient ni ne remontaient en quoi que ce soit, sinon d'après son avis et son conseil.

» Yaḥyâ me dit un jour : Si ton oncle paternel ʿAlî [l'ancien], fils de Zaidân, avait vécu dans le temps d'un prophète, il eût été un de ses apôtres ou un de ses justes, à cause de sa maîtrise supérieure.

» Le jurisconsulte Moḥammad ibn Ḥosain, surnommé Al-Aukaṣ (l'homme au cou étroit), et c'était un personnage pieux, m'a dit : Par Allâh, si ʿAlî [l'ancien], fils de Zaidân, avait été un Ḳoraischite et qu'il nous eût appelés à lui prêter le serment d'investiture, nous serions morts sous son drapeau, parce que, à l'exception de l'origine, étaient réunies en lui toutes les conditions du khalifat. Car le Prophète disait : Les imâms sont tous de Ḳoraisch[1].

» Et je dis un jour à mon frère Yaḥyâ : Que penses-tu de ce que les hommes aiment à considérer tes deux grands-pères Al-Mouthîb ibn Soulaimân et Zaidân ibn Aḥmad comme supérieurs à nombre de leurs prédécesseurs? Or, je m'aperçois que vous attribuez à ton oncle paternel ʿAlî [l'ancien] la supériorité sur eux deux. Il répondit : Mes deux grands-pères sont dignes de ce qu'on te rapporte à leur sujet. Mais, par ʿAllâh, ils ne vont pas au dixième de ce que vaut ʿAlî pour chacune des qualités qui caractérisent les plus nobles d'entre les Arabes. ʿAlî ne s'emporte jamais, ne prononce pas de paroles injurieuses, est incapable

228 énumérées dans Freytag, *Arabum Proverbia*, III, p. 553-606. Voir encore E. Mittwoch, *Prœlia Arabum paganorum quomodo litteris tradita sint*, Berolini, 1899, in-8.

1. Voir mon édition d'Ibn Aṭ-Tiḳṭaḳâ, *Al-Fakhri*, p. 31, note 1; Ibn Khaldoûn, *Histoire des Fâṭimides*, dans l'*Histoire des Berbères* du même (tr. de Slane), II, p. 497; Defrémery, *Mélanges d'histoire orientale*, p. 254-255.

de lâcheté ou d'avarice, ne frappe aucun subordonné, ne repousse aucun quémandeur et ne s'est pas une seule fois révolté contre Allâh en paroles ou en actes. Une telle hauteur de conception est l'apanage des rois, ce sont là les qualités naturelles des justes. Qu'il te suffise de savoir qu'il a fait quarante pèlerinages [à la Mecque], dix visites au tombeau du Prophète [à Médine], qu'il a vu cinq fois dans son sommeil le Prophète qui lui a annoncé des événements, sans jamais manquer à aucune promesse de ses rêves.

« Je dis un jour à mon frère Yaḥyâ : Apprends-moi qui a parlé de tes deux grands-pères Al-Mouthîb ibn Soulaimân et Zaidân ibn Aḥmad en ces termes :

Lorsque s'attaquent à toi les aventures des nuits et que, pour leur maladie, on ne trouve pas de médecin,

Et qu'est réduit à l'impuissance celui qui te protégerait contre leurs assauts, ce seront Zaidân et Al-Mouthîb qui te protégeront.

Ce sont eux qui ont ramené sur moi les débris épars de mon royaume, alors que la face du temps était renfrognée par aversion contre ma personne.

Alors que j'étais délaissé, ils m'ont soutenu par leur appui, victorieux de mes malheurs.

« Yaḥyâ répondit : L'auteur est le sultan ʿAlî ibn Ḥoubâba Al-Faroûdi[1]. Ses sujets l'avaient renversé et réduit à la misère pour mettre à leur tête son frère Salâma. Alors il se réfugia chez mes deux grands-pères qui se mirent en campagne avec lui à la tête de rassemblements de leurs hommes, qui parvinrent à renverser Salâma, à restituer le pouvoir à ʿAlî et à lui rendre de nouveau favorables ses sujets. Or, ce que ʿAlî ibn Ḥoubâba avait recueilli de leur générosité, ce qu'ils avaient dépensé pour l'armée

1. Quels étaient ces deux principicules ? Faut-il lire le nom de leur père Ḥoubâba, ou Ḥabâba comme dans mon texte ? Je n'ai à citer que l'article vague Al-Faroûd dans Yâḳoût, *Mouʿdjam*, III, p. 886.

envoyée à son secours et ce qu'ils lui amenèrent en fait de chevaux et de chameaux, le tout dépassait en valeur cinquante mille pièces d'or.

« Yaḥyâ m'a dit : C'est au sujet de mon père et de mon oncle maternel que Moudabbir, le poète Ḥakamite[1], dit dans une longue poésie :

Vos deux pères ont ramené sur Ibn Ḥoubâba un pouvoir dont le faisceau avait été complètement dispersé.

Al-Mouthìb, par son épée tranchante, en a garanti le renouvellement ; depuis que Zaidân a fait l'assaut, ce pouvoir a été restitué.

Et vous avez bâti tous deux ce qu'eux deux avaient précédemment affermi en fait de supériorité. Tels pères, tels fils.

« Je dis à Yaḥyâ : Est-ce que ton oncle paternel ʿAlî [l'ancien] a fait preuve d'une semblable vertu supérieure? Il me dit : Tu est un jeune sot. Mais oui, certes, par Allâh, il a eu de pareilles qualités dans tous les ordres de maîtrise, il a accompli, dans les deux voies de la religion et de la vie de ce monde, des actions nobles dont personne excepté lui n'aurait eu la constance de se charger.

« Et mon père m'a rapporté en propres termes : Ton oncle paternel ʿAlî tomba malade au point d'être en danger de mort. Puis, il guérit. Alors, je lui récitai ces vers composés par un homme des Banoû 'l-Ḥârith, nommé Salm[2] ibn Schâfiʿ, qui était venu faire une démarche pour demander son appui à propos du prix du sang qu'on lui réclamait pour un homme tué par lui. Nous étions absorbés

1. Moudabbir était-il un des poètes Ḥakamites, descendants d'Aboû 'l-Ḥosain (cf. ʿImâd ad-Dîn, *Kharîda,* dans la Partie arabe, p. 601)? C'est possible et incertain.

2. Dans la Partie arabe, p. 577, l. 7, Salm est appelé Soulaimân ibn Schâfiʿ al-Ḥârithî, du Tihâma yéménite. Les Banoû 'l-Ḥârith sont ici, comme plus loin, p. 43, les descendants d'Al-Ḥârith ibn Kaʿb, une des tribus issues des Madhḥidjites comme Al-Ḥakam, la tribu de ʿOumâra : cf. Ibn Khaldoûn, dans Kay, *Yaman*, p. 183.

par la maladie de notre seigneur. L'homme des Banoû 'l-Ḥârîth s'en retourna vers sa tribu et m'adressa une poésie dont voici un fragment :

Lorsque ʿAlî, fils de Zaidân, périra, les étoiles ne se lèveront plus, ô ciel!

Et les femmes ne s'uniront plus dans aucun gémissement, et aucune eau ne sortira des nuages pour arroser le sol

sur cette terre et sur l'ensemble de ses habitants, lorsque périra Aboû 'l-Ḥasan, celui qui pardonne.

« Mon père ajouta : Ton oncle paternel pleura et m'ordonna de mander l'homme des Banoû 'l-Ḥârith, lui donna mille dinârs et le déchargea six mois plus tard du prix du sang. Et, lorsqu'il le voyait, il le traitait avec distinction et lui assignait une place d'honneur.

« Mon oncle maternel, Moḥammad, fils d'Al-Mouthîb, m'a raconté, lui qui, parmi mes oncles maternels, tous descendants d'Al-Khaṭṭâb[1], était comme mon père parmi les fils de Zaidân, fils d'Aḥmad : Il y eut une année de disette pour les hommes. Les bestiaux moururent et les champs furent privés des produits de la terre. A l'improviste passèrent devant chez nous des troupes d'hommes en caravane, dont quelques-uns étaient sous la dépendance de ʿAli [l'ancien], fils de Zaidân. ʿAlî leur prit deux cents chamelles laitières et quatre cents vaches laitières. Il les distribua à ceux qui étaient dans le dénuement et leur en accorda l'usufruit *(minḥa)*, mais non pas la possession. Or, la *minḥa*, chez les Arabes, c'est le prêt pour un temps

1. Je ne suis pas renseigné sur Al-Khaṭṭâb, ancêtre de la famille maternelle de ʿOumâra, à moins que les Banoû 'l-Khaṭṭâb du Yémen soient une tribu arabe barbarisante immigrée, venue de la région de Barḳa, dans l'ancienne Cyrénaïque; cf. Ibn Khaldoûn, *Histoire des Berbères* (tr. de Slane), I, p. III, VIII, 281; II, p. 91, 118, 120. Cf. aussi Zawîlat Ibn Khaṭṭâb, nom de ville dans Al-Idrîsî, *Description de l'Afrique et de l'Espagne*, éd. Dozy et De Goeje (Leide, 1866), p. 37, 38, 42, etc.

des bêtes laitières, avec la jouissance de leur lait. Lorsque la fertilité revint pour les hommes et qu'ils ne furent plus dans le besoin, ils se disposèrent à rendre les vaches laitières. Mais mon oncle paternel laissa en toute propriété à chacun d'eux ce qu'il avait entre les mains.

« Et je me rappelle qu'étant un jeune garçon, âgé de huit ans, je fus envoyé par mon précepteur, qui se nommait ʿAṭiyya[1] ibn Moḥammad ibn Ḥarâm, chez mon oncle paternel ʿAlî [l'ancien] avec une planchette[2], sur laquelle était l'annonce d'une fête de congé[3], ce que, dans le Yémen, on appelle la fête des vacances[4]. Il me dit : Apporte cette

1. ʿOumâra, en souvenir de son précepteur ʿAṭiyya, donna ce nom à l'un de ses fils ; voir la Partie arabe, p. 263, 325, 386.

2. Les planchettes lisses à écrire (cf. *Coran*, VII, 142) étaient en bois poli. Une telle planchette est appelée لوح الترسيم par Al-Idrîsî ; voir sa *Géographie*, traduite par A. Jaubert, I, p. XX ; Amari, *Biblioteca Arabo-Sicula*, p. 18 et 19 ; ce sont les الواح الصبيان d'Aḍ-Ḍabbî, *Bougyat al-moultamis*, éd. Codera, p. 138. M. Lane a reproduit un modèle de planchette scolaire dans ses *Modern Egyptians*, I, p. 87.

3. Nos lexiques sont muets sur le terme technique *iṣrâfa*. Il désigne la fête par laquelle est célébrée chaque nouvelle étape franchie par l'enfant dans l'étude, la connaissance et l'écriture du Coran. Au cours des études d'un fils, le père invite jusqu'à quatre fois les camarades du jeune élève à un repas en commun, qui marque une halte avant la reprise de la marche en avant ou en arrière, selon qu'après la *fâtiḥa*, l'élève suit l'ordre du Coran ou le prend à rebours de la soûra 114 à la soûra 2, en passant des morceaux les plus courts aux chapitres les plus longs. Cf. Léon l'Africain *Description de l'Afrique*, II, p. 132 ; Lane, *Modern Egyptians*, I, p. 88 ; A. von Kremer, *Culturgeschichte des Orients*, II, p. 133-134 ; C. Snouck Hurgronje, *Mekka*, II, p. 145 et 146, passage relatif à l'éducation d'un autre enfant de huit ans, où mon collègue et ami Karl Vollers m'a signalé l'interprétation du mot *iṣrâfa*, également expliqué par W. Marçais, *Le dialecte arabe parlé à Tlemcen* (Paris, 1902), p. 246, note 2. Il est probable que le mot *ṣirâfa*, pour désigner les fêtes données à l'occasion de la circoncision, est une application analogue de la même racine ; voir Lane, *Modern Egyptians*, II, p. 278.

4. Mot à mot : la « suspension » des cours, à moins que le mot *rifʿa* ne signifie que la planchette était surmontée d'une tige adhérente plus étroite, percée d'un trou, qui permettait de « suspendre » la planchette au moyen d'une corde.

tablette chez le *schaikh*, peut-être nous offrira-t-il en échange une vache laitière. J'arrivai à destination. Mon oncle paternel m'embrassa et m'assit sur ses genoux. Il examina ma tablette, et voici que la soûra dite *ṣâd* y était inscrite[1]. Puis il me dit : Que payerons-nous à ce lettré, ô Aboû Ḥamza[2] ? Je répondis : Une vache laitière. Il se mit à rire, ensuite il ordonna que fussent envoyées à mon maître cent vaches laitières avec leurs petits, ainsi qu'un cadeau consistant dans la récolte d'une terre ensemencée de sésame. Le rapport dépassa deux mille *irdabb*[3] de cette graine.

« L'étendue de la richesse de mon oncle paternel dépassait toute estimation. Un cavalier, parti lors de la prière de l'aurore, avait besoin de deux heures pleines[4] pour visiter ses trois parcs de troupeaux, pour y voir les chameaux, les vaches et les moutons. C'étaient ses biens particuliers. De plus, il était installé dans un bourg séparé de la grande ville[5]. L'autorité sur les habitants appartenait à mon père et à mon oncle maternel et, de mon temps, les hommes se tenaient debout en leur présence. Mais, mon oncle paternel ʿAlî paraissait-il, ces deux chefs rentraient dans la catégorie de ceux qui restaient debout afin de lui

1. C'est la soûra XXXVIII du Coran. Les 88 versets, reproduits par l'enfant, constituent de sa part un exercice calligraphique prolongé et indiquant en même temps le point que, dans un sens ou dans l'autre, avait atteint son initiation au livre sacré.

2. Preuve qu'à ce moment le petit ʿOumâra n'avait pas encore changé de prénom ; voir plus haut, p. 23, note 2.

3. Telle est la prononciation arabe correcte, à laquelle l'usage a substitué *ardeb* ; cf. ἀρτάβη. Sur cette mesure de capacité, on peut consulter H. Sauvaire, *Matériaux*, dans le *Journal asiatique* de 1886, I, p. 135-145.

4. Mot à mot : « de voyager jusqu'à la fin de la deuxième heure. » La durée des douze heures du jour étant variable selon les saisons, il est impossible de préciser la longueur de cette tournée.

5. A ʿOukwa ; voir p. 25.

faire honneur, leur dignité était effacée par sa présence et dès lors on ne parlait plus ni d'eux ni de personne autre. C'était au point que, lorsqu'il s'avançait à cheval, mon père et mon oncle maternel marchaient devant lui ou à côté de son étrier jusqu'à ce qu'il leur ordonnât de monter en selle.

« Mon oncle paternel 'Alî avait un grand domaine, appelé le Domaine de l'aumône[1], dans lequel il mettait à part la dîme en bestiaux, et un second village, dénommé le Village de l'aumône légale, où il renfermait les denrées, dont il était débiteur vis-à-vis de l'aumône légale. J'ai entendu mon père et d'autres dire : Le froment de choix ne manquait à 'Alî ibn Zaidân pendant aucun mois tout le long de l'année. Bien plus, chaque mois avait sa semence et sa moisson ; et cela par suite de la quantité des terres ensemencées sur ses possessions.

« Quant à sa bravoure et à son intrépidité, elles étaient proverbiales. Sa vigueur était inaccoutumée. Hors lui, nul n'était capable de bander son arc. Avait-il lancé la flèche, il jurait qu'elle ne manquerait le but que si la coche, ou l'arc ou la corde se fendait. Sa flèche pénétrait le bouclier, ainsi que l'homme qu'il couvrait. Les cottes de mailles dissimulées sur les casaques ne protégeaient, ni ne préservaient de sa flèche.

« Une certaine année, il fit le pèlerinage. En passant, il se rencontra avec des Arabes de Djourasch[2]. Ils lui prêtèrent

1. Peut-être faut-il lire les deux fois حلة (Yâkoût, *Mou'djam*, II, p. 322), au lieu de حُلَّة, vocalisation que j'ai certainement empruntée à un manuscrit, ce que je ne suis plus en état de vérifier. De même dans l'index de la Partie arabe, p. 688 *a*.

2. Sur Djourasch, voir surtout Al-Hamdânî, *Djazîrat al-'Arab*, p. 119-121 ; Yâkoût, *Mou'djam*, II, p. 59-61 ; Ibn Khaldoûn, dans Kay, *Yaman*, p. 182. Djourasch est séparé légèrement à l'ouest de la route du pèlerinage au départ de Ṣan'â ; cf. C. Ritter, *Arabien*, I, p. 198 ; Sprenger, *Die Post- und Reiserouten*, p. 126.

le serment de fidélité et lui offrirent l'hospitalité. Puis, lorsqu'il revint de la Mecque, son arrivée chez eux coïncida avec une incursion sur leur territoire de la part d'autres Arabes qui le saccagèrent, le livrèrent au pillage, firent captives les femmes et poussèrent devant eux les bestiaux après avoir tué les hommes. Or, mon oncle paternel ʿAlî ne faisait pas le pèlerinage sans que son armure complète fût portée sur un autre chameau que sa personne. Il fit aussi parfois le pèlerinage en amenant quelques-uns de ses chevaux, qu'il maintenait à ses côtés, le voyage entre nous et la Mecque ne dépassant pas neuf jours [1]. Cette fois, mon oncle aperçut un défilé entre deux montagnes, seule issue ouverte aux assaillants, qui comptaient environ cent cavaliers et deux cents fantassins. Mon oncle les attaqua. Allâh lui donna la victoire sur eux, leur fit défection et accumula parmi eux les blessés et les tués. Ils prirent la fuite. Mon oncle exigea la restitution de l'argent et des femmes. Une Djouraschite lui dit alors :

O Aboû 'l-Ḥasan, tu as libéré par l'épée des femmes, que des loups traînaient par les cheveux.

Tu as délivré Souʿdâ de la mainmise d'Ibn Mouḳarrab [2] et, parmi les pleines lunes vraiment pleines [3], il n'y en pas qui ne soit semblable à Souʿdâ.

Au jour du défilé [4], tu as été désigné par Allâh pour la défendre, alors que, dans son peuple, elle n'avait pas de protecteur.

« Lorsque mon oncle revint au campement, il ordonna

1. Onze jours à l'aller, neuf au retour; voir plus haut, p. 25, n. 2.

2. Ibn Mouḳarrab, sur lequel je n'ai aucune information, était probablement le chef de l'invasion. Peut-être *mouḳarrab* est-il ici un nom appellatif, désignant un favori, un familier du chef, mais j'opine plutôt pour un nom propre.

3. J'ai traduit en lisant التُّمّ, pluriel de أَتَمّ se rapportant à البدور.

4. Journée dénommée d'après le défilé dont il fallait interdire l'accès aux assaillants; plus haut, l. 12.

d'ensevelir les morts. Quant aux femmes, elles s'attachèrent à ses pas. Il les fit émigrer à sa suite, avec les fantassins, jusqu'à ce qu'il les eût conduites dans ses villes. Alors il les maria à quelques-uns de ses sujets.

« Parmi ces femmes, au nombre de quinze, femmes d'intérieur, dénuées de tout, était Al-Mayyâsa, fille de Thâbit, fils de 'Arfadja. Or, Thâbit était à la tête du clan d'Al-Mayyâsa, que j'ai encore vue et dont les charmes dépassaient toute description. Elle fut épousée par un homme de sa tribu, homme d'aspect malingre. On s'étonnait de sa beauté accouplée à un extérieur aussi chétif, de sa grâce à côté d'un être aussi affreux. Je me rappelle qu'un soir ils vinrent porter leurs différends devant mon père. Le mari dit : Je ne puis plus supporter et ma patience est à bout d'entendre le monde manifester sa surprise et elle me répéter : Tu n'es pas l'un de mes époux et je ne suis pas l'une de tes femmes. Si tu ne me mets pas à l'abri d'elle, je lui donnerai raison. — Le *schaikh*[1] lui répondit : Je ne te mettrai à l'abri d'elle que si elle l'ordonne. — Elle s'écria : Mets-le à l'abri de moi. Qu'il dise ce qu'il veut. — Le mari dit alors à sa femme : Je vaux mieux que toi, car je te donne des satisfactions voluptueuses[2]. — Le *schaikh* a raconté lui-même : Par Allâh, elle ne resta pas court, ne rougit pas et répliqua sur-le-champ, sans avoir réfléchi : Tu as été impuissant et tu n'as pas réussi. Ta vantardise ne s'accorde pas avec la réalité de contacts où tu es le premier à battre en retraite. — Les assistants rirent du langage élégant d'Al-

1. Le *schaikh* est ici le père de 'Oumâra, Aboû 'l-Ḥasan 'Alî.

2. La lettre du texte est intraduisible. J'ai dû recourir à quelques circonlocutions qui feront paraître l'éloge de 'Oumâra étrange à qui ne recourra pas au texte. Peut-être semblera-t-il plus extraordinaire encore à ceux qui pourront apprécier ce manque de goût, cette absence de mesure dans la pensée et dans l'expression.

Mayyâsa et de sa jolie réponse qui avait changé l'orgueil en ignominie et la conquête du butin en déroute. Un tel répertoire d'expressions appropriées, un tel talent d'exposition, voilà une supériorité par laquelle Allâh a distingué le peuple des Arabes des autres peuples.

« Dans les mois de l'été, nos pâtres faisaient paître leurs troupeaux avant l'aurore dans une vallée gazonnante, fertile, visitée par les lions, éloignée de la ville. On nommait cette vallée Ṣabyâ [1]. Elle renfermait, parmi les esclaves [2] des Ḥakamites, des bandes devenues prédominantes, trois mille fantassins environ, qui, par l'épée, avaient rendu inabordables la vallée et les alentours. Quiconque d'entre leurs maîtres tombait entre leurs mains, ils le dépouillaient et le tuaient, sauf à chercher ensuite un refuge sur les sommets et dans les forteresses inaccessibles des montagnes. Or, le nombre de ceux qui chaque jour veillaient sur les troupeaux et leur assuraient libre pâture était de cent archers et de cent cavaliers, qui les défendaient contre les esclaves prédominants. Les bergers se plaignirent à ʿAlî, fils de Zaidân, de ce que plus d'un d'entre eux avait dû laisser pousser sa chevelure trop longue, user ses sandales et la corde de son arc. Ils lui demandèrent de leur procurer des suppléants pour un jour, afin qu'ils pussent se remettre en bon état. Son héraut cria pendant la nuit suivante : Que ceux qui veulent rester à leurs postes y restent. Ce sera lui qui suffira à la tâche. Puis il ordonna aux pâtres de conduire leurs troupeaux selon leur habitude. Quant à lui, il s'avança seul, monté sur un cheval du Nadjd [3], un des plus nobles

1. Plus haut, p. 25.

2. Sur ces « esclaves » *(ʿabid)*, ramassis de gens sans aveu, de mécontents et de pillards, voir Al-Mousabbiḥi, *Ta'rîkh*, dans C. H. Becker, *Beiträge zur Geschichte Ägyptens unter dem Islam*, I, p. 51.

3. Les chevaux les plus parfaits et les plus rares sont ceux du Nadjd ; voir

coureurs, un des mieux dressés. On tenait en laisse, pour mon oncle paternel, une de ses juments, nommée Al-Ḥourriyya « la jument de race », par laquelle le vent ne rougissait pas d'être dépassé, ni les éclairs d'être atteints. A peine les troupeaux étaient-ils descendus dans la vallée de Ṣabyâ que les esclaves prédominants y firent une sortie, cherchèrent à pousser devant eux le bétail et tuèrent sept d'entre les pâtres. L'homme, sur son cheval, rejoignit les esclaves, au nombre de sept cents fantassins, des héros. Il leur dit : Rendez les troupeaux, ou sinon, prenez garde ! Je suis ʿAli, fils de Zaidân. On se rua sur lui. Or, il ne lançait pas une flèche qui ne fît un cadavre. Étroitement pressé par eux, il se déroba, sans trop s'éloigner. Puis, lorsque ses adversaires lui tournèrent le dos, il fit contre eux un retour offensif, atteignant ce qu'il voulait dans leur masse. Telle ne cessa d'être leur attitude réciproque jusqu'au moment où il en eut tué quatre-vingt-quinze. Les survivants implorèrent son *amân*. Il le leur accorda et ordonna que chacun d'eux en garrottât un autre. Ce qu'ils firent. Il saisit les armes des vivants et des morts et les chargea, ainsi que leurs turbans, sur les dos des chameaux. Il rentra, précédé par les esclaves captifs. Un des pâtres s'était enfui dès le matin et avait annoncé sa mort, affirmant qu'il avait été tué. Les habitants, sortis par groupes, finirent par le rencontrer à l'heure de la prière du *ʿaṣr*, au moment où il quittait la vallée, les bergers et les troupeaux étant sains et saufs, les esclaves s'avançant enchaînés.

« Mon père m'a dit : Ce soir-là, avant que nous fussions rentrés dans la ville en compagnie de ton oncle paternel,

Ibn Al-Moundhir, *An-Nâṣiri* = *Le Naçeri*, tr. Perron (Paris, 1852-1859), I, p. 209; II, I, p. 16 et 129; Burckhardt et Mengin dans C. Ritter, *Arabien*, II, p. 457 et 531; Oppenheim, *Vom Mittelmeer zum Persischen Golf* (Berlin, 1899-1900), II, p. 107-110.

les Arabes, en apprenant la nouvelle que ʿAlî aurait été tué, avaient brisé mille épées contre la porte de ma maison. Le bruit s'était propagé jusqu'aux Banoû 'l-Ḥârith[1], qui habitaient plus loin. Le lendemain matin, dans leurs demeures, on vit soixante-dix juments avec les jarrets coupés[2] et trois cents arcs brisés. Tel est l'usage des Arabes, lorsque les plus nobles d'entre eux et leurs dirigeants sont tués.

« Mon oncle paternel voulut ensuite s'attacher les esclaves par des bienfaits : il les affranchit et leur restitua leurs armes, ainsi que leurs vêtements. Ils assurèrent en son nom la sécurité du pays contre leurs propres familles. A partir de ce moment, il n'y eut plus d'acte criminel commis par eux contre aucun habitant de la région.

« Et les jeunes étourdis de notre côté et de celui de mes oncles maternels ne cessaient pas de se livrer à des faits délictueux les uns contre les autres, depuis les fautes légères jusqu'aux énormités. Quelquefois ces bagarres laissèrent de nombreux blessés et même de nombreux morts.

« Entre nos demeures et leurs demeures, il y avait une vaste place publique où l'on en venait aux mains. Quel que fût celui des deux partis qui l'emportait, il restait maître de la place publique. Je me rappelle un soir où nous fûmes mis en déroute et contraints à nous replier sur nos maisons. Tout à coup l'on dit aux vainqueurs : Voici ʿAlî qui s'est avancé. Aussitôt ils se mirent à fuir avec une telle hâte que

1. Plus haut, p. 34.

2. L'habitude de couper les jarrets à la chamelle de malheur *(al-baliyya)* qui portait le défunt, lorsqu'il a été tué sur le champ de bataille, est signalée par Wellhausen, *Reste arabischen Heidenthums*, p. 362. Goldziher, *Muhammedanische Studien*, I, p. 242-244, parle de 300 chameaux égorgés sur la tombe et en l'honneur d'un martyr de l'amour et cite d'autres parallèles curieux. « Sanglants hommages et massacres d'honneur » sont relatés dans les *Lectures pour tous* de novembre 1903, p. 164-166.

trois d'entre eux moururent écrasés sous les pieds des autres. ʿAlî, passant par cette place publique, descendit de cheval, s'assit, envoya chercher mon oncle maternel Moḥammad, qui le rejoignit et rétablit la paix entre les deux partis rivaux. Peu de jours après, la discorde les divisa de nouveau.

« Mon oncle maternel Moḥammad avait neuf filles et un seul fils, nommé Al-ʿÂṭif, dont on louait l'autorité, la générosité et la bravoure proverbiales. L'affection de mon oncle paternel ʿAlî ibn Zaidân pour Al-ʿÂṭif était si vive qu'ayant pourvu Zainab, l'une de ses filles, d'une fortune abondante, considérable, il convoqua Al-ʿÂṭif à une réception matrimoniale, lui fit contracter mariage avec elle et l'introduisit auprès de Zainab, sans lui imposer le payement d'un dirhem. Tout cela avait été décidé à son insu, à l'insu de son père et du mien.

« Plus tard, une nouvelle lutte provoquée par les jeunes étourdis amena une autre bataille, qui leur fit reconnaître le cadavre d'Al-ʿÂṭif au milieu de nos maisons. Il fut porté dans la demeure de mon père, son père Moḥammad ibn Al-Mouthîb étant absent. Celui-ci arriva durant cette même nuit. Dans toute habitation de nos demeures et des demeures de mes oncles maternels, l'on se lamenta sur la mort de son fils Al-ʿÂṭif. Il en résulta entre les combattants un pacte et une trêve pour cette nuit. Al-ʿÂṭif fut enterré dans nos tombeaux. Le lendemain matin, le héraut de Moḥammad cria : J'ai laissé verser impunément le sang de mon fils. Que tout le monde dépose les armes !

« La population revint des funérailles d'Al-ʿÂṭif. Celui qui avait eu l'audace de le tuer était Ḥamza ibn Ḥousain, fils de l'un de mes oncles paternels, un héros parmi les héros, au feu duquel il n'était pas bon de se brûler. Mon oncle paternel ʿAlî disait : Suis-je absent d'une guerre à laquelle Ḥamza participe, je n'en suis pas absent. Au bout de trois jours, mon oncle paternel ʿAlî mit la main sur ce Ḥamza, le garrotta et l'amena au tombeau d'Al-ʿÂṭif. Ce fut là qu'il lui trancha la tête, puis, tout en pleurant sur son sort, lui appliqua le vers du poète :

Je te pleure à chaudes larmes, consumé par la douleur, et je dis : La main droite du meurtrier, que n'a-t-elle été desséchée?

« A partir de ce moment, mes compatriotes ne se combattirent plus l'un l'autre.

« ʿAlî ibn Zaidân mourut en 526 (1132 de notre ère). Mon oncle Moḥammad le suivit dans la tombe en 528 (1134). Mon père, après les avoir perdus, appliquait à son état cette parole du poète :

Et, pour comble de misère, je me trouvai seul au pouvoir.

« La direction des événements s'était concentrée sur mon père jusqu'au moment où, en 529 (1135), j'atteignis l'âge de la puberté. A ce moment, Allâh voulut montrer chez nous l'efficacité de ses arrêts. Pendant toute une année et une partie de la suivante, la pluie nous fit défaut[1], au point que nos femmes[2] et nos enfants périrent, que les hommes moururent dans leurs maisons, sans qu'on trouvât personne pour les enterrer. Chacun eut sa provision de calamité. L'année 530, en se terminant (le 28 septembre 1136 de notre ère), nous laissa personnellement dans une situation parmi les meilleures. Car, nous pouvions faire assez bonne contenance, grâce à une somme dont ma mère avait hérité de

1. C. Ritter, *Arabien*, I, p. 917, mentionne, d'après les notes du Dr Hulton, un orage qui éclata dans cette région, après que trois années consécutives s'étaient écoulées sans une goutte de pluie.

2. J'ai traduit *al-ḥarth* d'après *Coran*, II, 223.

son père Al-Mouthîb ibn Soulaimân. Or, elle s'en était passée jusqu'au moment où elle y eut recours, à l'heure de l'adversité.

« En l'an 531[1] (1137-1138 de notre ère), ma mère me donna une parure en or, qui lui appartenait et qui valait mille dînârs[2]. Mon père me remit quatre cent soixante dînârs. Ils me dirent tous deux : Tu te rendras à Zabîd avec le vizir Mouslim ibn Yaschdjoub[3]. Tu dépenseras[4] ce capital pour vivre, et tu ne reviendras pas vers nous avant d'être parvenu à un état prospère. Car, nous avons mis en toi notre espoir d'être récompensés par Allâh, et nous avons résolu de supporter patiemment ton absence. Or, il y avait entre nous et Zabîd une distance de neuf jours dans la direction du Sud. »

1. ʿOumâra, dans son *Moufîd*, rédigé en 564 (1168) d'après ses souvenirs plus lointains, donne la date de 530 (1136) ; voir Kay, *Yaman*, p. 29. J'ai supposé dans mon chapitre deuxième que ʿOumâra partît pour Zabîd tout au commencement de 531.

2. Peut-être conviendrait-il d'adopter la leçon de B, F, G, donnée dans la Partie arabe, p. 503, l. 15 et 16, et de traduire : « qui pesait mille *mithḳâls*. » Le voisinage presque immédiat du mot *dînâr* aurait dans ce cas exercé une influence connue des paléographes sur les yeux et sur les *ḳalams* des copistes de A et de C. Le poids moyen du *mithḳâl* est de 4 grammes et demi.

3. Je considère ce vizir comme identique au vizir de l'*amîr asch-scharîf* Gânim ibn Yaḥyâ ibn Ḥamza As-Soulaimânî Al-Ḥasanî (Partie arabe, p. 600), vizir appelé Mouslim ibn Yaschdjoub par ʿOumâra, *Al-Moufîd* (Kay, *Yaman*, p. 116 ; cf. p. 284). Notez que يشجب est un vieux nom propre yéminite attesté par Ibn Doraid, *Ischtiḳâḳ*, p. 217, et par Ibn Khallikân, *Biographical Dictionary*, II, p. 371, et remarquez que سبحت et يشجب diffèrent à peine, si l'on fait abstraction des points diacritiques, que de plus les dates concordent. Sur la leçon سبحت, voir la Partie arabe, p. 21, note 3, et 503, l. 17 ; sur la leçon سخت de mon texte, voir Ibn Al-Athîr, *Chronicon*, IX, p. 368 et 403 ; X, p. 430.

4. La leçon de B, F, G, si on la préfère, devra être traduite : « Il dépensera et tu dépenseras ce capital pour tes besoins. »

Voici donc 'Oumâra dans l'ardeur de ses dix-sept ans[1], émancipé prématurément, dégagé des liens qui l'ont étreint jusqu'ici, exilé volontaire avec le consentement et l'appui de ses parents, livré à ses aspirations et à ses goûts d'adolescent précoce, affranchi, comme d'une captivité, de la vie en commun avec les Ḥakamites du Djibâl, des Zarâ'ib et du Wâdî Wasâ', Arabes ignorants et infatués, trop uniformément sédentaires à son gré en dépit des escarmouches locales, confinés dans leurs plaines conquises ou héréditaires, immobilisés et embusqués sur leurs sommets. Sa fougue s'est assez longtemps dépensée dans les combats avec « les lions des fourrés et les aspics des sables[2] ». Il se sent soulagé par la perspective d'une existence renouvelée sur un théâtre plus vaste. Un vent impétueux de curiosité juvénile souffle dans cette âme indépendante, passionnée de liberté, impatiente de se mouvoir sans entraves dans un horizon moins borné, amoureuse des changements, avide d'inconnu, portée vers l'étude, qui s'était laissé gouverner, mais non asservir. La séparation s'imposait, au moins momentanée, entre des êtres qui s'aimaient, mais que divisaient à ce tournant les différences d'âge, de tempérament, de nature, d'inclinations. La contrainte prolongée eût abouti à une rupture irrévocable. Les parents de 'Oumâra eurent la sagesse de ne pas interdire à leur fils un départ que celui-ci projetait, dont ils préférèrent, dans l'intérêt de tous trois, prendre l'initiative et la direction. La paix menacée ne fut donc pas troublée entre les membres d'une famille, où la désunion avait failli sévir. A distance les malentendus se dissiperaient, les difficultés s'aplaniraient. L'étude rai-

1. « Avant d'avoir vingt ans », dit 'Oumâra, *Al-Moufîd* (Kay, *Yaman*, p. 29), dans le vague de ses souvenirs effacés.

2. 'Oumâra, *Tarassoulât*, dans la Partie arabe, p. 480.

sonnée de la jurisprudence auprès des meilleurs maîtres, enseignant à Zabîd, apporterait un remède efficace à l'agitation fébrile dont l'apprenti disciple venait y chercher la guérison.

CHAPITRE DEUXIÈME

ʿOUMÂRA À ZABÎD ET À ADEN
(1138-1155)

« Le vizir Mouslim, dit ʿOumâra[1], m'installa dans sa maison avec ses fils, et je m'appliquai à l'étude. Puis je séjournai à Zabîd pendant quatre années, sans jamais m'absenter du collège, de la *madrasa,* si ce n'est pour la prière du vendredi. Puis, dans la cinquième année, je rendis visite à mes parents et je restituai à ma mère la parure. Je n'en avais pas eu besoin. »

L'accueil que les jurisconsultes de Zabîd firent unanimement à leur nouvel élève, dès leur premier contact avec lui à la fin de 530 ou au commencement de 531 de l'hégire[2], en septembre ou en octobre 1136 de notre ère, fut un début flatteur pour son amour-propre, un encouragement à justifier l'impression produite de prime abord par l'excellence de son arabe, une invitation à profiter de la sympathie qu'inspirait aux auditeurs la correction native de son langage. « Les professeurs de tous les collèges, dit ʿOumâra[3], marquèrent leur surprise de ce que je ne commettais aucune faute en parlant[4]. Le jurisconsulte Naṣr Allâh ibn Sâlim du Ḥaḍramaut s'écria sous la foi du serment : Par Allâh,

1. ʿOumâra, *An-Noukat*, p. 21 et 22.

2. C'est ce que j'infère de la contradiction entre la date de 530 dans le *Moufîd* (Kay, *Yaman*, p. 29) et celle de 531 dans les *Noukat* traduits plus haut, p. 46.

3. ʿOumâra, *Al-Moufîd*, dans Kay, *Yaman*, p. 29, et dans Landberg, *Arabica*, V, p. 114.

4. Plus haut, p. 30.

qu'il soit exalté! ce jeune homme a fait de la grammaire à bonne école une étude approfondie. Longtemps après, lié à moi par les nœuds d'une sincère amitié, il ne me rencontrait jamais sans s'écrier : Bienvenu soit celui qui m'a entraîné à un faux serment! »

Le vizir Mouslim et ses fils avaient quitté ʿAththar[1], la capitale où résidait le prince de la famille des Banoû Soulaimân, descendants en ligne directe d'Al-Ḥasan, fils de ʿAlî, « l'émir noble » *(al-amîr asch-scharîf)* Gânim ibn Yaḥyâ[2],

1. La ville maritime de ʿAththar, dont le nom paraît rappeler le culte yéménite antéislamique du dieu mâle ʿAththar, est située en face de Baisch, dont elle est le port, au nord-ouest de Zabîd, sur la route côtière du pèlerinage. A propos d'elle, Yâḳoût, *Mouʿdjam*, III, p. 615, cite ʿOumâra : « Le pays de ʿAththar s'étend en longueur à six jours de marche sur deux jours en largeur. Il commence à Asch-Schardja et finit à Ḥaly. Ses revenus annuels s'élèvent à cinq cent mille dînârs *ʿaththariyya*. Cette région jusqu'à Toubâla est comptée parmi les districts dépendant de Zabîd. ʿAththar est célèbre par le grand nombre de ses lions. » Les lions de ʿAththar sont mentionnés par le poète antéislamique Zouhair; voir Landberg, *Primeurs arabes*, II, p. 122. Al-Hamdânî, *Djazîrat al-ʿArab*, p. 54, l. 13, réunit « les lions de ʿAththar et les lions de ʿItwad », passage reproduit dans Yâḳoût, *Mouʿdjam*, III, p. 612; voir aussi Al-Hamdânî, *ibid.*, p. 127, l. 16 et 19 ; Al-Bakrî, *Mouʿdjam*, p. 181, l. 5; 644, l. 3. La littérature sur ʿAththar peut être complétée par Ibn Khaldoûn, dans Kay, *Yaman*, p. 166-167, par la note très intéressante de M. Kay, *ibid.*, p. 239, ainsi que par la carte qu'il a esquissée (*Sketch of an Index Map of Yaman*, 1892). Les dînârs frappés à ʿAththar (j'ai corrigé Yâḳoût, *Mouʿdjam*, III, p. 615, d'après les « Remarques » de Wüstenfeld, *ibid.*, V, p. 310) sont l'objet d'une notice documentée dans Sauvaire, *Matériaux pour servir à l'histoire de la numismatique et de la métrologie musulmanes*, dans le *Journal asiatique* de 1880 ; cf., à propos d'un exemplaire de 342 (953) conservé à notre Bibliothèque Nationale, Henri Lavoix, *Catalogue des monnaies musulmanes*, I (1887), p. 320.

2. D'après Al-Khazradjî dans Kay, *Yaman*, p. 281-285 et 295 (cf. Ibn Khaldoûn, *ibid.*, p. 166-167), le prince Soulaimânide Gânim Al-Ḥasanî était fils de Yaḥyâ, fils de Ḥamza, fils de Wahhâs. Gânim est mentionné par ʿImâd ad-Dîn, *Kharîda*, dans la Partie arabe, p. 600 ; Yaḥyâ, son père, *ibid.*, p. 580, 581 et 591 ; Wahhâs, *ibid.*, p. 565. A cette série ajoutons l'émir ʿÎsâ, fils de Ḥamza, qui fut tué par son frère Yaḥyâ (cf. *ibid.*, p. 565, 580 et 581); le *scharîf* ʿAlî, fils de ʿÎsâ, fils de Ḥamza, fils de Wahhâs, fils d'Aboû 'ṭ-Ṭayyib Dâwoud, connu sous le nom d'Ibn Wahhâs (*ibid.*, p. 564-565);

seigneur héréditaire de la province yéménite, dénommée *Al-Mikhlâf as-Soulaimânî* d'après Soulaimân ibn Ṭaraf [1], et avait fait un long séjour à Zabîd pour y négocier un traité d'alliance entre l'émir Gânim et son suzerain, le sultan Nadjâḥide, Abyssin d'origine, Fâtik II, fils de Manṣoûr, fils de Fâtik Ier. C'était dans son domicile provisoire de Zabîd que Mouslim avait offert l'hospitalité à ʿOumâra, fils d'Aboû 'l-Ḥasan ʿAlî, seigneur du Djibâl, des Zarâ'ib et du Wâdî Wasâʿ. Sa mission terminée par un succès diplomatique ou interrompue par les événements qui se déroulèrent à Zabîd, il s'en retourna vers sa demeure de ʿAththar, qu'il avait abandonnée pendant plusieurs mois. On peut conjecturer que son départ fut hâté par la perspective des troubles qui allaient éclater à Zabîd et aboutir à l'emprisonnement de Fâtik II par son vizir Iḳbâl en schaʿbân 531 [2] (entre le 24 avril et le 12 mai 1137).

l'émir Dahmasch, fils de Wahhâs (*ibid.*, p. 565) et le *scharif* Hâschim, fils de Gânim, cité par Ibn Abî Ṭayy dans Aboû Schâma, *Kitâb ar-raudatain*, I, p. 217, l. 18; cf. ma *Vie d'Ousâma*, p. 424. M. Snouck Hurgronje, *Mekka*, I, Stammtafel I, entre la p. 24 et la p. 25, a donné la généalogie de cette famille seigneuriale, mecquoise d'origine, depuis Al-Ḥasan, fils de ʿAlî, jusqu'à et y compris Ḥamza. Deux dates sont données par ʿImâd ad-Dîn dans la Partie arabe, p. 465 : Dahmasch mourut en 467 (1074), Ibn Wahhâs en 556 (1161).

1. Soulaimân ibn Ṭaraf, descendant d'Al-Ḥasan, est le fondateur de la dynastie soulaimânide, « maison modèle, illustre et noble » d'après Al-Djanadî, dans la Partie arabe, p. 541 ; cf. ʿImâd ad-Dîn, *ibid.*, p. 564 et 565. Il se tailla vers 340 (951) un apanage indépendant, avec ʿAththar comme capitale, dans les possessions du prince Ziyâdite Aboû 'l-Djaisch Isḥâḳ ibn Ibrâhîm Ibn Ziyâd ; voir la note relative à ʿAththar plus haut, p. 50, n. 1 ; Stanley Lane-Poole, *The Mohammedan Dynasties*, p. 90, et les nombreuses références de ma *Vie d'Ousâma*, au bas de la p. 424. La date précise des dînârs *ʿaththariyya* connus me fait remonter de dix ans environ la date probable de la révolte et de l'avènement de Soulaimân.

2. ʿOumâra, *Al-Moufîd*, dans Kay, *Yaman*, p. 115 ; cf. p. 157 et 285 ; Aboû l-Fidâ, *Annales muslemici*, III, p. 62 ; Al-Djanadî, *As-Souloûk*, fol. 188 v° ; Ibn Ad-Daibaʿ, *Bougyat al-moustafîd*, dans Johannsen, *Historia Iemanæ*, p. 140.

Les cours de l'Université chômèrent sans doute dans la période de guerre civile qui amena au pouvoir un cousin de Fâtik II, son rival triomphant Fâtik III, fils de Moḥammad, fils de Fâtik Ier[1]. ʿOumâra, trouvant la maison délaissée et la prison ouverte, se sauva incontinent, secoua son joug, partit en vacances, soulagé par sa libération imprévue, et se réfugia dans un port situé en face de Zabîd, à Al-ʿAnbara[2], village ainsi appelé probablement parce que plus d'une fois la mer d'Al-Ḳoulzoum y avait rejeté sur les côtes des parcelles d'ambre gris *(al-ʿanbar)*[3].

Le jeune échappé du collège, qui perdait son gîte assuré et devait pourvoir désormais à son entretien, se garda d'attendre que les 470 dînârs alloués par son père fussent épuisés : je suppose avec quelque vraisemblance qu'il chercha dès lors un emploi rémunérateur de son petit capital et qu'il s'enquit d'un trafiquant expérimenté dont il serait le commanditaire et l'associé. Il avait un goût inné et prononcé pour les transactions commerciales. Or, Al-ʿAnbara lui offrait un terrain propice au négoce et à la mise en valeur de son pécule. « Alors, dit un de ses biographes, que son bagage scientifique était encore peu considérable[4] », il paraît s'être préoccupé moins de l'accroître que d'augmenter sa pacotille, de provoquer et de réaliser

1. ʿOumâra, *Al-Moufîd*, dans Kay, *Yaman*, p. 95.

2. Id., *ibid.*, p. 124 ; cf. p. 161 et 288 ; Yâḳoût, *Mouʿdjam*, III, p. 735 ; IV, p. 891 ; Aboû 'l-Fidâ, *Annales*, III, p. 567 ; Ibn Ad-Daibaʿ, dans Johannsen, *Historia Iemanæ*, p. 143 ; cf. p. 256.

3. L'ambre gris est une des matières premières qui ont enrichi le Yémen ; cf. Ibn Khordâdhbéh (trad. De Goeje), p. 41 ; Ibn Ḥauḳal (éd. De Goeje), p. 20 ; Al-Masʿoûdî, *Les Prairies d'or* (éd. Barbier de Meynard), I, p. 333-335 et 367 ; Al-Ḳazwînî, *ʿAdjâʾib* (trad. Ethé), p. 268, cité par Georg Jacob, *Der Bernstein bei den Arabern des Mittelalters*, Berlin, 1886 ; cf. le même auteur, dans *Zeitschr. d. deutsch. morg. Gesellschaft*, XLIII (1889), p. 380, 381 et 383.

4. Al-Djanadî, *As-Souloûk*, dans la Partie arabe, p. 542.

des échanges avantageux, d'acheter à bas prix et de revendre à gros bénéfice, de satisfaire son instinct du lucre, de se procurer habilement et les dînârs rendus indispensables par les nécessités impérieuses de sa vie modifiée et les dînârs superflus qu'il prenait plaisir à entasser en prévision d'un avenir incertain.

L'ardeur commerciale du thésauriseur précoce ne s'éteignit pas, mais il ne tarda pas à se partager entre sa passion des affaires et l'enthousiasme dont il s'enflamma bientôt à Al-ʿAnbara pour la propagande d'un nouveau Moḥammad, qui, comme le Prophète, eut ses *anṣâr* et ses *mouhâdjiroûn*[1], qui préparait son émigration *(hidjra)* future à Zabîd et la conquête de cette autre Médine par la parole et par l'épée. ʿAlî ibn Mahdî[2], comme s'appelait ce descendant des anciens rois Ḥimyarites, prophète plus ambitieux que convaincu, prédicateur militant et guerrier fanatique, compta ʿOumâra parmi ses adhérents de la première heure. Dès les commencements de sa prédication, il avait contracté avec son jeune adepte la plus solide des amitiés et la plus durable des intimités[3]. L'exaltation du néophyte faisait de son âme neuve et surexcitée une conquête facile pour un séducteur « éloquent, beau comme une aurore, haut et bien conformé de taille, à la voix suave et musicale, à l'enseignement persuasif, à la mémoire garnie

1. ʿOumâra, *Al-Moufîd*, dans Kay, *Yaman*, p. 126 (cf. Ibn Khaldoûn, *ibid.*, p. 163); Aboû 'l-Fidâ, *Annales moslemici*, III, p. 567.

2. La généalogie d'après Al-Khazradjî est donnée tout au long dans Kay, *Yaman*, p. 288. Je me contente d'insérer ici ce qu'en a conservé, comme le plus certain, Al-Djanadî, *As-Souloûk*, fol. 139 v° : Aboû 'l-Ḥasan ʿAlî ibn Mahdî ibn Moḥammad ibn ʿAlî ibn Dâwoud ibn Moḥammad Ar-Rouʿainî Al-Ḥimyarî. Ar-Rouʿainî signifie un descendant du *ḳail* Ḥimyarite Yarîm ibn Zaid Dhoû Rouʿain; cf. Aṭ-Ṭabarî, *Annales*, I, p. 910-912; Ibn Doraid, *Ischtiḳâḳ*, p. 307; Wüstenfeld, *Register*, p. 386.

3. ʿOumâra, *An-Noukat*, p. 30, l. 9 et 10.

de citations du Coran et du *ḥadîth*, qui vivait en ascète à la manière des *ṣoûfîs*, qui rapportait d'un pèlerinage récent un teint bruni, des joues hâlées et, entre les yeux, une cicatrice attestant ses prosternements, qui prédisait avec une assurance infaillible les hautes destinées qui lui étaient réservées au spirituel et au temporel, dont la personne et l'attitude attiraient la sympathie et la confiance, gagnaient les cœurs[1] ».

'Oumâra avoue sa capitulation devant son vainqueur[2] : « Je m'étais alors affilié à lui et je lui consacrai la plus grande partie de mon temps pendant toute une année. Mon père apprit alors que j'avais abandonné les études de droit et que j'avais adopté une existence de dévotion excessive. Il se mit en route, voyagea hors de son pays, m'enleva à la domination de 'Alî et me ramena à l'École de Zabîd. Je continuai à visiter 'Alî une fois par mois. Lorsque son autorité s'affermit, je cessai mes relations avec lui, par crainte des habitants de Zabîd. De 531 à 536 (de 1136 à 1142), il ne discontinua pas ses prédications dans les campements des nomades. Puis, lorsque revenait périodiquement l'époque du pèlerinage de La Mecque, il y prenait part, monté sur un dromadaire. »

Le déserteur, après avoir été tancé vertement, accepta sans résistance la discipline sévère que son père lui imposa. Il considéra comme une faveur d'Allâh d'avoir été admis de nouveau parmi les étudiants en droit[3]. Sa sortie du rang avait été un coup de tête qui lui fut pardonné

1. 'Oumâra, *Al-Moufid*, dans Kay, *Yaman*, p. 124; Al-Djanadî, *As-Souloûk*, fol. 189 v°. Kay, *Yaman*, p. 289, renvoie avec raison pour les traces de fréquentes prosternations au *Coran*, XLVIII, 29. Ces blessures saintes caractérisent les visages des prophètes et des *mahdis*.

2. 'Oumâra, *Al-Moufid*, dans Kay, *Yaman*, p. 125.

3. 'Oumâra, *An-Noukat*, p. 22, l. 14-23, l. 2.

ainsi qu'un péché de jeunesse ; sa rentrée fut accueillie ainsi qu'une rétractation. L'Université de Zabîd était éclectique en droit musulman : elle comprenait dans son personnel enseignant des Schâfi'ites, des Ḥanafites et des Mâlikites. Les cours des premiers étaient le plus suivis. La direction de la secte schâfi'ite à Zabîd ressortait à un rectorat[1], dont le titulaire était alors le *faķîh* Aboû Moḥammad 'Abd Allâh ibn Abî 'l-Ķâsim ibn Al-Ḥasan, connu sous le nom d'Ibn Al-Abbâr, qui admit 'Oumâra[2] dans sa classe trop étroite pour le nombre de ses auditeurs[3]. Les successeurs d'Ibn Al-Abbâr furent le *ķâḍî* de Zabîd, le *ķâḍî* éminent (*al-ķâḍî al-fâḍil*) Aboû 'Abd Allâh Moḥammad ibn *al-ķâḍî* 'Abd Allâh Ibn Abî 'Aķâma Al-Ḥafâ'ilî[4], ainsi désigné d'après l'école Al-Ḥafâ'il[5], où son action s'exerçait, et son cousin du côté paternel, le *ķâḍî* Aboû Moḥammad 'Abd Allâh ibn Moḥammad ibn Abî 'l-Foutoûḥ[6]. L'influence du *ķâḍî Al-Ḥafâ'ilî* était devenue tellement prépondérante à Zabîd, grâce à sa supériorité de savant, d'orateur, de poète, grâce aussi à sa fortune considérable[6], que 'Alî ibn Mahdî, dont il avait été le *kâtib*, « le secrétaire[7] »,

1. Al-Djanadî, dans la Partie arabe, p. 638, l. 4 et 5.

2. 'Oumâra, *Al-Moufîd*, dans Kay, *Yaman*, p. 12 et 103 ; Al-Djanadî, *As-Souloûk*, dans la Partie arabe, p. 542, l. 4-6 et note 2 ; 638, l. 7 ; Bâ Makhrama, *ibid.*, p. 554.

3. 'Imâd ad-Dîn, *Kharîda*, *ibid.*, p. 599, l. 4.

4. Sur 'Abd Allâh et sur ses ancêtres les Banoû Abî 'Aķâma, *ķâḍîs* héréditaires de Zabîd, voir 'Oumâra, *An-Noukat*, p. 28, l. 3 ; *Al-Moufîd*, dans Kay, *Yaman*, p. 4, 27 et 93 ; 'Imâd ad-Dîn, *Kharîda*, dans la Partie arabe, p. 591-598 ; Yâķoût, *Mou'djam*, II, p. 916 (cf. III, p. 652) ; Al-Djanadî, *As-Souloûk*, dans la Partie arabe, p. 632-633 et 647-648.

5. 'Imâd ad-Dîn, *Kharîda*, *ibid.*, p. 592, l. 4 ; Al-Djanadî, *ibid.*, p. 648, l. 2-3. Peut-être les lectures Al-Ḥoufâ'ilî et Al-Ḥoufâ'il sont-elles préférables d'après Yâķoût, *Mou'djam*, II, p. 293.

6. 'Imâd ad-Dîn, *Kharîda*, dans la Partie arabe, p. 592, l. 7-8.

7. Al-Djanadî, *As-Souloûk*, fol. 190 v°.

une fois le Tihâma ravagé et Zabîd conquis le 14 radjab 554[1], le premier août 1159 de notre ère, trouva, dans les deux mois et vingt et un jours de son règne, le temps de faire un *schahîd* « un martyr » du *ḳâḍî* inoffensif[2], de le mettre à mort, ainsi que son fils, « un homme distingué, un poète[3] ».

'Oumâra, après sa fugue, se laissa interner provisoirement dans le *riwâḳ*[4], « portique » en forme de cloître sur lequel s'ouvrent les cellules affectées aux étudiants étrangers à la ville, dans les dépendances du collège schâfi'ite, où il allait renouer la chaîne de ses études interrompues. Mais j'ai peine à croire qu'il ait dit vrai, lorsqu'il prétend que, pendant quatre années, sa réclusion scolaire n'aurait été coupée que par des sorties hebdomadaires pour la prière du vendredi[5]. Ce tableau idéalisé de son passé ne paraît pas conforme à la réalité des choses. Il devait avoir au

1. 'Oumâra, *Al-Moufîd*, dans Kay, *Yaman*, p. 129; Aboû 'l-Fidâ, *Annales*, III, p. 569; Ibn Ad-Daiba', dans Johannsen, *Historia Iemanæ*, p. 137 et 144.

2. *Al-Ḳâḍî Asch-Schahîd*, ainsi est désigné un *ḳâḍî* 'Aḳâmite plus ancien, Aboû Moḥammad Al-Ḥasan Ibn Abi 'Aḳâma, assassiné par le roi Djayyâsch, fils de Nadjâḥ, prince de Zabîd, comme Al-Ḥafâ'ilî le fut par 'Alî ibn Mahdî; voir, pour cette appellation, Al-Djanadî, *As-Souloûk*, d'après 'Oumâra, dans la Partie arabe, p. 647, l. 13 ; pour le fait qui l'a justifié, 'Imâd ad-Dîn, *Kharîda*, *ibid.*, p. 596. Le titre de *schahîd*, de martyr, d'abord réservé à ceux qui ont sacrifié leur vie à leurs convictions religieuses, a, par la suite, été étendu à toutes les victimes de mort violente, comme le démontre par exemple son application constante à Zanguî, le père du grand Noûr ad-Dîn.

3. 'Imâd ad-Dîn, *Kharîda*, *ibid.*, p. 591, l. 11 et 12; cf. Yâḳoût, *Mou'djam*, II, p. 916, l. 22.

4. Ibn Baṭoûṭa, *Voyages*, II, p. 4, 5 et 292; Lane, *Modern Egyptians*, I, p. 290, à propos de l'Université Al-Azhar du Caire; cf. F. Wüstenfeld, *Die Academien der Araber*, p. 6; Slane, dans Ibn Khallikân, *Biographical Dictionary*, I, p. XXVIII; A. von Kremer, *Culturgeschichte des Orients*, II, p. 481.

5. Plus haut, p. 49.

moins un pied-à-terre à Zabîd. Peut-être même y occupait-il déjà une maison[1] appropriée à sa vie complexe. Car, de 532 à 535, de 1138 à 1141, il pourvut simultanément à ses besoins matériels par le maniement habile de ses fonds, par la pratique ordonnée des affaires et par la mise en œuvre, à Zabîd, de l'expérience due à son apprentissage mercantile d'Al-ʿAnbara ; à ses progrès en droit par son assiduité scolaire, par sa curiosité d'apprendre, par le développement régulier de ses aptitudes. Lorsque en 535 (1141) ʿOumâra, réhabilité dans l'esprit de sa famille, répondit à l'appel de ses parents et revit enfin le pays natal, il était considéré par l'opinion publique de Zabîd comme un négociant actif, clairvoyant et favorisé par les circonstances, plus encore comme un savant apprécié par ses maîtres et consulté par ses condisciples, débordant de sève, consumé par la fièvre d'une noble ambition, impatient d'occuper le premier rang dans cette élite de professeurs et de jurisconsultes, considérant la connaissance du droit théorique et appliqué comme celle des matières les plus dignes d'occuper un jeune homme possédant son intelligence, sa force de travail, ses aspirations, sa faculté de comprendre et d'apprendre, son acquit en fait de sciences positives et de maturité développée avant l'âge.

Aussi son absence ne se prolongea-t-elle pas loin de Zabîd, loin du milieu où sa vie s'écoulait heureuse, peut-être déjà dans le charme d'une vie conjugale harmonieuse, assurément avec l'auréole d'une gloire naissante, avec les avantages de beaux profits. Il n'avait garde de se laisser oublier ou supplanter. Ce fut en hâte qu'il revint passer trois autres années à Zabîd, non plus comme élève, mais comme une

1. En 539 (1144) au plus tard, ʿOumâra avait sa maison particulière à Zabîd, comme il appert de son *Moufîd*, dans Kay, *Yaman*, p. 102.

sorte d'agrégé muni de son *idjâza*, c'est-à-dire de la *licentia docendi*[1], autorisé désormais à poursuivre son instruction en présidant à celle des autres. Il avait choisi avec discernement, comme spécialité, la solution des problèmes relatifs au partage des successions. C'était un terrain merveilleusement conforme à la nature de son esprit, à ses doubles inclinations. « Nombre de *ṭâlibs* (étudiants), dit-il lui-même[2], recevaient de moi des leçons sur la doctrine schâfi'ite, sur les questions relatives aux liquidations des héritages. J'ai composé sur les successions un ouvrage qui est employé comme livre de classe dans tout le Yémen. »

Après ces trois années de professorat juridique, Zabîd resta le quartier général de 'Oumâra, qui y possédait sa maison à lui, qui y avait noué des relations durables, conquis des amitiés solides, formé une cohorte de disciples. Il n'y enseignait plus, mais il y avait établi son domicile, y avait probablement fondé une famille et devait se plaire dans son entourage de jeunes femmes et de petits enfants. Cependant il s'échappait souvent du bonheur domestique et du confort régulier pour se rendre seul, en voyage d'affaires[3], le long de la mer Rouge jusqu'à Aden, où il faisait des séjours plus ou moins prolongés.

Les princes Zourai'ides d'Aden[4] professaient ouvertement des opinions religieuses teintées de schî'isme, avaient

1. Sacy, *Chrestomathie arabe*, I, p. 123; Ahlwardt, *Verzeichniss arabischer Handschriften*, I (Berlin, 1887), p. 54-95 ; Julián Ribera, *La enseñanza entre los Musulmanes españoles* (Zaragoza, 1893), p. 88-92 et IX-X contenant une formule d'*idjâza*.

2. 'Oumâra, *An-Noukat*, p. 23.

3. Al-Djanadî, *As-Souloûk*, dans la Partie arabe, p. 542, l. 9; Bâ Makhrama, *Ta'rîkh, ibid.*, p. 554, l. 9.

4. Une excellente table, donnant la généalogie et la succession des Banoû Zourai', a été dressée par M. Kay, *Yaman*, p. 307.

adopté pour eux-mêmes le titre significatif de *dâʿî*[1] « missionnaire », réservé aux propagateurs des doctrines ʿAlides, et reconnaissaient non seulement la légitimité, mais encore la suzeraineté des khalifes fâṭimides d'Égypte. La petite cour d'Aden, avec ses tendances et son originalité, était largement ouverte aux lettrés et aux savants. Ce fut vers 537 (1142) que ʿOumâra fut accueilli avec faveur par le *dâʿî* Aboû ʿImrân Moḥammad ibn Saba' ibn Abî 's-Souʿoûd Ibn Zouraiʿ Al-Yâmî Al-Hamdânî, surnommé *Al-Moutawwadj*[2] « le Couronné », porté en 534 (1139), après la mort de son frère ʿAlî Al-Aʿazz[3], au sultanat héréditaire d'Aden et d'Ad-Doumlouwwa par le vizir, « le chef obéi de tous[4] », le *dâʿî* d'Aden, le *schaikh as-saʿîd al-mouwaffaḳ as-sadîd*[5] Bilâl ibn Djarîr Al-Mouḥammadî, dont il avait épousé la fille[6], puis confirmé aussitôt dans sa dignité nouvelle comme le Très Considéré, le Couronné, le Puissant, par un décret

1. J'ai parlé plus haut, p. 29, d'un autre *dâʿî*. Moḥammad ibn Saba' est désigné aussi par la périphrase صاحب الدعوة « l'agent de la propagande » par Al-Djanadî, *As-Soulouk*, dans la Partie arabe, p. 542, l. 11, et par Bâ Makhrama, *Ta'rîkh*, *ibid.*, p. 554, l. 11. C'est d'après Bâ Makhrama (ms. S, fol. 151 v°) que j'ai donné ici nom, généalogie et courte biographie du *dâʿî* Moḥammad.

2. J'emprunte ce surnom à ʿOumâra, *Al-Madjmoûʿ*, cité par ʿImâd ad-Dîn, *Kharîda*, dans la Partie arabe, p. 601, l. 9; cf. *Al-Moufîd*, dans Kay, *Yaman*, p. 55, l. 10, des textes arabes.

3. Ou Al-Agarr; cf. ʿOumâra, *An-Noukat*, p. 31, l. 4; *Abulfedæ Annales Moslemici*, III, p. 195; Kay, *Yaman*, p. 260.

4. Traduction du titre *al-ʿamîd* donné à Bilâl en 540 (1145) par un contemporain, d'après Ibn Ḥauḳal, éd. De Goeje, p. IX; cf. ma *Vie d'Ousâma*, p. 154, 532 et 615.

5. Ces surnoms proviennent de ʿOumâra, *An-Noukat*, p. 26; *Al-Moufîd*, dans Kay, *Yaman*, p. 55, l. 11, des textes arabes; Bâ Makhrama, *Ta'rîkh*, ms. S, fol. 119 v°. Sur les princes arabes appelés des *schaikhs*, voir plus haut, p. 29, 31, 37, 40.

6. ʿOumâra, *Al-Moufîd*, dans Kay, *Yaman*, p. 74; Al-Djanadî, *As-Soulouk*, dans la Partie arabe, p. 543, l. 3.

d'investiture, qu'avait apporté du Caire, des portes sacrées du Palais, au nom du khalife Fâṭimide Al-Ḥâfiṭh[1], l'illustre écrivain et poète, *al-ḳâḍî ar-raschîd* Aḥmad Ibn Az-Zoubair[2]. 'Oumâra ne se laissa pas arrêter par l'orthodoxie de ses convictions religieuses. Il la fit fléchir pour pénétrer

1. Al-Djanadî, *As-Souloûk*, dans la Partie arabe, p. 637, sans indiquer de date, dit vaguement qu'« *Al-Ḳâḍî Ar-Raschîd* fut envoyé à Moḥammad ibn Saba' par les khalifes de Miṣr ».

2. 'Oumâra, *Al-Moufîd*, dans Kay, *Yaman*, p. 74. *Al-Ḳâḍî Ar-Raschîd* est Aboû 'l-Ḥousain (ou Aboû 'l-Ḥasan) Aḥmad, fils d'*Al-Ḳâḍî Ar-Raschîd* Aboû 'l-Ḥasan 'Alî, fils d'*Al-Ḳâḍî Ar-Raschîd* Aboû Isḥâḳ Ibrâhîm ibn Moḥammad ibn Al-Ḥousain Ibn Az-Zoubair Al-Gassânî Al-Ouswânî. J'ajoute Al-Ḳouraschî Al-Asadî d'après Dja'far Al-Adfouwî, *Aṭ-Ṭâli'* (ms. 2148 de la Bibliothèque Nationale), fol. 34 v°, en signalant la notice qui s'y trouve au fol. 33 v°-36 v°. On consultera aussi avec fruit celle de 'Imâd ad-Dîn, *Kharîda* (ms. 3328 de la Bibliothèque Nationale), fol. 35 v°-49 r°, y compris ce qui y concerne son fils 'Alî et son frère Al-Mouhadhdhab Aboû Moḥammad Al-Ḥasan, et celle d'Aboû Makhrama, *Ta'rîkh*, dans S, fol. 96 r°-97 v°. Le titre entier de son œuvre principale, citée par 'Imâd ad-Dîn, *Kharîda*, dans la Partie arabe, p. 600, l. 4 (cf. *ibid.*, n. 2), est كتاب الجنان ، ورياض الاذهان. En dehors des passages cités ici et dans l'index de la Partie arabe, p. 655 *a* (cf., pour son frère, *ibid.*, p. 600 *b*), ce personnage considérable, d'esprit encyclopédique, à la fois écrivain, poète, biographe, compilateur, jurisconsulte, logicien, archéologue, mathématicien, géomètre, musicien, diplomate, inspecteur des services administratifs à Alexandrie (ولى نظر الدواوين بالاسكندرية ; cf. Wüstenfeld, *Calcaschandi's Geographie und Verwaltung von Ägypten*, p. 191), savant et professeur, né à Ouswân vers 500 (1106), mis à mort par Schâwar en moḥarram 563 (octobre 1167), peut être suivi dans sa vie et ses écrits, si l'on se réfère à 'Oumâra, *Al-Moufîd*, dans Kay, *Yaman*, p. 78; Aboû Schâma, *Kitâb ar-rauḍatain*, I, p. 147, l. 20-148, l. 9; Ibn Khallikân, *Biographical Dictionary*, I, p. 143-146; II, p. 343; As-Soyoûṭî, *Ḥousn al-mouḥâḍara*, I, p. 311; Ḥâdji Khalîfa, *Lexicon bibliographicum*, I, p. 439; II, p. 107 et 631; IV, p. 53; Hammer-Purgstall, *Literaturgeschichte der Araber*, VII, p. 753-756, 897-898 et 1202-1203; Hartwig Derenbourg, *Vie d'Ousâma*, p. 18, 207, 289, 419, 532. P. 207, il est parlé d'une autre mission remplie par *Al-Ḳâḍî Ar-Raschîd* dans le Yémen en septembre 1144, au nom également du khalife Fâṭimide Al-Ḥâfiṭh; p. 621, la note additionnelle à la p. 386 est un anachronisme qu'il convient de supprimer. *Al-Ḳâḍî Ar-Raschîd* n'est pas mentionné dans les histoires de la littérature arabe de Carl Brockelmann et de Clément Huart.

plus avant dans l'intimité du *dâ'î* Moḥammad ibn Saba' et de Bilâl, son conseiller intime[1]. Ce fut aussi à Aden qu'il se lia alors d'amitié avec « le vizir et chef du protocole de la dynastie Zourai'ide[2] », le *schaikh al-adîb* Aboû Bakr Aḥmad ibn Moḥammad Al-'Aidhî[2], natif d'Abyan, dans la banlieue d'Aden[3], qui lui prodigua ses conseils et prit le jeune immigrant sous son patronage.

Al-'Aidhî considérait sa haute situation auprès des gouvernants d'Aden comme un véritable protectorat des lettres et des lettrés. « Apprenait-il, dit 'Oumâra en parlant de lui[4], l'approche d'une caravane, il sortait à sa rencontre vers la porte de la ville et s'informait des personnes dont elle était composée. Parvenait-il à mettre la main, parmi les voyageurs, sur un lettré ou sur un jurisconsulte, il s'empressait de lui prodiguer les honneurs et de lui acheter toute sa marchandise, dans le cas où il était en même temps un trafiquant. Si, au point de vue des belles-lettres, le nouvel arrivant avait le bras trop court, il composait des vers qu'il lui attribuait et s'efforçait de lui conquérir ainsi des présents. Puis, il le logeait pendant la durée de son séjour, ou chez lui, ou dans le voisinage, et le munissait de provisions lors de son départ. »

1. Son *maulâ*, dit Al-Djanadî, *As-Souloûk*, dans la Partie arabe, p. 641, l. 6; Bâ Makhrama, *Ta'rîkh*, ms. S, fol. 151 v°.

2. 'Oumâra, *Al-Madjmoû'*, cité par 'Imâd ad-Dîn, *Kharîda*, dans la Partie arabe, p. 569, l. 11, en tête de la longue biographie d'Al-'Aidhî, qui est reproduite en partie p. 569-571; cf. celle que lui a consacrée Al-Djanadî, *As-Souloûk*, *ibid.*, p. 639-647. Al-'Aidhî descendait d'une tribu apparentée à celle de 'Oumâra : 'Aidh Allâh ibn Sa'd al-'Aschîra ibn Madhḥidj ; cf. As-Soyoûṭî, *Loubb al-loubâb* (éd. Veth), p. 184 *a*; voir plus haut, p. 27 et 30.

3. 'Imâd ad-Dîn, *Kharîda*, dans la Partie arabe, p. 570, l. 5; Al-Djanadî, *As-Souloûk*, *ibid.*, p. 639, l. 9 et 10; 640, l. 8.

4. 'Oumâra, *Al-Madjmoû'*, cité par 'Imâd ad-Dîn, *Kharîda*, *ibid.*, p. 571, l. 12-17, et par Al-Djanadî, *As-Souloûk*, *ibid.*, p. 643, l. 2-8, avec des variantes de pure forme.

ʿOumâra généralise son impression personnelle. Le lettré, le jurisconsulte, qui est un trafiquant, venu à Aden pour y réaliser de gros bénéfices dans des transactions commerciales, c'est lui-même. En outre de sa science juridique, il a amassé un pécule à Zabîd et veut l'augmenter à Aden. Il désire vendre et acheter dans de bonnes conditions, et Al-ʿAidhî s'emploie pour faire aboutir les négociations. Mais sa sollicitude pour son protégé ne se borne pas à intervenir pour que « le pauvre s'en retourne fortuné, le possesseur de peu regorgeant de richesses[1] ». Il a d'autres ambitions pour ʿOumâra, qui doit devenir poète et, pour son début, composer un panégyrique du prince Moḥammad ibn Saba'. « Je lui objectai, dit le jurisconsulte[2], que je n'étais pas poète. Mais il ne cessa pas d'insister auprès de moi et de me vanter sa proposition jusqu'à ce que je composai une pièce de vers. Il la jugea défavorablement, la mit de côté et la remplaça par un poème distingué qu'il m'attribua. Les stations[3], depuis Zabîd jusqu'à Aden, y étaient décrites; puis venaient des félicitations au *dâʿî* Moḳammad ibn Saba' pour son mariage avec la fille du *schaikh* Bilâl en termes choisis, parsemés de métonymies. Puis, il se chargea de débiter lui-même, en mon nom, le poème en présence du prince, tandis que j'étais là, muet comme la statue d'une idole. Il accepta pour moi un présent du *dâʿî* et un autre de Bilâl. Ce fut pour nous un vrai plaisir. Avec l'argent que javais récolté, il acheta pour moi une pacotille. Ensuite, lorsque je fus résolu à reprendre mon voyage, il me dit : O ʿOumâra, tu as été marqué aux yeux du peuple

1. ʿOumâra, *Al-Madjmoûʿ*, cité par Al-Djanadî, *As-Souloûk*, dans la Partie arabe, p. 643, l. 8.

2. ʿOumâra, *Al-Madjmoûʿ*, cité par ʿImâd ad-Dîn, *Kharîda*, *ibid.*, p. 572, l. 1-7, et plus complètement par Al-Djanadî, *As-Souloûk*, *ibid.*, p. 542, l. 11; 543, l. 7.

d'une réputation de poète. Réfléchis, étudie les livres de littérature et ne te fige pas dans la connaissance exclusive du droit[1]. Car la supériorité du beau langage est la parure de l'homme. Lorsque je me présentai l'année suivante, je composai moi-même une poésie supérieure à celle de l'année précédente. »

Le cadre dans lequel se meut ʿOumâra s'élargit. La jurisprudence est obligée de tolérer le partage avec la poésie. L'histoire ne tardera pas à réclamer sa place. Le commerce, loin d'être éliminé, doit satisfaire la passion du lucre qui domine ʿOumâra, qu'il ne cherche ni à déguiser, ni à combattre. L'activité sans lassitude de ʿOumâra, ses goûts sans bornes et sans limites, ses capacités sans faiblesse lui permettent de se disséminer, sans que son action perde en profondeur ce qu'elle gagne en étendue. L'influence schîʿite d'Aden n'entame pas plus son orthodoxie que ne le fera plus tard celle de Miṣr; il viendra se retremper à Aden toutes les fois qu'il craindra de « se figer » dans une spécialité qui l'absorberait, toutes les fois qu'il sentira sa popularité à Zabîd subir une éclipse momentanée, toutes les fois que ses intérêts commerciaux provoqueront ce déplacement.

La cour des Banoû Nadjâḥ, les sultans abyssins de Zabîd, disputait ʿOumâra à celle des Banoû Zouraiʿ, les princes Hamdânides d'Aden. La concurrence des uns et des autres pour l'accaparer ne présentait que des avantages pour celui qui en était l'objet : il se partageait entre les souverains des deux capitales, sans cacher ses préférences pour Zabîd, où l'attiraient ses souvenirs de jeunesse et par-dessus tout la nostalgie de son foyer. Lorsqu'il quittait l'hospitalité du vizir, du « lettré » Aḥmad Al-ʿAidhî, lorsqu'il se séparait

1. Ce qui suit n'est que dans ʿImâd ad-Dîn, *Kharîda, loc. cit.*

du *dâʿî* Moḥammad ibn Saba' et du *schaikh* Bilâl pour reprendre sa vie de famille dans sa maison de Zabîd, il était, avec la joie de vivre intimement avec les siens, assuré d'un accueil chaleureux de la part du sultan Fâtik III, fils de Moḥammad, de la reine ʿAlam Oumm Fâtik, qui avait survécu à son fils Fâtik II ibn Manṣoûr (empoisonné en schaʿbân 531, mai 1137[1]), enfin du vizir tout-puissant, du *ḳâ'id* Aboû Moḥammad Souroûr Al-Fâtikî, l'Amḥarite[2]. Ils étaient d'accord dans leur sympathie pour le jeune ʿOumâra, dans leur admiration pour ses talents. Sa renommée précoce grandissait sous leurs regards bienveillants, et leur sollicitude attentive prévoyait que les années mûriraient sa nature en pleine sève.

La princesse ʿAlam Oumm Fâtik[3], ainsi dénommée parce qu'elle était la mère de Fâtik II, était une esclave, une chanteuse, achetée, puis libérée de son servage et épousée par le sultan Manṣoûr, fils de Fâtik Ier, père de Fâtik II et oncle du prince régnant, le sultan Fâtik III. Après avoir exercé une influence incontestée sur son maître devenu son mari et sur son fils, elle avait, quand elle les eut perdus tous deux, maintenu son prestige et sa considération, non

1. Ces événements ont été relatés plus haut, p. 51.

2. Aboû Moḥammad Souroûr Al-Fâtikî, c'est-à-dire l'affranchi de Fâtik II, l'Amḥarite, c'est-à-dire le descendant de la tribu abyssine Amḥara, par ses services rendus aux Nadjâḥides et par sa supériorité personnelle, s'éleva de fonction en fonction jusqu'au vizirat de Zabîd. Sa puissance, déjà prépondérante sous Fâtik II, atteignit son apogée sous Fâtik III. Il mourut assassiné, pendant qu'il faisait la prière du *ʿaṣr* dans la mosquée qu'il avait lui-même construite à Zabîd, le 12 redjab 551 (31 août 1156). Voir ʿOumâra, *Al-Moufîd*, dans Kay, *Yaman*, p. 117-123; Al-Djanadî, *As-Souloûk*, *ibid.*, p. 286-288; Ibn Ad-Daibaʿ, *Al-Moutafîd*, dans Johannsen, *Historia Iemanæ*, p. 140-142.

3. ʿOumâra, *Al-Moufîd*, dans Kay, *Yaman*, p. 95, 97, 98, 112, 117, 119-122. Si le nom ʿAlam se trouve dans le *Moufîd*, il n'est nulle part dans les *Noukat*, où la reine est appelée seulement Oumm Fâtik, ainsi qu'on le verra plus loin.

seulement auprès de son neveu, le successeur de son fils, mais aussi auprès du vizir, du *ḳâ'id* Souroûr, comme elle tiré du néant par la faveur des Nadjâḥides. Lorsque, chaque année, au commencement de dhoû 'l-ḳa'da, Souroûr rentrait solennellement à Zabîd d'un séjour de deux mois passés dans ses domaines d'Al-Mahdjam[1], sa première visite était pour présenter ses hommages au sultan; de là, il se rendait immédiatement au palais de la princesse sa souveraine, qui descendait de son siège pour lui faire honneur et pour lui témoigner son respect. Quant à lui, il se jetait la face sur le sol jusqu'à ce qu'elle daignât le relever. Ces deux puissances alliées restèrent coalisées, sans jalousie et sans rivalité, jusqu'à ce que la princesse mourût la première en 545[2] (1150-1151 de notre ère).

« La noble et pieuse dame, comme a été appelée par 'Oumâra[3] cette ancienne esclave chanteuse, dirigeait le pèlerinage des Yéménites par terre et par mer, en les couvrant de sa protection contre les dangers et contre les péages illégaux. » 'Oumâra fut convié à l'une de ces expéditions annuelles qui étaient organisées en grande pompe, avec un appareil de fête, avec le cortège qui convenait à une reine. En quelle année cette « faveur d'Allâh » fut-elle accordée à 'Oumâra? C'est ce qu'il a omis de nous dire avec

1. Al-Mahdjam, capitale d'un district dans la province de Zabîd, est situé à trois jours au moins de distance au nord de cette ville; cf. 'Oumâra, *Al-Moufîd*, dans Kay, *Yaman*, p. 14, 82, 118; Yâḳoût, *Mou'djam*, IV, p. 692; Ibn Khaldoûn, *'Ibar*, dans Kay, *Yaman*, p. 167.

2. 'Oumâra, *Al-Moufîd*, *ibid.*, p. 126; cf. Ibn Khaldoûn, *ibid.*, p. 162.

3. 'Oumâra, *Al-Moufîd*, *ibid.*, p. 97. Sur ces exactions redoutées, voir Nâṣiri Khosrau, *Séfer Nâméh*, p. 168-169; sur les pillages des Wahhâbites, si l'on ne prend pas la précaution de leur confier l'escorte du pèlerinage, H. Freiherr von Maltzan, *Meine Wallfahrt nach Mekka* (Leipzig, 1865, 2 vol. in-12), II, p. 293; sur l'acharnement des bandes du *scharif* lancées par lui sur les pèlerins pour les détrousser, Snouck Hurgronje, *Mekka*, I, p. 66.

précision, mais la date de 538 (1143), insérée dans son récit, doit, je pense, être celle de sa première visite aux lieux saints. Il la fit sous la conduite de la Princesse, en compagnie des Yéménites ses compatriotes. Des quatre colonnes qui s'ébranlaient périodiquement de Bagdâdh, de Miṣr, de Damas et de Ṣan'â ainsi que des villes entières mises en mouvement, accrues et étendues au sortir de chaque étape, celles de la Syrie et du Yémen fournissaient les contingents les moins nombreux[1]. Mais le territoire sacré eût été menacé, sinon de famine, du moins de disette, si les pèlerins arabes du Yémen s'étaient abstenus, une seule année, d'y apporter, par leur privilège et leurs obligations de voisins, les provisions habituelles de farine, de graisse, de miel et autres denrées[2].

« Une faveur d'Allâh, dit 'Oumâra[3], faveur pour laquelle je lui dois reconnaissance et glorification, fut que j'accomplis le pèlerinage avec la noble reine, Oumm Fâtik, la mère de Fâtik II, le précédent roi de Zabîd. Elle pourvoyait par terre et par mer l'émir des deux villes sacrées[4] de ce qu'il réclamait aux pèlerins Yéménites, de toutes les taxes pour la sécurité de la route, pour les guides, pour les chefs arabes, pour les *scharîfs*. Le total s'élevait à une somme considérable. Plus d'une fois, sous la conduite de la reine, les habitants du Yémen firent le pèlerinage, montés

1. A von Kremer, *Culturgeschichte*, II, p. 22; cf. Sprenger, *Die Post- und Reiserouten*, p. 109-134.

2. *The Travels of Ibn Jubair* (éd. Wright), p. 132; Snouck Hurgronje, *Mekka*, I, p. 38 et 67.

3. 'Oumâra, *An-Noukat*, dans la Partie arabe, p. 24-28. Un court fragment du début a été cité par Aboû Schâma, *Kitâb ar-rauḍatain*, I, p. 225, l. 18-19.

4. L'émir de La Mecque et de Médine était alors Hâschim ibn Foulaita, mort à la fin de 549 (février 1155) d'après 'Oumâra, *An-Noukat*, p. 31-32.

sur quatre à cinq mille chameaux, chaque homme d'entre eux amenant pour ce voyage ses femmes, ses enfants et le bétail destiné à lui fournir la viande et le lait, la caravane emportant les ustensiles de cuisine, les lits de repos et toute la masse des objets nécessaires. Ils avaient l'air de s'être mis en route pour une partie de plaisir.

« Je me souviens d'un soir où, ennuyé de voyager en palanquin, j'étais monté sur un chameau de noble race. Lorsque la nuit fut avancée, je perçus à ma droite un bruit léger. Je me tournai de ce côté, je trouvai une litière abandonnée, dont le chameau broutait. J'appelai à plusieurs reprises : O gardiens du chameau ! O chamelier ! Personne ne me répondit. Je m'approchai. Or, voici que deux femmes dormaient dans la litière, laissant sortir au dehors leurs pieds. Elles y avaient chacune une paire de chaînettes d'or. A leur insu, j'arrachai de leurs pieds les deux paires de chaînettes, je saisis la têtière du chameau jusqu'à ce que je l'eusse fait s'accroupir dans la grande route, je l'attachai, puis je m'éloignai pour l'observer, jusqu'au moment où passa une des arrière-gardes du pèlerinage. Je vis alors qu'on délia les entraves du chameau et qu'on le fit avancer dans le convoi.

« Le lendemain matin, un crieur public réclama les objets perdus, offrant à qui les rapporterait cent dînârs[1]. Or, les deux femmes appartenaient à un notable de Zabîd. Le chamelier s'était écarté d'elles pour dormir et le chameau avait quitté la route. La noble reine avait l'habitude de prendre la queue du cortège, personne n'étant autorisé à rester en arrière après elle[2]. Si quelqu'un dormait, elle

1. Mon texte porte d'après A : cent *mithkâls*.

2. C'est ainsi qu'en 559 (1164) Asad ad-Dîn Schîrkoûh, l'oncle de Saladin, sort le dernier de Bilbîs après la capitulation de la place ; cf. Ibn Al-Athîr,

le réveillait, quelqu'un était-il égaré, elle le mettait en selle. Avec elle s'avançaient cent chameaux pour porter les isolés.

« Au milieu de la deuxième nuit, je me laissai dépasser jusqu'au moment où je fus rejoint par le palanquin de la reine. Les écuyers s'empressèrent vers moi et me dirent : Te manque-t-il quelque chose ? — Je répondis : J'aurais besoin de m'entretenir confidentiellement avec la noble reine. Ils l'en informèrent. Alors, elle sortit sa tête vers moi, en ouvrant le rideau de la litière. Je lui remis les deux chaînettes, dont le poids, à ce que l'on m'a assuré, était de mille *mithkâls*. Quel est ton nom, me dit la reine, et qui es-tu ? Car, tu as des droits à faire valoir. M'étant nommé, je lui racontai ce qui s'était passé et dans quel état j'avais trouvé les deux femmes.

« Gloire à Allâh, puis bénédictions sur la reine ! Car, elle m'accorda dès cet instant une situation forte, une condition magnifique, une intercession bien accueillie, une considération sans limites, une autorité sur les jurisconsultes les plus illustres et sur les personnages les plus considérables, la facilité de parvenir jusqu'à elle à toute heure, au gré de mes désirs, l'appel à mon arbitrage décisif dans les différends entre les hommes. Ce fut grâce à mes relations et à mes bons rapports avec elle que je connus le vizir, le *ḳâ'id* Aboû Moḥammad Souroûr Al-Fâtikî, préposé à son gouvernement et à celui de Fâtik III, seigneur de Zabîd.

« Ce fut aussi à la connaissance de la reine que je dus d'acquérir une fortune considérable. En effet, le *schaikh as-sa'îd* Bilâl, fils de Djarîr, le *dâ'î* d'Aden, envoya sa

dans Aboû Schâma, *Kitâb ar-rauḍatain*, I, p. 132, et dans *Historiens orientaux des croisades*, I, p. 536 ; II, 2, p. 218.

flotte faire invasion dans les régions côtières de Zabîd[1], tuer, piller, incendier. Les hommes, pendant trois années, s'abstinrent de voyager, les uns de Zabîd à Aden, les autres d'Aden à Zabîd. Il en résulta une baisse de prix à l'intérieur pour les marchandises de chacune des deux régions et une cherté extrême pour ces mêmes marchandises sur l'autre marché, au point que ce qui valait un dînâr se vendait le quart d'un dînâr au lieu d'origine et quatre dînârs sur le territoire d'importation.

« La noble dame me permit, elle, ainsi que le *ḳâ'id* Souroûr, de me rendre à Aden, à l'exclusion de tout nègre et de tout blanc[2]. Ils me fournirent, à eux deux, ce qu'il me fallait d'argent et des instructions écrites sur ce que je devais acheter à Aden, puis ils ajoutèrent : Achète avec cet argent des marchandises qui sont au rabais à Zabîd. Le profit que la vente de ces objets à Aden rapportera est à toi. Quant au capital, emploie-le pour nous procurer ce qu'indique le mémorandum.

« Il m'échut en fait de richesses une abondance qui ne peut être excédée; il m'échut l'amitié des habitants d'Aden, dont l'affection pour moi atteignit le comble de l'intimité et de l'union. Car, les dons les plus généreux, les manteaux d'honneur les plus brillants, les cadeaux les plus importants et les présents tenus en réserve m'arrivaient si nombreux que leur description m'entraînerait loin.

1. Il a été parlé plus haut, p. 52, d'Al-'Anbara, un des ports en face de Zabîd, dont l'entrepôt maritime principal, situé au nord-ouest, s'appelait Galâfiḳa « mousses vertes »; voir Al-Hamdânî, *Djazîrat al-'Arab*, p. 52 et 119; Yâḳoût, *Mou'djam*, III, p. 808; Al-Khazradjî, dans Kay, *Yaman*, p. 221. Le pluriel *sawâḥil* employé ici est expliqué dans De Goeje, *Glossarium* d'Al-Balâdhorî, p. 49.

2. C'est-à-dire qu'un privilège fut octroyé à 'Oumâra seul entre les hommes; sur cette locution, cf. Lane, *An Arabic-English Lexicon*, p. 642 *a*.

« Le cours des événements[1] se poursuivit de cette manière depuis l'année 538[2] (1143) jusqu'à l'année 548 (1153). Pendant cette période, les souverains des deux dynasties régnantes à Zabîd et à Aden se jalousaient le privilège de ma société et de mon intimité. Ils m'expédiaient toutes les marchandises qui, par terre et par mer, arrivaient à mon nom de l'Inde, d'Aden, de Zabîd, de La Mecque et de 'Aidhâb[3]. »

Quelques épisodes montrent avec évidence quelle sympathie 'Oumâra était sûr de rencontrer, lorsqu'il renouvelait ses visites chez ses protecteurs, les Zourai'ides, princes schî'ites d'Aden. Cela se passait en 539 (1144). « Le *dâ'î* Moḥammad ibn Saba', dit 'Oumâra[4], était généreux, comblé d'éloges. Il récompensait les panégyriques, les goûtait et en improvisait. Il honorait les hommes en raison de leur instruction et de leur supériorité ; parfois même, il insérait dans ses répliques un ou plusieurs vers. Je le vis un jour de fête, alors qu'il s'était laissé rôtir par le soleil sur la grande place de prières *(al-mouṣallâ)*, qui précède la ville d'Al-Djouwwa[5], au milieu des poètes qui se disputaient

1. Le mot arabe *asch-schauṭ* a été traduit par à peu près, le sens n'en étant pas élucidé.

2. C'est l'année que j'ai attribuée au pèlerinage de la reine 'Alam plus haut, p. 66.

3. 'Aidhâb est le port qui, sur la côte égyptienne de la mer Rouge, fait face à Djoudda, le port de La Mecque. Le transit des marchandises entre l'Égypte et Aden se faisait de préférence par 'Aidhâb ; cf. Al-Ya'ḳoûbî, *Kitâb al-bouldân* (éd. De Goeje), p. 335 ; Nâṣiri Khosrau, qui a été *khaṭîb* de 'Aidhâb, *Séfer Nâmèh* (trad. Schefer), p. 177-180 ; Yâḳoût, *Mou'djam*, III, p. 751 ; Al-Maḳrîzî, *Al-Khiṭaṭ*, I, p. 202-203 ; Amélineau, *Géographie de l'Égypte*, p. 160. D'après *An-Noukat*, p. 121, l. 10 et 11, ce fut à 'Aidhâb que 'Oumâra, venant de La Mecque, mit pour la première fois le pied sur le sol égyptien, ce fut en rabî' Ier 550 (mai 1155) d'après *An-Noukat*, p. 32, l. 3.

4. 'Oumâra, *Al-Moufîd*, dans Bâ Makhrama, *Ta'rîkh* (ms. S, fol. 152 r°), et dans Kay, *Yaman*, p. 74-76.

5. Al-Hamdânî, *Djazîrat al-'Arab*, p. 190, l. 8 et 9, décrit Al-Djouwwa comme un château fort, auquel on ne pouvait parvenir qu'au moyen

la préséance dans l'ordre des récitations. Il me dit : Parle-leur et élève la voix. Qu'ils ne se pressent pas ainsi autour de moi ! Car je ne partirai pas avant qu'ils aient tous fini. Trente poètes étaient présents, et chacun reçut sa récompense.

« Un soir, j'étais auprès de lui dans son château fort d'Al-Djouwwa, avec l'intention de descendre sur Aden. A ses côtés se tenaient les deux *ḳâḍîs* Aboû Bakr ibn Moḥammad Al-Yafâʿî Al-Djanadî[1] et Aboû 'l-Fatḥ ibn As-Sahl, avec quelques-uns des notables admis dans son intimité, tels que les deux fils de Ḳâsim, Saba' et Moḥammad, deux lumières de la science, dont l'un, Moḥammad, était médecin et astronome. Et dix d'entre ces mêmes panégyristes avaient assiégé sa porte. Il fit passer leurs poésies parmi les assistants auxquels il dit : A combien évaluez-vous leur rétribution ? Chacun la taxa, mais personne au-dessus de cent dinârs par poète. Il répondit : Mettez trois cents dînars. C'est encore bien peu. Puis, il se retira. Ce fut par notre entremise qu'eut lieu la distribution de ces sommes.

« Nous étions un jour admis en présence de Moḥammad ibn Saba', au *ḳaṣr al-ḥidjr* « château de l'enceinte sa-

d'échelles. Le voisinage d'Aden l'avait fait choisir comme une résidence imprenable par les Zouraiʿides; voir Ibn Khaldoûn, *'Ibar*, dans Kay, *Yaman*, p. 161, 166 et 168; Kay, *ibid.*, p. 306.

1. Le *ḳâḍi* des *ḳâḍis* du Yémen, Aboû Bakr, fils du jurisconsulte Aboû 'Abd Allâh Moḥammad, fils de 'Abd Allâh, fils d'Ibrâhîm, originaire de Yafâ'a (voir la Partie arabe, p. 601, n. 1), habitant d'Al-Djanad, naquit en 490 (1097) et mourut à Al-Djanad en ramaḍân 552 (août 1162) d'après Al-Djanadî, *ibid.*, p. 436-438. Dans Kay, Al-Yâfiʿî provient ici d'une interversion de lettres dans le texte pour Al-Yafâʿî, interversion que je retrouve en général dans les manuscrits, vu l'obscurité du village de Yafâ'a et les nombreuses analogies de forme avec Al-Yâfiʿî. Je ne connais rien sur les autres familiers de Mohammad ibn Saba', qui figurent dans ce paragraphe, sauf la mention du *ḳâḍi* Aboû 'l-Fatḥ ibn Abî Sahl Al-Fârisî par Bâ Makhrama, *Ta'rîkh*, ms. S, fol. 136 r°.

crée[1] », dans un endroit appelé Al-Djannât[2] « Les jardins ». Entre autres poètes, il y avait là Ṣafî ad-Daula Aḥmad ibn 'Alî Al-Ḥaḳli[3], le *ḳâḍî* Aboû Bakr ibn Moḥammad Al-Yafâ'î Al-Djanadî, *ḳâḍî* des *ḳâḍîs*, une illustration, un improvisateur de vers supérieurs aux produits de la réflexion, et aussi le *ḳâḍî* Yaḥyâ ibn Aḥmad ibn Abî Yaḥyâ[4], *ḳâḍî* de Ṣan'â, qui, dans l'opinion des Yéménites, est mis au rang d'Ibn Al-Ḳoumm[5]. Le *dâ'î* improvisa deux vers sur un mètre qui lui vint à l'esprit et stipula qu'il dispo-

1. *Al-ḥidjr* est, concurremment avec *al-ḥaṭîm*, employé pour désigner la partie nord du mur qui entoure la Ka'ba; cf. Ibn Al-Athîr, dans *Historiens orientaux des croisades*, II, 2, p. 229. C'est *al-ḥaṭîm* qu'emploie 'Oumâra dans *An-Noukat*, p. 36, et dans son *Diwân*, p. 251.

2. Ces « jardins » d'Aden sont ainsi dénommés par comparaison avec « les jardins d'Éden » dans le Paradis, par imitation des جنّات عدن dans le *Coran*, IX, 73; XIII, 23; XVI, 33. Ils sont traversés par le Wâdi al-djannât, dont la position a été déterminée par Kay, *Yaman*, p. 306.

3. « Le champ fertile » (*al-ḥaḳl*), dont cet Aḥmad ibn 'Alî provenait, est sans doute le ḥaḳl Djahrân, dans la région de Sa'da; cf. Yâḳoût, *Mou'djam*, II, p. 299.

4. Une ode de ce *ḳâḍi* sur le *dâ'i* est mentionnée par 'Oumâra, *Al-Moufîd*, dans Kay, *Yaman*, p. 77; cf. aussi Bâ Makhrama, *Ta'rîkh*, manuscrit S, fol. 94 v°.

5. Aboû 'Abd Allâh Al-Ḥousain, fils du vizir Aboû 'l-Ḥasan 'Alî, fils de Moḥammad, fils de Ṣammoûya (?) Al-Ḳoummî, connu sous le nom d'Ibn Al-Ḳoumm, natif de Zabîd, est considéré dans le Yémen comme le type du poète accompli. Il vivait dans le Tihâma et surtout à Zabîd pendant la seconde moitié du ve siècle de l'hégire. 'Oumâra, dans son Encyclopédie poétique, lui a consacré une notice très élogieuse; cf. 'Imâd ad-Dîn, *Kharîdat al-ḳaṣr*, dans la Partie arabe, p. 567-568, et Al-Djanadî, *As-Souloûk*, *ibid.*, p. 633-635. Sur Ibn Al-Ḳoumm, je renvoie à Ibn Schâkir Al-Koutoubî, *Fawât*, I, p. 141-144; sur lui et sur son père 'Alî, à 'Oumâra, *Al-Moufîd*, dans Kay, *Yaman*, p. 27-28, 38, 43, 89-92. A l'exemple de son père, Al-Ḥousain paraît avoir exercé des fonctions publiques; car, Al-Djanadî, *As-Souloûk* (Partie arabe, p. 633, l. 9), le désigne comme « le chef du bureau de l'impôt foncier dans le Tihâma ». Sa calligraphie était modelée sur celle d'Ibn Mouḳla, le vizir d'Al-Mouḳtadir, le rénovateur de l'écriture arabe; voir 'Imâd ad-Dîn, dans la Partie arabe, p. 568, l. 5; Ibn Aṭ-Ṭiḳṭaḳâ, *Al-Fakhrî*, p. 368, l. 5-8; Ibn Khaldoûn, *Prolégomènes*, tr. Slane, II, p. 399.

serait, en faveur de celui qui serait le premier à les continuer, d'une somme et de celles des robes dont il était revêtu. Les assistants se mirent à l'ouvrage. Celui qui devança les autres fut le *ḳâḍî* Aboû Bakr ibn Moḥammad Al-Yafâ'î. Il était mon voisin. Je lui enlevai des mains le papier, j'en mis le contenu sur mes lèvres, je m'attribuai faussement ses deux vers, je me levai et je les récitai au *dâ'î,* en dérobant ainsi au *ḳâḍî* Aboû Bakr sa flèche parvenue au but, en le dépouillant de sa pointe victorieuse. Je pris possession de l'argent et des robes. Ensuite les sources de la générosité du *dâ'î* se répandirent sur chacun. Personne ne partit sans avoir reçu un manteau d'honneur et des présents. »

Ce n'est pas précisément une apologie personnelle que 'Oumâra a tentée en se targuant de son indélicatesse. L'auteur des deux vers se laissa dépouiller sans protester, pour éviter un scandale public. On aimerait voir pareille fraude corrigée par une parole de regret. Faut-il en conclure que le caractère de 'Oumâra était inférieur à son intelligence ? Ou faut-il seulement considérer cet écart comme un péché de jeunesse, comme une escapade d'enfant gâté ? Ou encore les conditions du temps, des mœurs et des circonstances excusent-elles comme une peccadille ce rapt littéraire, ce détournement d'une récompense imméritée ? Les mobiles de natures si différentes des nôtres sont parfois difficiles à démêler pour nos consciences plus timorées et leur notion du devoir a des replis dans les contours fuyants desquels nos scrupules s'égarent.

Voici un autre aveu non moins choquant et non moins candide. Les personnages paraissent tous à leur avantage, à l'exception du narrateur lui-même. Il ne s'embarrasse pas pour si peu et la lecture indiscrète d'une lettre qui ne lui a pas été communiquée est à ses yeux, du moment qu'il garde pour lui le secret après l'avoir surpris, une bagatelle répréhensible seulement pour des censeurs trop rigoureux.

« Il advint un jour, dit ʿOumâra[1], qu'Aboû Bakr ibn Aḥmad Al-ʿAidhî[2] écrivit à Bilâl pour intercéder en faveur d'accusés. Telle était la teneur de la lettre : Ces gens, témoins de la générosité et de la bienveillance que Sa Seigneurie a montrées à mon égard, s'imaginent que je serai auprès d'elle un intercesseur très écouté, très efficace. Plus d'une fois on s'adresse à moi dans des circonstances semblables. — Bilâl répondit : C'est toi, ô mon maître, qui es l'arbitre, et ta puissance, par Allâh, me semble trop absolue pour que tu te fasses intercesseur. Tu n'as qu'à te mouvoir librement de la langue et de la main. Il n'est pas d'autorité au-dessus de la tienne. Lorsque le lettré[3] eut pris connaissance de cette réponse, il la cacha par modestie, aussi par précaution contre la jalousie de l'entourage de Bilâl. Mais, poursuit ʿOumâra, je pris connaissance secrètement de cette réponse. Lorsque Al-ʿAidhî en fut informé, il me fit jurer par Allâh, en m'imposant une formule rigoureuse, que je ne communiquerais le contenu à aucun des familiers empressés auprès de Bilâl, hommes d'épée ou de plume. Je tins parole. La conduite d'Al-ʿAidhî prouve avec évidence la noblesse de son intelligence et la force de sa modestie. »

L'ancienne prédilection, innée chez ʿOumâra, pour la législation des héritages et pour les questions de droit que soulèvent les successions contestées[4], se manifeste clairement dans l'anecdote suivante sur l'un des séjours de ʿOumâra auprès de ses hôtes schîʿites d'Aden. Le récit est

1. Al-Djanadi, *As-Souloûk*, dans la Partie arabe, p. 642.
2. Plus haut, p. 61.
3. Épithète spéciale à Al-ʿAidhî, voir plus haut, p. 61, l. 4.
4. Plus haut, p. 58.

daté. Je le traduis, en y pratiquant quelques coupures. Elles n'atténueront pas la juste réprobation que soulèvera l'indélicatesse de ʿOumâra chez les contempteurs du talent et de l'habileté sans caractère. La succession, sur laquelle il s'agit de rendre une décision juridique, est celle de Rouzaiḳ Al-Fâtikî. Vizir en 524 (1130) de Fâtik II ibn Manṣoûr, roi Nadjâḥide de Zabîd[1], Rouzaiḳ n'avait point tardé, mû par le sentiment de son incapacité tant administrative que militaire, à donner sa démission. Le vizirat, tombé de ses mains débiles, était échu à l'Abyssin Aboû Manṣoûr Moufliḥ, à qui la population avait donné le sobriquet du Mulet (*Al-bagl*), sans doute à cause de son obstination tenace[2]. Or, Rouzaiḳ mourut vers 526 (1132), laissant des affaires compliquées et une succession embrouillée. Le mangeur le plus insatiable de son temps, il avait eu trente enfants, garçons et filles. Le partage traîna en longueur et plusieurs de ses petits-enfants étaient morts que l'indivision subsistait, les docteurs concluant à des ajournements successifs, dans leur impuissance à opérer une liquidation qui sauvegarderait les intérêts respectifs des nombreux ayants-droit.

« En l'an 539 (1144), dit ʿOumâra[3], je trouvai à Aden un vieillard natif du Ḥaḍramaut, nommé Aboû 'l-ʿAbbâs Aḥmad ibn Moḥammad, surnommé *al-ḥâsib* « le calculateur ». C'était un homme aussi pratique que savant, un connaisseur des sept lectures du Coran, un spécialiste en matière d'héritages. Malgré ses quatre-vingts et quelques années, il était entré à Aden, sur la route du pèlerinage.

1. Plus haut, p. 51.
2. « Parce que son physique était celui d'un mulet », disait son secrétaire Ḥimyar ibn Asʿad d'après ʿOumâra, *Al-Moufîd*, dans Kay, *Yaman*, p. 104.
3. ʿOumâra, *Al-Moufîd*, dans Bâ Makhrama, *Ta'rîkh*, ms. S, fol. 111 r°; T, fol. 36 r°, et dans Kay, *Yaman*, p. 101-103.

Besoigneux, il n'avait jamais, depuis qu'Allâh l'avait créé, été à la tête de dix dînârs. Il considérait comme un menteur quiconque prétendait avoir vu cent[1] dînârs.....

« Je pris avec moi ce jurisconsulte dans ma demeure à Aden, je le vêtis et j'ordonnai à mon personnel de le traiter avec égards, de lui donner la nourriture, de lui purifier le corps, de lui teindre la barbe et les extrémités avec du henné. Lorsqu'il fut en bon état, nous nous fîmes contrepoids sur les deux flancs d'un même chameau pour nous rendre d'Aden à Zabîd. Je lui promis que je l'emmènerais au pèlerinage à mes frais, ce qui le réjouit, lui donna confiance et le rassura.

« Une nuit, sur notre chameau, je l'entretins de l'héritage revenant aux descendants de Rouzaiḳ. Ils étaient cinquante et un. Ses développements sur le sujet ne tarirent point jusqu'au lever de l'aurore, comme s'il récitait une leçon apprise par cœur. Quant à moi, le sommeil ne m'avait point gagné, tant j'étais charmé par sa science ! Puis il me dit : Si tu veux au petit jour interrompre ce voyage, faire halte près du puits que voici, je ne réciterai pas la prière de midi que je ne t'aie vérifié la valeur de l'héritage et indiqué en comptes séparés les parts afférentes à chacun des héritiers.

» J'acceptai sa proposition. Le matin même, il me tendit l'état de l'héritage, écrit de sa main. Et, par Allâh, que de temps s'était écoulé depuis que le problème avait été soumis aux efforts combinés de 'Othmân ibn Aṣ-Ṣaffâr, de Moḥammad ibn 'Alî As-Sahâmî[2] et de leurs pairs dans la science des héritages !.....

1. Texte et traduction portent « mille dînârs » ; j'ai corrigé d'après ce qui vient ensuite.

2. Al-Djanadî, *As-Souloûk* (Partie arabe, p. 639), signale ces « deux *imâms*,

« Lorsque je fus parvenu à Zabîd, j'installai le jurisconsulte dans le derrière de ma maison, là où moi seul, je pouvais le voir. Pendant la nuit, j'étudiais sous sa direction les héritages et, pendant le jour, il m'enseignait le texte du Coran magnifique, selon la recension d'Aboû ʻAmr ibn Al-ʻAlâ[1]. Or, il savait donner des leçons sur les sept lectures. Puis, je me mis à lui renouveler ma question relative aux descendants de Rouzaiḳ, jusqu'à ce que je fusse apte à m'en répéter à moi-même les éléments par cœur. Ainsi préparé, je me rendis chez le *ḳâ'id* Souroûr Al-Fâtikî, et je m'attribuai auprès de lui la solution du problème. Or, celui-ci était on ne peut plus désireux d'acheter quelque lot de ce qui reviendrait à la famille de Rouzaiḳ[2]. Il me dit : Si ton assertion se vérifie, je te donnerai tant et tant. J'ai oublié depuis quel était le montant. Lorsque la justesse de la répartition fut avérée, il fit apporter la somme, qu'il confia au jurisconsulte Aboû Moḥammad ʻAbd Allâh ibn [Abî] 'l-Ḳâsim [Ibn] Al-Abbâr, qui était à cette époque le chef des Schâfiʻites à Zabîd. Il a été mon professeur de droit schâfiʻite[3].

« Ibn Al-Abbâr convoqua les jurisconsultes dans des salles au rez-de-chaussée, dont le plancher était couvert par une couche de sable fin. Chacun s'assit à part, traçant ses calculs sur le sable et, lorsqu'ils avaient réussi, les

experts surtout dans la science des héritages, dans les calculs astronomiques (?), dans l'algèbre ».

1. Aboû ʻAmr ibn Al-ʻAlâ ibn ʻAmmâr At-Tamîmî, l'un des sept lecteurs canoniques, naquit à La Mecque vers 70 (689) et mourut à Damas vers 154 (771) ; voir Nöldeke, *Geschichte des Qorâns*, Göttingen, 1860, p. 290, 294 et 296.

2. Bâ Makhrama, *Ta'rîkh*, *loc. cit.*, ajoute, comme acquéreurs impatients des retards suspensifs, deux vizirs de Zabîd : Moufliḥ et Iḳbâl, « et d'autres ». Sur Moufliḥ et Iḳbâl, voir plus haut. p. 75 et 51.

3. Plus haut, p. 55.

reportant du sable sur une feuille de papier. Le résultat général pour l'héritage fut enfin acquis. La séance ne fut pas levée avant qu'Ibn Al-Abbâr eût fait la distribution de la somme entre les jurisconsultes. Ma large part m'ayant été remise par lui, je rentrai dans ma demeure et j'apportai ce que j'avais reçu au jurisconsulte du Ḥaḍramaut. Mais il me dit : J'en demande pardon à Allâh, ô mon fils, jusqu'ici je traitais de menteur quiconque prétendait avoir vu cent dînârs. Puis, il me rendit cet or en ajoutant : Je n'en ai nul besoin, puisque tu pourvois à mon existence. Nous fîmes ensuite le pèlerinage, moi et lui. Lorsque les rites furent accomplis, il mourut (qu'Allâh l'ait en pitié !) plus qu'octogénaire[1]. »

'Oumâra, avant de partir pour sa deuxième visite des lieux saints[2], reçut encore à Zabîd, dans le courant de l'année 539, c'est-à-dire à la fin de 1144 ou au commencement de 1145, la visite de son père avec au moins cinq[3], peut-être avec sept[4] de ses frères. Ce fut pour lui une grande joie que plus tard il compta parmi les faveurs marquées dont Allâh l'avait comblé. Dans ces entrevues familiales, l'on commença par se répandre en effusions de tendresse. Puis 'Oumâra voulut faire apprécier à ses collègues le beau langage, d'une pureté intacte, que parlaient son

1. La dernière phrase de la rédaction est donnée d'après 'Oumâra, cité par Bâ Makhrama, *Ta'rîkh*, *loc. cit.*

2. J'ai supposé, avec quelque vraisemblance, p. 66, que le premier pèlerinage de 'Oumâra, sous la direction de la reine 'Alam, mère de Fâtik II, avait eu lieu l'année précédente, en 538 (fin mai 1144). Certains épisodes de ce voyage paraissent, en effet, incompatibles avec la mission que 'Oumâra avait assumée de conduire à La Mecque le vieux « calculateur » du Ḥaḍramaut.

3. 'Oumâra, *An-Noukat*, p. 23, l. 8 et 9.

4. 'Oumâra, *Al-Moufîd*, dans Kay, *Yaman*, p. 29, auquel sont empruntés les détails suivants.

père et ses frères. Il convoqua les jurisconsultes à une réunion où, de part et d'autre, on déploya une noble émulation pour ne commettre aucune infraction contre la grammaire, pour se garder de tout néologisme. Un solécisme, commis par l'un des assistants, souleva une réprobation générale et l'on tira vengeance du coupable.

Le père de ʿOumâra, Abou 'l-Ḥasan ʿAlî le jeune, fils de Zaidân, profita de son séjour à Zabîd pour donner à son fils des conseils de modestie et de tolérance. Je lui récitai, dit celui-ci[1], l'une de mes poésies. Il m'en fit compliment. Puis il s'exprima ainsi : Par Allâh, tu sais que la culture littéraire est un bienfait d'entre ceux qu'Allâh t'a accordés ; ne le compromets pas par des satires contre les hommes. Il me demanda alors de jurer que jamais je n'attaquerais un musulman, fût-ce dans une épigramme d'un vers. Je lui en donnai ma parole, et Allâh m'a favorisé, puisque (grâces en soient rendues à Allâh !) je n'ai manqué à cet engagement qu'une seule fois dans ma vie, et encore à l'égard d'un homme qui m'avait publiquement attaqué dans deux vers récités en présence d'*al-malik aṣ-ṣâliḥ* Ṭalâ'iʿ Ibn Rouzzîk[2]. Le vizir d'Égypte m'adjura de répondre à mon agresseur. J'obéis, pour me conformer à la parole d'Allâh[3] : Quiconque se met en état de défense après avoir subi l'iniquité, aucune voie ne sera introduite contre lui ; et à cette autre parole d'Allâh[4] : Celui qui se montre hostile contre vous, montrez-vous hostile contre lui dans la même mesure. Autrement, j'ai toujours tenu ce serment.

Les succès personnels du jeune parvenu, qui cumulait la

1. ʿOumâra, *An-Noukat*, p. 23, passage reproduit par Aboû Schâma, *Kitâb ar-rauḍatain*, I, p. 225, l. 13-17.
2. Il sera parlé abondamment par la suite du vizir Ṭalâ'iʿ Ibn Rouzzîk.
3. *Coran*, XLII, 39.
4. *Coran*, II, 190.

faveur des princes, voire des princesses, et le génie des affaires avec ses maîtrises en jurisprudence, en littérature et en poésie, suscitaient à Zabîd la jalousie des étrangers contre un Arabe authentique, des commerçants évincés contre un concurrent qu'ils accusaient d'accaparement privilégié, des écrivains obscurs et dédaignés contre un savant d'une supériorité reconnue, exprimant sa pensée avec un style simple, clair, transparent, châtié, sans pompe et sans artifice. L'orage grondait sourdement dans le lointain. 'Oumâra planait trop haut dans son idéal réalisé pour être atteint par les cris de vengeance et de dénigrement. Pendant que les meneurs s'agitaient, il demeurait impassible dans son activité multiple, trop variée pour donner prise à la fatigue. Il se délassait en amassant les matériaux pour deux ouvrages qu'il écrirait lorsque sa carrière serait moins active. C'était tout d'abord une biographie des poètes du Yémen, ses contemporains, avec une anthologie de leurs œuvres. Il se faisait réciter et dicter par les auteurs, copiait aussi dans les manuscrits mis à sa disposition ce qui serait inséré plus tard dans son recueil de morceaux choisis[1]. D'autre part, le passé du Yémen musulman, les origines, restreintes presque exclusivement aux deux derniers siècles, de sa patrie et de sa famille, la recherche des faits sur lesquels il pouvait encore interroger des témoins oculaires, l'histoire documentaire, puisée le moins possible à des livres et à des chartes, surtout à des récits authentiques de personnages sûrs et informés, voilà quels étaient les sujets préférés de ses conversations quotidiennes, à Zabîd ou à Aden, avec des interlocuteurs, ceux-ci bénévoles, complaisants à ses projets, ayant l'ambition d'être désignés par leurs noms comme ses autorités, très désireux de figurer un

1. Partie arabe, p. XIII, XXIII, 563-603.

jour dans un livre composé avec les éléments qu'ils fournissaient, fiers de passer à la postérité comme les cautions invoquées par l'historien de leur région, leur compatriote, ʿOumâra du Yémen[1].

La confiance de ʿOumâra restait d'autant plus inébranlable que sa prospérité grandissait à Zabîd et à Aden, que son esprit était absorbé par sa vie du monde, par l'extension que prenait sa famille, femmes et enfants, par son amour de l'étude, de l'enseignement et des affaires. Les voyages apportaient aussi leur diversion. Il n'avait pas le loisir de regarder dans ces bas-fonds où se tramaient des conspirations qui ne remonteraient peut-être jamais à la surface. Ses amis n'y faisaient allusion qu'à mots couverts, et il persistait à ne pas vouloir les comprendre. Il finit par être contraint de prendre en considération un entretien qu'il eut avec le *ḳâḍî al-fâḍil* Aboû ʿAbd Allâh Moḥammad Ibn Abî ʿAḳâma Al-Ḥafâ'ili[2]. Ce fut à Zabîd vers 547 (1152) qu'il fut réveillé de son inconsciente léthargie et qu'il renonça, non sans combat, au charme de ses illusions. « Voici, dit ʿOumâra[3], quel langage me tint Al-Ḥafâ'ili, le chef reconnu des hommes de science et de belles-lettres à Zabîd : Tu es le plus indépendant et le plus heureux de nos contemporains, parce que tu es compté à la fois parmi les plus grands et les plus riches commerçants[4], parmi les plus célèbres jurisconsultes tant pour les arrêts rendus[5] que

1. Satisfaction a été donnée à l'amour-propre de ces informateurs par Henry Cassels Kay, *Yaman* : voir plus haut, p. 7-8.

2. Plus haut, p. 55.

3. ʿOumâra, *An-Noukat*, p. 28.

4. Dans les réceptions officielles, les commerçants avaient à Zabîd la préséance sur les officiers et passaient immédiatement après les jurisconsultes : cf. ʿOumâra, *Al-Moufîd*, dans Kay, *Yaman*, p. 120.

5. Allusion au jugement rendu par ʿOumâra dans le litige de la succession Zouraiḳ ; voir plus haut, p. 76-78.

pour l'enseignement donné, enfin parmi les plus distingués entre les lettrés et les plus éloquents entre les orateurs. Pour ce qui est de ta considération auprès des princes aux dynasties éloignées les unes des autres, de ta joue au parfum suave, de ton costume, de tes nombreuses concubines, par Allâh, je ne connais personne qui vaille la dixième partie de toi. Salut à toi ! Et, par Allâh, l'on aurait dit que, par cette parole, il m'annonçait la mort de mon bien-être et la perte de ma fortune. »

A la même époque[1], « il m'arriva, dit 'Oumâra[2], de Dhoû Djibla une lettre du *dâ'î* Moḥammad ibn Saba', seigneur d'Aden, m'invitant à me rendre auprès de lui. Je demandai aux habitants de Zabîd l'autorisation de partir. Ils me l'accordèrent sans bonne foi et avec une intention cachée de traitrise. Le *dâ'î* d'Aden m'avait confié cinq mille dînârs[3], que j'avais emportés naguère pour les employer à lui acheter des marchandises de La Mecque et de Zabîd. Lorsque j'arrivai à Dhoû Djibla, j'appris qu'il en était sorti pour se rendre dans un château fort, séjour de plaisance, nommé Aḍ-Ḍarbadjâni[4]. Il y était entré trois jours auparavant pour y épouser la fille du sultan 'Abd Allâh ibn As'ad ibn Wâ'il[5] et n'avait encore laissé personne pénétrer jusqu'à

1. J'emprunte la date à une conjecture de M. Kay, *Yaman*, p. 76. Bâ Makhrama, *Ta'rîkh* (ms. S, fol. 152 r°), a 545 (1150) au lieu de 547 (1152).

2. 'Oumâra, *An-Noukat*, p. 28, immédiatement après l'apostrophe d'Al-Ḥafâ'ilî.

3. J'adopte la leçon de C.

4. Kay, *Yaman*, p. 76, lit un autre duel : Aṣ-Ṣarîḥâni « les deux purs » (texte, p. 56, l. 20 : بعد الصريحين). Le manuscrit parisien des *Noukat*, fol. 11 v°, épèle à la marge ض ر ب ج, mot quadrilitère d'usage local, dont la signification ne nous a pas été transmise.

5. 'Oûmâra, *Al-Moufid*, dans Kay, *Yaman*, p. 98, raconte que le sultan 'Abd Allâh, sultan du Mikhlâf Wouḥâṭha, avait épousé la fille du Nadjâḥide

lui. Et cependant il était attendu par quelques-uns des marchands les plus considérables[1] et aussi par plusieurs célébrités appartenant à l'élite de l'humanité, comme Barakât ibn Al-Moukrî'[2], Ḥasan ibn Al-Ḥammâr[3], le *schaikh*[4] Mouradjdjâ Al-Ḥarrânî, Aboû 'l-Ḥasan 'Alî ibn Moḥammad An-Nîlî[5], le jurisconsulte Aboû 'l-Ḥasan[6] 'Alî ibn Mahdî[6], le chef qui plus tard gouverna le Yémen et renversa la dynastie régnante à Zabîd[7], d'autres encore. Ils m'avaient tous précédé dans cette résidence, sans avoir été admis par le *dâ'î*.

« Lorsque j'arrivai à Dhoû Djibla, j'appliquai à Moḥammad ibn Saba' la parole d'Al-Moutanabbî[8] :

Manṣoûr, fils de Fâtik I. C'est par erreur qu'*ibid.*, dans Kay, *Yaman*, p. 76, As'ad est substitué à son fils 'Abd Allâh.

1. J'ai parlé plus haut, p. 81, n. 4, de la haute considération et du droit de préséance, dont se prévalaient les marchands dans le Yémen.

2. Al-Moukrî' est probablement l'un des informateurs de 'Oumâra, Al-Moukrî' Al-Ḥousain, petit-fils de Ḥousain ibn Salâma ; voir 'Oumâra, *Al-Moufîd*, dans Kay, *Yaman*, p. 12. Aboû Schâma, *Kitâb ar-rauḍatain*, dans sa reproduction de ce passage, I, p. 216, l. 25-29, paraîtrait, d'après l'édition, porter Barakât Al-Moukrî', mais le ms. 1700 de la Bibliothèque Nationale, fol. 114 v°, a le nom conforme à mon texte et à ma traduction.

3. Quelle que soit la vocalisation adoptée, il se pourrait que الحمار rappelât Ḥimyar, peut-être « les Peaux-Rouges » du Yémen. D'autre part, Ḥimâr, « âne », est le nom de plusieurs tribus arabes ; cf. Ibn Doraid, *Ischtiḳâḳ*, p. 147 ; Al-Hamdânî, *Djazîrat al-'Arab*, p. 161, l. 6 ; F. Wüstenfeld, *Register*, p. 224. Ce totem a été omis dans la liste donnée par Robertson Smith, *Kinship and Marriage in old Arabia*, p. 193-201.

4. J'ai ajouté « le *schaikh* » d'après 'Oumâra, *Al-Moufîd*, dans Kay, *Yaman*, p. 77. Ce personnage et le précédent manquent dans Aboû Schâma, *loc. cit.*

5. Ce personnage est identique au *schaikh* Aboû 'l-Ḥasan ibn 'Alî ibn Moḥammad Aṣ-Ṣoulaiḥî, cité par 'Oumâra, *ibid.*, *loc. cit.*

6. Plus haut, p. 59. Aboû 'l-Ḥasan a été ajouté d'après Aboû Schâma, *Kitâb ar-rauḍatain*, *loc. cit.*

7. En 554 (1159) ; cf. 'Imâd ad-Dîn, *Kharîdat al-ḳaṣr*, dans la Partie arabe, p. 591.

8. *Mutanabbii Carmina*, éd. Dieterici, p. 77. 'Oumâra cite volontiers Aboû

Sois où tu voudras, nos montures te rejoindront; car la terre est une, de même que toi, tu es l'unique.

» Puis, je mis à la suite de ce vers une épître, où je lui demandais une audience particulière. Il écrivit de sa main sur le revers de ma requête :

Salut! Salut! Que le bonheur accompagne ta venue! Car c'est par toi que notre horizon s'est éclairé!

Si nous avions dilaté nos prunelles pour assurer ton repos, nos prunelles eussent été encore trop petites pour ce qui t'est dû.

« Or, le *dâʿî* avait retenu ces deux vers récités devant lui par une esclave chanteuse que je lui avais donnée. Il advint que sa réponse arriva ouverte par l'entremise d'un jeune serviteur sans intelligence. Elle ne parvint entre mes mains qu'après avoir été portée à la connaissance de toutes les personnes présentes. Je me rendis à cheval vers le *dâʿî*, et je séjournai chez lui, dans le lieu de plaisance, quatre jours entiers avec leurs nuits. Pendant ce temps, pas un membre de la société qui n'adressât aux gens de Zabîd des rapports écrits de nature à faire verser infailliblement mon sang. J'ignorais alors leur esprit de haine et d'injustice à mon égard. Ce par quoi ils complétèrent leurs machinations, ce fut en m'imputant une démarche que ʿAlî ibn Mahdî, le chef de la dynastie aujourd'hui maîtresse du pouvoir dans le Yémen, avait faite pour implorer le secours du *dâʿî* Moḥammad ibn Sabaʾ contre les habitants de Zabîd. Celui-ci m'avait choisi pour transmettre ses excuses à ʿAlî ibn Mahdî, en raison des relations notoires d'amitié et d'intimité que j'avais entretenues avec ʿAlî aux commen-

'ṭ-Ṭayyib Aḥmad Al-Moutanabbî, tué en 354 (965) près de Bagdâd; voir l'index de la Partie arabe, p. 675 *b*.

cements de sa tentative[1], de ma fidélité à sa cause jusqu'à l'heure où sa situation s'était aggravée et où avait été soulevé le voile qui couvrait son hostilité contre la population de Zabid. J'avais alors rompu avec 'Alî ibn Mahdî, par crainte pour mes biens et pour mes enfants, puisque j'étais installé parmi les gens de Zabîd. » Ce qui rendait la situation de 'Oumâra particulièrement délicate, ce qui donnait corps aux accusations portées contre lui par ses ennemis de Zabîd, c'est que 'Alî ibn Mahdî était en même temps que lui à Zabîd, attendant son tour pour intéresser à sa cause le *dâ'î* Moḥammad ibn Saba'[2].

Lorsque 'Oumâra se présenta chez le *dâ'î* en vertu de l'audience qui lui avait été accordée et se tint debout devant lui, le prince d'Aden commença par s'enquérir des achats faits à son intention avec les cinq mille dînârs. « Je répondis, dit 'Oumâra[3], par l'énumération des divers objets que je lui avais destinés. — Mais, reprit-il, je ne veux rien que de la poésie. — Je répliquai : Par Allâh, je n'ai pas composé un seul vers, et je n'oserais pas versifier, tant je suis intimidé par les habitants de Zabîd, qui me reprocheraient tout essai poétique! Par Allâh, il ne cessa pas de me presser, au point qu'il me fit rougir et qu'il m'imposa une improvisation sur le rythme sur lequel il avait été loué par le *ḳâḍî* Yaḥyâ ibn Aḥmad ibn Abî Yaḥyâ[4]. Lorsque j'eus terminé ma récitation, Moḥammad ibn Saba' me dit : « J'ai récompensé le *ḳâḍî* par cinq cents dînârs et

1. Plus haut, p. 53.

2. Plus haut, p. 83; cf. 'Oumâra, *Al-Moufîd*, dans Kay, *Yaman*, p. 127-128, passage d'après lequel 'Alî ibn Mahdî profita de sa rencontre avec 'Oumâra pour se l'attacher comme « chef de ses partisans », invitation que 'Oumâra eut la sagesse de décliner.

3. 'Oumâra, *Al-Moufîd*, dans Kay, *Yaman*, p. 77-78.

4. Plus haut, p. 72.

un manteau d'honneur. Je t'en accorde autant sur la somme que tu as entre les mains, et je te distinguerai de lui en te donnant, comme manteau d'honneur, un de ceux dont je suis revêtu. J'acceptai le don en or et en vêtements. Ce fut l'un des griefs que les Abyssins[1] firent valoir contre moi, qui leur inspirèrent le projet de me tuer. Allâh le Tout-Puissant m'a préservé de leurs coups ! »

La prudence aurait dû retenir ʿOumâra loin de Zabîd, où il avait été précédé par des correspondances qui y avaient attisé contre lui le feu de la haine et de la vengeance. S'il avait nourri des illusions, la réalité ne tarda pas à les dissiper. « Lorsque, dit-il lui-même[2], je rentrai à Zabîd après ce voyage, je trouvai que ces gens-là avaient écrit aux habitants de Zabîd des lettres à mon sujet, toutes conçues dans le même sens : Un tel a servi d'intermédiaire entre le *dâʿî* et ʿAlî ibn Mahdî, et par son entremise, un pacte a été conclu pour vous combattre et pour renverser votre dynastie. Ainsi donc, tuez-le. Le *schaikh* Djayyâsch ibn Ismâʿîl[3] m'a raconté : On était unanime à Zabîd pour te tuer le vendredi deux du second rabîʿ 548[4], au matin. Mais, à la fin de la nuit du un au deux, ils furent informés que Moḥammad ibn Saba'[5] avait agi avec hypocrisie, que nos

1. Les Abyssins désignent ici les princes Nadjâḥides de Zabîd; voir plus haut, p. 51 et 63.

2. ʿOumâra, *An-Noukat*, p. 30-31.

3. Aboû 't-Ṭâmî Djayyâsch ibn Ismâʿîl ibn Moḥammad Ibn Al-Boûḳâ est cité comme une de ses autorités par ʿOumâra, *Al-Moufîd*, dans Kay, *Yaman*, p. 111. Le père de Djayyâsch, le *schaikh* Ismâʿîl ibn Moḥammad, déjà connu sous le même surnom d'Ibn Al-Boûḳâ, vizir de Djayyâsch ibn Nadjâḥ (plus haut, p. 8), puis de ses fils Fâtik Ier et ʿAbd al-Wâḥid, ainsi que de son petit-fils Manṣoûr, est l'objet d'une notice dans ʿImâd ad-Dîn, *Kharîdat al-ḳaṣr*; voir la Partie arabe, p. 590-591. Il ne doit pas être confondu avec son homonyme cité un peu plus loin, p. 87.

4. Le vingt-sept juin 1153.

5. Le texte porte Moḥammad, fils d'Aboû 'l Agarr, peut-être d'Aboû

fantassins s'étaient révoltés sous sa conduite et qu'il avait fondu sur le Tihâma. Cette nouvelle les troubla, et ils m'oublièrent pendant dix-sept jours.

» Lorsqu'ils revinrent à Zabîd, mon souvenir leur fut rappelé par un homme auquel j'avais fait du bien. L'envieux du bonheur d'autrui n'a de satisfaction que par la destruction de ce bonheur. Je vis passer devant moi le *ḳâ'id* Ismâ'îl ibn Moḥammad[1], le familier du roi Fâtik III. Il nous salua de son cheval et passa sans s'arrêter. Puis il récita la parole d'Allâh[2] : O Moïse, les chefs délibèrent à ton sujet pour te tuer. Pars. Je suis pour toi au nombre des amis sincères.

» La nuit suivante était à peine à son milieu que le roi Fâtik III et ses armées se dirigèrent vers le Wâdî Ḥais pour porter secours au *ḳâ'id* 'Alî ibn Mas'oûd[3] contre les Bâzah[4] et les Nubiens. Ils restèrent absents un peu plus d'un mois. Puis, j'apportai à un personnage influent de Zabîd, qu'on nommait l'officier inspecteur[5] Kathîr, une

'l-A'azz; voir la Partie arabe, p. 504, et plus haut, p. 59. Or, Al-Agarr ou Al-A'azz désigne 'Alî Al-Mourtaḍâ, fils de Saba', frère et prédécesseur à Aden de Moḥammad ibn Saba'. Nous avons sacrifié la lettre à l'esprit de cette dénomination, si notre conjecture est exacte.

1. Comme je l'ai dit, p. 86, note 3, cet Ismâ'îl ibn Moḥammad diffère de son homonyme, le père de Djayyâsch.

2. *Coran*, XXVIII, 19.

3. Le *ḳâ'id* 'Alî ibn Mas'oûd est nommé « seigneur de Ḥais » par 'Oumâra, *Al-Moufîd*, dans Kay, *Yaman*, p. 115. Il entretenait, paraît-il, dans sa résidence, outre les quatre femmes légitimes permises au musulman, quatre-vingt-dix concubines. Ḥais est dans le territoire de Zabîd, au sud-est de cette ville, sur le fleuve Nakhla. C'est une étape de la grande route qui aboutit à Ta'izz.

4. Sur les nègres Bâzah, dans le Soudan égyptien, aux confins de l'Abyssinie, voir Yâḳoût, *Mou'djam*, I, p. 466; Al-Maḳrîzî, *Al-Khiṭaṭ*, trad. Bouriant, I (un.), p. 555 et 563.

5. Je traduis ainsi *al-'arîf* d'après Dozy, *Supplément aux Dictionnaires arabes*, II, p. 116.

somme aussi considérable que l'est son nom[1], en échange de laquelle il me garantit un délai qui me permettrait de partir en pèlerin, je devrais dire en émigré[2], vers La Mecque en l'année 549 », c'est-à-dire à la fin de janvier 1155. 'Oumâra, au moment de partir sain et sauf pour son troisième pèlerinage, ne manqua pas de rendre des actions de grâces à Allâh, qui l'avait fait échapper au mécontentement, à la fureur et à la cruauté inexorable d'accusateurs acharnés à sa perte.

1. On sait que *kathîr* signifie « considérable ».
2. L'assonance du texte n'a pu être rendue par la traduction.

CHAPITRE III

TROISIÈME, QUATRIÈME ET CINQUIÈME PÈLERINAGES DE ʿOUMÂRA. — SES DEUX AMBASSADES À MIṢR (1155-1158)

Le départ ajourné de ʿOumâra laissa le temps aux passions déchainées contre lui de s'apaiser peu à peu à Zabid. Deux fois, son impopularité a failli lui coûter la vie, et deux fois, il a été sauvé par miracle, les ennemis du dehors étant venus, par une heureuse coïncidence, attaquer le territoire de Zabîd, à l'heure même où sa mort y était décrétée. Pendant plus d'un an, sans quitter le territoire de Zabid, il y avait dissimulé sa présence, grâce à la complicité du *ḳâ'id* Ismâʿîl ibn Moḥammad. Celui-ci favorisa également son évasion, lorsque la victime put enfin échapper par la fuite à ses bourreaux. Le *ḳâ'id* ayant rompu les trames du complot, ʿOumâra, qui avait étonné Zabid par sa science, son talent, son luxe et sa richesse, fut réduit à s'éloigner furtivement, après s'être caché comme un criminel, renonça provisoirement à ses biens comme un condamné qui n'aura d'autre ressource que de les disputer plus tard à la confiscation, laissa sa famille sans chef, sans direction, sans sécurité, comme celle d'un exilé poursuivi et traqué, et demanda un asile sûr au territoire sacré ainsi qu'un réprouvé, mais sans désespérer un seul moment que les satisfactions de l'avenir dissiperaient les tristesses et les amertumes du présent.

ʿOumâra se garda de s'enrôler dans l'armée des pèlerins de Zabid. Il n'y aurait trouvé que jalousie, qu'aversion, que haine, qu'ardeur vindicative. Il se réfugia à la fin de 549, au commencement de 1155, dans Aden, où il eut l'occasion d'échanger secrètement ses doléances intimes avec 'Alî ibn Mahdî, proscrit comme lui, dont il avait autrefois subi l'ascendant, avec lequel il avait récemment évité de se compromettre[1], en faveur duquel il prévoyait un revirement des esprits et une réhabilitation publique, ainsi qu'il en concevait l'espoir pour lui-même. Le *dâ'î* Moḥammad ibn Saba' tenait toujours ses assises à Dhoû Djibla[2], qu'il avait quitté bien à propos pour susciter des dissensions à Zabîd et pour sauver 'Oumâra condamné à mort, à la veille d'être pendu. Ce fut peut-être sous le patronage du *dâ'î* Moḥammad ibn Saba' et dans le but de faire pièce au prince de Zabîd, Fâtik III, que 'Alî ibn Mahdî reprit ses relations d'amitié interrompues avec 'Oumâra, et qu'il lui proposa la direction de son parti.

Lorsque la caravane d'Aden s'ébranla pour le troisième pèlerinage de 'Oumâra, l'ancien étudiant, le professeur naguère écouté, le chef de famille autrefois influent de Zabîd fut acclamé chef de file par ses compagnons de route, qui lui réservèrent à leur tête la première place d'honneur. Il reçut à La Mecque un accueil digne de son passé et de son mérite. Sa présence dans la Ville sainte fut signalée

1. Plus haut, p. 85.

2. Ainsi qu'on le voit, je n'adopte pas la date de 548 (1153) attribuée à la mort du *dâ'î* Moḥammad ibn Saba' par 'Oumâra, *Al-Moufîd*, dans Kay, *Yaman*, p. 78, mais je crois que 'Oumâra, *ibid.*, p. 127, a raison d'affirmer qu'en 549 (1154-1155) Moḥammad n'avait pas cessé d'être le gouvernant d'Aden. Al-Djanadî, *ibid.*, p. 278, et Bâ Makhrama, *Ta'rîkh*, ms. S, fol. 93 v° et 152 v°, disent qu'il est mort à Ad-Doumlouwwa en 548, 549 ou 550. Cette dernière date me paraît probable, et c'est en 550, avant le premier schawwâl ('Oumâra, *An-Noukat*, p. 38), avant le 28 novembre 1155, que je place l'avènement de son fils et successeur, le *dâ'î* Aboû Moḥammad *al-moukarram al-mou'aththam* 'Imrân Al-Hamdânî. J'emprunte ces désignations pour 'Imrân à Bâ Makhrama, *Ta'rîkh*, ms. S, fol. 93 v°.

comme un événement[1]. Il ne passa pas inaperçu dans la masse de ceux qui, en dhoû 'l-ḥidjdja 549 (février 1155), s'associèrent au pieux voyage. Le *scharîf*, l'émir des deux villes consacrées, Hâschim ibn Foulaita, venait de mourir et de laisser l'héritage de son pouvoir, plus temporel que spirituel, à son fils Ḳâsim ibn Hâschim[2].

Le *scharîf* Ḳâsim retint auprès de lui 'Oumâra et se l'attacha, avec un juste discernement de sa valeur et de ses aptitudes. Vrai Arabe, type complet des qualités et des défauts de la race, 'Oumâra ne se sentait ni sans reproche, ni sans remords. Il implorait le pardon d'Allâh, cherchait l'oubli de ses fautes et respirait à l'aise dans le voisinage bienfaisant de la Ka'ba, loin des intrigues qui avaient failli le perdre, dans l'atmosphère pure et saine des lieux où avait vécu et combattu le Prophète, où était né l'islamisme. Les rancunes s'apaiseraient à distance, la paix et la confiance cicatriseraient les blessures d'une âme meurtrie.

Une vie de repos absolu dans la contemplation des monuments, dans les exercices de piété et dans la méditation religieuse, ne pouvait suffire longtemps au besoin d'activité d'une nature bouillante et indomptée comme celle de 'Oumâra. Son nouveau protecteur ne se méprit pas sur les services que lui rendrait l'émigré du Yémen, s'il faisait appel à son zèle et à son expérience. Il lui confia une mission de vassalité, en apparence auprès du khalife Fâṭimide de Miṣr, l'*imâm*, alors âgé de six ans, Al-Fâ'iz bi-naṣr Allâh, fils de l'*imâm* Aṭh-Ṭhâfir, en réalité auprès de son vizir tout-puissant *Al-malik aṣ-ṣâliḥ* Ṭalâ'i' Ibn Rouzzîk.

1. Ibn Khallikân, *Biographical Dictionary*, II, p. 368, reproduit par Al-Fâsî, *Schafâ al-garâm*, dans Wüstenfeld, *Die Chroniken der Stadt Mekka*, II, p. 213 ; IV, p. 225.

2. 'Oumâra, *An-Noukat*, p. 31-32 ; Aboû Schâma, *Kitâb ar-rauḍatain*, I, p. 99, l. 24-25 ; 225, l. 20-21.

Ce fut dans le mois de rabî' premier 550, entre le cinq mai et le trois juin 1155, que 'Oumâra fit sa première entrée sur la terre d'Égypte[1]. Au sortir de La Mecque, il s'embarqua dans le port de Djoudda, fit la traversée de la mer Rouge et atterrit à 'Aidhâb[2], juste en face de Djoudda, sur la côte occidentale. Les étapes de son itinéraire entre 'Aidhâb et Ḳoûṣ sont omises dans sa narration[3], mais le chemin des caravanes dans le désert à travers la route des Deux Esclaves a été décrit en sens inverse par le voyageur Ibn Djobair[4], qui se rendit de Ḳoûṣ à 'Aidhâb en ṣafar 579 (du 26 mai au 23 juin 1183). Comme lui, 'Oumâra voyagea sur un chameau de selle gris[5], comme lui aussi, je suppose, en une litière confortable, de celles qu'on nomme *schouḳdhouf*, adoptées pour cette excursion pénible par les personnes qui aiment leurs aises[6]. A Ḳoûṣ, 'Oumâra descendit le cours du Nil, couché sur un coussin dans une barque *'ouschârî*[7], qui le transporta à travers diverses stations, qu'il a omis de mentionner[8], jusqu'à Al-'Adawiyya, dans la banlieue sud du Vieux-Caire[9], où il quitta le lit moëlleux de son embarcation pour enfourcher un âne à la selle

1. 'Oumâra, *An-Noukat*, p. 32, l. 3.

2. Plus haut, p. 70, note 3. Il y a au Caire un quartier (*ḥâra*) d'Al-'Adawiyya ; cf. Al-Maḳrîzî, *Al-Khiṭaṭ*, II, p. 16 ; Ravaisse, *Essai*, p. 438.

3. 'Oumâra, *An-Noukat*, p. 121-123.

4. Plus haut, p. 8-9.

5. Voir plus loin, p. 96, le premier vers de sa poésie citée par 'Oumâra, *An-Noukat*, p. 32.

6. Ibn Djobair, *Travels*, p. 62-70, passage traduit par Ch. Schefer, *Séfer Nâmèh*, p. 286-297.

7. *'Ouschârî*, employé par 'Oumâra, *An-Noukat*, p. 121, l. 11, est expliqué par Silvestre de Sacy, *Chrestomatie arabe*, II, p. 203, comme désignant « une petite barque de dix coudées de long ». On en trouve la description dans la *Relation de l'Égypte, par Abd-Allatif*, p. 299-300 ; cf. p. 309.

8. Stations énumérées au rebours dans Ibn Djobair, *Travels*, p. 53-55.

9. Sur Al-'Adawiyya, voir Hartwig Derenbourg, *Vie d'Ousâma*, p. 431, note 2, et 432 ; Paul Casanova. *Les Noms coptes du Caire et localités voisines*,

rembourrée, avec un siège recouvert d'une housse souple en étoffe laineuse[1]. Le voyageur, arrivé au delà de Fousṭâṭ, avant d'être admis au grand Palais par le khalife et par son vizir, se choisit un gîte provisoire au pied du mont Al-Mouḳaṭṭam, dans une des maisons situées sur la place qui sépare les deux portes principales de la Citadelle, portes tournées vers Le Caire, le *Bâb al-Moudarradj* et le *Bâb al-Ḳarâfa*[2].

Le premier personnage de la cour égyptienne, avec lequel ʿOumâra sollicita un entretien, fut le neveu et gendre (*ṣihr*) du vizir Ṭalâʾiʿ, personnage compétent et influent dans les questions relatives au protocole, Saif ad-Dîn Al-Ḥousain Ibn Abî 'l-Haidjâ[3]. L'envoyé du *scharîf* de La Mecque commença par se présenter, en se prétendant délégué auprès de lui par ʿOumâra, son maître. Il essayait de sonder le terrain sous le couvert de l'incognito.

dans le *Bulletin de l'Institut français d'archéologie orientale*, I, p. 171-172 et 205.

1. Lane, *Modern Egyptians*, I, p. 191-192, planche et notice.

2. ʿOumâra, *An-Noukat*, p. 121, l. 12, avec la lecture : على بين المدرّج والقرافة. La place (*sâḥa*) aurait donc été nommée *Bain al-Moudarradj wal-Ḳarâfa* d'après ses deux aboutissants, de même qu'au Caire on avait appelé d'autres endroits : *Bain as-soûrain* « Entre les deux murs », *Bain az-zouḳâḳain* « Entre les deux rues », *Bain al-koûmain* « Entre les deux tertres », *Bain as-sayâridj* « Entre les moulins à huile de sésame », *Bain al-ḳaṣrain* « Entre les deux Palais ». La place, qui était en bordure de la façade septentrionale, entre les portes Al-Moudarradj et Al-Ḳarâfa de la Citadelle, a été décrite par Al-Maḳrîzî, *Al-Khiṭaṭ*, II, p. 204-205 ; voir le commentaire et le croquis de Paul Casanova, *Histoire et Description de la Citadelle du Caire*, p. 576-580 et 641-643. Ibn Djobair, au sortir du Caire pour aller en sens inverse, dit « avoir passé la nuit près du cimetière Al-Ḳarâfa » ; cf. *Travels*, p. 42, l. 17.

3. Saif ad-Dîn Al-Ḥousain (aussi Ḥousain) est désigné par Ibn Tagrîbardî, *An-Noudjoûm* (ms. 1780 de la Bibliothèque Nationale), fol. 24 v°, comme le fils du frère du vizir *Al-malik aṣ-ṣâliḥ* Ṭalâʾiʿ. Il avait sans doute épousé sa cousine, la fille du vizir. Car ʿOumâra le donne toujours comme le *ṣihr*, c'est-à-dire comme le « gendre » de Ṭalâʾiʿ ; cf. *An-Noukat*, p. 35, 42, 54, etc.

« A l'heure du coucher du soleil, dit 'Oumâra[1], j'eus une entrevue avec Al-Ḥousain dans la salle qui lui était réservée au Palais du vizirat[2]. Or, je portais le voile des pèlerins, j'étais enveloppé dans mon turban et je parlais très bas. Je lui dis : Je viens à toi comme envoyé de l'envoyé. Tout ce qu'il te demande, c'est que tu obtiennes pour lui la dispense de se prosterner, lorsqu'il présentera ses hommages au khalife et au vizir. — Il répondit : Pour ce qui est du vizir, je l'y ferai renoncer. Quant au khalife, je tâcherai d'obtenir quelques concessions de forme; mais, t'en affranchir absolument, je ne le pourrai pas. Il ajouta : Quels talents distinguent cet 'Oumâra? — Je répondis : C'est un jurisconsulte, et il a quelque mérite littéraire. — Il reprit : Tu veux dire que c'est un poète. — Je répliquai : En effet ! — Il s'écria : Cela diminue ses droits.

« Puis, je pris congé d'Al-Ḥousain, je remontai sur mon âne, je quittai le soir mon domicile du Caire pour passer la nuit à Miṣr. Le lendemain, lorsque je me retrouvai avec Saif ad-Dîn, il me dit : J'ai eu la visite hier de ton secrétaire. Tu es autorisé à saluer le sultan [Ṭalâ'i' Ibn Rouzzîk] dès l'heure présente. Appelé à l'audience matinale du sultan, Saif ad-Dîn s'était exprimé en ces termes : J'ai chez moi l'envoyé du seigneur de La Mecque. Je le supposais intelligent. Or, voici que c'est un homme inférieur. — A quel signe, demanda Aṣ-Ṣâliḥ, as-tu reconnu son infériorité ? — C'est, répondit Al-Ḥousain, qu'il excelle dans cet

1. 'Oumâra, *An-Noukat*. p. 121-122.

2. Al-Maḳrîzî (*Al-Khiṭaṭ*, I, p. 438), dit : « Dans le voisinage du grand Palais de l'Est, en face de la Place de la Porte de la fête, se trouve le Palais du vizirat que l'on appelle le Palais d'Al-Afḍal ou encore le Palais du sultan. » Voir Hartwig Derenbourg, *Vie d'Ousâma*, p. 205, note 8. Le sultan est donc le vizir *Al-malik aṣ-ṣâliḥ* Ṭalâ'i' Ibn Rouzzîk. Sur le titre de sultan conféré aux vizirs d'Égypte, cf. Aboû Schâma, *Kitâb ar-rauḍatain*, I. p. 130, l. 13; As-Souyoûṭi, *Ḥousn al-mouḥâḍara*, II, p. 163-164.

art illicite, que vous cultivez, toi[1], le *djalîs*[2] et Ibn Az-Zoubair[3]. — Aṣ-Ṣâliḥ reprit : Serait-il par hasard un poète ? — Oui, dit Al-Ḥousain. — Aṣ-Ṣâliḥ répliqua : Fais venir cet homme. — Puis, Aṣ-Ṣâliḥ récita le vers suivant :

Ce que vous blâmez chez lui, c'est ce que mon esprit désire ardemment. »

Les khalifes Fâṭimides, bien que la *khoṭba* se fît à La Mecque, excepté à certaines époques troublées, au nom des khalifes ʿAbbasides, se considéraient comme les protecteurs des deux villes saintes[4]. Les *scharîfs* Hâschimites de

1. Sur Ṭalâʾiʿ, poète et versificateur, voir ʿOumâra, *An-Noukat*, p. 45 et 49 ; ʿImâd ad-Dîn, *Kharîda*, ms. 3328 de notre Bibliothèque Nationale, fol. 32 r°, et dans Aboû Schâma, *Kitâb ar-rauḍatain*, I, p. 120, l. 11 et 14 ; Ibn Khallikân, *Biographical Dictionary*, I, p. 658 ; Al-Maḳrîzî, *Al-Khiṭaṭ*, II, p. 294 ; F. Wüstenfeld, *Geschichte der Faṭimiden-Chalifen*, p. 325 ; Hartwig Derenbourg, *Vie d'Ousâma*, p. 284-295.

2. Le *schaikh al-djalis* ou le *ḳâḍi al-djalis*, dit aussi le « familier de l'émir des croyants » (Partie arabe, p. 523), est Aboû 'l-Maʿâlî ʿAbd al-ʿAzîz ibn Al-Ḥousain Ibn Al-Ḥabâb Al-Aglabî As-Saʿdî, rédacteur au protocole officiel des Fâṭimides, qui mourut en 561 de l'hégire (1165-1166 de notre ère). Voir sur lui ʿOumâra, *Al-Moufîd*, dans Kay, *Yaman*, p. 111, et dans Al-Djanadî, *As-Souloûk* (Partie arabe, p. 644) ; *An-Noukat*, p. 34, 86, 116 ; ʿImâd ad-Dîn, *Kharîda*, *ibid.*, p. 595 ; Aboû Schâma, *Kitâb ar-rauḍatain*, I, p. 120, l. 14, et p. 141, l. 20-142, l. 23 ; Ibn Khallikân, *Biographical Dictionary*, I, p. 145 et 146 ; IV, p. 566 et 567 ; Ibn Tagrîbardî, *An-Noudjoûm* (ms. 1780 de la Bibliothèque Nationale), fol. 17 v°-18 r° et 42 r° ; As-Souyoûṭî, *Ḥousn al-mouḥâḍara*, I, p. 324.

3. Plus haut, p. 60, note 2. Il s'agit probablement, non pas du *ḳâḍî ar-raschîd* Aḥmad Ibn Zoubair (plus haut, p. 60, n. 2), mais de son frère le *ḳâḍi al-mouhadhdhab* Aboû Moḥammad Al-Ḥasan, le meilleur poète des deux, « le premier poète de son temps », dit ʿImâd ad-Dîn, *Kharîda* (ms. 3328, fol. 37 v°, en tête d'une longue notice qui va jusqu'au fol. 49 r°). Né à Ouswân, il mourut à Miṣr en radjab 561 (mai 1166). Sur lui, voir aussi ʿOumâra, *An-Noukat*, p. 35, 76, 77, etc. ; la Partie arabe, p. 415, où sont cités trois vers adressés par lui à ʿOumâra ; Ibn Khallikân, *Biographical Dictionary*, I, p. 143 ; Al-Adfouwî, *Aṭ-Ṭâliʿ* (ms. 2148 de la Bibliothèque Nationale, fol. 77 v°-80 v°) ; Hammer-Purgstall, *Literaturgeschichte der Araber*, VII, p. 753, 898 et 1202.

4. Snouck Hurgronje, *Mekka*, I, p. 67.

La Mecque ne dédaignaient aucune des puissances musulmanes, avec lesquelles le pèlerinage annuel leur apportait un contact rémunérateur. Ḳâsim ibn Hâschim s'empressa d'utiliser un ambassadeur aussi célèbre que 'Oumâra pour notifier son avènement à la cour de Miṣr.

Le khalife Al-Fâ'iz étant alors âgé de six ans, Ibn Rouzzîk exerçait la régence en véritable souverain, en « roi pieux », qui s'était lui-même, une année auparavant, attribué ce titre d'*al-malik aṣ-ṣâliḥ*[1]. 'Oumâra fut introduit incontinent auprès du vizir par Saif ad-Dîn Al-Ḥousain. Puis, sans tarder, les deux poètes, le vizir et 'Oumâra, se rendirent ensemble au grand Palais, où le khalife les attendait dans la Salle d'or, salle du trône réservée aux audiences solennelles de l'émir des croyants et à ses cours publiques de justice, chaque lundi et chaque jeudi[2]. 'Oumâra avait à peine pénétré dans la Salle d'or qu'il adressa à l'*imâm* et à son vizir, après les avoir salués, ce panégyrique en beaux vers[3] :

Louange aux chamelles grises[4]*, après la décision et après les soucis, louange digne des faveurs qu'elles m'ont fait conférer !*

Je ne renie pas mon devoir envers les étriers pour un bienfait, dans lequel les mors ont souhaité le rang des brides.

1. F. Wüstenfeld, *Geschichte der Faṭimiden-Chalifen*, p. 323.

2. Al-Maḳrîzî, *Al-Khiṭaṭ*, I, p. 385 ; Ravaisse, *Essai*, p. 456 et 457.

3. 'Oumâra, *An-Noukat*, p. 32-34 ; cf. son *Diwân*, dans la Partie arabe, p. 334, et la littérature donnée *ibid.*, note 2.

4. L'expression الحمد للعيس employée par 'Oumâra est sévèrement critiquée par Aboû Schâma, *Kitâb ar-rauḍatain*, I, p. 227, l. 5-8, d'après lequel on ne doit ainsi glorifier qu'Allâh. Même faute, si faute il y a, dans le *Diwân* de 'Oumâra, p. 361, l. 2, où, s'adressant au vizir Schâwar, il lui dit : لك الحمد « Gloire à toi ! ».

Les chamelles grises ont rapproché de mon regard l'éloignement des lieux saints, que j'avais visités, au point que j'ai vu de face l'imâm des nations à l'époque présente.

Elles sont parties le soir de la Kaʿba de la Vallée caillouteuse[1] *et du Ḥaram*[2] *pour aller en ambassade vers la Kaʿba de la générosité et de la noblesse.*

Le Temple a-t-il su qu'après l'avoir quitté, je passerais seulement d'un sanctuaire à un autre sanctuaire,

Là où le pavillon du khalifat est dressé entre les deux contraires, le pardon et le châtiment,

Où l'imâmat a des lumières sanctifiées qui éclairent les deux détestées, l'injustice et les ténèbres,

Où la prophétie a des signes tracés pour nous sur les deux choses cachées[3], *l'autorité et les arrêts d'Allâh,*

Où les nobles actions ont des marques qui nous apprennent à louer les deux choses considérables, la puissance et la générosité,

Où le rang élevé a des langues, dont les panégyriques louent les deux glorieuses, les actions et les qualités naturelles,

Où le drapeau de la haute noblesse d'origine est porté par la réputation et les aspirations?

Je le jure par Al-Fâ'iz, le très pur, en étant convaincu d'obtenir la conquête du salut et la récompense de ma sincérité dans ce serment,

Certes, la défense de la religion, du monde et de l'humanité a été dévolue à son vizir Aṣ-Ṣâliḥ, qui dissipe les tristesses,

1. Épithète employée pour la vallée où est située La Mecque.
2. Double rime, comme dans le premier vers d'une poésie. Si l'on n'admet pas cette irrégularité, le vers ne peut pas être scandé.
3. Variante : les deux choses vraies.

Couvert de la gloire, comme d'une cotte dont les mailles auraient été tissées par une main qui manie les deux outils, l'épée et le kalam.

Son existence a fait exister pour notre temps tout ce que notre temps avait réclamé, et sa générosité a anéanti l'espèce de ceux qui se plaignaient de leur néant[1].

Ses excellentes qualités l'ont fait régner avec une royauté douce[2], *la finesse de son nez élégant est un reproche pour le nez des Pléiades*[3].

Je vois une dignité si imposante qu'elle m'a donné, dans a veille, l'illusion qu'elle appartenait à mes rêves.

Jamais mon espérance n'avait conçu pareil jour dans ma vie, jamais le désir de mes pensées n'était monté jusque-là.

Puissent les étoiles s'approcher de moi, pour que je les enfile dans des colliers d'éloges! Car je trouve pour vous mes paroles bien insuffisantes.

Tu vois ici le vizirat prodiguer au khalifat des avis salutaires qu'il accepte sans suspicion.

De tels liens nous ont démontré qu'il existe entre eux deux une parenté d'affection éclairée et non d'origine.

Ils sont un khalife et un vizir, dont la justice a répandu son ombre partout où sont disséminés l'islamisme et les peuples.

La crue du Nil n'est qu'une décroissance par rapport à leur générosité débordante, et il ne pourrait presque pas essayer d'atteindre l'abondance de leurs averses.

1. J'ai essayé de rendre les calembours de ce vers ; je n'y ai pas réussi pour وُجُودُه et وَجُودُه.

2. Allusion à son titre de « roi pieux »; voir p. 96, l. 7-9.

3. Cf. انف الاسد « le nez du Lion », la troisième mansion de la lune; voir Al-Kazwînî, dans Lane, *An Arabic-English Lexicon*, p. 116 *b*.

« Je restai, dit 'Oumâra[1], avec Aṣ-Ṣâliḥ, qui se faisait répéter à plusieurs reprises ce poème, et je le lui déclamai, tandis que les ostâdârs[2], les principaux émirs et les grands personnages épuisaient les formules d'admiration. Ensuite on m'offrit libéralement des manteaux d'honneur brodés d'or, pris dans la garde-robe du khalifat[3], et Aṣ-Ṣâliḥ me donna cinq cents dînârs. Or, voici qu'un ostâdâr me remit de la part de la noble princesse, fille de l'*imâm* Al-Ḥâfiṭh[4], cinq cents autres dînârs. On transporta l'argent avec moi dans ma demeure, et du Palais de l'hospitalité[5] me furent attribués des appointements tels qu'il n'en avait jamais été attribué auparavant en faveur de personne[6]. Les émirs de la dynastie rivalisèrent pour m'attirer dans leurs habitations aux banquets de cérémonie.

« Quant à Aṣ-Ṣâliḥ, il m'invita à le fréquenter et m'in-

1. 'Oumâra, *An-Noukat*, p. 34-35, reproduit en partie dans Aboû Schâma, *Kitâb ar-rauḍatain*, I, p. 226, l. 10-17.

2. Bien que le texte, ici et un peu plus loin, porte le pluriel de *oustâdh* « maître », il y désigne les « maitres de la porte », majordomes chargés de l'économat et de l'intendance; voir Quatremère, *Histoire des sultans mamlouks*, I, I, p. 25-28; Hartwig Derenbourg, *Vie d'Ousâma*, p. 240, note 6.

3. Un magasin spécial renfermait les objets destinés au costume et à l'appareil du khalife; voir F. Wüstenfeld, *Caldaschandi's Geographie und Verwaltung von Ægypten*, p. 176 et 193.

4. Les filles de l'*imâm* Al-Ḥâfiṭh, sœurs de l'*imâm* Aṭh-Ṭhâfir, tantes de l'*imâm* Al-Fâ'iz, jouèrent un rôle politique dans les révolutions qui ensanglantèrent le Palais des khalifes; voir F. Wüstenfeld, *Geschichte der Faṭimiden-Chalifen*, p. 3.2 et 323; Hartwig Derenbourg, *Vie d'Ousâma*, p. 249.

5. Le Palais de l'hospitalité était une autre dénomination pour le Palais du Bienheureux, c'est-à-dire de Ḳanbar, qui l'avait fait construire au commencement du XIIe siècle de notre ère et qui, tombé en disgrâce, fut décapité à la fin de 1149. Ibn Rouzzîk y installa, presque au début de son vizirat, en 1154, sa demeure personnelle qu'il relia au Palais du vizirat, situé juste en face (voir p. 94, note 2), par une galerie souterraine et qu'il dénomma le Palais de l'hospitalité; cf. Al-Maḳrîzî, *Al-Khiṭaṭ*, I, p. 363, l. 2; II, p. 415; Ravaisse, *Essai*, p. 431 et 433.

6. Cent mille dînârs étaient prévus au budget pour l'entretien des ambassadeurs « envoyés par les rois et autres souverains »; cf. Al-Maḳrîzî, *Al-Khiṭaṭ*, I, p. 82, l. 36.

troduisit dans le cercle de ses intimes, me combla de ses présents, m'inonda de ses bienfaits. Je rencontrai dans sa société, parmi les plus illustres des lettrés, le *schaikh*, le conseiller (*al-djalîs*) Aboû 'l-Ma'âlî Ibn Al-Ḥabâb[1], Al-Mouwaffaḳ Aboû 'l-Ḥadjdjâdj Yoûsouf ibn Moḥammad Ibn Al-Khallâl[2], chef du bureau du protocole, Aboû 'l-Fatḥ Maḥmoûd ibn Ḳâdoûs[3], Al-Mouhadhdhab Aboû Moḥammad Al-Ḥasan Ibn Az-Zoubaîr[4]. Il n'y avait personne dans cette assemblée d'élite qui ne recherchât les supériorités intellectuelles et la plus haute maîtrise des qualités humaines, qui ne visât, comme but, la vérité, et qui ne l'atteignît[5]. Je ne cessai pas de marcher sur leurs traces et de montrer mon tronc de palmier en face de leurs dattes mûres prématurément[6], jusqu'à ce qu'ils me maintinrent

1. Plus haut, p. 95, note 2.

2. Le texte porte seulement Al-Mouwaffaḳ Ibn Al-Khallâl. Sur ce précurseur d'*Al-ḳâḍi al-fâḍil* Ibn Al-Baisânî, auquel il enseigna son art des élégances épistolaires, voir 'Oumâra, *Diwân*, p. 186, 298 et 409, et dans Al-Djanadî, *As-Soulouk* (Partie arabe, p. 644); Aboû Schâma, *Kitâb ar-rauḍatain*, I, p. 191, l. 35-192, l. 14; 226, l. 15, et la notice que lui a consacrée Ibn Khallikân, *Biographical Dictionary*, IV, p. 563-568. Il mourut le 2 mars 1171. Il était l'oncle maternel d'Ibn Al-Ḥabâb. Voir aussi Ibn Tagrîbardî, *An-Noudjoûm* (ms. 1780 de la Bibliothèque Nationale), fol. 18 v°, et ma *Vie d'Ousâma*, p. 419. Aṣ-Ṣouyoûṭî, *Ḥousn al-mouḥâḍara*, II, p. 155-162, a reproduit intégralement la lettre d'investiture officielle rédigée pour Ṭalâ'i' Ibn Rouzzîk *al-malik aṣ-ṣâliḥ* par Al-Mouwaffaḳ Ibn Al-Khallâl. Dans l'index de la Partie arabe, p. 680 et 683, ce même personnage figure à Al-Mouwaffaḳ et à Yoûsouf.

3. Le *ḳâḍi* Aboû 'l-Fatḥ Maḥmoûd ibn Ismâ'îl ibn Ḥamîd Ibn Ḳâdoûs Al-Fihrî, rédacteur au protocole de la chancellerie égyptienne, originaire de Damiette, mourut en 551 de l'hégire (1156 de notre ère); cf. 'Imâd ad-Dîn, *Kharîda*, dans Dozy, *Catalogus*, II, p. 264; Aboû Schâma, *Kitâb ar-rauḍatain*, I, p. 103, l. 21-31; Ibn Khallikân, *Biographical Dictionary*, I, p. 145.

4. Plus haut, p. 60, note 2, et 95, note 3.

5. J'ai traduit la leçon de C. Si on maintient celle de A et de B, je propose de lire *al-aschkâl* et de traduire : « qui ne recherchât la même voie que ses pairs et qui n'y réussît. »

6. Peut-être : « mon poulain en face de leurs juments victorieuses aux courses. » Lecture certaine, intention claire, expression amphibologique.

dans leurs rangs et qu'ils me firent place dans leur collier de perles précieuses.

« J'ai nommé les intimes d'Ibn Rouzzîk Ṭalâ'i' parmi les hommes du *ḳalam*. Quant aux hommes de l'épée et du drapeau, c'étaient la Gloire de l'islamisme, son fils[1] ; son gendre, Saif ad-Dîn Al-Ḥousain[2]; son frère, le Cavalier des musulmans, Badr Ibn Rouzzîk[3]; et son parent 'Izz ad-Dîn Ḥousâm[4].

« En dehors de ceux-ci, tous membres de sa famille, il y avait les émirs de la dynastie, admis la plupart du temps dans sa compagnie, comme Ḍirgâm qui parvint au vizirat[5], comme 'Alî ibn Az-Zoubd[6], Yaḥyâ Ibn Al-Khayyâṭ[7], Rouḍwân, fils

1. *Madjd al-islâm al-malik al-'âdil* (aussi *al-malik an-nâṣir*) Rouzzîk, fils de Ṭalâ'i' Ibn Rouzzîk, lui succéda dans son vizirat après qu'il mourut assassiné le dix-neuf ramaḍân 556 (onze septembre 1161). Voir sur lui l'index de la Partie arabe, p. 662 *b*-663 *a*.

2. Plus haut, p. 93, note 3.

3. Badr Ibn Rouzzîk est tantôt surnommé ainsi *fâris al-mouslimîn* et tantôt *fâris al-islâm* « le cavalier de l'islamisme »; voir sur lui les passages énumérés dans l'index de la Partie arabe, p. 657 *b*.

4. L'émir 'Izz ad-Dîn 'Aḍoud ad-Daula Ḥousâm, un cousin par sa mère de Rouzzîk, après l'avoir trahi, s'enfuit avec des richesses considérables, se fit rendre un dépôt de 70.000 dînârs qu'il avait confiés aux Francs, élut domicile à Ḥamâ et y resta jusqu'à sa mort; cf. Ibn Abî Ṭayy, dans Aboû Schâma, *Kitâb ar-rauḍatain*, I, p. 165, l. 6-13. 'Oumâra s'est longuement étendu sur l'origine et la continuité de leurs relations; voir *An-Noukat*, p. 109-121, et l'index de la Partie arabe, p. 660.

5. *Al-malik al-manṣoûr* Ḍirgâm devint vizir du dernier khalife Fâṭimide Al-'Âḍid en août 1163 et fut tué moins d'un an après, en mai 1164. En 1158, Ṭalâ'i' en avait fait le généralissime de son armée. Lorsque 'Oumâra le rencontra, il était *nâ'ib al-bâb* « suppléant du grand chambellan »; voir 'Oumâra, *An-Noukat*, p. 69 et 73-77; Aboû Schâma, *Kitâb ar-rauḍatain*, I, p. 226, l. 30-31; Ibn Khallikân, *Biographical Dictionary*, I, p. 609 et 611; Hartwig Derenbourg, *Vie d'Ousâma*, p. 238, 284, 285.

6. *Al-moukarram* 'Alî ibn Az-Zoubd est souvent cité par 'Oumâra; voir *An-Noukat*, p. 144-149, et l'index de la Partie arabe, p. 671 *a*; cf. Al-Maḳrîzî, *Al-Khiṭaṭ*, II, p. 12; F. Wüstenfeld, *Geschichte der Faṭimiden-Chalifen*, p. 330.

7. Yaḥyâ Ibn Al-Khayyâṭ est appelé le général en chef (*al-isfahsallâr* ou

de Djalab Râgib[1], 'Alî Hauschât[2] et Moḥammad ibn Schams al-Khilâfa[3]. »

De prime abord, 'Oumâra se lia, du vivant d'Aṣ-Ṣâliḥ, avec son fils Rouzzîk, la Gloire de l'islamisme : la communauté de leur âge et de leurs goûts les rapprocha. « Je lui avais été désigné, dit 'Oumâra[4], et recommandé par Sa'd al-Moulk Bakhtiyâr[5] et par 'Izz ad-Dîn Ḥousâm[6]. Il envoya en toute hâte me chercher pour m'amener vers un tertre où il possédait une propriété au milieu des cimetières qui avoisinent la Porte de la victoire[7], et il me fit remettre trente dînârs, sans exiger ni panégyrique, ni service. Puis, je m'attachai à lui, et il redoubla envers moi de générosité. Telle était devenue notre intimité qu'il ne chevauchait plus vers ses châteaux de plaisance, comme la Couronne (*At-*

isfahsallâr al-'asâkir) par 'Oumâra, *An-Noukat*, p. 69, cité par Aboû Schâma, *Kitâb ar-rauḍatain*, I, p. 226, l. 31. Il avait aspiré au vizirat sans y parvenir, d'après 'Oumâra, *An-Noukat*, p. 78, cité par Aboû Schâma, *ibid.*, I, p. 158, l. 10. Voir encore sur lui 'Oumâra, *An-Noukat*, p. 67 ; *Dîwân*, dans la Partie arabe, p. 319, 348 et 349 ; Ibn Al-Athîr, dans *Hist. or. des Croisades*, I, p. 555 ; Aboû Schâma, *Kitâb ar-rauḍatain*, I, p. 154, l. 14 ; 170, l. 15 ; Wüstenfeld, *Geschichte der Faṭimiden-Chalifen*, p. 338.

1. Le *schaikh al-athîr* (aussi le *ḳâḍi al-athîr*) Djalab Râgib mourut en 591 (1195) ; voir sur lui 'Oumâra, *An-Noukat*, p. 79 ; *Dîwân*, p. 329 et 330 ; Aboû Schâma, *Kitâb ar-rauḍatain*, I, p. 158, l. 11 et 12 ; Bâ Makhrama (ms. S), fol. 129 r° ; As-Souyoûṭî, *Ḥousn al-mouḥâḍara*, I, p. 212.

2. Aboû 'l-Ḥasan 'Alî Hauschât, enterré au cimetière du Mouḳaṭṭam, est le sujet d'une élégie dans 'Oumâra, *Dîwân*, p. 185-186.

3. L'émir Moḥammad ibn Schams al-Khilâfa est mentionné parmi les bienfaiteurs de 'Oumâra par celui-ci, *An-Noukat*, p. 62 et 138-140 ; *Dîwân*, p. 161, 273 et 360.

4. 'Oumâra, *An-Noukat*, p. 93-94.

5. Ce Bakhtiyâr est-il le même que celui dont il est parlé dans Oumâra, *Dîwân*, p. 262 ?

6. Plus haut, p. 101, note 4.

7. Le *bâb an-naṣr*, qui n'a pas changé de nom, est au nord-est du Caire, à côté d'un cimetière musulman ; voir Hartwig Derenbourg, *Vie d'Ousâma*, p. 254, note 3.

Tâdj)[1], Ar-Rauḍa[2], Al-Moukhtaṣṣ[3], ni vers son pavillon de chasse de 'Ain Schams[4], sans que je fusse avec lui. »

Quant à Al-Malik Aṣ-Ṣâliḥ, 'Oumâra avait fait sa conquête et était devenu son panégyriste attitré. « Un jour, dit le jurisconsulte et poète[5], que je me trouvais avec lui dans le portique voûté du Palais du vizirat, je lui récitai une poésie dans laquelle je disais[6] :

Laissez tout éclair, que vous avez observé comme ne devant pas donner de tonnerre, faire luire sur Fousṭâṭ sa face sincèrement réjouie,

Et visitez la noble résidence d'Aṣ-Ṣâliḥ, car tous les habitants de la terre auront leur renommée oubliée, lorsque la sienne sera encore illustre.

Ne vous proposez pas comme but la recherche de la richesse, de peur d'offenser la gloire et l'illustration du vizir.

Mais demandez-lui de vous faire conquérir la situation la plus élevée[7]*; car chaque homme est l'objet des espérances, selon la mesure de son pouvoir.*

1. Comme Bagdâd, Le Caire avait son pavillon nommé *At-Tâdj;* cf. les annexes de Yâḳoût, *Mou'djam,* V, p. 15. Il eut sa journée de bataille en 559 (1164); voir 'Oumâra, *An-Noukat*, p. 78, l. 7. Sur le pavillon et le jardin de la Couronne, voir Al-Maḳrîzî, *Al-Khiṭaṭ,* I, p. 481; II, p. 129.

2. Il s'agit des jardins de l'île d'Ar-Rauḍa.

3. « Le jardin connu sous le nom d'Al-Moukhtaṣṣ », c'est-à-dire Le particulier, dit 'Oumâra, *An-Noukat,* p. 44, l. 7 et 8.

4. Sur cette Héliopolis, aussi appelée Al-Maṭariyya, but de pèlerinage dans l'antiquité, aujourd'hui but d'excursion au nord-est du Caire, voir Nâṣiri Khosrau, *Séfer Nâméh*, p. 142-143; Al-Maḳrîzî, *Al-Khiṭaṭ*, I, p. 228-231; traduction U. Bouriant, I, p. 674-682; Ravaisse, *Essai*, p. 415, note 1.

5. 'Oumâra, *An-Noukat*, p. 35-37.

6. Ces quatre vers se retrouvent dans le *Dîwân*, p. 271, n° 144, dans 'Imâd ad-Dîn, *Kharîda*, fol. 258 v°, et dans Aboû Schâma, *Kitâb ar-rauḍatain*, I, p. 226.

7. Ou « la richesse », d'après la leçon de D.

« Il me lança alors le sac qu'il tenait à la main. J'y trouvai cent dînârs et cinquante *roubâʿîs*[1]. »

« Je le louai encore en schaʿbân 550 (octobre 1155) par un poème dont voici un fragment[2] :

Mes poésies te sont parvenues de la terre où est le ḥaṭîm[3] *de la Ka'ba : leur voyage de nuit a été guidé par une sounna et par un Coran.*

Si vous me demandez tous deux ce que j'ai éprouvé, je répondrai : Mon espérance n'a été ni décevante, ni mensongère.

Je n'ai pas recherché les gouttes d'eau au fond de la mare, et je ne me suis pas arrêté devant des rigoles, là où se sont arrêtés les hommes inférieurs.

Mais j'ai choisi pour abreuvoir la résidence glorieuse[4] *qui, au matin, transforme les maîtres en esclaves.*

Le pied du panégyrique y a trébuché. Il ne se relèvera pas à moins d'y être autorisé par une faveur et par une récompense!

« Alors, il me jeta son sac ; j'y trouvai soixante-treize dînârs.

« Et je pris congé du khalife et du vizir par un poème où je parlais de mon retour vers La Mecque et vers le Yémen[5] :

Qui m'aidera à désaltérer le Ḥidjâz et autres lieux par des nouvelles sur mes abreuvoirs exquis, où je descendais et d'où je remontais?

1. Le *roubâʿî* vaut un quart de dînâr ; cf. Sauvaire, *Matériaux*, I, p. 157-159.

2. ʿOumâra, *Dîwân*, p. 181, nº 30. De ces cinq vers, les quatre derniers sont cités par ʿImâd ad-Dîn, *Kharîda*, fol. 258 vº.

3. Plus haut, p. 72, note 1.

4. Var. de D : « la résidence généreuse. »

5. Ces quatre vers sont donnés dans le *Dîwân*, p. 271, nº 145, et dans ʿImâd ad-Dîn, *Kharîda*, *loc. cit.*

Mes espérances m'ont fait visiter une très noble résidence terrestre[1] *; dès le premier matin, j'y ai été traité en très noble visiteur.*

Je m'étais présenté, implorant l'honneur et la richesse ; je suis revenu, comblé d'une large part de l'un et de l'autre.

Je crois entendre La Mecque me dire avec une voix de bon augure : Mets-toi en route, tu reviendras vers moi, la face épanouie.

« Le khalife et le vizir me prodiguèrent les marques de leur considération et les largesses de leur générosité.

« Quant à mes relations avec Saif ad-Dîn Al-Ḥousain[2], c'est lui qui disait à At-Tauzarî[3], le préposé aux messages du khalife au vizir : Trois cents dînârs de la part du khalife pour ses frais de voyage, c'est trop peu. Prenez sur vous de récompenser un tel homme[4]. Car, jamais il n'en est venu à vous de pareil. Ajoutez-lui deux cents dînârs, afin qu'il reçoive cinq cents dînârs pour sa négociation et cinq cents dînârs pour son voyage. » Cette demande fut réalisée par la noble princesse, la maîtresse des châteaux[5].

D'autres subsides furent alloués au pèlerin sur la recommandation de Saif ad-Dîn Al-Ḥousain. Dans les réunions qui se tenaient alors chez ce protecteur vigilant, ʿOumâra avait noué des relations, qui devinrent intimes, avec l'*amîr aṭh-ṭhahîr* Mourtafiʿ ibn Faḥl, connu sous le nom d'Al-Ḥilwâṣ[6].

1. Cf. تحت الثرى, *Coran*, XX, 5.

2. Plus haut, p. 93, note 3.

3. Ce personnage est peut-être identique à Aboû Ḥafṣ ʿOmar ibn Aḥmad Al-Anṣârî At-Tauzarî, contemporain d'As-Silafî à Alexandrie (Yâḳoût, *Mouʿdjam*, I, p. 893), peut-être à l'historien ʿAbd al-Malik Ibn Al-Kardaboûs At-Tauzarî (Brockelmann, *Geschichte der arabischen Litteratur*, I, p. 345).

4. Lisez avec De Goeje : مِنَ الرِّجَالِ.

5. Sans doute la fille du khalife Al-Ḥâfiṭh ; voir plus haut, p. 99, n. 4.

6. Peut-être à lire Al-Djilwâṣ, déformation d'Al-Djilwâz « l'Officier de police » ; cf. la Partie arabe, p. 242, n. 1 ; 536, l. 23.

« J'habitais près de lui, dit ʿOumâra[1], m'étant installé en 550[2] aux Orfèvres[3], dans la Rue des émirs[4]... Lorsque j'eus résolu de faire le pèlerinage, il me donna des pièces d'or et des vêtements pour plus de 160 dînârs et me fournit des provisions, entre autres vingt charges de farine, vingt paniers de friandises, de gâteaux croquants de froment[5], ainsi que l'habillement de mes serviteurs. De plus, il envoya par mon entremise à l'émir des deux villes saintes un costume doré et trente montures de choix. Pour moi personnellement, il me fit présent d'une belle concubine. Il chevaucha avec moi jusqu'à Miṣr pour me faire ses adieux, étant accompagné d'Al-Ḳouṭoûrî[6], de Ṣoubḥ ibn Schâhânschâh[7] et du gouverneur *(wâlî)* de Miṣr, Tâdj al-Mouloûk

1. ʿOumâra, *An-Noukat*, p. 140-141.

2. Le texte porte 551 ; mais, en 551, ʿOumâra n'était pas à Miṣr.

3. La vaste agglomération de maisons, appelée *Aṣ-Ṣâga* « Les Orfèvres » (cf. *An-Noukat*, p. 127, et à Paris, la rue et le quai des Orfèvres), existait donc dès 550 (1156) au sud-ouest du Grand Palais, près de la porte secrète appelée *Bâb az-Zouhaima*. Voir Al-Maḳrîzî, *Al-Khiṭaṭ*, I, p. 374 et 462 ; II, p. 97 et 102 ; P. Ravaisse, *Essai*, p. 439, 442, et surtout 445, ainsi que les plans 4 et 5.

4. Al-Maḳrîzî, *Al-Khiṭaṭ*, II. p. 16 et 37 ; Ravaisse, *Essai*, p. 423. Lisez حارة sans *taschdîd*.

5. Lisez مطابق.

6. J'ignore quel est ce personnage natif de Ḳouṭoûr (ou Ḳaṭoûr), ville d'Égypte, dans la province Al-Garbiyya ; voir Yâḳoût, *Mouʿdjam*, IV, p. 140 ; Amélineau, *La Géographie de l'Égypte*, p. 393.

7. Schâhânschâh, père de Ṣoubḥ, n'est pas le frère de Saladin, mais le vizir et généralissime (*amîr al-djouyoûsch*) Al-Afḍal, fils de Badr Al-Djamâlî, surnommé Schâhânschâh, assassiné à Miṣr par ordre du khalife Fâṭimide Al-Âmir à la fin de ramaḍân 515 (commencement de décembre 1121). Voir F. Wüstenfeld, *Geschichte der Faṭimiden-Chalifen*, p. 270-289 ; Hartwig Derenbourg, *Vie d'Ousâma*, p. 205, n. 8. *Al-amîr al-moufaḍḍal* Ṣoubḥ, avec ce titre d'honneur emprunté à celui de son père *Al-Afḍal*, était l'un des émirs Al-Barḳiyya (Al-Maḳrîzî, *Al-Khiṭaṭ*, II, p. 12), habitait un palais à l'entrée de leur rue (id., *ibid.*, II, p. 78), avait épousé une fille de Saif ad-Dîn Al-Ḥousain (plus haut, p. 93, note 3) et fut mis à mort par Ḍirgâm,

Badrân[1]. Puis, il me dit : Si tu restes encore cette nuit auprès de nous et que tu diffères ton voyage, je mettrai à ta disposition cent autres dînârs.— Je répondis : Eh bien ! je resterai encore cette nuit. Le gouverneur de Miṣr les installa dans la Maison du paon[2]. Mourtafiʿ envoya vers moi son domestique chargé de m'inviter à entrer dans le bain. J'y entrai. Mourtafiʿ dit alors à Tâdj al-Mouloûk : Réserve à cet homme un costume pour sa sortie du bain. Car il est l'hôte du Sultan[3], l'hôte de ton frère[4]. Ensuite, Mourtafiʿ lui arracha cent dînârs, autant à Al-Ḳouṭoûrî et autant à Al-Moufaḍḍal[5], et me les remit avec le costume, y ajouta encore soixante dînârs, prix de deux eunuques que j'avais amenés d'Aden, et cinquante dînârs, prix d'une perle fine que je devais acheter pour lui. »

Dès le lendemain, lorsque ʿOumâra eut été ainsi comblé de bienfaits par la munificence désintéressée de Mourtafiʿ[6] et qu'il eut achevé définitivement ses préparatifs de voyage, il se rendit au Palais du vizirat pour prendre congé du vizir Ṭalâ'iʿ Ibn Rouzzîk. « Mes adieux à *Al-malik aṣ-ṣâliḥ*

pendant son vizirat de huit mois, en ramaḍân 558 (août 1163) ; cf. ʿOumâra, *An-Noukat*, p. 74 et 150.

1. L'*amîr al-mourtaḍâ* Ṭhahîr ad-Dîn Tâdj al-Mouloûk Badrân, aussi appelé l'*amîr amîn al-oumanâ*, est félicité par ʿOumâra, *Dîwân*, p. 370-372, pour son heureux retour à Miṣr après l'échec d'Asad ad-Dîn Schîrkoûh dans sa deuxième invasion en Égypte à la fin de 562 (septembre 1166).

2. « La Rue du paon » (*darb aṭ-ṭâ'oûs*) était située à l'ouest de Miṣr, au sud-ouest du Petit Palais occidental, lorsqu'on en sortait par la porte dite alors *bâb as-sâbâṭ;* cf. Al-Maḳrîzî, *Al-Khiṭaṭ*, I, p. 458 ; II, p. 44.

3. C'est-à-dire du vizir Aṣ-Ṣâliḥ Ṭalâ'iʿ; voir p. 94, note 2. Ṭalâ'iʿ est appelé « le sultan de Miṣr au temps d'Al-Fâ'iz » dans Aboû Schâma, *Kitâb ar-rauḍatain*, I, p. 120, l. 10.

4. La Maison du paon aurait donc appartenu à un frère innommé de Badrân.

5. J'ai supposé, p. 106, note 7, qu'Al-Moufaḍḍal désigne Ṣoubḥ.

6. Mourtafiʿ n'avait pas réclamé de ʿOumâra un seul vers de poésie à son éloge avant de le laisser partir comblé de ses bienfaits; voir ʿOumâra, *An-Noukat*, p. 141, l. 11 et 12.

dans le Palais du vizirat m'inspirèrent, dit 'Oumâra[1], une poésie, dont je détache un morceau :

Je me suis attaché à son service, et il m'a formé l'esprit. L'éloge est en proportion de ses bienfaits.

Lorsque je le loue en vers, je ne fais que lui donner, que lui rendre son bien.

Combien m'a-t-il accordé le profit de ses présents sans limites et à mains pleines ! Au lendemain matin, j'étais généreux avec ses générosités.

Certes, je les publierai dans les cérémonies de La Mecque ; puissent en entendre parler Aden et Zabîd !

C'est là un retour de l'abreuvoir, qui m'inspire l'éloge de la descente et pour lequel ne sont blâmables à mes yeux que les montures sveltes.

« Aṣ-Ṣâliḥ m'offrit une robe d'honneur et me remit deux cents dînârs. Il écrivit en ma faveur à l'émir Nâṣir ad-Daula, gouverneur *(wâlî)* de Ḳoûṣ[2], en lui prescrivant de m'envoyer des greniers publics cent boisseaux de froment à La Mecque (qu'Allâh le Tout-Puissant la garde !)

« Et je pris la parole le premier schawwâl 550 (le vingt-huit novembre 1155), pour louer Aṣ-Ṣâliḥ, pour le remercier et pour lui demander une lettre de sa chancellerie pour le maître d'Aden, qui était 'Imrân ibn Moḥammad, le *dâ'î* du Yémen, au sujet de trois mille dînârs. Le *dâ'î* Moḥammad ibn Saba' était mort. Il avait été mon créancier d'une somme supérieure à six mille dinàrs, dont trois avaient été réglés, comme à-compte, lors de ma disgrâce auprès du

7. 'Oumâra, *An-Noukat*, p. 37-41.

1. Il s'agit de Nâṣir ad-Daula Yâḳoût; cf. 'Oumâra, *An-Noukat*, p. 109; Hartwig Derenbourg, *Vie d'Ousâma*, p. 232, note 6; cf. p. 430.

peuple de Zabîd[1]. Et cette poésie est la dernière que j'aie composée en l'an 550[2] (avant le vingt-quatre février 1156) :

Connaissez-vous tous deux une route qui n'ait pas été foulée ; connaissez-vous un abreuvoir de la reconnaissance qui n'ait pas été rendu trouble,

Afin que je rétribue la générosité à mon égard, qui a dépassé mes souhaits, par une reconnaissance à l'égard de cet abreuvoir, qui n'aura pas été dépassée ?

« Aṣ-Ṣâliḥ écrivit en ma faveur et me chargea de remettre sa lettre au seigneur d'Aden... Je quittai Miṣr en schawwâl 550 (décembre 1155), je rejoignis le pèlerinage et la visite des lieux saints pendant les derniers mois de cette même année 550.

« L'émir des deux villes saintes, Ḳâsim ibn Hâschim, reçut alors un ordre émanant du khalife de Bagdâd Al-Mouḳtafî[3], qui lui enjoignait de faire fabriquer pour l'entrée de la Kaʿba très vénérée et très noble une porte nouvelle en bois de platane, dont tout le bois serait recouvert en argent doré. L'émir des deux villes saintes était autorisé à s'approprier l'ornementation de l'ancienne porte, à condition d'envoyer au khalife le bois ancien, après qu'il aurait été mis à découvert. Le khalife le destinait au cercueil où il serait enseveli lorsqu'il mourrait.

« Lorsque j'arrivai de ma visite aux lieux saints, l'émir me demanda de vendre à son profit dans le Yémen l'argent

1. Plus haut, p. 82-86, où il n'est question que de cinq mille dînârs, sur lesquels ʿOumâra avait obtenu remise de cinq cents dînârs comme récompense d'une improvisation poétique.

2. Aux dix vers donnés par ʿOumâra, *An-Noukat*, p. 39-40, j'ai substitué les deux premiers vers du morceau d'après son *Diwân*, p. 297, n° 191.

3. Al-Mouḳtafî li-amr Allâh fut khalife de 530 à 555 de l'hégire (1135-1160 de notre ère). Ce passage de ʿOumâra, *An-Noukat*, p. 41, est cité par Aboû Schâma, *Kitâb ar-raudatain*, I, p. 100, l. 30-36.

qu'il avait enlevé sur la porte. Il y en avait pour quinze mille dirhems. Je quittai La Mecque (qu'Allâh le Tout-Puissant la garde !) pour me rendre à Zabîd et à Aden, en ṣafar 551 (avril 1156). »

Cette simple mention est tout ce que nous savons du dernier séjour que ʿOumâra eut la témérité de risquer à Zabîd. Même si les esprits étaient moins exaltés, si une année d'absence avait assoupi les inimitiés et désarmé les assassins, mieux eût valu pourtant ne point braver les anciennes colères du Nadjâḥide Fâtik III, toujours détenteur du pouvoir.

Je présume que ʿOumâra ne s'arrêta que le temps strictement nécessaire pour sauvegarder ses intérêts, pour disputer à la ruine les épaves de sa fortune et pour essayer de liquider sa situation financière. Le *ḳâ'id* Souroûr Al-Fâtikî, son protecteur d'autrefois, avait perdu toute influence pour le défendre, étant lui-même si peu assuré de sa sécurité personnelle qu'il fut assassiné le vendredi douze de radjab 551[1] (31 août 1156). Le silence de ʿOumâra sur son séjour à Zabîd permet de supposer qu'il se hâta de fuir le danger, aussitôt qu'il eut réglé les affaires les plus urgentes.

L'accueil fait à ʿOumâra chez le *dâʿî*, chez le prince schîʿite d'Aden, fut chaleureux et empressé. ʿOumâra se présentait à ʿImrân, fils de Moḥammad ibn Saba', non seulement sous les auspices de la faveur dont son père l'avait constamment honoré, mais encore sous le patronage du khalife Fâṭimide Al-Fâ'iz et avec la lettre d'introduction du vizir d'Égypte, *Al-malik aṣ-ṣâliḥ* Ṭalâ'iʿ Ibn Rouzzîk. Le *dâʿî* s'empressa de recevoir ʿOumâra en audience, et avant de briser le cachet de la lettre, lui demanda quel en était le contenu. *Al-ḳâḍî ar-raschîd* Aḥmad Ibn Az-Zoubair, qui était présent, ré-

1. ʿOumâra, *Al-Moufîd*, dans Kay, *Yaman*, p. 123 et 128.

pondit pour 'Oumâra que le vizir intervenait afin d'obtenir en sa faveur l'abandon des trois mille dînârs encore dus par le poète. « Que 'Oumâra, s'écria le *dâ'î*, me récite à ce sujet deux vers qui tombent sur la lettre *ḳâf* précédée d'un *sîn* et sa dette tombera[1]. » 'Imrân réclama ensuite une feuille de papier et y écrivit ce dont voici la teneur :

Au nom d'Allâh, le Raḥmân, le Miséricordieux ! Je dis, et je suis 'Imrân, fils du dâ'î glorifié Moḥammad, fils du dâ'î très puissant Saba', fils d'Aboû Sou'oûd, fils de Zouraï', fils d'Al-'Abbâs le Yâmite, que le jurisconsulte, fils d'Aboû 'l-Ḥasan[2], le Ḥakamite est exempté de toute obligation pour la somme dont il avait payé un à-compte[3] à notre maître le dâ'î Moḥammad, fils de Saba', et le reliquat dû était de deux mille sept cents dînârs malakî[4].

« J'adressai d'Aden à Miṣr, dit 'Oumâra[5], une poésie pour remercier Al-malik aṣ-ṣâliḥ du service qu'il m'avait rendu :

1. L'ordre du *dâ'î*, relatif à la rime en *sîn ḳâf*, ressort de 'Oumâra cité dans Bâ Makhrama, *Ta'rîkh* (ms. S), fol. 93 v°. Le *sîn* précède ainsi le *ḳâf* dans le verbe *saḳaṭa* « tomber », que je suppose dans ce morceau partout où Kay a imprimé *ḳasaṭa*, qui n'en diffère que par une métathèse des deux lettres initiales; voir dans Kay, *Yaman*, la note 2 de la p. 58 des textes. Dans la traduction, *ibid.*, p. 78, certains détails prêtent au doute, mais l'ensemble est élucidé.

2. La copie du document et peut-être l'original lui-même portent « fils d'Al-Ḥasan ».

3. Je maintiens et je traduis la leçon *darradja*, en comparant le passif dans 'Oumâra, *An-Noukat*, p. 38, l. 12.

4. Les dînârs *malakî* « royaux » ou dînârs du Yémen, frappés pour la première fois à Aden en 479 (1086) par le Ṣoulaiḥide *al-malik al-moukarram* Aḥmad ibn 'Ali, furent renouvelés par le Roi (*malik*) des Arabes et du Yémen 'Imrân, fils de Moḥammad ibn Saba'. Voir 'Oumâra, *Al-Moufîd*, dans Kay, *Yaman*, p. 37; P. Casanova, *Dinars inédits du Yémen*, dans la *Revue numismatique* de 1894, p. 200-220, et planche V.

5. 'Oumâra, *An-Noukat*, p. 40-41, complété par *Dîwân*, p. 417, n° 333; cf. aussi *ibid.*, p. 271, n° 143; 'Imâd ad-Dîn, *Kharîda*, fol. 259 r°; Aboû Schâma, *Kitâb ar-rauḍatain*, I, p. 226, l. 18-21.

O nuits que j'ai passées à Fousṭâṭ sur les deux rives du fleuve de Miṣr ! Ta vie passée a été arrosée par les gouttes de pluies printanières.

Là-bas, les hauts dignitaires n'ont pas cessé d'être dans l'opulence, éclairés par les lumières sanctifiées dans la région où se lève le soleil.

Ce sont des nuits qui ont été la vie bienheureuse, attendu que tout ce qui s'est écoulé pour moi en dehors d'elles n'est point compté dans mon existence.

Les destins m'y ont accordé des protecteurs, grâce auxquels mes jours ont été purs du limon de la trahison.

Ils se sont recommandés l'un à l'autre que mes désirs ne fussent pas repoussés, quand bien même je voudrais leur imposer de disséminer les étoiles dans mon sein.

Je les aime comme les âmes aiment leurs corps ; je soupire après eux comme le noyé soupire après la terre ferme.

Quelle merveille que je m'informe à leur sujet, alors qu'ils n'ont pas sur la terre une résidence qui soit toute à eux comme l'est mon cœur !

C'est que la rosée d'Aṣ-Ṣâliḥ m'a inondé de présents qui ont ajouté pour moi à l'éclat de la richesse l'honneur de la puissance.

J'étais venu trouver Sa Seigneurie Aṣ-Ṣâliḥ pour demander un bon augure dans mon désarroi ; or, il a rétabli l'ordre dans ma condition.

Et ses bienfaits ne m'auraient pas satisfait sans sa considération. Il a envoyé à mon secours des lettres aussi puissantes que les armées.

On dirait que, grâce à ces lettres, ma main élevait pour toujours sur les deux côtés d'Aden[1] *les drapeaux de la victoire.*

1. Calembour avec Éden, dont la graphie est identique, c'est-à-dire d'un paradis.

Et un bonheur provenant d'Aṣ-Ṣâliḥ ne m'a pas quitté, comme si de Miṣr j'avais fait voyage à Miṣr[1].

Lorsque cette poésie fut parvenue à Aṣ-Ṣâliḥ, il dit : « Nous avons été maladroits de le laisser partir ; nous aurions dû le retenir à notre service et dans notre compagnie. »

'Oumâra séjournait sans doute encore auprès du *dâ'î* 'Imrân, se disposant au pèlerinage de 551, lorsque, le premier schawwâl (17 novembre 1156), une agréable surprise vint à Aden lui rappeler qu'il avait des amis inconnus à Miṣr. Aṣ-Ṣâliḥ fut-il l'instigateur imprévu du présent qui réjouit 'Oumâra? En tout état de cause, il l'approuva s'il en fut informé. « Parmi les émirs, dit 'Oumâra[2], dont la fierté s'élève aussi haut que celle des vizirs, est Ḥousâm ad-Dîn Maḥmoûd ibn Al-Ma'moûn. Je ne m'y attendais pas, lorsqu'au matin de la fête de la rupture du jeûne en 551, me parvint de sa part un habillement complet de vêtements royaux, en particulier de ceux que les rois emploient et revêtent dans leurs pèlerinages. Or, je ne le connaissais pas et je ne l'avais ni fréquenté, ni entretenu. Le porteur de l'envoi avait été chargé de me remettre un billet de lui, sur le verso duquel j'inscrivis ces vers, que je confiai à son messager :

Ce cadeau blanc m'est arrivé, sauvegarde de mes vœux et de mon espoir ;

Faveur, au dessus de laquelle ne brille aucun présent et commencement que ne provoquait aucun commencement[3].

1. En d'autres termes : comme si je n'avais pas quitté Miṣr.
2. 'Oumâra, *An-Noukat*, p. 120-121 ; cf, *Dîwân*, p. 161, n° 10.
3. Ou grammaticalement : « une phrase nominale que n'annonçait pas un sujet placé en tête ».

Aussi l'ai-je accueillie et ai-je accepté par elle une situation qu'ont touchée la rosée et la libéralité;

Et j'ai choisi ce que j'ai de mieux pour la rétribuer; or, le meilleur de ce que j'ai acquis, c'est l'éloge.

C'est pourquoi j'ai envoyé la louange remercier en mon nom d'une faveur pour laquelle l'omission du remercîment serait une abomination;

Parce que, selon moi, bien que je sois de ceux dont les Gémeaux trouvent douce la poésie,

La main de la reconnaissance et des louanges est une terre, tandis que la main du bienfait et de la belle action est un ciel.

A la fin de dhoû 'l-ḳa'da 551 (commencement de janvier 1157), 'Oumâra revêtit de nouveau l'*iḥrâm* pour retourner à La Mecque et pour s'associer une cinquième fois aux cérémonies du pèlerinage.

« Lorsque la saison fut venue, dit 'Oumâra[1], je pris part au pèlerinage et je remis à l'émir des deux villes saintes la somme qui lui revenait[2]. Mon intention était de retourner alors dans le Yémen. Mais, l'émir des deux villes saintes m'imposa une ambassade en son nom auprès d'Al-malik aṣ-ṣâliḥ pour excuser de sa part[3] un délit commis par les serviteurs de l'émir, qui, à La Mecque, avaient dépouillé de leur biens les pèlerins d'Égypte et de Syrie.

« Aṣ-Ṣâliḥ intima l'ordre au gouverneur *(wâlî)* de Ḳoûṣ[4]

1. 'Oumâra, *An-Noukat*, p. 41-42; cf. Aboû Schâma, *Kitâb ar-rauḍatain*, I, p. 100, l. 35-36.

2. Les quinze mille dirhems provenant des matériaux vendus par l'entremise de 'Oumâra, après que, à la Ka'ba, une nouvelle porte eût été substituée à l'ancienne; voir plus haut, p. 109.

3. Le texte porte : « à cause d'un délit », etc. Les excuses sont formellement exprimées dans un autre passage des *Noukat*, p. 123, l. 9.

4. Nâṣir ad-Daula Yâḳoût; voir plus haut, p. 108, n. 2. Un an plus tard, le dix-neuf dhoû 'l-ḥidjdja 552 (vingt-deux janvier 1158), sur l'ordre d'Aṣ-Ṣâliḥ,

de me retenir à Ḳoûṣ et de n'autoriser, ni mon retour à La Mecque, ni ma venue à la porte du Sultan[1], aussi longtemps que l'émir des deux villes saintes n'aurait pas restitué ce qui avait été enlevé de la fortune des marchands.

« On a prétendu d'autre part[2] que cette interdiction provenait de ce qui avait été rapporté à Aṣ-Ṣâliḥ relativement à mes critiques des doctrines imâmiennes[3]. Ce serait sur ce grief que son gendre, l'émir Saif ad-Dîn Al-Ḥousain Ibn Abî 'l-Haidjâ[4] se serait surtout acharné. »

L'accusation était fondée, l'imprudence de 'Oumâra évidente. Il avait eu la naïveté de s'ouvrir sur ses convictions intimes à des inconnus qui l'avaient trahi.

'Oumâra[5] avait rencontré, dans sa plus récente visite à La Mecque, des amis d'Al-Ḥousain, des imâmiens comme celui-ci, et, sans les connaître, s'était engagé avec eux dans une discussion religieuse où il se prévalait de la victoire

Yâḳoût fut incarcéré; il mourut dans sa prison le dix-sept radjab 553 (quatorze août 1158); cf. Al-Maḳrîzî, *Al-Khiṭaṭ*, II, p. 50, l. 37-38.

1. C'est-à-dire le vizir Al-malik aṣ-ṣâliḥ; cf. plus haut, p. 94, n. 2; 107, n. 3.

2. M. De Goeje, dans un remarquable compte rendu consacré à la Partie arabe (*Zeitschrift d. deuts. morg. Gesellschaft*, LVIII, 1904, p. 208-216), propose la lecture وقيل; je crois devoir maintenir وقيل.

3. Ṭalâ'i' était un adepte de l'imâmisme râfiḍite, c'est-à-dire de la secte schî'ite qui non seulement se rattache aux douze imâms, mais encore récuse les khalifats des schaikhs Aboû Bakr et 'Omar (voir plus loin, p. 122, n. 2), par conséquent un adversaire du schî'isme officiel des Fâṭimides, qu'il a combattu en prose comme en vers; voir Ṭalâ'i' lui-même dans 'Oumâra, *An-Noukat*, p. 45, l. 8, traduit p. 123, l. 17 ; Ibn Khallikân, *Biographical Dictionary*, II, p. 73; Al-Maḳrîzî, *Al-Khiṭaṭ*, II, p. 294, l. 6-14; Ibn Tagrîbardî, *An-Noudjoûm* (ms. 1780 de la Bibliothèque Nationale), fol. 23 v°; 24 r°; 39 r°; Wüstenfeld, *Geschichte der Faṭimiden-Chalifen*, p. 325; Brockelmann, *Geschichte der arabischen Litteratur*, II, p. 701, où, pour la mort de Ṭalâ'i', l'imprimeur a mis 505 au lieu de 556. Le vers septième de la poésie traduite plus haut, p. 96-98, paraît être dicté à 'Oumâra par le désir de complaire au partisan zèlé de « l'imâmat ».

4. Plus haut, p. 93, n. 3.

5. 'Oumâra, *An-Noukat*, p. 123-124.

sur Al-Ḥousain. A leur retour, ils lui dénoncèrent les propos tenus par ʿOumâra. Saif ad-Dîn, très affecté de ce qu'on lui avait rapporté, renchérit sur les rigueurs ordonnées par Aṣ-Ṣâliḥ. Il écrivit une lettre très flatteuse à ʿIzz ad-Dîn Ṭarkhân, alors gouverneur du Ṣaʿîd supérieur, l'invitant à retenir ʿOumâra sans lui permettre ni de se diriger vers Miṣr, ni de retourner dans le Yémen et dans le Ḥidjâz, l'invitant aussi à lui couper sa rente d'hospitalité jusqu'à ce que l'émir de La Mecque eût rendu aux commerçants ce qui leur avait été pris. Ces conditions n'ayant pas été remplies, l'exil de ʿOumâra se prolongea plus d'une année. Son internement à Ḳoûṣ ne prit fin qu'au milieu de 553, c'est-à-dire au milieu de 1158 de notre ère, sans que nous soyons informés de la date exacte[1].

Pendant son internement dans la Haute-Égypte, en 552, après le 13 février 1157[2], ʿOumâra avait fait plus ample connaissance avec ʿIzz ad-Dîn Ḥousâm, parent d'Aṣ-Ṣâliḥ[3], détaché par lui à la tête d'un poste militaire du Ṣaʿîd. Il avait entendu, dit ʿOumâra, raconter ce qui m'était advenu à Ḳoûṣ chez Nâṣir ad-Daula. Il fit apprêter pour moi un festin d'hospitalité sur les bords du Nil. Les relations avec lui, en se renouvelant, m'accompagnèrent au Caire. Il ne resta pas longtemps dans le Ṣaʿîd, d'où il fut rappelé.

Le gendre d'Aṣ-Ṣâliḥ, Saif ad-Dîn Al-Ḥousain, avait pu retarder longtemps, mais n'avait pas réussi à empêcher le

1. La bataille d'Al-ʿArîsch, mentionnée au début du chapitre IV comme contemporaine du retour de ʿOumâra à Miṣr, fournit un point de repaire qui mérite d'être pris en considération. Or, nous le verrons, elle eut lieu en schaʿbân 553 (septembre 1158).

2. ʿOumâra, *An-Noukat*, p. 109, l. 11, dit 551; ce qui semble dénoter une défaillance de sa mémoire.

3. Plus haut, p. 101, n. 4. Cette rencontre fortuite rapprocha ʿOumâra et Ḥousâm qui le désigna et le recommanda à Rouzzîk, fils d'Aṣ-Ṣâliḥ; voir plus haut, p. 102.

retour de ʿOumâra à Miṣr. Il garda tout d'abord une attitude hostile envers son ancien ami, interdisant d'une part son admission au Palais de l'hospitalité[1], d'autre part enjoignant aux comptables publics de ne lui verser aucune somme.

« Ensuite, dit ʿOumâra[2], Aṣ-Ṣâliḥ me permit de me présenter à sa porte. Dès mon arrivée à Miṣr, je lui avais écrit :

J'ai passé sous le Palais de la royauté[3] *deux jours, sans voir briller devant mes yeux les marques de la générosité et de la bonne nouvelle.*

Et les jours de Ḳoûṣ avaient d'abord pris leur large part; de telles dispositions ont-elles donc été importées à Miṣr ? »

1. Le Palais de l'hospitalité n'est pas cette fois le Palais du bienheureux, dont il a été parlé plus haut, p. 99, n. 5, mais un autre Palais, situé au nord-ouest de Miṣr, dans la rue Bardjouwân, résidence destinée aux envoyés des souverains, sur laquelle je renvoie à Al-Maḳrîzî, *Al-Khiṭaṭ*, I, p. 460-461.

2. ʿOumâra, *An-Noukat*, p. 42; *Diwân*, p. 272, n° 146.

3. Le Palais de la royauté est ici le Palais du vizirat, résidence officielle de Ṭalâʾiʿ, « le roi pieux ».

CHAPITRE IV[1]

ʿOUMÂRA A MIṢR JUSQU'AU MEURTRE DU VIZIR AL-MALIK AL-ʿÂDIL ROUZZÎK, FILS DU VIZIR AL-MALIK AṢ-ṢÂLIḤ ṬALÂ'IʿIBN ROUZZÎK

(1158-1163)

A partir du milieu de 553 de l'hégire (milieu de 1158 de notre ère), ʿOumâra se fixa définitivement à Miṣr. Il ne devait plus retourner en Arabie. Il délégua à Zabîd l'un de ses fils, Moḥammad, qui irait chercher sa nombreuse famille[2] et la lui amènerait dès qu'il serait en état de la recevoir. Son nouveau séjour en Égypte avait mal commencé. Mais, avec le temps, il renouerait la chaîne du passé et réaliserait ses rêves de bonheur. Malade pendant un long mois, il était maintenant guéri[3]. S'il avait souffert de sa brouille avec Saif ad-Dîn Al-Ḥousain, le malentendu s'était apaisé après des explications loyales, après un poème de circonstance avec des allusions discrètes. La réconciliation s'était opérée sans réserves[4]. Quant à Al-malik aṣ-ṣâliḥ, à l'instigation de son gendre Al-Ḥousain, il avait d'abord eu un moment d'hésitation et un accès de mauvaise humeur, mais il ne s'était pas obstiné à se priver de son poète et n'avait pas tardé à donner des ordres pour qu'il fût logé, traité avec honneur et introduit auprès de lui[5]. Enfin,

1. La rédaction de cette *Vie de ʿOumâra*, interrompue en avril 1905, n'a pu être reprise qu'en août 1906.

2. ʿOumâra, *An-Noukat*, p. 144.

3. Id., *ibid.*, p. 124. On peut induire d'*ibid.*, p. 44, l. 5, que ʿOumâra avait eu la pierre.

4. Id., *ibid.*, *loc. cit.*

5. Id., *ibid.*, p. 141-142.

Al-amîr aṭh-ṭhahîr Mourtafiʿ, pour complaire au vizir, s'était dépouillé en faveur de ʿOumâra d'une maison, la maison dite de Saʿd Al-Iftikhârî[1], qui lui appartenait sur le quai du Canal (*Al-khalîdj*), et y avait fait apporter pour une année de denrées, de bétail et de sucre, sans parler de cinquante sacs qui ne furent ouverts que plus tard, parce que le destinataire n'en avait pas encore besoin[2]. « ʿIzz ad-Dîn Ḥousâm, dit ʿOumâra[3], aussitôt qu'il fut informé de mon installation lors de ma seconde arrivée à Miṣr, me fit parvenir de l'or, des denrées et des brebis. Puis se succédèrent sans interruption ses visites et ses dons de costumes. »

ʿOumâra, amené en présence du vizir Ṭalâʾiʿ, lui récita une poésie dans laquelle il décrivait la bataille d'Al-ʿArîsch avec les Francs[4] et cherchait à se disculper des

1. ʿOumâra, *An-Noukat*, p. 107 et 108; *Diwân*, p. 242, nº 110. C'est assurément le même qui est appelé dans Al-Maḳrîzî, *Al-Khiṭaṭ*, II, p. 38, l. 21, Iftikhâr ad-Daula Asʿad (voyez et rectifiez Ravaisse *Essai*, I, p. 438). La lecture Saʿd me semble préférable. Elle rappelle Ifitikhâr ad-Daula Youmn, un ostodar cité par Al-Maḳrîzî, *Al-Khiṭaṭ*, II, p. 446, l. 10. Ces « noms allégoriques » d'eunuques ont suggéré de précieuses observations à M. Max Van Berchem, *Matériaux pour un Corpus inscriptionum arabicarum*, I, iv (1903), p. 636.

2. ʿOumâra, *An-Noukat*, p. 141-142; cf. p. 77, l. 10, où lisez aussi خفية; 88, l. 13; *Diwân*, p. 242, l. 4.

3. Id., *An-Noukat*, p. 109, l. 15-110, l. 2.

4. *Al-ḳâḍî al-mouhadhdhab* Al-Ḥasan Ibn Zoubair (voir p. 95, n. 3), dans une longue poésie communiquée à ʿImâd ad-Dîn Al-Kâtib par l'émir ʿIzz ad-Dîn Ḥousâm (p. 101, n. 4) et insérée en partie dans la *Kharîda* (ms. 3328 de la Bibl. Nationale), fol. 39 vº-42 rº, ainsi que dans Aboû Schâma, *Kitâb ar-rauḍatain*, I, p. 147, l. 23-148, l. 9, « y a, dit ʿImâd ad-Dîn, loué Aṣ-Ṣâliḥ Ibn Rouzzîk en 553, en décrivant sa flotte et la victoire maritime qu'il remporta sur les Roûms », c'est-à-dire ici sur les Francs (cf. Aboû Schâma, *ibid.*, I, p. 120, l. 13; 121, l. 37; 147, l. 31). *Ibid.*, à la l. 34, est mentionnée « la journée d'Al-ʿArîsch », après celle de Tell al-ʿAdjoûl (l. 33 et Hartwig Derenbourg, *Vie d'Ousâma*, p. 289). Enfin, le vers cité à la l. 37 mentionne pour ces événements le mois de schaʿbân = septembre 1158 (plus haut, p. 116, n. 1), également indiqué par Ibn Mouyassar, *Taʾrîkh*, dans *Hist. or.*

paroles qu'on lui avait imputées au sujet des opinions religieuses de son protecteur[1]. La partie historique de ce morceau, qui renfermait sans doute des allusions aux événements contemporains, ne nous a pas été conservée; quant à l'apologie, elle s'en prend à la jalousie humaine s'acharnant contre les largesses accordées au poète. Ses envieux croyaient le perdre; ils avaient consolidé sa situation.

« Al-malik aṣ-ṣâliḥ, dit ʿOumâra[2], ne persista pas dans son ressentiment et revint à ses plus excellentes habitudes. Il me fit remettre et ordonna à l'émir ʿIzz ad-Dîn Ḥousâm de me faire régler par le trésor public l'arriéré de la rente qui m'était allouée sur les traitements d'hospitalité. Ce que fit Ḥousâm. Le vizir m'attacha à son service : je devais lui tenir compagnie, remplir des postes de confiance et être son panégyriste. La protection s'affermit, la faveur et l'intimité redoublèrent. On agitait en sa présence des questions et l'on engageait des discussions auxquelles il m'ordonnait de prendre part avec les personnes présentes. Mais je m'abstenais et je ne disais pas une parole. Cependant, l'un des émirs qui assistaient à un entretien du soir ayant touché aux premiers temps de l'islamisme, je prononçai sans réfléchir, pendant qu'il parlait et que je l'écoutais, la parole d'Allâh le Tout-Puissant[3] : Ne t'assieds donc pas avec eux jusqu'à ce qu'ils s'enfoncent dans un autre sujet. Je

des Croisades, III, p. 471. C'est de cette même victoire navale qu'Aṣ-Ṣâliḥ se vante également en vers dans ma *Vie d'Ousâma*, p. 293, l. 20-25. Cf. aussi le regretté Reinhold Röhricht, *Geschichte des Königreichs Jerusalem*, p. 294. Les Francs, n'étant pas en contact direct avec Ṭalâ'iʿ, homme de plume plutôt qu'homme d'épée, l'ont ignoré. Guillaume de Tyr ne l'a nullement mentionné, non plus que son fils et successeur Rouzzîk, tandis qu'il s'est occupé de leurs successeurs, les vizirs généralissimes Schâwar et Ḍirgâm.

1. ʿOumâra, *An-Noukat*, p. 42.

2. Id., *ibid.*, p. 43-46.

3. *Coran*, IV, 139. Notre texte porte le verbe au singulier comme dans *Coran*, VI, 67, au lieu du pluriel qui est dans nos éditions du Coran.

me levai, je sortis et je fus bientôt rejoint par les serviteurs. Je leur dis : C'est un calcul dont la douleur me reprend. Ils me quittèrent.

« Je me tins à l'écart dans ma demeure pendant trois jours. Chaque jour m'amena la visite, de la part du vizir, d'un envoyé accompagné du médecin. Puis, je montai à cheval le quatrième jour et je trouvai le vizir, sans ses familiers, dans le jardin connu sous le nom du Jardin particulier *(Al-Moukhtaṣṣ)*[1]. Il avait souffert de mon absence et me dit : Es-tu mieux ? — Je répondis : En réalité, je n'ai éprouvé aucune douleur ; j'ai seulement ressenti de l'amertume au sujet des propos tenus en ma présence sur la légitimité des premiers khalifes[2]. Si le sultan ordonne de couper court à cette matière, je reviendrai ; mais autrement, non. J'ai sur la terre une vie large et une opulence royale. — Il s'étonna de mon dire et reprit : Je t'ai demandé, par Allâh, ce que tu crois à l'égard d'Aboû Bekr et de 'Omar. — Je répondis : Ma conviction est que, n'eussent-ils pas existé, l'islamisme n'aurait duré ni pour nous, ni pour vous, et qu'il n'y a pas de musulman, à qui le devoir de les aimer ne s'impose[3]. Puis, je récitai la

1. Plus haut, p. 103, n. 4.

2. Voir plus haut, p. 115, n. 3. Sur le rôle éclatant qu'ont joué dans l'islamisme à ses débuts Aboû Bakr et 'Omar, considérés comme des usurpateurs, Alî étant le seul imâm légitime, par les Schî'ites de Perse et d'Égypte, 'Oumâra se place au même point de vue que M. Eduard Sachau dans ses deux belles dissertations sur le premier et le deuxième khalife; voir *Sitzungsberichte der k. preussichen Akademie der Wissenchaften zu Berlin* de 1902, p. 292-323, et de 1903, p. 16-37. Tous deux s'inspirent de la plus pure orthodoxie musulmane. Voir cependant les doutes émis sur la fidélité de 'Oumâra à ses croyances dans Bâ Makhrama, *Ta'rîkh* (Partie arabe, p. 560).

3. La question est traitée avec ampleur par Nöldeke, *Zur tendenziösen Gestaltung der Urgeschichte des Islâms*, dans la *Zeitschrift d. deutsch. morg. Gesellschaft*, LII (1898), p. 16-33.

parole d'Allâh[1] (qu'il soit exalté !) : Et qui désire s'affranchir de la religion d'Abraham, sinon celui qui est insensé envers lui-même ? — Le vizir se mit alors à rire. Il possédait un esprit exercé et solide, ses fonctions[2] l'ayant mis en rapport avec les jurisconsultes sounnites, dont il avait entendu la manière de s'exprimer[3].

« Et, à la suite de cet entretien, un jour où je ne m'y attendais pas, il m'arriva de sa part une épître, avec des vers écrits de sa main, et aussi trois bourses remplies d'or[4]. Voici les vers :

Dis au jurisconsulte 'Oumâra : Ô toi le meilleur qui aies montré au grand jour les talents réunis du prédicateur et de l'orateur,

Accueille le bon conseil de celui qui t'a appelé vers le droit chemin ; dis : Je voudrais être allégé de mes fautes, et entre vers nous, vers notre Porte[5].

Tu y rencontreras l'intercession des imâms[6] *et tu ne trouveras que chez nous*[7] *une tradition (une sounna) et un livre*[8].

Je me charge que ton rang parmi les hommes s'élève ; et, lorsque tu feras appel à mon intercession, tu seras exaucé.

1. *Coran*, II, 124.

2. « Sa fonction », lisent B, S et Aboû Schâma, *Kitâb ar-rauḍatain*, I, p. 125, l. 9.

3. La terminologie sounnite est employée avec une coquetterie affectée dans les cinq vers de l'imâmite râfiḍite Aṣ-Ṣâliḥ s'adressant au « jurisconsulte 'Oumâra ».

4. Même passage dans le *Diwân*, p. 181, n° 31 ; cf. 'Imâd ad-Dîn, *Kharîda*, dans la Partie arabe, p. 399.

5. Emprunt à *Coran*, II, 55 ; VII, 161. Sept siècles d'avance, cette Porte fait penser à celle du bâbisme avant son évolution béhâïte.

6. C'est-à-dire : des douze imâms ; cf. plus haut, p. 115, n. 3.

7. « Que chez eux », leçon donnée par 'Imâd ad-Dîn, *Kharîda* ; voir la Partie arabe, p. 45, n. 4.

8. La *sounna* et le Coran sont ici accaparés par l'imâmite Aṣ-Ṣâliḥ.

La remise sans délai[1] *des mille au nombre de trois*[2], *t'est, je le jure par ton droit, un cadeau qui ne doit pas être considéré comme une récompense.*

« Je remis à son messager la réponse suivante[3] :

Arrière un tel appel oratoire venant de toi, ô le plus considérable en dignité parmi les rois[4] *de notre temps.*

Mais, lorsque vos savants s'attaquent à l'édifice de ma foi pour la faire tomber en ruines,

Lorsque vous adressez un appel[5] *à ma réflexion sur vos paroles, aussitôt elle obéit et acquiesce.*

Aussi, repose-toi sur la sincérité de mon affection : donne-moi ta confiance et bouche cette Porte[6]. »

La tentative, qu'Al-malik aṣ-ṣâliḥ chargea son gendre Saif ad-Dîn Al-Ḥousain de renouveler auprès de 'Oumâra, fut accueillie avec la même déférence, repoussée avec la même opiniâtreté. Invité, dans la liberté du tête-à-tête, à répondre franchement, sans qu'on lui imputât à crime sa profession de foi, quelle qu'elle fût, 'Oumâra proclama sa fidélité à la religion de son passé. « Si, dit-il[7], je ne voyais pas clairement la vérité de ma doctrine, le sentiment de l'honneur me préserverait de l'apostasie. » Il ajoutait plus

1. Je lis avec De Goeje, article cité, وتعجُّلُ الآلافِ.

2. Trois mille dînârs d'après 'Imâd ad-Dîn, *Kharîda*, dans la Partie arabe, p. 399; cf. un cadeau de même somme, plus haut, p. 111.

3. Même mètre (*kâmil*) et même rime. 'Oumâra donne une leçon de purisme à son correspondant, en faisant rimer entre eux les deux hémistiches de son premier vers.

4. Allusion au surnom « le roi pieux », revendiqué par Ṭalâ'i'.

5. 'Oumâra emploie avec intention le mot qui désigne spécialement la propagande religieuse.

6. Sur cette Porte, voir plus haut, p. 123, n. 5. Le jurisconsulte promet de réfléchir, mais non de passer par la Porte qu'on lui ouvre.

7. 'Oumâra, *An-Noukat*, p. 127.

tard à Aṣ-Ṣâliḥ : « Votre désir à cet égard, s'il subsiste, renoncez-y. »

La conversion du sounnite ʿOumâra fut ajournée et Aṣ-Ṣâliḥ ne lui tint pas rigueur de sa fidélité inébranlable à son passé d'orthodoxie rigide. « Le jurisconsulte ʿOumâra » restait immuablement attaché aux doctrines schâfiʿites qu'il avait naguère étudiées et enseignées à l'université de Zabîd[1]. Mais, sur tous les points où sa foi n'était pas engagée, il se prêtait aux transactions et son indulgence aimable de courtisan contrastait avec son austère sévérité de croyant. Aṣ-Ṣâliḥ en était venu à ne pouvoir plus se passer du compagnon expansif, du poète officiel, de l'approbateur sans réserves, du panégyriste indulgent aux effusions flatteuses, dont le talent, le style et la maîtrise d'écrivain sauveraient son nom de l'oubli. ʿOumâra ne s'indigne d'aucune cruauté du moment qu'Aṣ-Ṣâliḥ en est l'auteur[2], d'aucune concussion alors même qu'il la condamne en son for intérieur[3], dès qu'Aṣ-Ṣâliḥ en est le bénéficiaire. Il a des vers pleins d'ironie sur la mort violente infligée par le vizir à deux conspirateurs, qui ont échoué dans leurs ambitions et dans leurs révoltes contre lui, Bahrâm le Gouzzite et Ṭarkhân Salîṭ. L'apologie des meurtres commis par les bourreaux d'Aṣ-Ṣâliḥ provoque l'admiration de celui-ci[4] pour des poèmes sans pitié, dont, pour nous, la raillerie impassible sonne faux sur les lèvres de celui qui, en avril 1174, devait à son tour être pendu par ordre de Saladin pour s'être affilié à un vaste complot ourdi contre son autorité et contre sa personne[5].

1. Plus haut, p. 58.

2. Ibn Khallikân, *Biographical Dictionary*, II, p. 73. Des actes de cruauté sauvage d'Aṣ-Ṣâliḥ en 1154 sont dénoncés dans ma *Vie d'Ousâma*, p. 259-260.

3. ʿOumâra, *An-Noukat*, p. 48, l. 4 et 5, traduites plus loin.

4. ʿOumâra, *An-Noukat*, p. 46.

5. Plus haut, p. 21.

Le Turc Bahrâm le Gouzzite[1], aspirant à la conquête du vizirat, s'était associé avec un musulman schismatique, Yoûsouf Al-Khâridjî[2], autre ambitieux déçu comme lui et comme lui sans scrupules sur les moyens de réussir. Tous deux avaient sollicité et sans doute obtenu le concours des Francs[3] pour un soulèvement des Gouzzs et des nombreux mécontents établis dans la province du Ṣaʿîd, au sud du Caire, au nord de la Haute-Egypte, dans le refuge naturel des révoltés et leur pays d'origine[4]. Bahrâm, entré au service d'Aṣ-Ṣâliḥ, trahit son maître et recruta des partisans pour envahir le Ṣaʿîd, l'occuper et s'y créer une seigneurie indépendante[5]. A quelle date? En 554 (1159) probablement[6], au moment où le pied de ʿOumâra s'était affermi à Miṣr, où celui d'Aṣ-Ṣâliḥ commençait à chanceler. L'impopularité du vizir grandissait chez les émirs, sa désaffection dans toutes les classes de la société. Il ruinait ceux-là et s'enrichissait en leur vendant des fiefs à des prix exorbitants[7], il

1. Le nom de Bahrâm = Wahran étant arménien, j'avais été tenté d'identifier Bahrâm le Gouzzite avec l'ancien vizir du khalife Fâṭimide Al-Ḥâfiẓh en 1135, Tâdj ad-Daula Saif al-islâm Aboû 'l-Mouẓhaffar Bahrâm l'Arménien, le chrétien d'origine devenu l'Épée de l'islamisme, qui serait sorti de sa retraite pour revendiquer son vizirat après un intervalle de trente-cinq années; cf. As-Souyoûṭî, *Ḥousn al-mouḥâḍara*, II, p. 155; F. Wüstenfeld, *Geschichte der Faṭimiden-Chalifen*, p. 307. C'est un point de vue qu'après réflexion j'ai définitivement abandonné surtout à cause des dates et de l'âge avancé qu'aurait eu le prétendant.

2. ʿOumâra, *An-Noukat*, p. 105, l. 8; même vers dans le *Dîwân*, p. 335, l. 6. *Ibid.*, p. 232, l. 5, le même chef est appelé Al-Khâridjî Ibn Yoûsouf.

3. Sur les alliances des Gouzzs et des Francs dans le district d'Iṭfîḥ, voir ʿOumâra, *An-Noukat*, p. 79, l. 4 et 5.

4. Paul Casanova, *Les derniers Fatimides*, dans les *Mémoires publiés par les membres de la Mission archéologique française au Caire*, VI, 3, 1893, p. 420.

5. ʿOumâra, *An-Noukat*, p. 46, l. 5; 55, l. 3; *Dîwân*, p. 283, l. 12.

6. J'induis cette date de E dans la Partie arabe, p. 529, l. 5-7, étant donné que ce soulèvement nécessita deux campagnes.

7. Ibn Tagrîbardî, *An-Noudjoûm* (ms. 1780 de la Bibliothèque Nationale), fol. 23 v°; Wüstenfeld, *Geschichte der Faṭimiden-Chalifen*, p. 326; Röhricht, *Geschichte des Königreichs Jerusalem*, p. 313.

s'aliénait la population par l'accaparement des provisions pour provoquer la hausse des denrées et par l'épuisement à son profit des ressources de l'Égypte[1].

Les troupes, envoyées au nom du khalife Fâṭimide Al-Fâ'iz, étaient commandées par Madjd al-islâm Aboû Schoudjâ'[2] Rouzzik, fils d'Aṣ-Ṣâliḥ, et par son généralissime Fâris al-mouslimîn Schams al-khilâfa Aboû 'l-aschbâl Ḍirgâm[3]. Les deux généraux[4] remportèrent dès l'aurore à Al-Ḥayy[5], dans la banlieue d'Iṭfîḥ, une victoire décisive, mortelle pour le frère de Bahrâm, ainsi que pour plusieurs des chefs Goûzzs[6], sans parler des nombreux insurgés massacrés ou faits prisonniers[7]. « Bahrâm, dit 'Oumâra[8], entra enchaîné sur un chameau, ainsi que ceux des Goûzzs, qui avaient été ses compagnons d'armes, tandis que leurs chevaux, de bonne prise[9], étaient tenus en laisse en deçà des chameaux. A la vue de ce spectacle, je m'écriai :

1. Ibn Khallikân, *Biographical Dictionary*, II, p. 73.

2. La *kounya*, qui doit être ajoutée à l'article Rouzzîk dans l'Index de la Partie arabe, p. 662 *b*, est empruntée à une poésie de 'Oumâra dans *An-Noukat*, p. 58, l. 9 (même vers, *Dîwân*, p. 165, l. 6), au *Dîwân*, p. 233, l. 1 et 9; 344, l. 1 et 9, etc.; à Ibn Khallikân, *Biographical Dictionary*, I, p. 659; et à F. Wüstenfeld, *Geschichte der Faṭimiden-Chalifen*, p. 327.

3. Plus haut, p. 101, n. 5, et Hartwig Derenbourg, *Vie d'Ousâma*, p. 238, n. 4; 285, n. 8.

4. 'Oumâra, *An-Noukat*, p. 103, l. 12.

5. 'Oumâra, *Dîwân*, p. 165, l. 9 (*Tourbat al-ḥayy*); 284, l. 2; 335, l. 10; 336, l. 5. L'emplacement de ce champ de bataille était à Al-Ḥayy al-kabîr ou à Al-Ḥayy aṣ-ṣaguîr, deux villages voisins d'Iṭfîḥ, signalés par Ibn Doukmâk, *Al-Intiṣâr*, IV, p. 133; Ibn Al-Djî'ân, *At-Touḥfa*, p. 148; *État des provinces*, dans Sacy, *Description de l'Égypte, par Abd-allatif*, p. 678. Il y a peut-être dans Al-Ḥayy comme un écho de l'ancienne dénomination hiéroglyphique par Iṭfîḥ : *Tep ahe* « la tête de la vache ». Al-Ḥayy doit être ajouté à l'Index de la Partie arabe, p. 688 *b*.

6. 'Oumâra, *An-Noukat*, p. 46, l. 5 et 6.

7. Id., *ibid.*, p. 55, l. 4.

8. Id., *ibid.*, p. 46, l. 6-10.

9. Traduction hypothétique; sens douteux.

Ils se sont hissés sur des chameaux qui suivaient leurs chevaux, de bonne prise. O gloire de la selle ! goûte l'ignominie du bât.

Si « le cristal, fendu par une cassure irréparable[1] », avait été réduit à néant, le pardon généreux, accordé par Rouzzîk aux combattants d'Al-Ḥayy[2], leur permit de recommencer la lutte et de ne pas considérer comme perdue l'entreprise avortée. Quelques jours avant l'assasinat d'Aṣ-Ṣâliḥ et l'avènement au vizirat de Rouzzîk, vers le premier septembre 1161[3], celui-ci organisa, avec son oncle paternel Badr[4], une répression impitoyable. La bataille offerte par Bahrâm, qui se croyait intangible comme le « Bahrâm du ciel[5] », la planète Mars, aboutit à sa défaite et à sa déroute : le samedi suivant, il se vit « enlever le manteau de la vie pour avoir rejeté la soie écrue de l'obéissance[6] » et il « fut laissé pendu sur une croix[7] ». Quant à son associé Yoûsouf Al-Khâridjî, sa tête fut tranchée le même samedi[8] et il descendit vers « des abreuvoirs de mort sans chemins pour remonter[9] ». Pour tous deux, cette seconde tentative de rébellion « rapprocha une mort qui semblait éloignée[10] ».

Candidat au vizirat comme Bahrâm[11], ʿIzz ad-Dîn Ṭarkhân Salîṭ était un ancien gouverneur de province, évincé de son emploi, rayé des cadres, qui ne se résignait pas à sa révocation.

1. ʿOumâra, *Dîwân*, p. 165, l. 3.
2. Id., *ibid.*, p. 284, l. 4.
3. E, dans la Partie arabe, p. 529, l. 5-7; voir plus haut, p. 101, n. 1.
4. ʿOumâra, *An-Noukat*, p. 105, l. 2; même poésie dans le *Dîwân*, p. 335-337, nº 247.
5. Id., *ibid.*, p. 283, l. 11.
6. Id., *ibid.*, p. 283, l. 13.
7. Id., *ibid.*, p. 284, l. 6.
8. Id., *ibid.*, p. 284, l. 1.
9. Id., *ibid.*, p. 232, l. 7.
10. Id. *ibid.*, p. 284, l. 4.
11. Id., *An-Noukat*, p. 73, l. 7 et 8; 111, l. 11; 113, l. 1; 114, l. 1.

Venu du Khorâsân, comme son nom paraît l'indiquer, pour faire son chemin dans l'administration égyptienne, il avait d'abord brillamment réussi. Nous l'avons vu administrateur du Ṣa'îd supérieur, personnage considéré et honoré par Saif ad-Dîn Al-Ḥousain, le gendre d'Aṣ-Ṣâliḥ[1]. Les événements, qui avaient interrompu son avancement rapide des débuts, en avaient fait un mécontent, rongeant son frein, un impatient qui guettait l'occasion d'escalader une seconde fois les degrés du pouvoir. Par une coïncidence qui résulta sans doute d'un accord secret, il se révolta à Alexandrie vers 554 (1159), en même temps, ou à peu-près, que Bahrâm et Yoûsouf risquaient leur première tentative à Iṭfîḥ. Comme eux, il fut défait et mis à mort. Les généraux envoyés contre lui furent son ancien protecteur Saif ad-Dîn Al-Ḥousain, Badr Ibn Rouzzîk, frère d'Aṣ-Ṣâliḥ[2], l'émir 'Izz ad-Dîn Ḥousâm et Asad ad-Dîn Tâdj al-khilâfa Ward Al-Moukarram[3], chargés par Aṣ-Ṣâliḥ d'organiser la répression. Les deux derniers[4] devaient, à la tête de leurs états-majors, fondre sur Ṭarkhân dans la province d'Al-Bouḥaira[5], avant qu'il engageât les hostilités dans la province d'Al-Garbiyya[6]. Ils partirent ensemble vers la Bouḥaira

1. Plus haut, p. 114.
2. 'Oumâra, *An-Noukat*, p. 73, l. 8.
3. Id., *ibid.*, p. 113, l. 1-5. Sur Ward, voir plus bas, p. 157.
4. Il n'est plus question des deux premiers dans le récit de la journée de Damanhoûr; peut-être se sont-ils arrêtés en route et n'ont-ils pas pris part au combat.
5. La province d'Al-Bouḥaira « La plaine unie » est située au Nord de la Basse-Égypte, au Sud-Est d'Alexandrie; cf. Reinaud, *Géographie d'Aboulféda*, p. 145; l'*État des provinces*, dans Sacy, *Relation de l'Égypte, par Abd-allatif*, p. 659-668.
6. La province d'Al-Garbiyya « l'Occidentale » est la partie occidentale du Delta, de même que la Scharkiyya en est la partie orientale d'après Reinaud, *Géographie d'Aboulféda*, p. 160; cf. l'*État des provinces*, dans Sacy, *Relation de l'Égypte*, p. 631-650.

au moment de la prière de l'aprés-midi ou un peu après, et firent irruption contre Ṭarkhân à Damanhoûr[1], à l'heure de la prière de l'après-midi, le lendemain, et mirent en déroute son armée. Il s'enfuit à la faveur de la nuit.

« Je prononçai, dit ʿOumâra[2], un panégyrique de ʿIzz ad-Dîn Ḥousâm, où je relatai ces faits dans une poésie, dont voici le commencement.

Les qualités naturelles de ta gloire ont surpassé les pensées et tes vertus ont asservi les intelligences,

Et tu es venu au secours des drapeaux de la bonne direction[3] par des batailles, dans lesquelles, ô Ḥousâm, tu as été dès l'aurore un ḥousâm (un sabre tranchant).

Tes juments rapides ont tourné les positions de Ṭarkhân et sont parvenues jusqu'à lui, devançant toute supposition, toute pensée.

N'étaient la fuite et un voile de ténèbres dont les parties étaient d'une obscurité très épaisse,

Tu aurais fait[4] de lui un premier butin pour les épées blanches et tu l'aurais par leurs tranchants divisé en plusieurs parties ;

Et tu aurais à la gorge, avec les lances sourdes, séparé[5] sa tête d'un corps supérieur en perfection aux autres corps.

Il a convoité la dignité de vizir en fiancé ; mais tu as répondu à sa demande par des cavaliers qui lui ont fait perdre de vue celle qu'il a convoitée.

1. Damanhoûr, « la ville de Horus », capitale de la Bouḥaira, est donnée aussi comme théâtre de cette bataille dans ʿOumâra, *An-Noukat*, p. 111, l. 10.

2. ʿOumâra, *An-Noukat*, p. 113, l. 5-114, l. 2; cf. *Dîwân*, p. 359, l. 12, n° 274.

3. En arabe : *al-houdâ*, mot de sounnite qui considère son interlocuteur comme rallié ouvertement ou secrètement à ses idées religieuses.

4. Lisez : جعلته et وقسمته.

5. Lisez : وحلقت.

Il s'en était épris; puis, lorsque tu l'as empêché de la conquérir, il a chevauché sur la fuite, dont il a été épris.

Ṭarkhân ne fut pas plus heureux dans son amour de la fuite que dans son amour de la dignité de vizir. Il ne put échapper aux poursuites des troupes lancées sur sa piste, fut ramené incontinent devant Ḥousâm et comparut devant lui chargé de chaînes. Celui-ci manda par lettre ʿOumâra dans la Bouḥaira afin de le faire assister à sa victoire et à sa vengeance. Avec l'autorisation d'Aṣ-Ṣâliḥ, ʿOumâra s'empressa de quitter Miṣr pour se rendre au quartier général de Ḥousâm à Koûm Scharîk[1], où il le salua en ces termes[2] :

Me voici! Je suis venu aussitôt, en acceptant l'invitation de celui qui m'a convoqué, ma poésie à son sujet étant mon cri de ralliement[3].

Ses ordres me sont parvenus et, depuis que sa volonté m'a rejoint, je n'ai plus tenu en place.

Je me suis séparé, pour parvenir à ta noble personne, d'une Excellence, par laquelle Miṣr a été illustré au dessus des autres capitales[4],

Dans la conviction qu'en me rendant vers toi, je n'étais pas absent d'elle, ni de la réunion des causeurs de ses veillées.

Ṭarkhân fut pendu. Ce spectacle ne causa aucune horreur à ʿOumâra qui composa sur le corps inanimé de la victime

1. ʿOumâra, *An-Noukat*, p. 110, l. 5. Sur Koûm Scharîk « le Tertre de Scharîk », dans la province d'Al-Bouḥaira, tout près d'Alexandrie, voir Yâḳoût, *Mouʿdjam*, IV, p. 330; Ibn Al-Djîʿân, *At-Touḥfa*, p. 132; l'*État des provinces*, dans Sacy, *Relation de l'Égypte*, p. 667, nº 185, etc.

2. ʿOumâra, *An-Noukat*, p. 114; cf. *Diwân*, p. 272, l. 8. Je n'ai traduit que les vers 5-8. Remarquez au vers 11 (p. 115, l. 2) la *kounya* de Ḥousâm : Aboû 'l-Mouhannad.

3. Calembour entre *schiʿr* et *schiʿâr*.

4. Il s'agit d'Aṣ-Ṣâliḥ et il y a calembour entre *Miṣr* et *miṣr*, entre le nom propre et le nom commun.

une satire acerbe et rancunière, sans pitié et sans tact, comme s'il lui en voulait encore, même après l'exécution barbare, de l'avoir, quelques années auparavant, interné à Ḳoûṣ[1] :

Il voulut une élévation de rang et de puissance ; au lendemain matin on le vit sur un gibet dans une position élevée.

Et il allongea sur le gibet en forme de croix une main droite qui, de même longueur, faisait pendant à la gauche[2].

Et on lui renversa la tête en bas comme blâme pour une pensée qui l'incita à l'erreur et à l'égarement.

Tandis que Ḥousâm restait en arrière pour pacifier la Bouḥaira, 'Oumâra, après trois jours d'absence, retournait à Miṣr pour réciter ses trois vers macabres à Aṣ-Ṣâliḥ, recueillir son approbation[3] et reprendre au plus vite la place qu'il occupait dans « la réunion des causeurs de ses veillées[4] ».

'Oumâra, comblé par Ḥousâm d'or monnayé, de vêtements, de denrées, de brebis, de montures, gratifié d'un cheval dont le prix faisait monter le cadeau à plus de cinq cents dînârs, n'oublia pas que son hôte de Koûm Scharîk avait composé une poésie sur Aṣ-Ṣâliḥ pour demander son changement de garnison et qu'il l'avait chargé d'en donner connaissance au vizir[5].

Ce fut dans une de ces « veillées » littéraires qu'un émir se

1. En 552 (1157) ; voir plus haut, p. 116. Sur les trois vers, cf. 'Oumâra, *An-Noukat*, p. 47, l. 1-3 ; *Dîwân*, p. 331, l. 8 ; 'Imâd ad-Dîn, *Kharîda* (ms. 3329 de la Bibliothèque Nationale), fol. 258 r° ; Aboû Schâma, *Kitâb ar-rauḍatain*, I, p. 220 ; Mouwaffaḳ ad-Dîn Al-Khazradjî dans le Texte arabe, p. 499, l. 3 et 4.

2. 'Oumâra, *Dîwân*, p. 284, l. 5, a fait les mêmes plaisanteries sur Bahrâm. « Il a voulu gravir le faîte de l'élévation ; mais il a paru au-dessus du gibet, l'ayant gravi. Tu l'as laissé debout sur la croix, étendant dans l'espace un bras long. » Et ainsi de suite.

3. 'Oumâra, *An-Noukat*, p. 46, l. 11.

4. Vers de 'Oumâra traduit p. 131.

5. 'Oumâra, *An-Noukat*, p. 110, l. 3-6.

permit deux vers satiriques contre 'Oumâra. Celui-ci, obéissant à l'ordre formel du vizir, répondit sur le même ton, au risque d'enfreindre le serment que, quinze ans auparavant, il avait fait à son père de ne jamais attaquer un musulman, fût-ce dans une épigramme d'un vers[1].

Le vizir Aṣ-Ṣâliḥ Ṭalâ'i', qui, en 1156, avait guerroyé jusqu'à Gazza et Ascalon[2], ne quittait plus volontiers ni sa résidence du Caire, ni son entourage de lettrés et de familiers. En dépit de ses cinquante-neuf années musulmanes[3], il triompha de ses répugnances pour aller à plusieurs reprises jusqu'à Bilbîs pour y conduire des troupes fraiches, y organiser la défense et inspecter la construction d'une forteresse en briques cuites qu'il avait, en cette même année 554 (1159), résolu d'y élever[4]. L'année précédente, par l'intermédiaire d'Ousâma Ibn Mounḳidh, qu'il avait auparavant connu et protégé à Miṣr[5], il avait adressé des adjurations répétées à Noûr ad-Dîn, afin que l'atâbek joignît les forces syriennes aux armées d'Égypte pour une attaque simultanée qui amènerait la reprise définitive des contrées musulmanes et l'expulsion des envahisseurs chrétiens[6]. Aux épitres pres-

1. Plus haut, p. 79. Peut-être sont-ce les trois vers dirigés contre un musulman surnommé 'Adî al-moulk « Les ennemis de la royauté »; voir *Dîwân*, p. 295, n° 188. Les autres satires, contenues dans le *Dîwân*, visent des chrétiens; voir p. 215, 280, 282, 293, 294, 330, 331, 341, 380, 381.

2. Ibn Tagrîbardî, *An-Noudjoûm*, dans *Hist. or. des croisades*, III, p. 471.

3. Aṣ-Ṣâliḥ Ṭalâ'i' était né en 495 (1101) d'après Ibn Khallikân, *Biographical Dictionary*, I, p. 659.

4. Al-Maḳrîzî, *Al-Khiṭaṭ*, I, p. 174, l. 31 et 32; trad. Bouriant, p. 498.

5. Voir ma *Vie d'Ousâma*, p. 251, 257, 264, 270-271, 280-281. A ce moment Ṭalâ'i', Arabe d'origine, venu d'Arménie, était encore l'émir *Fâris ad-Dîn* Ṭalâ'i', « le Cavalier de la religion », ainsi dénommé parce que cet « Arménien de basse extraction » n'était pas chrétien; voir *ibid.*, p. 249, n. 2; *Hist. or. des croisades*, IV, p. 78 et 79. Sur la maison bâtie par lui au Caire en 547 (1152), alors qu'il était émir, avant sa promotion au vizirat, voir Al-Maḳrîzî, *Al-Khiṭaṭ*, II, p. 67, l. 20-23.

6. La correspondance diplomatique en vers arabes, qu'échangèrent les deux poètes, le vizir et l'émir, a été traduite dans ma *Vie d'Ousâma*,

santes Aṣ-Ṣâliḥ eut beau ajouter des présents considérables qui accrurent le trésor de Noûr ad-Dîn[1] ; il ne réussit pas à modifier les tendances dilatoires de sa politique. Les abords de Miṣr devaient donc être fortifiés contre une attaque prévue des Francs, établis sur la frontière à Ascalon depuis 1153. C'était à Bilbîs que se déciderait le sort du Caire. Le onze septembre 1161, Ṭalâ'iʿ, avant d'expirer, rappelait les sommes considérables, plus de 200 000 dînârs, qu'il avait englouties dans les ouvrages de défense de Bilbîs et regrettait de n'avoir pas poussé jusqu'à Jérusalem pour conquérir la capitale et anéantir le royaume des Francs[2]. Remords de mourant, qui oubliait les goûts sédentaires et pacifiques du vivant!

La première excursion militaire d'Aṣ-Ṣâliḥ à Bilbîs en 554 (1159)[3] comprit, outre le vizir, son frère Badr, ainsi que le causeur disert, aussi peu économe de son or et de celui des autres que de ses paroles, le compagnon habituel des veillées, le jurisconsulte aimable qu'était ʿOumâra.

« Au moment du départ, le Cavalier des musulmans Badr Ibn Rouzzîk, dit ʿOumâra[4], donna en l'honneur de son frère Aṣ-Ṣâliḥ un festin digne de l'un et de l'autre. Puis il offrit nombre de manteaux d'honneur, distribua des chevaux et partagea des sommes entre les convives. A notre retour au Caire, le Cavalier des musulmans tomba malade et guérit.

« J'entrai chez lui pour le féliciter, sans avoir préparé aucune poésie. Il n'y avait pas entre nous de fréquentation

p. 284-295; cf. *ibid.*, p. 368 et 496; Stanley Lane-Poole, *A History of Egypt in the Middle Ages*, p. 175. Sur Ṭalâ'iʿ poète, voir plus haut, p. 95, n. 1.

1. Le seize octobre 1158, d'après Ibn Mouyassar, dans *Hist. or. des croisades*, III, p. 473; Aboû Schâma, *ibid.*, IV, p. 102; ma *Vie d'Ousâma*, p. 296

2. Ibn Khallikân, *Biographical Dictionary*, I, p. 608; Al-Makrîzî, *Al-Khiṭaṭ*, II, p. 293, l. 25 et 26.

3. ʿOumâra, *An-Noukat*, p. 94, l. 6.

4. ʿOumâra, *An-Noukat*, p. 94, l. 6-99, l. 5.

intime, parce que j'inclinais vers Rouzzîk[1]. Badr me retint chez lui jusqu'à ce que tout le monde fût sorti. Ensuite il répandit sur moi des manteaux d'honneur magnifiques, et me combla d'or, en me disant : Ne me quitte plus! Je fis son éloge dans une poésie, où je mentionnais ce qu'il avait fait à Bilbîs, où je le remerciais de ses manteaux d'honneur et de sa munificence[2] :

Il n'a pas été en reste d'un procédé que comporte une libéralité, au point qu'il m'en a fait une inaccoutumée.

Il a donné, outre les manteaux d'honneur, l'or pur; puis, mal satisfait, il a généreusement offert tout cheval généreux.

Et les yeux des hommes ont vu de ses aspirations une noblesse que vante celui qui n'a pas été enfanté[3].

C'est un roi[4] *qui, lorsque tu es en présence de son visage brillant comme une aigrette, accumule la rosée avec le sourire de sa face humectée.*

Par pudeur, je ne faisais ma visite à la réunion où il répand sa rosée qu'un jour sur deux; mais il se refuse à mon absence un jour sur deux.

« Et, lorsque Rouzzîk s'aperçut de cette situation, elle ne lui convint pas, et il prit le parti de restreindre nos relations, tandis que le Cavalier des musulmans s'obstinait à me combler de bienfaits et m'invitait à le fréquenter chaque jour et chaque soir. Je finis par être séparé de Rouzzîk et uni au Cavalier des musulmans.

1. Plus haut, p. 102-103.

2. Des dix vers insérés ici dans les *Noukat* (cf. *Diwân*, p. 215, n° 86) j'ai traduit les trois premiers et les deux derniers.

3. C'est-à-dire Allâh; cf. *Coran*, CXII, 3.

4. Badr n'est « un roi » que dans le vers du poète; il est appelé « l'émir » dans Al-Maḳrîzî, *Al-Khiṭaṭ*, II, p. 119, l. 23.

« J'écrivis à Rouzzîk un jour de fête[1], sans recevoir de lui une seule brebis pour le sacrifice[2]:

O bienfaiteur, par la rosée duquel le néant est anéanti, par la direction duquel l'iniquité et les ténèbres s'éclaircissent;

O puissant, qui as fait pleuvoir sur le monde rosée et trépas, et des deux paumes des mains duquel ont été répandues l'adversité et la générosité;

Puisses-tu être félicité d'une fête, dont les nuages ont passé sans pluie devant moi, alors qu'une averse débordante avait abreuvé les créatures!

J'ai été surpris que ta rosée parût m'avoir oublié, alors que tes brebis étaient réparties entre les hommes.

L'oubli d'un homme tel que moi après qu'on s'est souvenu de lui constitue une injure[3]*. La bonne aubaine à mes yeux ne consiste pas dans la brebis*[4]*.*

Tu es le temps; aussi quiconque tu élèves grandit et quiconque tu abaisses d'entre les hommes n'a jamais au-dessus de lui un étendard élevé.

Et quiconque est négligé par toi est renversé, et quiconque attire ton regard est considéré.

« La lutte devint ouverte à mon sujet entre Rouzzîk et son oncle paternel Badr. Et Ar-Raschîd Ibn Az-Zoubair[5], ainsi qu'Asch-Schaizarî[6], se mirent à exciter la Gloire de l'islamisme au sujet de ma rupture avec lui et à lui parler de mon

1. Il s'agit de « la grande fête », du *'îd al-aḍḥâ*, de la « fête du sacrifice », au dix de dhoû 'l-ḥidjdja. En 554, elle tomba le vingt-trois décembre 1159.

2. J'ai traduit non seulement les cinq vers donnés dans *An-Noukat*, p. 96, l. 5-9, mais encore les deux vers du *Diwân*, p. 347, l. 10-11, n° 260.

3. Je lis avec D et E محقرة.

4. Impossible de rendre le calembour entre الغنيمة et الغنم.

5. Plus haut, p. 60, n. 2.

6. Je conjecture qu'est désigné le petit-cousin d'Ousâma, d'Al-Moubârak, fils de Kâmil, fils de Mouḳallad, le Mounḳidhite, né à Schaizar en 526 de l'hé-

empressement auprès de son oncle, au point que je me vis contraint à lui en demander excuse par une longue poésie. J'y disais[1] :

...Est-ce que toi, ô réserve pour les imâms[2], tu t'occupes de moi pour m'assigner la même pension qu'autrefois ?

Car, le sourire de l'éclair ne sert de rien, lorsque l'éclair ne verse pas la pluie sur le sol mouillé.

...Et, que de bienfaits ai-je reçus de la Gloire et du Cavalier, qui me sont venus, comme la guérison à la maladie!

En conséquence, dis aux nuits : J'ai séjourné dans un isthme qu'entouraient deux mers que leur générosité à tous deux gonflaient...

« Sur l'ordre de 'Izz ad-Dîn[3], j'improvisai un éloge collectif lors d'un repas solennel auquel assistaient Aṣ-Ṣâliḥ, son frère et ses deux fils[4] :

L'islamisme y a vu briller d'entre vous, au jour du combat, sa Gloire, sa Grandeur, son Cavalier et son Régent.

«...Depuis lors, Badr me favorisa de son intimité, m'accapara, se passa de ses amis d'autrefois et trouva une consolation en moi pour la perte de ses anciennes connaissances. Il

gire (1131-1132 de notre ère), vers 554 (1159) attaché à l'administration des finances égyptiennes; cf. ma *Vie d'Ousâma*, p. 422-423. 'Oumâra lui a adressé des panégyriques et des suppliques; voir *Dîwân*, p. 322-324; 413-415. n°s 220, 328 et 329.

1. Des douze vers que 'Oumâra extrait ici de son poème (ainsi *Dîwân*, p. 359, n° 273) je ne traduis que 3, 4, 9 et 10.

2. C'est-à-dire . ô vizir futur des khalifes Fâṭimides.

3. 'Izz ad-Dîn Ḥousâm ; voir plus haut, p. 101, n. 4 ; 130-132.

4. Dernier des huit vers empruntés à ce panégyrique des Banoû Rouzzîk par *An-Noukat*, p. 98, l. 6-13 ; cf. *Dîwân*, p. 331-332, n° 238. Le frère de Madjd al-islâm est appelé Djalâl al-islâm par Ibn Tagrîbardî, *An-Noudjoûm*, fol. 25 r°; de même dans l'*Histoire des Patriarches d'Alexandrie* (ms. 302 de la Bibliothèque Nationale), II, p. 246. La Gloire, la Grandeur, le Cavalier et le Régent de l'islamisme sont donc Rouzzîk, son frère, Badr et Ṭalâ'i'.

me fit participer à tous ses secrets et aux évènements les plus cachés de sa vie. Les gens de sa suite s'abritaient derrière moi dans ce qu'ils espéraient et dans ce qu'ils craignaient de lui. Je lui trouvai l'âme pure de la souillure de la trahison. Il me gratifia d'un étalon bai-brun avec son équipement. »

La compétition entre Badr et Rouzzîk pour la possession de 'Oumâra pendant les loisirs que lui accordait Aṣ-Ṣâliḥ se poursuivait âpre et acharnée. Le vizirat, une royauté, avait chance de se transmettre à un fils plutôt qu'à un frère, de même que le khalifat du Caire n'échut jamais, comme celui de Bagdâd, aux héritiers collatéraux, mais toujours à la lignée directe[1]. C'est ce que semblait oublier 'Oumâra, pour spécialiste qu'il fût en matière de successions[2]. Le vizir Badr Al-Djamâlî n'avait-il pas eu comme successeur en 1094 son fils Al-Afḍal Schâhânschâh? Les manteaux d'honneur du vizirat furent de même transférés à Rouzzîk après la mort de son père en 556 (1161). La volte-face de 'Oumâra vers Badr Ibn Rouzzik provint surtout d'évaluations comparées des revenus que lui rapporterait alors son vasselage, selon qu'il reconnaîtrait la suzeraineté de l'un ou de l'autre; car le thésauriseur, le trafiquant yéménite[3] vivait maintenant au jour le jour, s'attachant plus étroitement à qui lui donnait plus largement. Rouzzîk, au courant des mobiles de ses préférences, lui reprochait avec amertume ces deux vers qu'il avait composés sur son oncle paternel Badr Ibn Rouzzîk[4] :

1. Aucun khalife Fâṭimide n'a succédé à son frère, comme l'a remarqué Ibn Tagrîbardî, *An-Noudjoûm*, fol. 31 v°.

2. Plus haut, p. 28, 58 et 74-76.

3. Plus haut, p. 52, 53, 69, 81, 82.

4. 'Oumâra, *An-Noukat*, p. 57, l. 7-9. L. 7, lisez : بدر بن رزّيك.

O toi, le second en élévation d'Aboû 'l-Gârât[1], *grâce à qui il est devenu une huitième planète ajoutée aux sept autres,*

Tu es le Cavalier monté en croupe dans une haute position, qui, ô merveille ! a fait, en vous portant tous deux, flotter ses pans sur les nuages.

Le Cavalier des musulmans, qui avait donné à 'Oumâra un étalon bai-brun, « beau comme la rose et comme le rubis, prompt comme l'éclair[2] », semble avoir possédé un haras et une écurie[3]. « L'une de ses juments fut un jour victorieuse à la course sur une jument appartenant à Aṣ-Ṣâliḥ. Cela fut, poursuit 'Oumâra[4], pénible à Aṣ-Ṣâliḥ et à son fils. Le soir, à la réunion intime, les quelques personnes présentes rappelèrent à plusieurs reprises la victoire remportée. J'improvisai sur-le-champ les vers suivants :

J'apporterai dans le récit de la victoire aux courses une sentence pleine d'arguments solides et d'affirmations pour résoudre la question que tu as posée.

J'ai vu le poulain du Cavalier, qui, en tournant autour de l'enceinte, est arrivé avant le poulain d'Aṣ-Ṣâliḥ.

Alors, j'ai dit aux assistants : Ne vous imaginez pas que celui-là soit vainqueur ; il est seulement un chambellan et un avant-coureur.

Des deux poulains chacun, en rivalisant à la course, sera caractérisé demain par le caractère de son maître.

« Les assistants dirent alors : Tu nous as ouvert la porte de l'excuse par ta parole : un chambellan et un avant-

1. C'est-à-dire Aṣ-Ṣâliḥ Ṭalâ'i' Ibn Rouzzîk ; cf. *Dîwân*, p. 170, l. 10, et l'Index de la Partie arabe, p. 667 *b*.

2. 'Oumâra, *An-Noukat*, p. 99, l. 10 et 12.

3. Le cheval « rouan » *(al-aṣda')* de Badr est mentionné dans le *Dîwân* de 'Oumâra, p. 180, l. 4, préambule du n° 26.

4. 'Oumâra, *An-Noukat*, p. 108, l. 12-109, l. 8.

coureur. Puis, je me ménageai une entrevue avec le Cavalier des musulmans et je lui donnai le conseil de faire porter le poulain à son frère. Et les beautés de l'éloge rougissent devant la beauté de sa générosité. »

Bien que les beautés de l'éloge rougissent cette fois aux yeux de 'Oumâra lui-même devant celles des vertus qu'il dépeignait, c'était d'ordinaire son imagination qui inventait des supériorités fictives, sujets de panégyriques intéressés en vers bien frappés, de poèmes pétris dans un moule unique qui paraissent des répliques d'un même original. Dans la régularité de ces éloges convenus, appels mal déguisés à des subsides urgents pour des nécessités pressantes, si la pensée originale sommeille, la léthargie n'a pas atteint la langue arabe, animée, pure, sans mélange, sobre, puissante, intacte, de souche authentique, au vocabulaire riche et de bon aloi[1], modèle d'un style incomparable qui n'a jamais été atteint ou même approché par les contrefaçons égyptiennes, syriennes, espagnoles.

Et les pièces d'or se multipliaient, ainsi que les présents en victuailles, en troupeaux et en bêtes de somme, sans suffire aux besoins et aux exigences du quémandeur. Il en était sans cesse à son dernier dînâr[2], malgré l'octroi d'une vaste demeure sur le quai du Canal, malgré les rentes et pensions dont il était abondamment pourvu. Il manquait évidemment d'ordre dans ses finances et menait dans l'insouciance une vie d'oisiveté dépensière. On avait beau combler les fuites du réservoir où s'accumulaient les traitements réguliers et les dons supplémentaires. Loin de déborder, il se vidait. La maison devait tantôt être réparée[3] et tantôt accommodée

1. Plus haut, p. 30.
2. 'Oumâra, *An-Noukat*, p. 107, l. 3.
3. Id., *Dîwân*, p. 242, l. 6; 365, l. 10.

à l'accroissement graduel de la famille, femmes, enfants, peut-être même gendres, brus et petits-enfants. Ce caravansérail réclamait un ravitaillement quotidien, administration compliquée, dont les rouages fonctionnaient le plus souvent à l'aventure, sans surveillance et sans économie.

A la tête du harem, le premier rang appartenait à une femme bien née, à une noble *ḥourra*[1] que 'Oumâra avait amenée du Yémen et qui mourut à Miṣr au début de 557, vers janvier 1162. C'était l'épouse, la compagne et la confidente. Lorsque 'Oumâra l'eut perdue et ensevelie, Ḍirgâm[2] lui dit : « As-tu chez toi une autre femme bien née? » — 'Oumâra répondit : « Non ». — Ḍirgâm reprit : « C'est que toute perfection est absente d'une maison sans femme bien née, respectée. » Ensuite Ḍirgâm indiqua plusieurs femmes à 'Oumâra qui fixa son choix sur l'une d'elles. Ḍirgâm lui dit : « Je me charge d'obtenir pour toi la dot nécessaire. » « Or, dit 'Oumâra[3], Ḍirgâm avait auprès du sultan[4] l'art de choisir son moment pour aboutir sûrement. A ma grande surprise, au bout de deux jours, je reçus du sultan une lettre accompagnée de quarante dînârs, sans que je fusse informé de ce que Ḍirgâm avait dit à Rouzzîk pour qu'il les eût donnés. Ibn Az-Zoubd[5] entendit parler de cet événement. Entre lui et Ḍirgâm était une rivalité charitable. Ibn Az-Zoubd m'envoya trente dînârs, six pains de sucre, un costume complet tout doré, un autre en brocart rouge

1. 'Oumâra, *An-Noukat*, p. 24, l. 5; plus haut, p. 64-66. Certains détails sur l'intérieur de 'Oumâra anticipent sur les faits qui seront rapportés plus loin; cf. ici la n. 4.

2. Plus haut, p. 101, n. 5.

3. 'Oumâra, *An-Noukat*, p. 147, l. 7-148. l. 5.

4. Le sultan est Rouzzîk, fils de Ṭalâ'i', qui (plus haut, p. 101, n. 4) fut vizir du vingt ramaḍân 556 au dix-huit mouḥarram 558 (du douze septembre 1161 au vingt-neuf décembre 1162). Sur le titre de sultan conféré aux vizirs d'Égypte, voir plus haut, p. 94, n. 2; 107, n. 3.

5. Plus haut, p. 101, n. 6.

avec des boutons d'or, cinq candélabres pour les processions en cérémonie, et dix têtes de bétail, le tout avec un billet qui n'était pas de son écriture et qui portait un vers d'Al-Moutanabbî [1]:

Celui qui te donne sur sa fortune personnelle diffère de celui qui te donne sur la fortune publique. »

Les rivalités de jalousie profitèrent à 'Oumâra pendant le vizirat de Rouzzîk, comme pendant celui de son père Ṭalâ'i'. En dehors de la femme bien née, dont les privilèges au harem constituaient une dérogation à la polygamie [2], 'Oumâra possédait plusieurs femmes, les unes ramenées du Yémen [3] par son fils Moḥammad, les autres acquises par lui ou pour lui [4] à Miṣr. Ajoutez à cela ses filles, cinq au moins [5], ses fils, dont plusieurs moururent prématurément et ne survécurent que dans les poésies de leur père [6]. Ainsi ce Moḥammad, qui expira le quatre djoumâdhâ premier 556 (trente-et-un mai 1161), à Miṣr, âgé de seize ans, et qui fut enterré au cimetière de la Ḳarâfa [7] ; les deux 'Alî, appelés d'après leur grand-père et leur grand-oncle [8], deux frères de père et de mère [9] ; 'Aṭiyya, disparu au moment d'une éclipse

1. Ce vers ne se trouve pas dans l'édition Dieterici du *Dîwân* d'Al-Moutanabbî.

2. Voir, sur la suprématie de la véritable épouse, 'Oumâra, *An-Noukat,* p. 144, l. 13.

3. Id., *ibid.,* p. 100, l. 4; 144, l. 2.

4. Id., *ibid.,* p. 144, l. 11-14 : Mourtafi' achète à Schams al-khilâfa une jeune fille au prix de soixante-dix dînârs et, après l'avoir fait connaître à 'Oumâra, lui en fait cadeau au bout d'un mois.

5. 'Oumâra, *Dîwân,* p. 184, l. 3, parle, comme d'une épreuve, de « ses cinq filles ».

6. Id., *ibid.,* p. 184, l. 1.

7. Id., *ibid.,* p. 183, l. 12; 206, l. 9-10; 207, l. 7-10; 325, l. 6; 375, l. 12; Partie arabe, p. 517, l. 14-16.

8. Plus haut, p. 23, n. 3, où j'avais supposé que c'étaient le grand-père et le grand-oncle qui étaient désignés et non leurs descendants.

9. 'Oumâra, *Dîwân,* p. 325, l. 6. Peut-être étaient-ils jumeaux, si le mot *ṣinwâni* comporte cette extension du sens.

de lune[1], souvenir donné par 'Oumâra au nom de son précepteur[2] ; un autre fils innommé qui est allé rejoindre ses frères dans la Ḳarâfa, au pied du Mouḳaṭṭam[3]. Déjà, dans le Yémen, les pertes de deux fils, Yaḥyâ et 'Abd Allâh, avaient affligé 'Oumâra. La dépouille mortelle de Yaḥyâ était restée à Al-'Adâya, dans la vallée de Wasâ', sur la terre natale de 'Oumâra[4], celle de 'Abd Allâh à Al-'Irḳ, dans la campagne fertile *(al-khouṣaib)* qui avoisine Zabîd[5]. La caravane des vivants, que Moḥammad avait amenés pour réchauffer le foyer glacé de 'Oumâra, ne nous a pas été décrite en détail ; mais on peut conjecturer qu'ils n'étaient pas moins de cinquante, hommes et femmes. C'est le chiffre des êtres aimés que, presque en même temps, en 1155, le vizir Ṭalâ'i', ami d'Ousâma comme il le fut de 'Oumâra, avait, sous sa sauvegarde, fait partir de Miṣr pour Damas, où ils avaient été précédés également par le chef de famille Ousâma, impatient à Damas, ainsi que 'Oumâra à Miṣr, de repeupler son intérieur[6].

Les deux héros de mes études sur notre douzième siècle, Ousâma et 'Oumâra, les deux protégés d'Aṣ-Ṣâliḥ Ṭalâ'i', se sont-ils connus, et le silence qu'ils ont gardé l'un sur l'autre provient-il d'une abstention préméditée ou d'une absence fortuite de relations, l'occasion ayant manqué pour les mettre en présence l'un de l'autre ? Mon opinion est qu'ils ne se sont jamais rencontrés dans leurs vies parallèles,

1. 'Oumâra, *Diwân*, p. 263, l.-9-12; 325, l. 5 et 6; 386, l. 8-11.
2. Plus haut, p. 36.
3. 'Oumâra, *Diwân*, p. 375, l. 6-12.
4. 'Oumâra, *Diwân*, p. 206, l. 11 et 12; 207, l. 5; Partie arabe, p. 517, l. 16-17; plus haut, p. 24. Cf. Al-Hamdânî, *Djazîrat al-'Arab*, p. 120, l. 2.
5. 'Oumâra, *Diwân*, p. 207, l. 6; Texte arabe, p. 517, l. 17; 'Imâd ad-Dîn, *Kharîda, ibid.*, p. 596, l. 4. Il y avait à Al-'Irḳ une nécropole; cf. Al-Djanadî, *Souloûk, ibid.*, p. 636, l. 3.
6. Voir ma *Vie d'Ousâma*, p. 264, 269-274.

'Oumâra étant arrivé à Miṣr en 1155 pour y prendre la place laissée vide par le départ d'Ousâma en 1154. D'ailleurs, s'il avait connu celui-ci, ses épîtres à Al-Moubârak, petit-cousin d'Ousâma [1], ne seraient pas dépourvues de la moindre allusion à l'émir syrien.

Retournons aux veillées de Ṭalâ'i' avec 'Oumâra, qui manquait rarement d'y assister et y occupait une place prépondérante. « Et, dit-il[2], ses réunions intimes étaient, sans interruption, consacrées à discourir sur toutes les branches des sciences religieuses et littéraires. On y retraçait aussi les combats avec les émirs de sa dynastie. » Conversations animées, consultations juridiques, discussions théologiques et profanes, échanges d'idées sur les sujets les plus divers, sur le renchérissement des vivres dans la première année de son vizirat, sur les épidémies presque annuelles de tuberculose bovine, si meurtrières qu'on employa au labourage les chevaux, les chameaux et les ânes[3], chronique des événements, nouvelles courantes du jour, poèmes improvisés ou préparés, récits de batailles civiles et d'émeutes locales suscitées par les émirs de la Haute Égypte, continuateurs audacieux et imitateurs résolus des trois pendus Bahrâm Al-Gouzzî, Yoûsouf Al-Khâridjî et Ṭarkhân Salîṭ[4], voilà le répertoire composite des entretiens variés qui se déroulaient chaque soir dans une salle ouverte seulement à quelques familiers de choix[5], dans un milieu dont la frivolité expansive et sociable se croyait garantie contre toute rupture de la paix extérieure et intérieure. Et cependant,

1. Plus haut, p. 136, n. 6.

2. 'Oumâra, *An-Noukat*, p. 47, l. 10-48, 2.

3. *Histoire des patriarches d'Alexandrie* (ms. 302 de la Bibliothèque Nationale), II, p. 243, passage signalé par M. Noël Giron.

4. Plus haut, p. 125-132.

5. Plus haut, p. 99-102.

l'attitude des Francs, dans leurs postes avancés d'Ascalon et de Gazza, imposait la nécessité d'être sur le qui-vive contre un débarquement possible à Damiette, contre l'invasion imminente d'une armée de terre, dirigée par Al-ʿArîsch et Bilbîs sur Le Caire. Et cependant, la capitale même de l'Égypte était troublée sans cesse par des éléments de discorde et d'insécurité, qui en voulaient au vizirat éternel d'un « roi » confiant, imprévoyant, entêté dans son optimisme, qui se bouchait les oreilles tandis que les grondements sourds de l'orage présageaient la fin prochaine de son autorité diminuée et de son existence menacée.

Le dix-sept radjab 555 (vingt-trois juillet 1160), le khalife, l'imâm « très pur[1] », Aboû 'l-Ḳâsim ʿÎsâ Al-Fâ'iz bi-naṣr Allâh mourut obscurément comme il avait vécu. Il n'avait pas cinq ans révolus lorsque l'assassinat de son père Aṭh-Ṭhâfir bi-amr Allâh, le dernier mouḥarram 549 (seize avril 1154), l'avait fait choisir par les meurtriers et les conjurés comme khalife de nom, en raison de son jeune âge et de sa faiblesse[2]. Moins de deux mois après, le dix-neuf rabîʿ premier (deux juin), Ṭalâ'iʿ était entré au Caire sans combat, avait pris les insignes du vizirat et le gouvernement[3], avait

1. Ṭalâ'iʿ, dans ma *Vie d'Ousâma*, p. 299 ; ʿOumâra cité plus haut, p. 97, et *Dîwân*, p. 346, l. 7.

2. Ces événements sont racontés dans ma *Vie d'Ousâma*, p. 246-256. On lit dans Al-Maḳrîzî, *Al-Khiṭaṭ*, I, p. 347, l. 37-39 (cf. Ibn Khallikân, *Biographical Dictionary*, II, p. 425-426) : « Al-Fâ'iz, lorsqu'il sortit pour être installé comme khalife, vit les cadavres de ses oncles paternels et entendit les cris de la multitude. Son intelligence fut dérangée et il se mit à crier sans s'arrêter jusqu'à ce qu'il mourût. » Le diplôme d'investiture de Ṭalâ'iʿ (plus haut, p. 100, n. 2) fut rédigé par Ibn Al-Khallâl au nom de cet « émir des croyants », un idiot, un infirme, un épileptique.

3. Ibn Khallikân, *Biographical Dictionary*, I, p. 657 ; II, p. 426. As-Souyoûṭî, *Ḥousn al-mouḥâḍara*, II, p. 155, l. 17, dit que, comme Al-Afḍal (plus haut, p. 108), il fut coiffé du « voile festonné » (الطيلسان المقوّر), dont il sera parlé ultérieurement.

substitué à son surnom honorifique de Fâris ad-Dîn[1] « Le Cavalier de la religion » celui de Naṣîr ad-Dîn « L'Auxiliaire de la religion »[2], puis avait bientôt rejeté tout surnom mentionnant « la religion » comme incompatible avec son schî'isme militant d'imâmite râfiḍite[3] et s'était fait appeler le Régent *(Al-Kâfil* et *Al-Kafîl*[4]*)* Aboû 'l-Gârât Ṭalâ'i' Ibn Rouzzîk Al-malik aṣ-ṣâliḥ[5], ou plus brièvement Aṣ-Ṣâliḥ.

La disparition d'Al-Fâ'iz à l'âge de onze ans et demi modifia la légende des monnaies, le libellé de la *khouṭba;* il fournit aussi un sujet inédit qui défraya les conversations pendant au moins une couple de soirées estivales. Ṭalâ'i', « le serviteur et l'ami d'Al-Fâ'iz », comme il se nomma lui-même[6], ne pouvait conserver son pouvoir « royal » qu'en appelant au khalifat un vieillard[7], un enfant ou un adolescent. Ce fut l'adolescent qui prévalut. Un petit-fils du khalife Aṭh-Ṭhâfir, un cousin du khalife Al-Fâ'iz[8], Aboû Moḥammad 'Abd Allâh,

1. Plus haut, p. 133, n. 5.

2. Ce surnom honorifique, avec sa couleur d'orthodoxie Bagdâdhienne, n'est connu que par le témoignage isolé d'Al-Maḳrîzî, *Al-Khiṭaṭ,* II, p. 293, l. 31 et 39.

3. Plus haut, p. 115, 123 et 124.

4. 'Oumâra, *Dîwân,* p. 164, l. 10; 197. l. 7; 338, l. 5; etc.

5. Plus haut, p. 96.

6. Van Berchem, *Matériaux pour un Corpus inscriptionum arabicarum,* p. 717 et 718, n° 523.

7. Je traduis ainsi كبير السن dans Ibn Al-Athîr, *Chronicon,* XI, p. 168, l. 25; Aboû 'l-Fidâ, *Annales muslemici,* III, p. 574, l. 12, à l'imitation de Slane, dans *Hist. or. des croisades,* I, p. 33 « avancé en âge », et de Wüstenfeld, *Geschichte der Faṭimiden-Chalifen,* p. 325 « schon bejahrt », à l'encontre de Paul Casanova, *Les derniers Fatimides,* dans les *Mémoires du Caire,* VI, p. 421 « un homme d'âge mûr ».

8. Cette parenté est comparée par 'Oumâra à celle de 'Alî par rapport au Prophète; voir *Dîwân,* p. 309, l. 12; 339, l. 9 et 10; 346, l. 9 et 10. P. 339, l. 7 et 8, 'Oumâra, dans une poésie de mouḥarram 557 (janvier 1162), d'après la Partie arabe, p. 534, suppose que le khalifat aurait été transmis spontanément à Al-'Âḍid par son prédécesseur Al-Fâ'iz qui, à cette occasion, est appelé 'Îsâ, fils de Ḥaidar, c'est-à-dire de 'Alî, et de Fâṭima, en d'autres termes l'Alide, le Fâṭimide.

fils de l'émir assassiné Yoûsouf, fils d'Al-Ḥâfiṭh, né le vingt mouḥarram 546 (neuf mai 1151), à moins que ses partisans ne l'eussent rajeuni pour assurer le succès de sa candidature[1] auprès de celui qui en était l'arbitre, fut proclamé khalife avec le surnom honorifique de l'imâm Al-ʿÂḍid li-dîn Allâh. De prime abord, Al-ʿÂḍid, « le bien dirigé, que son souvenir soit sanctifié ![2] » sut grand gré à Ṭalâ'iʿ de l'avoir préféré entre les prétendants au khalifat, « comme on fait un choix entre les moutons[3] », et abandonna la « défense de la religion, du monde et de l'humanité[4] » à son expérience éprouvée. Ṭalâ'iʿ, dès l'avènement du khalife, pour se l'attacher par un lien[5] d'intimité, le contraignit[6] à se fiancer avec une de ses filles, qu'il munit d'un trousseau d'une magnificence inouïe[7] et dont il réserva la possession à l'adolescent, aussitôt l'âge de puberté atteint. Le vizir comptait asservir son gendre comme il avait régenté Al-Fâ'iz.

Le mariage projeté, comme plus tard le mariage célébré, inspira la verve laudative de ʿOumâra qui s'empressa de

1. Ibn Tagrîbardî, *An-Noudjoûm* (ms. 1780, fol. 30 v°), place la naissance d'Al-ʿÂḍid dans une des années entre 540 et 547, entre 1145 et 1152. J'incline maintenant (voir l'opinion contraire dans ma *Vie d'Ousâma*, p. 299) pour une date peu postérieure à 540 (1145), son mariage ayant eu lieu sous le vizirat de Rouzzîk, c'est-à-dire avant la fin de 557, avant le neuf décembre 1162 ; cf. ʿOumâra, *An-Noukat*, p. 53, l. 7 et 8.

2. ʿOumâra, *Dîwân*, p. 343, l. 5 ; cf. Max Van Berchem, *Matériaux pour un Corpus*, p. 713.

3. Expression de Ṭalâ'iʿ dans Ibn Al-Athîr, *Chronicon*, XI, p. 182 (*Hist. or. des croisades*, I, p. 521).

4. Plus haut, p. 97.

5. L'emploi de la racine عقد « lier » pour ces fiançailles est constant ; cf. ʿOumâra, *An-Noukat*, p. 61, l. 4 ; 62, l. 6 ; *Dîwân*, p. 338, l. 3, 339, l. 1 et 12 ; 346, l. 13 ; cf. la Partie arabe, p. 506.

6. على كره منه, dit le continuateur de l'*Histoire des patriarches d'Alexandrie* (ms. 302), II, p. 243 ; communication de M. Noël Giron.

7. Aboû 'l-Fidâ, dans *Hist. or. des croisades*, I, p. 33.

féliciter le khalife et sa promise, non moins que le vizir, son futur beau-père[1] :

C'est par une élévation de dignité, et par un bonheur grandissant, et par une durée de règne, et par une gloire[2] *perpétuelle*

Qu'est arrivé un jour favorisé par le ciel, d'un horoscope[3] *heureux et d'un intervalle propice dans les hauteurs du ciel.*

On a conduit vers les femmes de l'imâm une jeune fille chaste, à laquelle se sont attachées les mains du panégyrique errant.

C'est une perle précieuse dont le grand prix n'a été satisfait d'aucune mer, excepté de l'aile protectrice de l'imâm Al-ʿÂḍid ;

Et une proie qui, n'était le khalifat, n'aurait jamais été prise dans les lacets du chasseur.

Elle est Arabe d'origine[4]*, mais ses feux allumés n'ont jamais embrasé l'audacieux qui en dispute la possession.*

.... Lien qui sera demain un nœud sans rupture, mais comme le nœud qui attache un avant-bras à l'arrière-bras[5]*,*

... Vis, ô émir des croyants, en pleine jouissance de ton rang, à l'ombre de l'éternité divine,

1. ʿOumâra, *An-Noukat*, p. 61-62 ; *Dîwân*, p. 196-197 ; vers 1-6, 32, 46-48 d'après D.

2. J'ai traduit وعزّ, leçon de B et de E. Le texte porte : « et par une fête perpétuelle ».

3. Calembour entre طالِع « horoscope » et le nom de Ṭalâʾiʿ.

4. Comme fille de Ṭalâʾiʿ ; voir plus haut, p. 133, n. 5.

5. Comparaison empruntée au surnom d'Al-ʿÂḍid « Celui qui sert d'arrière-bras », adopté pour désigner le khalife.

En profitant de la durée des jours de ton régent qui a pétri le temps contre le salut du vicieux révolté[1],

Qui te témoigne, en dépit de ta générosité de père, une tendresse paternelle.

« Cette poésie, dit ʿOumâra[2], me rapporta trois cadeaux considérables : l'un de Rouzzîk, qui, dans la grande salle du Palais[3], suppléait son père à l'audience du khalife[4] et qui me fit remettre cent dînârs par l'émîr, fils de Schams al-khilâfa[5], les deux autres d'Aṣ-Ṣâliḥ, que ʿIzz ad-Dîn Ḥousâm, sorti le premier du Château, alla prévenir en lui disant : Un tel a récité aujourd'hui une poésie pour vanter ta bru et parler d'elle. Aṣ-Ṣâliḥ me manda dans la Salle du fleuve du Palais du vizirat[6]. Il me donna à son tour pareille somme. Ensuite il me fit un cadeau riche, dont j'ai oublié le montant. Le soir de ce même jour-là, à la réunion intime, à laquelle nous prîmes part, Aṣ-Ṣâliḥ ordonna aux lettrés présents que chacun d'eux lui récitât les vers qu'il avait composés sur l'événement. Ce qu'ils firent. Et il m'ordonna de réciter les miens. J'obéis. Les poètes eurent en bloc leur

1. Quel est le « vicieux révolté », Bahrâm, Yoûsouf, Ṭarkhân ou un autre? Voir plus haut, p. 144.

2. ʿOumâra, *An-Noukat,* p. 62-63.

3. De même dans le *Diwân,* p. 302, n. 2. De ces deux passages il semble résulter que la Salle du trône, à l'intérieur du Grand palais, si elle avait été désaffectée par le khalife Al-Âmir bi-aḥkâm Allâh au commencement de notre XIIᵉ siècle (Al-Maḳrîzî, *Al-Khiṭaṭ,* dans Ravaisse, *Essai,* I, p. 456), avait été rendue à sa destination primitive.

4. Nous verrons (p. 152) que Ṭalâʾiʿ fut autorisé par le khalife Al-ʿÂḍid à se faire suppléer en partie par son fils Rouzzîk.

5. « Moḥammad, fils de Schams al-khilâfa, l'un des émirs les plus parfaits et les plus notables », d'après ʿOumâra. *An-Noukat,* p. 138, l. 5. Il est identique à Moḥammad ibn Moukhtâr cité par Aboû Schâma, *Kitâb ar-rauḍatain,* I, p. 166, l. 12; 170, l. 2, 3 et 27; 184, l. 6, et dans *Hist. or. des croisades,* IV, p. 126, 135, 138.

6. De même dans *An-Noukat,* p. 100, l. 6, traduit plus loin. Sur le Palais du vizirat, situé au Nord-Est du Grand château, voir Ravaisse, *Essai,* II, p. 43-56.

récompense monnayée. Sa libéralité m'accorda encore ma quote-part en cette veillée et sa générosité me traita en fils.[1] » Le khalife Al-ʿÂḍid, condamné au mariage forcé avec la fille de son tyran, s'abstint d'accorder un seul jaunet à l'admirateur de la femme arabe chaste, de la perle précieuse, de la proie réservée au khalifat et au khalife.

Par contre, Al-ʿÂḍid, exagérant les tendances de son guide exigeant, devint, à son exemple, un imâmite râfiḍite fanatique et intolérant, un adversaire violent de la sounna et des sounnites, qu'il combattit avec acharnement par l'insulte et par le meurtre[2]. Les divergences religieuses forçaient Al-ʿÂḍid et Aṣ-Ṣâliḥ d'une part et ʿOumâra d'autre part à user de réticences et à ne pas aborder dans leurs entretiens certains sujets, sur lesquels ils étaient séparés par un abîme.

Aussi, le *faḳîh* sounnite est-il resté muet sur l'achèvement « dans les mois de 555[3] », avant le trente décembre 1160, de « la Mosquée d'Aṣ-Ṣâliḥ ». Son fondateur avait choisi comme emplacement la plaine déserte au Sud du Caire, à la sortie de la Porte de Zawila[4]. La première pierre du monument fut posée par lui en 549 (1154) dès sa prise de

1. Traduction conjecturale d'un verbe qui serait un dénominatif de *ibn* « fils ». Peut-être convient-il de lire وأثنى avec B et C et de traduire : « et loua mon œuvre ».

2. Ibn Khallikân, *Biographical Dictionary*, II, p. 73, complété par Ibn Tagrîbardî, *An-Noudjoûm*, fol. 32 r° et 38 v°.

3. C'est ainsi que la date est donnée sur l'inscription de consécration dans Max Van Berchem, *Notes d'archéologie arabe*, I, p. 107 ; *Matériaux*, p. 74.

4. Al-Maḳrîzî, *Al-Khiṭaṭ*, I, p. 427, l. 27 ; II, p. 110, l. 28 ; 293, l. 19-22 ; 447, l. 24-26 ; Van Berchem, *Notes d'archéologie arabe*, I, p. 103-107 ; Stanley Lane-Poole, *The Story of Cairo*, plan du Caire avant 1200, à la page 165 ; Georges Salmon, *Études sur la topographie du Caire*, p. 74. Je transcris avec une vive émotion le nom de Georges Salmon, mon disciple aimé, terrassé à Tanger le 22 août 1906 par la maladie, le surmenage, un séjour prolongé à Fez en dépit d'un été tropical, un pénible voyage de retour à Tanger, par la fatalité, diraient les musulmans, de ce qui était « écrit ».

possession du pouvoir. Il se préoccupait de bâtir à ses frais un asile perpétuel pour la tête d'Al-Ḥousain, le martyr de Ḳarbala, tête conservée jusque-là à Ascalon, dans une chapelle expiatoire construite par le vizir Badr Al-Djamâlî, « l'émir des armées », en 1098. Or, les Francs avaient mis le siège devant Ascalon, dont les portes leur furent ouvertes le dix-neuf septembre 1153[1]. Le sarcophage contenant la tête de l'ancêtre des Fâṭimides était soustrait d'avance aux dangers d'une profanation, puisque, le premier du même mois, il arriva par le Nil au Caire, où le khalifat schî'ite le fit ensevelir solennellement dans le mausolée des Dailamites, la Ḳoubbat Dailam, une annexe du Grand palais, devenue la Chapelle d'Al-Ḥousain, luxueusement décorée et enrichie des marbres les plus précieux[2]. Le khalife Al-'Âḍid sans doute[3] ne permit pas qu'elle fût dépossédée de son saint habitant au profit de la Mosquée d'Aṣ-Ṣâliḥ, lorsque celle-ci fut terminée en 1160[4]. Ce refus provoqua peut-être le premier dissentiment entre le khalife « fainéant » et son vizir omnipo-

1. J'emprunte cette date précise à ma *Vie d'Ousâma*, p. 246.

2. J'ai puisé ce récit dans Ravaisse, *Essai*, II, p. 80-81. Ibn Djoubair admira en avril 1183 et décrivit la magnificence du Maschhad Al-Ḥousain; cf. Ibn Gubayr, *Viaggio*, tr. C. Schiaparelli (Roma, 1906), p. 14-16. Il est maintenant le Djâmi' Al-Ḥasanain « la Mosquée d'Al-Ḥasan et d'Al-Ḥousain », au Nord-Est du Caire; voir Van Berchem, *Notes*, I, p. 104, n. 1; Bædeker, *Lower Egypt* (éd. de 1895), p. 67-68.

3. Plutôt qu'Al-Fâ'iz, quoi qu'en disent Al-Ḳalḳaschandî, dans Wüstenfeld, *Calcaschandi's Geographie und Verwaltung von Ægypten*, p. 79, et Al-Maḳrîzî, *Al-Khiṭaṭ*, p. 427, l. 29, qui donnent tous deux la date de 549 (1154). Si Ṭalâ'i' avait su alors que le dépôt de la tête d'Al-Ḥousain dans son *maschhad* n'était pas provisoire, il n'aurait pas continué jusqu'en 1160 la construction de la mosquée destinée à la recevoir. Pareille initiative n'aurait du reste pas émané d'Al-Fâ'iz.

4. Ṭalâ'i' prit les matériaux où il les rencontra : plusieurs colonnes furent enlevées sur son ordre à l'Église de Saint-Victor, où depuis longtemps les chrétiens ne célébraient plus les offices, et devinrent les piliers de la Mosquée d'Aṣ-Ṣâliḥ, comme il appert d'Aboû Ṣalâḥ, dans T. A. Evetts, *The Churches and Monasteries of Egypt*, p. 53-54 du texte arabe; 133 de la traduction.

tent. La Mosquée, dénuée de la relique vénérable, fut désaffectée et ne fut ouverte au culte public du vendredi qu'en 652 (1254 de notre ère), sous le premier sultan mamloûk Baḥrî, le Turkoman 'Izz ad-Dîn Mou'izz Aibak[1].

Al-'Âḍid ne se résigna pas seulement à la domination « royale » de Ṭalâ'i', mais encore il le combla de nouveaux honneurs[2] et, pour le soulager de leur poids, lui adjoignit, par un diplôme spécial, son fils Rouzzîk, en qualité de « contrôleur des réparations de griefs[3] ».

Le khalife, prisonnier dans le Palais[4], ne persista pas longtemps dans l'abdication qui, au début, lui avait été dictée par une obligation de reconnaissance, par un sentiment de condescendance juvénile, surtout par la crainte de responsabilités qu'il n'osait pas affronter. En effet, à la gravité de la situation intérieure s'étaient ajoutés les périls menaçants du dehors. Amaury, comte de Jaffa et d'Ascalon, lieutenant de son frère Baudouin III avant de lui succéder le dix février 1162 sur le trône de Jérusalem[5], regardait avec convoitise l'Égypte comme une conquête désirable dont il ne tarderait pas à s'assurer la prise de possession. La mort d'Al-Fâ'iz et l'avènement du nouveau khalife l'enhardirent à pousser une pointe d'éclaireur dans la région d'Al-'Arîsch, sur la route du Caire. Chargé de butin et de richesses,

1. Al-Ḳalḳaschandî, dans Wüstenfeld, *Calcaschandi's Geographie*, p. 79; Al-Maḳrîzî, *Al-Khiṭaṭ*, II, p. 293, l. 28; Van Berchem, *Notes*, I, p. 104, n. 2, et 105; *Matériaux*, p. 74, n. 3.

2. Ibn Khallikân, *Biographical Dictionary*, I, p. 659; Al-Maḳrîzî, *Al-Khiṭaṭ*, II, p. 294, l. 2.

3. ناظر المظالم, fonction dont Rouzzîk fut le dernier titulaire sous les Fâṭimides; d'après Al-Maḳrîzî, *ibid.*, II, p. 207, l. 39-208, l. 2; voir aussi Sacy, *Chrestomathie arabe* (2e éd.), I, p. 132-134; II, p. 59 et 183-184; A. von Kremer, *Culturgeschichte des Orients unter den Chalifen*, I, p. 419-423.

4. Ibn Khallikân, *Biographical Dictionary*, I, p. 659.

5. Rœhricht, *Geschichte des Kœnigreichs Jerusalem*, p. 309.

l'envahisseur ne fut pas arrêté dans sa marche en avant par la résistance d'une armée, mais par des négociations qui stipulèrent en sa faveur un tribut annuel de cent soixante mille dînârs[1]. « Amaury passa[2] » au printemps de 1161, Ṭalâ'i'[3] oublia ses inquiétudes, Al-'Âḍid conspira contre son vizir.

Sa plus jeune tante[4], une sœur de son père l'émir assassiné Yoûsouf, assoiffée de vengeance depuis que Ṭalâ'i', sous Al-Fâ'iz, avait fait secrètement mettre à mort une autre tante plus âgée fautrice contre lui d'un complot antérieur avorté[5], excita les compagnons et les compagnes de captivité du khalife dans le Palais, les hommes du Château et les femmes du harem, ceux-là irrités d'être traités avec rigueur et parcimonie, celles-ci froissées d'être soumises au contrôle vigilant d'un censeur rigide. Les mécontents des deux sexes se joignirent en des représentations au khalife sur sa pusillanimité, sur sa sujétion, sur le régime de terreur qui le déconsidérait. Blancs et nègres s'offrirent à le débarrasser de son régent, à condition de pouvoir se fier, sinon à son concours publiquement proclamé, du moins à son laisser-

1. *Chronique de Michel le Syrien*, dans *Hist. arméniens des croisades*, I, p. 353, sans tenir compte de la n. 2; Bar Hebræus, *Chronicon syriacum*, traduction latine de Bruns et Kirsch, p. 357.

2. مرّ مرّى, calembour d'Aṣ-Ṣâliḥ Ṭalâ'i', dans ma *Vie d'Ousâma*, p. 290.

3. Celui qui avait ainsi énervé la défense et souscrit avec les Francs un arrangement humiliant et onéreux pour l'Égypte ne peut être que le vizir Ṭalâ'i'. Aucun nom n'est prononcé; je ne sais pourquoi Rœhricht, *Geschichte*, p. 314, l'a attribué à un personnage imaginaire « le grand vizir Al-'Âdil Ibn Rouzzîk ».

4. Les noms de ces deux révoltées ne nous ont pas été conservés.

5. Ibn Khaldoûn, *'Ibar*, IV, p. 76, appelle cette sœur aînée « la tante d'Al-Fâ'iz ». Elle l'était en effet sans être moins « la tante d'Al-'Âḍid », celui-ci ayant succédé à son cousin Al-Fâ'iz. La même contradiction apparente se retrouve plus haut, p. 151, n. 3, et dans Wüstenfeld, *Geschichte der Faṭimiden-Chalifen*, p. 324 comparée avec la p. 326.

faire. Pendant ces pourparlers prolongés, le vizir ne cessait pas de les justifier par ses actes inconscients, comme si une première alerte ne lui avait pas montré la fragilité de sa domination sur le souverain et sur le pays. Sa confiance n'était pas ébranlée, il ne prenait aucune des mesures nécessaires pour préserver sa vie en danger, bravait les attaques de ses ennemis et continuait à accaparer les vivres pour amener la hausse des prix, à tuer les émirs de la dynastie et à exproprier arbitrairement les propriétés particulières [1]. Le cri de réprobation retentissait du Château jusque dans Le Caire, dont la population pressentait un attentat dirigé contre l'audacieux vizir. Le vide se faisait de plus en plus autour de lui et les trembleurs, en majorité, évitaient de se compromettre par la fréquentation d'un accusé condamné d'avance. Les courtisans de la veille flairaient le cadavre et s'en détournaient prudemment, afin de ne pas être entraînés à leur perte par la débâcle imminente.

Le fidèle ʿOumâra lui-même se tenait sur la réserve, évitant la rupture, mais espaçant ses visites, ses requêtes et ses éloges, tant au Palais du vizirat qu'à la Maison du bienheureux.[2] En mouḥarram 556 (janvier 1161), il adresse à Ṭalâ'iʿ une pièce de vers pour le féliciter d'avoir accompli sept années consécutives de vizirat [3], mais s'y ménage une échappée sur l'avenir [4] :

1. Ibn Khallikân, *Biographical Dictionary*, II, p. 73; cf. plus haut, p. 125, n. 2.

2. Réspectivement la résidence officielle et le domicile privé des vizirs; voir plus haut, p. 94, n. 2; 99, n. 5.

3. Partie arabe, p. 527, à propos de ʿOumâra, *Dîwân*, p. 294, n° 187.

4. Id., *ibid.*, p. 295, l. 8. An-Nâṣir Mouḥyî ad-Dîn est Rouzzîk, fils d'Aṣ-Ṣâliḥ. Le *Dîwân* contient plusieurs éloges de Rouzzîk composés du vivant de son père, l'un p. 312, n° 211, daté du premier schawwâl 554 (seize octobre 1159), les autres sans date, p. 243, n° 114; 297-298, n° 192.

Et tu as vécu pour An-Nâṣir Mouḥyî ad-Dîn, dont les actions élevées ont parlé avant qu'il n'ait parlé.

Cinq mois ont passé, lorsqu'en djoumâdhâ second 556 (du vingt-huit mai au vingt-cinq juin 1161) ʿOumâra, incertain et perplexe, réunit dans une même poésie Aṣ-Ṣâliḥ Ṭalâ'iʿ, son fils An-Nâṣir Rouzzîk, son frère le Cavalier des musulmans Badr et Schâwar, préfet de la Haute-Égypte supérieure, le seul homme qui, sous les Fâṭimides, devait occuper deux fois le vizirat[1]. Voici quelques extraits sur chacun des cinq personnages, y compris ʿOumâra lui-même[2] :

Est-ce à toi qu'il faut attribuer le renouvellement de ma peine et de mon affliction, depuis que tu t'es repris à t'écarter de moi ;

Et aussi l'effet de consolation produit par la rupture, consolation dont la fraicheur apaise le feu de ma flamme ;

Et encore la fuite de mes quarante ans[3]*, emportant le souffle délicieux du zéphir, alors qu'il est devenu honteux pour moi de me conduire en enfant ?*

Et, si des cheveux blancs ne me l'interdisaient pas, l'aurore des cheveux blancs me l'aurait interdit dans la nuit de ma jeunesse,

Dans des jours où, de tout temps, je commettais des fautes trop graves pour ne pas mériter plus que le blâme,

Jours que j'accomplissais et qui étaient comptés comme une part de ma vie à moi, qui les ai dépensés sans compter.

...Il (Aṣ-Ṣâliḥ) a fait disparaître le rideau qui me séparait de lui, tandis que mon œil le voyait derrière le rideau de sa grandeur,

1. Aboû-Schâma, *Kitâb ar-rauḍatain*, I, p. 131, l. 12.

2. ʿOumâra, *Dîwân*, p. 162-164, nº 13, complété par *An-Noukat*, p. 47, l. 8 et 9, et la Partie arabe, p. 512 : vers 1-6, 21, 22, 23-31, 35-37, 52, 53.

3. ʿOumâra avait quarante et une années musulmanes ; voir plus haut, p. 24.

Et sa bienveillance m'a rapproché; mais mon approche de lui est devenue, par ma crainte respectueuse, un éloignement[1].

... *Tu as établi An-Nâṣir Mouḥyî ad-Dîn, qui a fait revivre des vestiges qui étaient alors semblables à des ruines désertes,*

Qui a répandu la justice dans le monde, où le troupeau des brebis s'était mis à frayer avec les loups,

Et tu as suspendu à son cou la lieutenance sur les sujets. Qu'Allâh a produit là une noble lieutenance!

On voit assorties en vous deux une branche et une racine, comme le parfum de la branche émane du parfum de l'arbre qui la porte[2].

...*Et tu as préservé la royauté des entreprises de Badr, grâce à ton fils, d'un heureux naturel, excellent cavalier*[3],

Un homme supérieur, qui n'a pas cessé, dans toute ville frontière[4], *d'être le chef, garant des coupoles contre la destruction,*

D'une bravoure redoutable, en temps de guerre ou de paix, la pointe de l'épée étant terrible même quand les sabres sont dans les fourreaux.

...*Et Schâwar qui, dans la guerre sainte, s'est distingué honorablement, a conseillé une belle patience et une belle endurance.*

Il a exécuté sa décision, bien que les circonstances y

1. Ces deux vers avaient provoqué l'admiration d'Aṣ-Ṣâliḥ et c'est à ce titre qu'ils sont cités dans *An-Noukat,* p. 47, l. 8 et 9.

2. Ces deux derniers vers, intercalés par E, sont dans le Texte arabe, p. 512, l. 9 et 10. Le premier fait allusion à la collaboration décrétée du père et du fils; voir plus haut, p. 149 et 152.

3. Le talent de cavalier de Rouzzîk est vanté par 'Oumara, *An-Noukat,* p. 54, l. 9-10, passage traduit plus bas.

4. La « ville frontière » par excellence, c'est en Égypte Alexandrie. Le sens de ce vers m'est douteux.

fussent défavorables, et a réalisé son projet, bien que le sabre s'émoussât.

L'hostilité contre Badr et ses entreprises est une nouveauté. En ṣafar 556 (février 1161), le même ʿOumâra, gratifié par le même Badr d'une jument, avait eu pour son donateur et pour Al-ʿImâd, fils de son donateur, « un pilier (*ʿimâd)* indestructible » aussi, des effusions de reconnaissance [1] :

Sois moi un appui, pour je sache reconnaître ce que tu m'as accordé de bienfaits ; car je n'ai pas accompli mon devoir de reconnaissance.

Ce premier vers est suivi de quarante autres. D'ailleurs, en radjab, à partir du vingt-six juin, au commencement du mois probablement, ʿOumâra ne sera pas gêné par son opposition récente à Badr pour se rétracter et pour le féliciter de je ne sais quelle « aspérité de son chagrin aplanie [2] ».

Ce fut aussi dans les premiers jours de radjab (le quantième du mois est omis), que ʿOumâra composa une oraison funèbre sur un Ḍirgâm [3], qui n'était pas le généralissime, mais un fils de Tâdj al-khilâfa Ward [4]. Or, ce Ward, un *goulâm Aṣ-Ṣâliḥ* « serviteur d'Aṣ-Ṣâliḥ [5] », avait appelé de Syrie à Miṣr trois de ses frères, « ainsi les frères de Joseph ». Ils venaient d'arriver comme « réconfort » pour

1. ʿOumâra, *An-Noukat*, p. 101 ; *Dîwân*, p. 345, nº 256 ; cf. la Partie arabe, p. 509 et 535.

2. ʿOumâra, *Dîwân*, p. 345 et 346, nº 257.

3. Id., *ibid.*, p. 250, l. 1, où lisez ضرغام بن ورد « Ḍirgâm, fils de Ward », avec E, dans la Partie arabe, p. 522.

4. Plus haut, p. 129.

5. Ou plus brièvement Aṣ-Ṣâliḥî « le Ṣâliḥide ». L'épithète complète dans *An-Noukat*, p. 113, l. 2 ; *Dîwân*, p. 192, l. 1 ; 254, l. 3 ; 285, l. 8 ; Texte arabe, p. 522 et 523 ; l'écourtée dans *An-Noukat*, p. 151, l. 11 ; Texte arabe, p. 526. Une rue du Caire, la *ḥârat aṣ-ṣâliḥiyya*, était habitée par les serviteurs *(gilmân)* d'Aṣ-Ṣâliḥ ; voir Al-Maḳrîzî, *Al-Khiṭaṭ*, II, p. 12, l. 15-19.

Ward, qui « avait naguère conduit les armées des musulmans combattre les infidèles », lorsque leur neveu Ḍirgâm mourut, et que « les jours les amenèrent pour réparer ce que les jours avaient brisé[1] ».

Peu s'en était fallu que, simultanément, une oraison funèbre plus retentissante eût été inspirée à ʿOumâra par un événement d'extrême gravité, qui n'aurait surpris personne, que le destin différa de deux mois.

« Le joug de Ṭalâ'iʿ, dit Ibn Tagrîbardî[2], pesa sur Al-ʿÂḍid, qui organisa son meurtre. Le dix radjab 556 (cinq juillet 1161), Aṣ-Ṣâliḥ se rendit selon son habitude au Palais du khalifat. Un Bâṭénien fondit sur lui et le frappa d'un coup de couteau à la tête, puis l'atteignit aux deux clavicules. Le vizir fut transporté dans sa maison. Le Bâṭénien fut tué. Et Al-malik aṣ-ṣâliḥ mourut le lendemain matin. » De ce récit une seule chose est à retenir, c'est la date probable d'une première tentative criminelle contre le vizir[3], qui, brusquement attaqué, se dégagea de ses agresseurs et sortit du mauvais pas au prix de contusions légères.

Quant au Bâṭénien anonyme, il avait juré d'avance le sacrifice de sa vie. Un autre exécuteur (*fidâwî*[4]) prendrait

1. ʿOumâra, *Dîwân*, p. 248-250, n° 117. Le *Dîwân*, p. 420-421, n° 342, contient un poème où Ward est complimenté de la naissance d'un fils.

2. Ibn Tagrîbardî, *An-Noudjoûm*, fol. 34 v°.

3. Ibn Khallikân, *Biographical Dictionary*, I, p. 659, parle aussi d'une action engagée et d'une déception éprouvée, « Allâh ayant eu quelque motif de vouloir différer le terme fixé ».

4. Peut-être Ibn ad-Dâʿi, nom donné à l'assassin de Ṭalâ'iʿ, dont il sera parlé plus loin, est-il synonyme de Bâṭénien. Cette formule « le fils du missionnaire » servirait à cacher la personnalité du *fidâwî*. Le pluriel est الداعون « les catéchiseurs », installés en nombre dans le Grand palais des khalifes (Ravaisse, *Essai*, I, p. 461-462), ou اصحاب الدعوة « les auteurs de la propagande », dans Ibn Khallikân, *Wafayât al-aʿyân*, éd. De Slane, p. 84, l. 2 d'en bas (*Biographical Dictionary*, I, p. 160), propagande par la parole et surtout par l'épée.

sa place vacante et perpétrerait la suppression du personnage destiné à disparaître.

Dès le mois suivant, en scha'bân 556 [1], après le vingt-six juillet 1161, le blessé, bien rétabli, ne garde plus la chambre. Il assiste à un repas offert par son frère, le Cavalier des musulmans et, dans sa joie de ressuscité et son étonnement de convive, il s'écrie :

Puissé-je rester longtemps votre familier ! Car, lorsque vous serez partis, l'horreur de la séparation sera établie dans mon cœur.

Quelle merveille si, au jour de votre éloignement, je survis, tandis que mon cœur entre mes deux flancs n'aura pas survécu !

Je considère l'éloignement entre moi et mes amis comme la distance entre l'Orient et l'Occident.

Ô mon âme, renouvelle douleur et soupir; car, c'est une séparation après laquelle nous ne nous rencontrerons plus.

Le narrateur ajoute : « Et ce fut leur dernière assemblée joyeuse. »

La veille au soir du jeudi, premier ramaḍân 556 (soirée du vingt-trois août 1161), 'Oumâra vînt présenter ses hommages au vizir [2]. Ce fut leur avant-dernière entrevue. La veille du vendredi seize ramaḍân (soirée du jeudi sept septembre), les deux interlocuteurs reprennent leur entretien interrompu depuis plus de deux semaines.

« J'entrai chez lui, dit 'Oumâra [3], la veille au soir du seize ramaḍân 556, trois soirs avant le jour de sa mort. Il s'était juste levé de la natte du repas, et je ne l'avais pas vu

1. Zain ad-Dîn Ibn Nadjâ, dans Aboû Schâma, *Kitâb ar-rauḍatain*, I, p. 124, l. 35-125, l. 5.

2. 'Oumâra, *An-Noukat*, p. 48, l. 13.

3. Id., *ibid.*, p. 48, l. 10-49, l. 12.

depuis le premier du mois. Il ordonna qu'on me remît de l'or et qu'on me priât de ne pas m'éloigner. Il entra, puis vint à moi, tenant à la main un papier sur lequel il avait écrit ces deux vers, composés par lui à l'instant même[1] :

Nous sommes en insouciance et en sommeil, tandis que la mort a des yeux éveillés qui ne dorment jamais.

Nous avons voyagé vers le trépas pendant des années. Puissé-je savoir quand arrivera pour moi le trépas !

« Puis il me dit : Examine-les et corrige-les, s'il y a lieu. — Je répondis : Les deux vers sont parfaits. Ce fut notre dernière entrevue ; car il mourut trois jours après.

« Une coïncidence surprenante, c'est que je récitai à son fils Madjd al-islâm[2], dans la Maison du bienheureux[3], le soir qui précéda le seize ou le soir avant le dix-sept ramaḍân[4], une poésie dans laquelle je disais[5] :

Ton père est celui dont les nuits assaillent l'intelligence

1. Ces mêmes deux vers ont été cités par Ibn Al-Athîr, *Chronicon*, XI, p. 182 (*Hist. or. des croisades*, I, p. 521); Aboû Schâma, *Kitâb ar-rauḍatain*, I, p. 125, où est cité *An-Noukat*, p. 48, l. 10-49, l. 12, avec des omissions. Ibn Tagrîbardî, *An-Noudjoûm*, fol. 39 r°, les donne comme prononcés au sortir du bain et lit comme premier hémistiche du second vers :

قد دخلنا الحَمّام عاما ودهرا

« Nous sommes entrés dans le bain pendant une année, pendant une éternité. » Curieux est le calembour entre les mots qui désignent « le bain » et « le trépas ».

2. C'est-à-dire Rouzzîk ; cf. plus haut, p. 101.

3. Résidence familiale du vizir ; cf. plus haut, p. 98, n. 5 ; 154, n. 2.

4. Cette deuxième date paraît plus vraisemblable, la première étant celle de la dernière entrevue entre Ṭalâ'i' et 'Oumâra.

5. Les trois vers sont suivis presque immédiatement de trois autres insérés par 'Oumâra dans ses *Noukat*, p. 59, l. 7 à 9. Les uns et les autres font corps avec la poésie 204 du *Dîwân*, p. 307-309, qui, d'après E (Partie arabe, p. 529), aurait été récitée à Rouzzîk quelques jours avant son investiture de vizir. Or, un long morceau, postérieur de plus d'une année (v. 8-31), a pénétré par similitude de mètre et de rime dans ce poème lors de la constitution du *Dîwân*, aussi bien dans l'ordonnance de D que dans celle de E. Telle est ma conjecture, que je tenterai de justifier plus loin.

pénétrante ; devant cet assaut, tu es une main droite et une main gauche.

Alors même que sa vie prolonge sa très haute dignité, c'est vers toi que sera un lieu d'arrivée certain et un lieu de retour.

L'œillade, dissimulée, cherchait à te conquérir ; entre elle et toi étaient un magnifique rideau sans interstices et une chambre nuptiale[1].

« Trois jours après, la royauté[2] lui fut transférée. »

Pendant de longues nuits agitées, l'intelligence pénétrante du vizir Aṣ-Ṣâliḥ était obsédée par l'idée de sa fin prochaine. La période de « l'insouciance et du sommeil » était terminée pour lui et il avait beau combattre cette hantise, il voyait sans relâche les yeux éveillés de la mort braqués fixement sur la victime qui lui était dévolue. Le dix-sept ramaḍân, l'anniversaire de la mort de ʿAlî suscita en lui un renouvellement de ferveur afin de se mettre en règle à temps avec Allâh et avec les douze imâms. Al-Maḳrîzî rapporte[3] que, « la veille au soir du jour, au matin duquel il fut tué, il dit : C'est dans cette même nuit-ci qu'a été frappé l'émir des croyants ʿAlî, fils d'Aboû Ṭâlib (qu'Allâh l'agrée !). Il ordonna alors qu'on apportât un vase rempli. Il fit ses ablutions et pria dans le sens de l'imâmisme avec cent vingt inclinations du corps, par lesquelles il vivifia sa nuit[4]. Il sortit ensuite à la première heure pour monter à cheval. Mais il trébucha et son turban tomba de sur sa tête et fut emmêlé. Il s'assit alors dans le vestibule du Palais du vizirat et ordonna de mander Ibn Aḍ-

1. Allusion à la sœur de Rouzzîk destinée à la « chambre nuptiale » de l'imâm Al-ʿÂḍid.

2. La royauté est le vizirat transféré du « roi pieux » au « roi juste, vainqueur ».

3. Al-Maḳrîzî, *Al-Khiṭaṭ*, II, p. 294, l. 23-29.

4. Il passa la nuit en prières sans se reposer, sans cesser de vivre activement.

Ḍaif[1]. C'était lui qui coiffait de turbans les khalifes et les vizirs et il avait pour cela de très gros appointements. Au moment où il se mit à réparer le désordre du turban, un assistant dit à Aṣ-Ṣâliḥ : Nous souhaitons à notre maître un refuge auprès d'Allâh. Ce qui s'est passé doit lui suffire comme mauvais augure. Si notre maître juge à propos de monter à cheval plus tard, qu'il le fasse. — Aṣ-Ṣâliḥ répondit : Le mauvais présage vient du Satan. Il n'y a pas moyen d'ajourner mon départ à cheval. Aṣ-Ṣâliḥ chevaucha, et il advint des coups qu'il reçut ce qui advint. Le vizir, transporté chez lui, en mourut. »

Ce fut le dix-huit ramaḍân que le mauvais présage de l'inconnu se réalisa et qu'un des Bâṭéniens asséna un coup mortel au vizir inquiet et troublé. La plus jeune tante d'Al-'Âḍid, que le vizir avait en vain tenté d'apaiser et de se concilier, finit par perdre patience et résolut de venger enfin sa sœur aînée assassinée secrètement. « Elle aposta, dit Ibn Tagrîbardî[2], des hommes d'entre les nègres et d'entre les colosses[3] sur la porte du souterrain *(sirdâb)* aboutissant au vestibule obscur par lequel [au Château des khalifes] on pénétrait dans la salle d'audience[4], et d'autres affidés dans une chambre à l'écart dans le même bâtiment. Parmi eux était un sicaire qu'on appelait Ibn Ad-Dâ'î[5]. Le vizir était entré le quinze (?)

1. Je ne sais rien de ce *laffâf*, spécialiste qui excellait à enrouler la bande dite *lifâfa* ('Oumâra, *An-Noukat*, p. 149, l. 4). Sur cet office, voir Wüstenfeld, *Calcaschandi's Geographie*, p. 183. Parmi les poètes de Miṣr, 'Imâd ad-Dîn, *Kharîda*, connaît un Ibn Aḍ-Ḍaif, qui est Ḥaidara ibn 'Abd aṭh-Ṭhâhir ibn Al-Ḥasan ibn 'Alî Ar-Raba'î Aḍ-Ḍaif; cf. Dozy, *Catalogus*, II, p. 264.

2. Ibn Tagrîbardî, *An-Noudjoûm*, fol. 24 v°.

3. Au lieu de *al-akwiyâ*, que j'ai traduit, Ibn Khaldoûn, *'Ibar*, IV, p. 76, porte *al-ḳouwwâd* « les caïds, les émissaires ».

4. 'Oumâra, *An-Noukat*, p. 145, l. 2, appelle le jour du meurtre d'Aṣ-Ṣâliḥ « le jour de la Salle d'Or » ; *ibid.*, p. 147, l. 6, et *Dîwân*, p. 366, l. 5, « le jour du Château ».

5. Plus haut, p. 158, n. 4. « Les fils du berger » *(aulâd ar-râ'î)* et « le fils du berger » disparaissent devant une graphie analogue mieux déchiffrée

de ramaḍân en 556[1]. Lorsqu'il quitta le khalife après l'avoir salué en ce jour, où le suppléant du grand chambellan[2] était un émir nommé Ibn Ḳawâm ad-Daula[3], un imâmien, le vizir, à ce que l'on prétend, ordonna d'évacuer le vestibule au point qu'il resta complètement vide, et se laissa retenir en arrière par une longue conversation[4] avec un ostodar qui s'appelait 'Anbar Ar-Raba'î[5]. Puis, Ṭalâ'i' Ibn Rouzzîk s'avança, ayant avec lui son fils Rouzzîk. Ses adversaires cachés voulurent se ruer sur lui, mais ils trouvèrent la porte verrouillée et craignirent le désarroi s'ils la descellaient. La seconde bande s'élança sur le vizir. Son fils Rouzzîk fut atteint d'un coup qui lui démit le haut du bras droit. Le

et mieux comprise. La lecture erronée se trouve dans Ibn Al-Athîr selon les *Hist. or. des croisades*, I, p. 520; Ibn Khallikân, *Biographical Dictionary*, I, p. 659 et 661 (de même dans le texte de Wüstenfeld, n° 310); la véritable leçon est, en dehors d'Ibn Tagrîbardî, dans Ibn Al-Athîr, *Chronicon*, éd. Tornberg, XI, p. 181; Ibn Khaldoûn, *'Ibar*, IV, p. 76; Wüstenfeld, *Geschichte der Faṭimiden-Chalifen*, p. 326, n. 1.

1. Le texte, dans les trois manuscrits, porte : يوم خمس من شهر رمضان, probablement pour خمس [عشرة], ce qui ne m'empêche pas d'être convaincu que l'embuscade et l'attaque eurent lieu, non pas le quinze, mais le dix-huit ramaḍân. Le quinze ramaḍân étant tombé un jeudi, la même difficulté se présenterait pour la traduction possible : « un jeudi de ramaḍân ».

2. Mot à mot « le lieutenant de la porte »; voir plus haut, p. 101, n. 5.

3. L'amîr al-mou'aṭhṭham Ibn Ḳawâm ad-Daula et son fils furent tués au commencement du vizirat de Rouzzîk, empressé à venger le meurtre de son père; cf. 'Oumâra, *An-Noukat*, p. 54, l. 8 et 9; *Dîwân*, p. 343, l. 16, n° 254; la Partie arabe, p. 535; Ibn Tagrîbardî, plus loin, p. 168, n. 1, 177.

4. D'après le texte d'Ibn Tagrîbardî pris à la lettre, les deux interlocuteurs eussent été le suppléant du grand chambellan et l'ostodar. La comparaison d'Ibn Khaldoûn, *'Ibar*, IV, p. 76, a mis les choses au point.

5. Ibn Tagrîbardî dans les trois manuscrits : الربعى ; cf. p. 162, n. 1, et 'Imâd ad-Dîn, *Kharîda* (Dozy, *Catalogus*, II, p. 270). Ibn Khaldoûn l'appelle deux fois (*'Ibar*, IV, p. 76 et 77) l'eunuque 'Anbar Ar-Rîfî; cf. le poète égyptien Sâṭir Ar-Rîfî, *ibid.*, II, p. 265. Sur le Rif, « terrain en culture », canton de l'Égypte, voir Silvestre de Sacy, *Relation de l'Égypte, par Abd-allatif*, p. 266, 267, 379, 396-398.

père, Aṣ-Ṣâliḥ Ṭalâ'iʿ Ibn Rouzzîk, fut blessé par le susdit Ibn Ad-Dâʿî. On a rapporté d'autre part que Ṭalâ'iʿ reçut des coups dans l'estomac[1], qu'il vomit du sang et qu'il roula, étendu la face contre terre, et qu'on lui enleva de sur la tête le châle qui formait turban. Un certain Ibn Az-Zoubd[2] se retourna vers lui, remit en place le châle et ramena le vizir sur une monture, sans attendre qu'il eût repris connaissance. ..... Ṭalâ'iʿ mourut à l'aube du lendemain. »

L'intervention d'Ibn Az-Zoubd ne se borna pas à rétablir le turban du moribond et à le hisser sur une selle. Le vizir était entré au matin du dimanche dix-huit ramaḍân (dix septembre 1161) dans la Salle d'or[3] du Grand palais pour faire son rapport quotidien au khalife et conférer avec lui sur les affaires publiques. A sa sortie de l'audience, il fut assailli, grièvement blessé et mortellement atteint par une poignée d'assassins à gages qui s'acharnèrent avec une férocité implacable contre le corps pantelant du moribond, afin d'en détacher sa tête et de la suspendre en manière de trophée à un fer de lance. Ibn Az-Zoubd la disputa à ces mercenaires ivres de sang et de carnage; il affronta le danger qui

1. L'interprétation de متخوم est légitimée par le passage plus développé de l'*Histoire des Patriarches d'Alexandrie* (ms. 302), II, p. 243 : فبعجه (ms. فبعجه) ابن الداعى (ms. الراعى) بسيف فى بطنه اخرج امعاءه (ms. امعاه) ثم ضرباه الرجلين (*sic*) بسيوفهما فجرحاه (ms. فخرجاه) فى عدّة مواضع فى جسده وكان قد اصبح متخوم (*sic*); « Alors Ibn Ad-Dâʿî lui fendit le ventre avec une épée, dont le choc fit sortir ses intestins. Puis les deux hommes le frappèrent avec leurs épées, le blessèrent sur plusieurs points de son corps. Et il avait reçu des coups dans l'estomac. »

2. Plus haut, p. 101, n. 6; cf. aussi le Texte arabe, p. 171, l. 7.

3. C'est pourquoi ce jour est appelé « le jour de la Salle d'or »; voyez plus haut, p. 162, n. 4, et comparez un vers de ʿOumâra, dans *An-Noukat*, p. 146, l. 8, traduit plus loin.

menaçait sa personne pour refréner leur excitation déchaînée. « Ibn Az-Zoubd, dit ʿOumâra[1], combattit avec l'opiniâtreté la plus intraitable pour défendre Ṭalâ'iʿ et ne cessa pas de frapper avec son épée jusqu'au moment où elle fut rompue par le milieu en deux moitiés. Puis, lorsque Ibn Az-Zoubd fut dépourvu d'épée, il se jeta de tout son long sur le vizir gisant par terre dans le vestibule du souterrain et s'interposa pour le protéger. Mais les épées ne cessèrent pas de percer Aṣ-Ṣâliḥ à la gorge jusqu'à ce qu'on le relevât dans la presse de la foule accourue. »

Al-amîr al-moukarram Aboû 'l-Ḥasan ʿAlî Ibn Az-Zoubd était un fanatique partisan des doctrines imâmiennes râfiḍites professées par les Banoû Rouzzîk. Il les poussait à l'extrême à tel point que ʿOumâra le caractérise de « nouṣairi par ses accointances et ses convictions[2] ». On est surpris de rencontrer au Caire un adepte de la secte nouṣairite, produit du Liban qui aurait été transplanté et greffé par quelques-uns sur l'imâmisme râfiḍite. Ibn Az-Zoubd se vantait et aimait même plusieurs années après[3] à être loué des prouesses par lesquelles il avait paré la décapitation[4] de son coreligionnaire Aṣ-Ṣâliḥ. A peine installé dans le Palais du vizirat, Rouzzîk, fils et successeur d'Aṣ-Ṣâliḥ, s'écria publiquement dans une assemblée de lettrés qui hésitaient perplexes entre les condoléances et les félicitations[5] : « Vous savez bien que, si la tête d'Aṣ-Ṣâliḥ avait été tranchée dans le Château, aucune royauté ne me serait échue après lui.

1. ʿOumâra, *An-Noukat,* p. 145, l. 2-6.

2. Id., *ibid.*, p. 145, l. 1-2. Sur la secte, dans laquelle ʿOumâra enrôle Ibn Az-Zoubd, voir la monographie de René Dussaud, *Histoire et religion des Noṣairîs* (Paris, 1900), vol. 129 de la Bibliothèque de l'École des hautes-études, section des sciences historiques et philologiques.

3. Ainsi en ṣafar 559 (janvier 1164) à moins qu'il ne faille lire ṣafar 557 (janvier 1162) dans ʿOumâra, *Dîwân,* p. 171, l. 6-8, en-tête de la poésie 19.

4. La décapitation du mort est sa suprême déchéance; cf. plus haut, p. 130.

5. ʿOumâra, *An-Noukat,* p. 146, l. 1-147, l. 6.

Et, n'était l'épreuve subie ce jour-là par 'Alî Ibn Az-Zoubd, la tête d'Aṣ-Ṣâliḥ n'aurait pas été préservée. Que ceux d'entre vous qui sont poètes composent pour nous une pièce de vers à l'éloge d'Ibn Az-Zoubd. Aussitôt, poursuit 'Oumara, je rédigeai un panégyrique, dont voici le commencement :

Tu as imposé, ô Aboû 'l-Ḥasan, à l'alliance des poètes et des orateurs une dette qui durera de longues années,

Tes journées éclatantes sont innombrables, mais aucune n'est plus glorieuse que celle où tu t'es illustré dans la Salle d'or[1].

Tu es resté fidèle à Aṣ-Ṣâliḥ, le guide parfait, alors que les créatures, éloignées et rapprochées, l'avaient trahi.

« Ḍirgâm[2] me disait : Il eût été plus expédient de remplacer *l'avaient trahi* par *s'étaient éloignés de lui*[3]. Je répondis : Je me suis seulement proposé d'opposer la fidélité à la trahison. — Alors, répliqua Ḍirgâm, par cette opposition tu nous attribues la trahison. Je continuai :

Tu as agi comme 'Alî, ô 'Alî, lorsqu'il s'était offert comme rançon pour le Prophète de la bonne direction, bien plus, pour le Maître des Arabes[4].

Lorsque les bouts des doigts de la mort sont venus te réclamer, tu as donné de ton plein gré ton souffle de vie, mais tu ne l'as pas perdu.

1. Plus haut, p. 162, n. 4, et p. 164, n. 3.

2. Il s'agit du généralissime Aboû 'l-Aschbâl Dirgâm; cf. plus haut, p. 101, n. 5.

3. La correction demandée est faite dans le texte de D et E (*An-Noukat*, p. 146, n. 3; Partie arabe, p. 511).

4. Le vers incriminé qui, en 1174, fut allégué à Saladin par les ennemis de 'Oumâra, caractérise le Prophète de « Maître des peuples »; voir 'Oumâra, *Dîwân*, p. 354, l. 3; 'Imâd ad-Dîn, *Kharîda*, dans le Texte arabe, p. 396, l. 9; Adh-Dhahabî, *ibid.*, p. 492, l. 11; etc.; et plus loin, le chapitre sixième.

Tu t'es avancé seul avec la hardiesse des lions contre un état de terreur qui rendrait excusable la fuite du lion.

Les traces de ton épée sont trop éclatantes pour être rapportées par nous, étant donné que l'épée est un témoin plus véridique que les écrits.

Tu l'as effilée avec une main droite qui n'était pas étourdie au moment du branle et avec une résolution inébranlable.

Sont-ce tes bouts des doigts qui ont été plus forts ou ton cœur, alors que tu as tranché en deux, à force de frapper, ton épée tranchante.

N'était ton point d'honneur au jour du Château[1], *les fondements de la royauté se seraient effondrés et seraient nécessairement tombés en ruines*[2].

Pendant ce sauvetage isolé et éphémère du matin, où étaient les familiers que Ṭalâ'i' avait coutume de réunir chaque soir? Où était le poète 'Oumâra, loin de son protecteur expirant le vizir Ṭalâ'i', loin de son inséparable Ibn Az-Zoubd, auquel il était attaché « comme l'œil au sommeil[3] »? Le Caire dormait, le secret avait été gardé et la renommée ne l'avait pas encore divulgué. Ṭalâ'i', réveillé de sa léthargie, s'épuisait en cris de vengeance. La journée du dix-huit ramaḍân, que le vizir passa entre la vie et la mort, ne fut perdue ni pour son ressentiment, ni pour l'expression de ses dernières volontés. Il ménagea le khalife Al-'Âḍid, bien que sa culpabilité ne fût pas douteuse. Mais, persuadé d'être incurablement atteint, il se préoccupa d'infliger le talion à la plus jeune tante, impliquée dans la

1. Plus haut, p. 162, n. 4.

2. Je corrige التعب en التغب. Les vers 16-25 de cette même poésie sont dans le *Dîwân*, p. 171-172, n° 19.

3. 'Oumâra, *Dîwân*, p. 366, l. 3.

conception et dans la préparation de l'attentat. Avant de sévir contre elle, Ṭalâ'iʿ, dès qu'il eut remonté ses forces et son courage, dès qu'il se sentit plus vaillant, fit appeler le jeune khalife Al-ʿÂḍid, le gourmanda, lui reprocha ses desseins homicides à l'égard de son « régent », ainsi que sa complicité préméditée avec sa plus jeune tante. Al-ʿÂḍid nia par serment son information et sa participation pour rejeter tous les torts sur elle. Le vizir exigea que le khalife, comme gage de sa bonne foi et de son innocence, lui livrât la coupable. Il y consentit, la fit conduire enchaînée au Palais du bienheureux, où Ṭalâ'iʿ avait été transporté et où était son intérieur de chef de famille. Il prononça contre la coupable la peine capitale et prescrivit à son fils Rouzzîk de frapper, sans admettre d'excuse, sans accorder de délai, sans pitié et sans faiblesse, l'instigatrice de son martyre[1].

Le blessé, presque à l'article de la mort, en présence de ses fils et de ses gendres, de ses frères et de ses neveux, des

1. الملك الشهيد طلائع « Le roi martyr Ṭalâ'iʿ », dit ʿOumâra, *Dîwân*, p. 34?, l. 7. Le châtiment aurait été infligé par Ṭalâ'iʿ lui-même à la plus jeune tante d'Al-ʿÂḍid, d'après Ibn Al-Athîr, *Chronicon*, XI, p. 181; Aboû 'l-Fidâ, *Annales muslemici*, III, p. 578-581; Ibn Khaldoûn, *ʿIbar*, IV, p. 76-77; Wüstenfeld, *Geschichte der Faṭimiden-Chalifen*, p. 327. Ibn Tagrîbardî, *An-Noudjoûm*, fol. 24 v°, reflète une tradition plus vraisemblable, étant donnés l'incurable épuisement du vizir meurtri et le peu d'heures de sa survie intermittente : « Lorsque Aṣ-Ṣâliḥ Ṭalâ'iʿ Ibn Rouzzîk fut mort et que son fils Rouzzîk se trouva bien, la tante d'Al-Fâ'iz (qui était aussi celle d'Al-ʿÂḍid) demanda à être entendue par Rouzzîk, fils de Ṭalâ'iʿ: elle amena l'homme qui l'avait frappé à son bras droit et aussi Saif ad-Dîn Al-Ḥousain, fils du frère de Ṭalâ'iʿ. Elle jura devant ces deux témoins qu'elle avait ignoré le complot ourdi contre Ṭalâ'iʿ, père de Rouzzîk, par les seuls amis de sa sœur assassinée, remit à Rouzzîk le manteau du vizirat comme au successeur de son père Ṭalâ'iʿ et lui facilita l'arrestation de ceux qu'il soupçonna de complicité dans l'assassinat de son père. Il fit empoigner et tuer Ibn Kawâm ad-Daula, ainsi que son fils, et l'ostodar qui avait absorbé Ṭalâ'iʿ par sa conversation. » Le suppléant du grand chambellan, Ibn Kawâm ad-Daula, ainsi que l'ostodar ʿAnbar Ar-Rabaʿî, avaient agi de complicité avec les meurtriers; voir plus haut, p. 163.

principaux Banoû Rouzzîk, leur fit ses adieux, en leur confessant ses trois fautes[1]. « De mes actes, je n'en regrette que trois. Ce sont la construction de ma mosquée hors la porte de Zawîla, un ouvrage avancé en lequel les défenseurs ou les agresseurs du Caire trouveront un point d'appui ; la nomination de Schâwar à la préfecture de la Haute-Égypte ; enfin, les dépenses excessives faites à Bilbîs pour la guerre sainte, sans que l'expédition ait été prolongée jusqu'en Syrie et jusqu'à Jérusalem, afin d'extirper la puissance des Francs. » Ensuite, Ṭalâ'iʿ fit un dernier effort, se tourna vers son fils Rouzzîk, lui transmit le manteau d'honneur du vizirat en lui recommandant de maintenir Schâwar à son poste, de l'y oublier et de ne provoquer aucun conflit avec un rival ambitieux et redoutable. Puis il entra en agonie et rendit le dernier soupir le lendemain matin, le lundi dix-neuf ramaḍân 556 (onze septembre 1161). Il fut provisoirement enterré au Palais du vizirat[2], dans sa résidence officielle de « roi pieux ».

ʿOumâra avait été plus à même que personne d'apprécier le faible et le fort d'Al-malik aṣ-ṣâliḥ Ṭalâ'iʿ Ibn Rouzzîk, qu'il a caractérisé en ces termes, lorsque, vers la fin de 1171, après la mort du khalife Al-ʿÂḍid, il fut conduit, avec le recul des années écoulées, à émettre dans ses « Finesses contemporaines » un jugement définitif sur « le plus considérable[3] » entre les « vizirs d'Égypte » :

1. Ibn Khallikân, *Biographical Dictionary*, I, p. 608; F. Wüstenfeld, *Geschichte der Fatimiden-Chalifen*, p. 327 ; Stanley Lane-Poole, *A History of Egypt in the Middle Ages*, p. 176; G. Schlumberger, *Campagnes du roi Amaury Ier de Jérusalem en Égypte* (Paris, 1906), p. 31.

2. Ibn Khallikân, *Biographical Dictionary*, I, p. 660.

3. Plus d'une fois l'épithète *al-adjall* « le plus considérable » est appliquée à Ṭalâ'iʿ; cf. ʿOumâra, *An-Noukat*, p. 59, l. 7; Al-Maḳrîzî, *Al-Khiṭaṭ*, II, p. 297, l. 40 ; l'inscription de Ḳoûṣ dans Max Van Berchem, *Matériaux*, p. 717.

« Contre lui, dit 'Oumâra[1], était l'excès de fanatisme dans ses opinions religieuses. Et, si je développais ce seul thème, il comporterait des considérations étendues, longues, larges et hautes ;

« Et contre lui était son ardeur pour amasser et pour accaparer les richesses, ce qui constituait sa passion et ses constantes préoccupations ;

« Et contre lui étaient ses mauvaises dispositions à l'égard des troupes qu'il affaiblissait en leur rognant les extrémités[2].

« Et en sa faveur je dirai qu'il était un amateur qui avait flairé les bons bouts des connaissances humaines, et s'était ainsi distingué de ces rois grossiers, brutes dépourvues absolument de la moindre instruction. De plus, il était un poète, un ami des lettres et de ceux qui les cultivaient. Il honorait son familier et mettait au large son intime. Sa générosité apparaissait plutôt trop grosse que trop mince. »

'Oumâra, dont les conjurés se défiaient avec raison, ne fut mis au courant par eux ni de leurs projets, ni du jour, ni de l'heure, ni de l'endroit. La réussite de l'entreprise ténébreuse ne lui fut révélée que par la rumeur publique, en même temps qu'aux autres habitants du Caire. « Lorsque Aṣ-Ṣâliḥ fut tué, dit 'Oumâra[3], Le Caire fut une mer soulevée et agitée, le cours des existences fut souillé et la terre trembla. J'ignorais tout, lorsqu'un serviteur de Badr Ibn Rouzzîk m'apporta cinquante dînârs et dit : Nous avons été atteints par des événements qui nous absorbent à ton détriment, et nous ne savons pas quelles en seront les consé-

1. 'Oumâra, *An-Noukat*, p. 48, l. 3-10.

2. Plus familièrement : en leur coupant bras et jambes. Sur l'affaiblissement prémédité de l'armée égyptienne, même pour la défensive, voir plus haut, p. 153.

3. 'Oumâra, *An-Noukat*, p. 100, l. 1-10.

quences. Transporte ta famille à l'intérieur de Miṣr[1] et installe-la avec cet or. Je me rendis à Miṣr et je montai pour le voir. Je le trouvai [au Palais du vizirat], dans la Salle du fleuve[2], et l'on ne pouvait pas arriver jusqu'à lui à cause de l'agglomération excessive de la foule. Il m'aperçut et me fit signe de la main de faire un détour pour l'atteindre. Alors il ouvrit le sac au trésor, en tira pour moi une poignée sans compter, certes plus de trente dînârs, et dit : Achète avec ces dînârs, eu égard aux circonstances, ce dont ta famille a besoin. Laisse-moi à mes graves préoccupations. »

De même que Badr, frère d'Aṣ-Ṣâliḥ, 'Oumâra, dans le trouble de sa première surprise, était lui aussi absorbé par de graves préoccupations. Aboû Schoudjâ' Rouzzîk, héritier du vizirat paternel, avait reçu du khalife Al-'Âḍid l'investiture et les pelisses d'honneur dès le mardi vingt ramaḍân, aussitôt la vacance du pouvoir royal déclarée[3], avec les titres d'*Al-malik al-'âdil* « Le roi juste », et d'*Al-malik an-nâṣir* «Le roi victorieux». Le nouveau vizir, aussi pacifique et aussi sociable que son père, ferait-il grâce à l'hôte étranger qui avait naguère préféré à sa société celle de son oncle Badr[4] ? Le séjour de Miṣr resterait-il tolérable pour le poète Yéménite habitué à louer les hommes d'Égypte, maîtres du *ḳalam* ou de l'épée, à con-

1. La maison de 'Oumâra était située au Sud-Ouest de Miṣr, sur le quai du Canal, loin du centre; voir plus haut, p. 120.

2. 'Oumâra, *An-Noukat*, p. 62, l. 13; plus haut, p. 149.

3. Ibn Khallikân, *Biographical Dictionary*, I, p. 659; Adh-Dhahabî, *Ta'rîkh al-islâm* (ms. 649 de l'ancien fonds d'Oxford, biographie de Ṭalâ'i', que m'a communiquée D. Margoliouth). Je ne sais pas d'après quel document Wüstenfeld (*Geschichte der Faṭimiden-Chalifen*, p. 327) a supposé un interrègne de deux jours.

4. Plus haut, p. 134-140.

dition de recueillir pour lui et pour sa famille immigrée une part suffisante de leurs largesses ?

Dans cette incertitude angoissante, où chacun hésitait entre les condoléances et les félicitations, ʿOumâra, en même temps qu'il pleurait son protecteur traîtreusement assassiné, s'efforça de resserrer ses liens relâchés avec Rouzzîk et fit alterner dans ses vers les élégies sur le mort et les panégyriques du vivant. Son deuil ne l'empêcha pas de tourner vers l'avenir des yeux attentifs au présent. L'amertume de ses regrets n'aigrit pas la douceur de ses espérances. Ce furent là les deux sujets que les circonstances lui imposèrent simultanément, l'un triste et douloureux, évoquant un malheur irréparable par des accents de tristesse profonde, de saisissement épouvanté, l'autre séduisant par le charme de l'inconnu, inspirant à l'écrivain des paroles persuasives destinées à provoquer des actes de générosité, ne relatant que des chances favorables et des perspectives riantes de récompenses abondantes, saluant avec admiration une aurore naissante d'avènement prospère et brillant.

Entre les poèmes que ʿOumâra consacra à la mémoire de Ṭalâ'iʿ, pour nombreux qu'ils soient [1], je détache dans ceux que ʿOumâra a choisis lui-même [2] quelques passages caractéristiques. Voici comment il s'exprima dans le Palais, en présence du khalife Al-ʿÂḍid [3] :

Y a-t-il parmi les personnes présentes à cette assemblée un homme bien informé que je puisse interroger? Car, mon émotion a égaré et troublé ma raison.

1. ʿOumâra, *An-Noukat,* p. 50, l. 1.
2. Id., *ibid.*, p. 49, l. 12-52, l. 10.
3. Id., *ibid.*, p. 50, l. 1-9, complété par *Diwân,* p. 302-304, nº 199; Aboû Schâma, *Kitâb ar-rauḍatain,* I, p. 125, l. 18-26; cf. Ibn Khallikân, *Biographical Dictionary,* I, p. 659-660; Hammer-Purgstall, *Literaturgeschichte der Araber,* VII, p. 938-939.

J'ai appris une nouvelle qui me fait envier les sourds, dont les colporteurs sont stupéfiés et les narrateurs frappés de mutisme.

...Ce qui m'a épouvanté, c'est de voir le coussin du vizirat dressé, sans que son titulaire y ait pris place.

S'est-il absenté et s'est-il fait suppléer par son fils[1]*, ou bien a-t-il préféré une retraite qu'on espère ne pas être éternelle?*

...Comment ne le pleurerions-nous pas, alors que nos fils sont ses orphelins, ses enfants abandonnés?

Oh! Puissé-je savoir, après ses nobles actions, après son départ, ce que le temps me réserve!

Le séjour de votre hôte, de votre étranger, sera-t-il honoré, afin qu'il séjourne parmi vous, ou bien ses bagages seront-ils enveloppés pour un départ?

« Et voici, dit ʿOumâra[2], un fragment d'une autre poésie à son sujet :

Des cheveux blancs de vieillard ont souri dans la nuit des têtes jeunes[3]*. Aussi, le lendemain matin, les étoffes rayées de l'inquiétude ont-elles été usées.*

Et j'avais ignoré ce que vous saviez tous deux, puisque la bonne direction apparaît parfois et parfois est cachée à l'homme mûr.

Et quiconque dépasse les cinquante ans, serait-ce d'un jour[4]*, s'il survit, est un étranger parmi les hommes.*

1. Voir plus haut, p. 149 et 152.

2. ʿOumâra, *An-Noukat*, p. 50, l. 10-51, l. 4; 65, l. 3-10; 129, l. 6 (même vers dans Aboû Schâma, *Kitâb ar-rauḍatain*, I, p. 131, l. 15); *Diwân*, p. 165, l. 12-167, l. 10, n° 15.

3. Même expression, dans le *Dîwân*, p. 162, l. 10, pour opposer « l'aurore des cheveux blancs » à « la nuit de la jeunesse ».

4. ʿOumâra était alors âgé de quarante et un ans (voir plus haut, p. 155); il avait donc devant lui dix bonnes années avant de passer pour « un étranger parmi les hommes ».

...Les temps ont été durs après la mort d'Aṣ-Ṣâliḥ; mais les beaux jours, après avoir été absents, sont revenus.

J'aurais aimé, en qualité de vaincu, le venger, moi qui éprouve une noble colère contre la succession des événements.

...Ma joue cessera-t-elle d'être arrosée par la pluie printanière de mes larmes, alors que mon quartier, par la faveur de ses deux mains, était devenu une terre fertile?

Sera-t-il jamais oublié par qui a dans les yeux sa noble face, alors que l'époque de sa mort est encore voisine?

...En toi sont réunies toutes les maîtrises, ta branche étant humide de l'eau de la jeunesse,

Et aucune nature ne peut aspirer à la gloire, si par toi ne lui en sont attribués un lot et une portion.

...Et tu as rendu obligatoire la prescription du pèlerinage, après qu'elle était tombée en désuétude; elle a repris vigueur après avoir été négligée.

Et tu as facilité la route de la Maison sainte après qu'elle avait été rendue difficile; mers et déserts ont été trop resserrés pour l'affluence.

...Tu as prodigué aux pèlerins voyageurs, avec une générosité supérieure, des présents, tels qu'aucun donateur n'en avait répandu,

Par lesquels tu as dépassé ceux qui sont établis en 'Irâḳ[1] *et les autres hommes, en te précipitant à la conquête de la récompense éternelle,*

Par lesquels tu as laissé les deux Akhschabs[2] *en plein éclat, tandis que leurs faces étaient amaigries,*

Et par lesquels remise a été faite de péchés à ceux qui

1. Allusion à la caravane riche, somptueuse et grandiose, une vraie armée en marche, des pèlerins de Bagdâd.

2. Les deux Akhschabs, les deux « monts escarpés » sont Aboû Ḳoubais, qui surmonte La Mecque, et Ḳou'aiḳi'ân, au-dessus de Minâ; cf. Yâḳoût, *Mou'djam*, I, p 101-103, 159 et 163; IV, p 146.

se sont mis sous la protection tant d'Ibn Foulaita[1] *que des habitants des deux Abṭaḥs*[2],

Et que tu as offerts comme legs pieux rien que pour de bonnes œuvres ; or, en fait de charités humaines, il y en a de pures et il y en a de mélangées...

Lorsque se dessèche la tige de la plante, la plante reste vivace ; lorsque se dessèchera le lait de la mamelle, la mamelle continuera à en fournir.

Les sommes largement dépensées par Rouzzîk profitèrent aux pèlerins du Magreb et de l'Égypte[3], dont les colonnes serrées apportèrent ses présents à l'émir des deux villes saintes, ʿÎsâ, fils de Ḳâsim, fils d'Aboû Hâschim Foulaita, au pèlerinage de 556 (décembre 1161), au seul qu'avec celui de 557 (novembre 1162), ait pu favoriser son vizirat d' « une année, plus une fraction[4] ».

« Et je composai, dit encore ʿOumâra, cet éloge funèbre d'Aṣ-Ṣâliḥ[5] :

Le désir de l'homme dans la vie est déception, et les plus longs espoirs y sont courts.

Combien de fois le jeune homme s'est proposé des choses, puis a subi des événements qui n'avaient pas été compris dans ses desseins !

...Plût à Allâh que les dents de devant de la nuit avant

1. Il s'agit de ʿÎsâ, fils de Ḳâsim, fils d'Aboû Hâschim Foulaita, émir des deux villes saintes. Il sera donné, d'après ʿOumâra, *An-Noukat*, p. 55, quelques détails sur ces munificences. L'avènement de ʿÎsâ était de la même année 556 d'après Ibn Al-Athîr, *Chronicon*, XI, p. 184 ; Wüstenfeld, *Chroniken der Stadt Mekka*, II, p. 213 ; IV, p. 225.

2. Les deux Abṭaḥs, les deux « torrents caillouteux », comme les deux Akhschabs, sont à La Mecque et à Minâ ; voir Yâḳoût, *Mouʿdjam*, I, p. 92.

3. ʿOumâra, *An-Noukat*, p. 65, l. 3 et 4.

4. سنة وكسرا, expression d'Ibn Tagrîbardî, *An-Noudjoûm*, fol. 24 v°, *l. ult.*

5. ʿOumâra, *An-Noukat*, p. 51, l. 5-52, l. 10 ; *Dîwân*, p. 225, l. 8-227, l. 2, n° 100 ; Aboû Schâma, *Kitâb ar-rauḍatain*, I, p. 125, l. 27-126, l. 2.

le lundi[1], *n'eussent pas éclairé son visage de leur sourire !*

Le soleil de ce lundi s'est levé sur un jour renfrogné dont le mal, par son vol, a stupéfié les oiseaux,

Dont l'aurore a mis à découvert un front, sur lequel l'antimoine de la nuit était dispersé.

. . . Et ils ont traitreusement fait un coup d'audace contre les Châteaux, qu'éclaire le flambeau de la fidélité aux engagements.

Un sanctuaire sûr et un mois sacré, dont ont été déchirés vêtements et voiles.

Ils ne se sont laissés détourner ni par une période de jeûne, ni par un imâm très pur[2], *qui laisse voir la poussière sous les plantes de ses deux pieds*[3]*. . .*

« Et j'ajoutai cette description du fils d'Aṣ-Ṣâliḥ :

Si un protecteur est mort, voici un autre protecteur ; si un vizir a disparu, voici un autre vizir.

A l'autorité d'Aṣ-Ṣâliḥ a succédé une autorité qui ne déviera pas, celle d'Al-ʿÂdil.

Nous ne nous sommes plus plaints que les malheurs nous eussent brisés, lorsqu'on a dit aussitôt : Votre brisure est réparée.

Le victorieux (An-nâṣir) a été victorieux, l'élevé a été dans les hauteurs. Quel excellent patron, quel excellent protecteur !

Qu'un sot ne dise pas en rimes : Il n'est plus, le critique qui savait entendre et voir.

Car, on espère tout d'Aboû Schoudjâʿ[4] *qui connaît par expérience les valeurs des hommes.*

1. Aṣ-Ṣâliḥ Ṭalâʾiʿ mourut un lundi de ramaḍân ; voir plus haut, p. 169.
2. Le khalife Al-ʿÂḍid.
3. C'est-à-dire qui ne pose pas les pieds sur le sol.
4. Mouḥyî ad-Dîn Madjd al-islâm Al-malik al-ʿâdil an-nâṣir Aboû Schoudjâʿ, Rouzzîk ; cf. plus haut, p. 101, n. 1, 155, 156, 171.

Je craignais que le crieur public ne dît : O toi, hôte, pour toi l'étang s'est desséché.

Mais, le vizir m'a témoigné d'abord sa bienveillance en me disant : Pour toi, à mon ombre, est l'abri préférable.

Puis, il m'a accordé le bienfait que m'envient amis et rivaux,

Comme roi de mon esprit et de ma langue, celui-là renfermant mon affection pour lui, celle-ci manifestant ma reconnaissance.

Tandis que ʿOumâra ne se lassait pas de versifier sans trêve des élégies lamentables sur son protecteur assassiné et des appels réitérés au patronage du nouveau régent, celui-ci, à peine installé au Palais du vizirat, où la dépouille de Ṭalâ'iʿ gisait dans un abri provisoire, ne perdit pas un moment pour le venger et rendre la pareille aux meurtriers incontinent, sans rémission. Rouzzîk avait trop souvent réparé les griefs des autres pour, dans un cas aussi grave, ne pas se consacrer à redresser les siens. Les dénégations de la plus jeune tante ne la disculpèrent pas et ne la sauvèrent pas du supplice, infligé d'abord à ceux qu'elle avait elle-même accusés devant témoins d'être les coupables, l'imâmien Al-amîr al-mouʿaṭhṭham Ibn Ḳawâm ad-Daula et son fils, ainsi que l'ostodar ʿAnbar Ar-Rabaʿî [1]. Le Bâṭénien, qui avait échoué dans sa tentative antérieure, avait été tué aussitôt, du vivant de Ṭalâ'iʿ [2]. Qu'était-il advenu des deux comparses nègres, dont l'un se nommait Mouḳbil, qui avaient été naguère associés à l'entreprise du Bâṭénien [3] ? Apparemment, leur insignifiance les avait préservés de la

1. Le texte d'Ibn Tagrîbardî, qui relate ces faits, est traduit plus haut, p. 168, n. 1 ; cf. p. 163.

2. Plus haut, p. 158.

3. *Histoire des patriarches d'Alexandrie* (ms. 302), II, p. 243.

peine capitale. L'instigatrice des deux actes du drame put avoir un instant d'illusion sur le dénoûment qu'il comporterait pour elle. Les têtes tombées et les bouches fermées de ses complices lui permirent d'espérer d'abord qu'elle aurait la vie sauve et que le silence se ferait sur les tristes événements auxquels elle prétendait n'avoir en rien participé. Finalement, après quelques hésitations, elle fut appréhendée et exécutée[1].

Le rapprochement d'intimité était devenu un lien solide entre 'Oumâra du Yémen et le vizir Rouzzîk, dès ramaḍân 556[2], avant que le mois sacré, souillé par le meurtre, qui datait du dix-neuf[3], fût achevé, après les rigueurs inflexibles du talion. Leurs relations attiédies avaient été promptement réchauffées par l'ardeur fébrile d'effusions trop prématurées et de louanges trop visiblement intéressées pour ne pas être suspectées par l'historien, mais qui furent accueillies avec empressement comme l'hommage rendu par le serviteur enthousiaste. Dans une épître en vers[4] antérieure au premier schawwâl 556 (vingt-trois septembre 1161), le poète avait feint d'avoir pensé, dans le trouble et la surprise de la première heure, à s'enfuir sur « une jeune chamelle mince comme la flèche », et à tenter la chance, « loin de Miṣr, d'être pourvu abondamment, loin du Nil débordant, d'étancher sa soif démesurée ». Mais bien vite il a préféré « jeter son bâton » pour séjourner dans une « résidence, dont la noblesse dépasse celle de la Résidence[5] », où le khalife Al-'Âḍid

1. Ibn Al-Athîr, *Chronicon*, XI, p. 181, et les autres auteurs que j'ai cités p. 168, n. 1, affirment qu'elle fut mise à mort par Ṭalâ'i' lui-même, ce qui est peu probable dans les heures comptées qui lui restaient.

2. Partie arabe, p. 535, l. 3-4.

3. Plus haut, p. 169.

4. 'Oumâra, *Dîwân*, p. 341-342, nº 253.

5. La Résidence d'Abraham, lorsqu'à La Mecque il construisit la Ka'ba; cf. *Coran*, II, 119; III, 91.

« prépare des dons pour alléger sa misère, une rétribution généreuse et le pardon de ses péchés ».

ʿOumâra, après le panégyrique de l'imâm, ajoute, en rattachant à « la tradition » du vizir défunt Ṭalâ'iʿ Ibn Rouzzîk la sublimité de son fils, le vizir Aboû Schoudjâʿ Rouzzîk :

Et Al-ʿÂḍid a fortifié son royaume par Aboû Schoudjâʿ, et cela par sa parfaite sollicitude.

Aussi la face d'une royauté ʿÂḍidienne a-t-elle dissipé les ténèbres en montrant le haut du bras (ʿaḍoud) de l'imâm[1],

Dont les supériorités se sont élevées jusqu'à celui qui anoblit la hauteur des rangs les plus sublimes ;

Qui a bâti par An-Nâṣir Mouḥyî ad-Dîn[2] *un lieu de lumière, en dehors duquel le souffle des meilleurs est interrompu.*

Et la tradition[3] *de son père n'a pas été en cela pour lui un gibier sans chasseur.*

...C'est par lui que s'est prolongée l'autorité des Banoû Rouzzîk jusqu'aux deux pays limitrophes du Yémen et de la Syrie.

Le Yémen, c'est pour ʿOumâra l'Arabie où, sur l'initiative de Rouzzîk, les pèlerins d'Égypte et du Magreb, embarqués à ʿAidhâb, attérirent à Djoudda, le port de La Mecque, en décembre 1161[4]. La Syrie, c'est le pays des Francs, vers lequel Rouzzîk avait les yeux ouverts depuis l'escarmouche préparatoire du comte Amaury et la contribution annuelle consentie provisoirement sous la contrainte de la nécessité[5].

1. E à tort : « des humains ».
2. Le vizir Rouzzîk, voir plus haut, p. 154, n. 4, 176, n. 4.
3. Lisez نصّ avec E.
4. Plus haut, p. 174-175. C'est le voyage que ʿOumâra fit à rebours ; cf. *ibid.*, p. 92.
5. Plus haut, p. 152.

Le jeûne du ramadân accompli, les mois de schawwâl et de dhoû 'l-ḳa'da furent marqués par les préparatifs du pèlerinage renouvelé que le Restaurateur de la religion [1] organisait. En dehors de ses présents magnifiques que les caravanes du Magreb et de l'Égypte apportèrent en son nom à l'émir des deux villes saintes 'Îsâ ibn Ḳâsim ibn Foulaita [2], Rouzzîk devança Saladin [3] par quelques dégrèvements et avantages qu'il accorda aux pèlerins. Le vizir racheta les taxes d'octroi, exigibles de chacun d'eux avant qu'il fût admis à pénétrer sur le sol sacré, par un payement en bloc de quinze mille dînârs au plus, que l'émir Schams al-khilâfa fut chargé de remettre à l'émir 'Îsâ [4]. Le vizir Rouzzîk aurait préféré acquitter lui-même la dette générale et accomplir en personne le devoir musulman du pèlerinage. Mais, sa présence lui parut trop nécessaire à Miṣr pour qu'il pût s'absenter déjà. D'ailleurs, il ne se serait pas soucié de rencontrer à la Ka'ba Noûr ad-Dîn, si l'atâbek d'Al-Mauṣil avait fait le pèlerinage en 556, comme l'affirme un historien de La Mecque, d'ordinaire bien informé [5]. 'Oumâra s'abstint, à l'exemple de son protecteur inséparable. Le chef du pèlerinage égyptien, au cortège étendu, somptueux et grandiose, fut un ami cher à 'Oumâra [6], le Défenseur des Musulmans,

1. Mouḥyî ad-Dîn ou Al-Mouḥyî Aboû Schoudjâ' Rouzzîk; voir plus haut, p. 154, n. 4; 155; 176, n. 4; 179, n. 2.

2. Plus haut, p. 174 et 175.

3. Ibn Djoubair, Poésie pour féliciter Saladin, dans Aboû Schâma, *Kitâb ar-rauḍatain*, II, p. 4-5, 105-106 (cf. *Travels*, ed. Wright, p. 12, 18, 26-28); *Viaggio* (tr. Schiaparelli), p. 26, 27, 34, 40, 49, 69, 278.

4. 'Oumâra, *An-Noukat*, p. 53, l. 4-6. Le texte porte « quinze mille ou au dessous », sans indiquer si ce sont des dînârs ou des dirhams. Quinze mille dînârs, c'est beaucoup; quinze mille dirhams, ce serait peu. Sur Schams al-khilâfa Moukhtâr, voir plus haut, p. 142, n. 4; 149, n. 5.

5. Al-Fâsî, *Schafâ al-garâm*, dans Wüstenfeld, *Die Chroniken der Stadt Mekka*, II, p. 255; cf. *ibid.*, IV, p. 225.

6. 'Oumâra, *An-Noukat*, p. 74, l. 8.

ʿNâṣir al-mouslimîn Moulham, l'un des frères du généralissime Ḍirgâm[1].

En dhoû 'l-ḳaʿdâ 556[2] (novembre 1161), à la veille du départ des pèlerins, ʿOumâra exprime en ces termes son absolue soumission à Al-malik al-ʿâdil an-nâṣir Rouzzîk[3] :

Le serviteur du pan de Sa seigneurie Al-ʿÂdil, le plant de l'époque du régent Aṣ-Ṣâliḥ,

Baise la terre et s'adresse à celui qui s'est asservi des gens véridiques et des menteurs,

A l'homme unique parmi ses contemporains, dont l'action est la parure de ce temps dépourvu d'ornements.

Et le soleil s'est levé sur son coussin de vizir, après que la lune passée avait disparu à l'horizon.

« Celui qui ressuscite la religion » *(Mouḥyî ad-Dîn)*, titre porté avec le surnom honorifique du « Roi juste, victorieux » *(Al-malik al-ʿâdil an-nâṣir)* par Rouzzîk, ressemble étonnamment au formulaire de Saladin[4] et présage la restauration que, dix ans plus tard, celui-ci réalisera en Égypte de la suzeraineté ʿAbbâside. Ṭalâ'iʿ était déjà un schîʿite à part, avec une teinte accentuée de dissidence par rapport aux Fâṭimides ; Rouzzîk alla plus loin et se détourna résolument du schîʿisme officiel pour préparer un retour vers l'orthodoxie sounnite. Parmi les indices de ses tendances et de son évolution, je signalerai ses démarches incessantes pour attirer à Miṣr, dans la chancellerie du khalifat, le plus brillant des épistolographes, un musulman, schâfiʿite comme ʿOumâra, un artiste ciselant la

1. ʿOumâra, *An Noukat*, p. 67, l. 13 ; 103, l. 15 ; Aboû Shâma, *Kitâb ar-rauḍatain*, I, p. 124, l. 23.
2. Partie arabe, p. 528-529.
3. ʿOumâra, *Diwân*, p. 305, n° 201.
4. Ousâma, *Al-Iʿtibâr*, p. 123, l. 3 et 5, traduit dans ma *Vie d'Ousâma*, p. 365.

prose rimée, comme 'Oumâra les vers, sans compromission de leur foi commune, Al-ḳâḍî al-fâḍil Aboû 'Alî 'Abd ar-Raḥîm ibn 'Alî ibn Al-Baisânî [1]. Le futur vizir de Saladin végétait à Alexandrie dans les bureaux du gouverneur, un Ibn Ḥadîd probablement [2], lorsque ces appels répétés lui parvinrent. Il finit par y déférer, bien qu'un premier séjour au Caire lui eût laissé de fâcheux souvenirs [3] et, sous l'impulsion directe et en présence du vizir, il forma son talent natif exceptionnel à l'école de son supérieur immédiat, « l'éminent, le providentiel *(al-mouwaffaḳ)* Aboû 'l-Ḥadjdjâdj Yoûsouf ibn Moḥammad, le secrétaire, le secrétaire de la main [4], le chef du bureau du protocole et de la correspondance à Miṣr [5] ». Maître, novateur et initiateur en son art, Al-mouwaffaḳ ibn Al-Khallâl « le Fils du vinaigrier », ainsi qu'il est généralement nommé [6], eut Al-ḳâḍî al-fâḍil pour second d'abord, pour suppléant ensuite et, après sa mort, en 566 (1171), pour successeur [7]. Le vizir

1. 'Oumâra, *An-Noukat*, p. 53, l. 11-54, l. 3 ; cf. Aboû Schâma, *Kitâb ar-rauḍatain*, I, p. 130, l. 15-17 ; Al-Maḳrîzî, *Al-Khiṭaṭ*, II, p. 366, l. 27-31.

2. Ibn Khallikân, *Biographical Dictionary*, IV, p. 565, qualifie Ibn Ḥadîd de *ḳâḍî* et d'inspecteur *(nâṭhir)* de « la ville frontière ». La famille des Banoû Ḥadîd paraît avoir été investie de fonctions héréditaires à Alexandrie ; voir Wüstenfeld, *Geschichte der Faṭimiden-Chalifen*, p. 273-274.

3. Vers 543 (1148), Al-ḳâḍî al-aschraf, père d'Al-ḳâḍî al-fâḍil, avait amené son fils, alors âgé de treize ans, d'Ascalon au Caire, où il venait défendre ses intérêts lésés par son *wâlî*, où il perdit son procès et fut condamné à une amende si forte que, dépouillé de ses biens, il eut l'esprit frappé et mourut au Caire le onze rabî' I 546 (vingt huit juin 1151) ; voir Ibn Khallikân, *Biographical Dictionary*, IV, p. 565

4. Cette traduction de *kâtib ad-dast* est empruntée à Silvestre de Sacy, *Chrestomathie arabe*, 2e éd., I, p. 133.

5. 'Oumâra, *Dîwân*, p. 299, en-tête du n° 193.

6. Plus haut, p. 100, n. 2, où ajoutez Al-Maḳrîzî, *Al-Khiṭaṭ*, I, p. 405, l. 22-406, l. 22.

7. 'Imâd ad-Dîn, dans Aboû Schâma, *Kitâb ar-rauḍatain*, I, p. 191-192, où Ibn Al-Khallâl est appelé Al-ḳâḍî al-mouwaffaḳ ; cf. plus haut, p. 182, et Ibn Khallikân, *Biographical Dictionary*, IV, p. 563.

Rouzzîk eut le mérite, par son initiative hardie et judicieuse[1], de « planter pour le bien de l'État[2], bien plus pour celui de la religion[3], un arbre béni, d'une croissance luxuriante, à la racine ferme, aux branches élevées jusque dans le ciel, qui, selon l'expression d'Allâh[4], fournissait ses fruits en toute saison par ordre de son Maître ». L'identité des croyances et la communauté des goûts resserrèrent des liens d'amitié durable entre le rédacteur doué qui débutait à Miṣr et ʿOumâra, qui, en 563 (1167-1168), inspiré et guidé par lui, composa, sur son désir et à son usage, un livre relatant l'histoire du Yémen[5].

Je suppose qu'avant la fin de 556 ou au commencement de 557 de l'hégire, à la fin de 1161 ou au commencement de 1162 de notre ère, Al-ḳâḍî al-fâḍil ne fut pas étranger à une satisfaction que le vizir Rouzzîk accorda aux convictions inébranlables et à la science pratique du « jurisconsulte ʿOumâra[6] ». Un poste de *ḳâḍi* schâfiʿite fut créé pour lui[7], et je suppose qu'il fut probablement appelé par Rouzzîk à siéger sous sa présidence au tribunal du contrôle des griefs[8]. L'innovation de Rouzzîk s'étendit-elle aux *ḳâḍis* des trois

1. ʿOumâra, *An-Noukat*, p. 54, l. 1-3 ; cf. Aboû-Schâma, *Kitâb ar-rauḍatain*, I, p. 130, l. 16; Ibn Khallikân, *Biographical Dictionary*, II, p. 114.

2. Mot à mot : « de la dynastie ». ʿOumâra écrit sous Saladin et pense à la dynâstie Ayyoûbite qui adopta et s'attacha Al-ḳâḍî al-fâḍil.

3. La religion est ici l'orthodoxie sounnite triomphante en 1171 par l'écroulement de la dynastie Fâṭimide et par l'avènement de Saladin.

4. *Coran*, XIV, 30.

5. Kay, *Yaman*, p. 1, et plus haut, p. 80.

6. Ṭalâʾiʿ cité plus haut, p. 123.

7. La nomination du *ḳâḍi* l'appelait-elle à une magistrature purement honorifique ou à un rôle judiciaire actif ? L'âge mûr, voisin de la jeunesse, de ʿOumâra, son expérience du droit schâfiʿite théorique et pratique, son goût pour les situations en vue et pour l'influence qu'elles donnent, m'ont paru des arguments en faveur d'un mandat réel, de services d'instruction et d'audience qui lui furent confiés.

8. Plus haut, p. 152.

autres sectes orthodoxes qui, sous les sultans mamloûks, eurent chacune leurs représentants [1] dans cette Cour d'appel qui jugeait en dernier ressort [2] ? Peut-être le besoin de ces trois assesseurs se fit-il moins vivement sentir, les Schâfi'ites seuls formant une communion importante dans Le Caire schi'ite [3]. Je n'ose pas non plus me prononcer sur la possibilité admissible que 'Oumâra ait été simplement délégué avec de gros appointements [4] par le vizir Rouzzîk pour examiner en première instance, dans son domicile, dans sa maison dite de Sa'd Al-Iftikhâri, au quai du Canal [5], les différends relatifs aux principes ou aux intérêts schâfi'ites [6]. Quoi qu'il en ait été, le costume spécial de 'Oumâra nous

1. Al-Maḳrîzî, *Al-Khiṭaṭ*, II, p. 208-209.

2. A. von Kremer, *Culturgeschichte des Orients*, I, p. 419 ; Van Berchem, *Matériaux*, p. 143-144.

3. Le mausolée vénérable et vénéré de l'imâm Asch-Schâfi'î n'avait pas quitté Le Caire, depuis que le maître y était mort en 204 (820). Il constitua un point de ralliement pour ses disciples nombreux, fidèles aux doctrines de leurs ancêtres ouvertement ou secrètement, en attendant la médersa-mosquée que Saladin lui consacra en 1176 ; cf. Ibn Djoubair, *Viaggio* (tr. Schiaparelli), p. 18-19 ; Ibn Khallikân, *Biographical Dictionary*, II, p. 645 ; IV, p. 547 et 548, et dans *Hist. or. des croisades*, III, p. 428 ; Stanley Lane-Poole, *The Story of Cairo*, p. 181. L'Ayyoûbite Al-Malik Al-Kâmil y fit, en 607 (1210), des agrandissements et des embellissements, y installa une chaire du haut de laquelle il prêcha du vivant de son père Al-Malik Al-'Âdil, frère de Saladin ; voir Al-Maḳrîzî, *Al-Khiṭaṭ*, II, p. 296, complétant II, p. 400. Je ferai remarquer sous toutes réserves que la ligne de démarcation entre le schâfi'isme et le schî'isme semble les séparer en bien des traits plus artificiellement que réellement. L'incompatibilité paraît moins absolue qu'avec les doctrines des Mâlikites et des Ḥanafites. L'intuition de ce que j'insinue émane de A. von Kremer, *Culturgeschichte des Orients*, I, p. 499.

4. Les *ḳâḍis* n'eurent jamais à se plaindre de la condition très sortable qui leur était faite ; voir à ce sujet les révélations budgétaires de A. von Kremer, *ibid.*, II, p. 192-193.

5. Plus haut, p. 120.

6 Les compétences étendues d'un tel juge de paix à Bagdâd vers l'an 1000 de notre ère ont été précisées par le *ḳâḍi* schâfi'ite Al-Mâwardî, *Al-Aḥkâm as-soulṭâniyya* (éd. Enger), p. 110-128 ; cf. A. von Kremer, *Culturgeschichte des Orients*, I, p. 416-419.

est indiqué par lui-même, lorsqu'il nous conte l'anecdote suivante, de quelques mois postérieure à la nomination du *ḳâḍî*[1] : « Lorsque 'Izz ad-Dîn Ḥousâm campa dans l'Ile d'or de Gîzéh après avoir vaincu Schâwar à Daldja et l'avoir repoussé dans les Oasis[2], je me rendis à la fin de sa veillée, tandis que les torches éclairaient les personnes dans le lointain. On était étendu autour de lui sur les nattes. Quelqu'un lui dit : Voici qu'un homme arrive de l'anse aux barques. — Ḥousâm demanda : Quel est son costume ? — On lui répondit : Le costume des *ḳâḍîs*. — Il dit aussitôt : C'est 'Oumâra. Car, hors lui, il n'est resté personne des notables du Caire et de Miṣr qui ne soit venu vers moi. — Les assistants s'écrièrent : C'est bien lui. » 'Oumâra fut-il maintenu longtemps dans cet office ? Le silence de mes textes me fait croire que son investiture ne fut pas renouvelée par les successeurs de Rouzzîk. Ce qui est certain, c'est qu'il porta publiquement les insignes du *ḳâḍî* schâfi'ite[3] à la réception de Ḥousâm : sur la tête le *ṭailasân*[4] de lin fin *(scharb*[5]*)* noir[6],

1. 'Oumâra, *An-Noukat*, p. 117, l. 3-10.

2. Les événements, auxquels il est fait allusion, seront racontés plus bas à leur place chronologique.

3. Sacy, *Chrestomathie arabe* (2e éd.), II, p. 269 ; Dozy, *Dictionnaire détaillé des noms de vêtements*, p. 255, 257 et 279 ; A. von Kremer, *Culturgeschichte des Orients*, II, p. 218-219.

4. Un *ḳâḍi* d'Ouswân est appelé par 'Oumâra, *Tarassoulât*, p. 440, l. 11 et 12 : صاحب الطيلسان. On emploie le mot طرحة dans un sens analogue ; voir Quatremère, *Histoire des sultans mamlouks*, I, II, p. 21-22.

5. 'Oumâra, *An-Noukat*, p. 139, l. 5 ; 149, l. 3 ; Dozy, *Dictionnaire détaillé*, p. 279 ; A. von Kremer, *Culturgeschichte des Orients*, II, p. 239, d'après lequel cette gaze se fabriquait à Tinnîs ; cf. plus bas, p. 192.

6. La couleur noire, celle des 'Abbâsides, caractérisait l'uniforme du *ḳâḍî*, surtout celui du *ḳâḍî* schâfi'ite ; cf. Quatremère, *Histoire des sultans mamlouks*, I, II, p. 23 ; Dozy, *Dictionnaire détaillé*, p. 255-257. D'autres couleurs devinrent à la mode pour le costume des *ḳâḍîs* ; voir Sacy, *Chrestomathie arabe* (2e éd.), II, p. 214 ; 267-268 ; A. von Kremer, *Culturgeschichte des Orients*, II, p. 219.

voile festonné[1] placé sur le turban noir et descendant jusqu'au dos, le corps couvert d'une robe noire ample, en laine, sans broderies, ouverte sur l'épaule, et d'un riche manteau d'honneur donné avec le diplôme de nomination[2], enfin l'épée, accompagnement obligé de tout costume officiel[3].

L'année 557 de l'hégire, qui précéda de onze jours seulement l'année 1162 de notre ère, « entra » dans des conditions favorables au vizir Rouzzîk et à son panégyriste, le *ḳâḍi* ʿOumâra. Rouzzîk ignorait heureusement la brièveté du délai qu'Allâh lui avait accordé[4], ʿOumâra se complaisait dans sa double activité de juge et de poète. Les émirs, dont la rivalité faisait ombrage à Rouzzîk, ne bougaient pas de leurs provinces qu'ils pressuraient sans contrôle et sans mesure. Schâwar se rongeait d'impatience à Ḳoûṣ; mais, s'il aspirait à échanger sa préfecture du Ṣaʿîd supérieur contre le vizirat du Caire, il était décidé à ne quitter la défensive qu'en cas d'agression, à jouir de sa situation privilégiée, à moins qu'on ne tentât de la lui disputer et de la lui enlever. Les dernières volontés de Ṭalâ'iʿ prédominaient encore dans l'esprit de son fils et le tenaient en garde contre la plus dangereuse des imprudences. La fête du nouvel an, du *Nauroûz*, fut sans doute célébrée par des réjouissances publiques, avec la pompe et le luxe que Rouzzîk aimait à déployer[5]. Puis, dans le même goût d'art et d'élégance, il s'occupa d'aménager et d'orner le mausolée que Ṭalâ'iʿ

1. Je traduis ainsi مقوّر d'après le sens rectifié par Dozy et De Goeje, dans la *Description de l'Afrique et de l'Espagne, par Edrîsî*, p. 370-371; cf. plus haut, p. 145, n. 3.

2. Sacy, *Chrestomathie arabe* (2e éd.), II, p. 267-268.

3. A. von Kremer, *Culturgeschichte des Orients*, II, p. 219.

4. ʿOumâra, *An-Noukat*, p. 53, l. 1 et 2.

5. Partie arabe, p. 534, à propos de ʿOumâra, *Dîwân*, p. 338, n° 249, dont l'en-tête semble erroné.

s'était construit dans le cimetière de la Ḳarâfa, que sa mort avait laissé inachevé[1]. Lorsque le mausolée sera terminé et approprié, le cercueil de Ṭalâ'iʿ, qui repose dans le Palais du vizirat, y sera transporté et le khalife Al-ʿÂḍid s'associera à son vizir Rouzzîk pour faire à son ancien vizir Ṭalâ'iʿ des obsèques solennelles. Le Palais du vizirat, après l'enlèvement du cadavre, serait orné de riches tentures qui rehausseraient l'éclat des chambres habitées et du « salon d'audience du roi[2] ». On assistait à la renaissance d'une ère de calme, de bien-être et de prospérité, sans événements discordants, sous un khalife, imâm révéré comme une idole, présidant la prière du vendredi, indifférent, effacé, tenu à l'écart de toute intervention autre que sa présence décorative aux fêtes religieuses et civiles et aux audiences régulières du Grand palais, que son sceau apposé aux actes officiels, sous la régence d'un vizir dont, en mouḥarram 557 (janvier 1162), ʿOumâra s'est diverti à énumérer les supériorités, en se mettant sous le couvert d'un lettré qui lui aurait demandé d'écrire cet éloge en le lui attribuant[3] :

Tu as surpassé les autres rois en considération, et en grandeur, et en principes, et en qualités, et en vertus,

1. ʿOumâra, *An-Noukat*, p. 53, l. 9. Ibn Tagrîbardî, *An-Noudjoûm*, fol. 34 v°, énumère les constructions de Ṭalâ'iʿ en ces termes : بنى جامعا خارج باب زويلة يعرف بجامع الصالح واخر بالقرافة الى جانبه وهو مدفون بها. « Il bâtit une mosquée à la sortie de la porte de Zawîla — c'est la Mosquée d'Aṣ-Ṣâliḥ — une autre dans la Ḳarâfa, et un mausolée voisin de cette seconde, dans lequel il est enterré. » D'après Al-Maḳrîzî, *Al-Khiṭaṭ*, II, p. 294, l. 14, Ṭalâ'iʿ n'aurait pas édifié, mais seulement restauré la mosquée de la grande Ḳarâfa.

2. Partie arabe, p. 520, à propos de ʿOumâra, *Dîwân*, p. 232-235, n° 105. Les étoffes précieuses, dorées et imagées, s'étalaient sur les murs des khalifes et des vizirs, des riches et des enrichis, au Caire sous les Fâṭimides ; voir A. von Kremer, *Culturgeschichte des Orients*, II, p. 295.

3. ʿOumâra, *Dîwân*, p. 310, n° 140.

Et en douceur, et en gravité, et en éloquence, et en bonne grâce, et en bienveillance, et en générosité.

Tu as fait rougir les meilleurs de tes contemporains en gouvernant, en exerçant ta tutelle, en parlant et en agissant.

Les deux écrivains, le véritable et le présumé, continuent d'admirer sur ce ton Rouzzîk et son temps. Ce fut dans cette atmosphère sereine de paix et de bonheur que, le mercredi dix-neuf ṣafar 557 [1] (sept février 1162), Le Caire et Fousṭâṭ assistèrent avec recueillement, dans un accord unanime, à la translation des cendres de Ṭalâ'i'. Le brancard, le cercueil et le cortège quittèrent le Palais du vizirat pour se diriger vers le monument que « le martyr [2] » s'était élevé lui-même dans le cimetière de la Ḳarâfa. Ce fut un jour de triomphe pour les Banoû Rouzzîk. La trêve des jalousies et des intrigues se continuerait-elle, en dépit des ambitions et des convoitises? Rouzzîk put l'espérer, en voyant le spectacle de la population accourue dans une attitude de respect et de compassion.

Le *ḳâḍî* 'Oumâra tenait sa place dans la procession funèbre, le cœur ulcéré par un deuil récent, dont la souffrance était redoublée par la marche lente du lugubre cortège, par les gémissements cadencés des pleureuses. Elles lui rappelaient cruellement, par leurs intonations plaintives, que, peu de jours auparavant, il venait de perdre et d'ensevelir sa compagne aimée, sa femme noble, auprès de plusieurs de leurs enfants enterrés, eux aussi, dans le cimetière de la Ḳarâfa [3]. Les paroles émues, qu'au lendemain de la cérémonie [4], le poëte, frappé lui-même dans

1. Ibn Khallikân, *Biographical Dictionary*, I, p. 660.
2. Plus haut, p. 168, n. 1.
3. Plus haut, p. 142-143.
4. Le jeudi d'après 'Oumâra, *Dîwân*, p. 229, l. 6.

ses plus chères affections, adressa tristement au vizir Rouzzîk, se ressentent de sa blessure saignante, qui n'était pas cicatrisée [1] :

O toi qui donnes cours à tes pleurs abondants et qui enchaînes tes soupirs, auparavant libres,

Pourquoi ces larmes, eau répandue, par laquelle est attisé un feu [2] allumé par la flamme de ta douleur ?

Ne me choisis pas comme modèle dans la tristesse ; car, elle est pour moi un rite et une marque distinctive.

Calme-toi, alors que le briquet de mon affliction reste allumé et que, dans ma poitrine, brûlent une soif ardente et un feu dévorant.

Si tu as dans ta main l'option, moi je suis consterné, sans résignation et sans faculté de faire un choix.

Chaque jour je pousse des sanglots au sujet de celle qui m'a été enlevée, dette acquittée pour malheur sur malheur.

J'ai contracté un engagement avec mes pleurs qu'ils persisteraient seuls ; mais, le pacte a été violé par un esprit qui, sollicité, a laissé persister les autres soucis.

Y a-t-il pour un homme dans la détresse une épreuve supportable ? Certes, les moindres peines lui sont grandes.

J'étais suffoqué par les flaques de mes larmes douloureuses. Combien plus, maintenant que la vague furieuse s'est gonflée !

Le jeudi [3] a réuni toute la population, tandis que mon cas particulier était un petit point dans le nez du temps.

Aussi ʿOumâra se garde-t-il d'oublier pour le coup personnel, dont il a été frappé si violemment, mais qui n'a at-

1. ʿOumâra, *An-Noukat*, p. 63-65 et 145 ; *Diwân*, p. 229-231, n° 103 ; Aboû Schâma, *Kitâb ar-rauḍatain*, I, p. 126-127 ; vers 1-10, 17-21, 37-41, 45-47, 55-59, sur 83 vers.

2. Je lis avec E مِن حرٍّ.

3. Plus haut, p. 188, n. 4.

teint que lui, la cérémonie publique de la translation du cercueil de Ṭalâ'i' à la Ḳarâfa, alors que « les regards ont été aveuglés par la vue de son brancard[1] » :

Ne dirait-on pas l'arche d'alliance de Moïse, aux deux côtés de laquelle furent déposées majesté et gravité[2] ?

Mais lui, il n'a réuni que les débris épars de l'islamisme, en sa qualité d'Aṣ-Ṣâliḥ l'élu.

Tu l'as installé dans le Palais du vizirat, pendant qu'a été construite une maison pour son brillant transfert.

Et les deux Pyramides et les deux villes saintes se sont disputé avec jalousie son cercueil ; et, combien on se jalouse pour les illustres !

Tu as préféré pour lui Miṣr glorieux, auquel les capitales[3] ont envié sa Ḳarâfa.

...Allâh s'est irrité contre des hommes qui s'étaient avancés contre toi stupidement et contre d'autres, contre les conseillers.

Ne t'étonne pas de Ḳoudâr tuant la chamelle de Ṣâliḥ[4] ; car, chaque époque a un Ṣâliḥ et un Ḳoudâr.

Honte aux épées qui, de courtes qu'elles étaient, se sont allongées follement dans les mains des nègres !

Hélas ! Comment as-tu été isolé de tous serviteurs, toi, dont les serviteurs sont les chefs et les hommes bien nés.

Tes meurtriers se sont mis contre toi en embuscade dans le plus étroit passage, où ni lance de Khaṭhṭh, ni cavalier la brandissant ne tiennent au large.

...Et tu as été payé de tes bienfaits par un héros, à l'éloge duquel les causeurs des veillées prêtent l'oreille.

1. Vers de 'Oumâra, dans *An-Noukat*, p. 63, l. 9, et dans Aboû-Schâma, *Kitâb ar-raudatain*, I, p. 126, l. 8.
2. L'arche, la majesté et les débris sont empruntés au *Coran*, II, 249.
3. Calembour entre *Miṣr* et *al-amṣâr* ; cf. plus haut, p. 131, n. 4.
4. *Coran*, VII, 71-77, et *passim*.

Aboû 'l-Ḥasan[1] *a observé le pacte envers toi, alors que toute main droite et toute main gauche ont chacune fait défection à sa sœur.*

Tes défenseurs s'étaient absentés dans leur confiance. Mais toi, [ô Abou 'l-Ḥasan,] tu ne t'étais pas absenté. C'est comme si, par ta présence[2]*, ils avaient été présents.*

...On t'a assigné une demeure considérée, perpétuelle, tandis que c'est une perdition qui a été assignée[3] *à tes meurtriers.*

Plût à Allâh que ton œil eût constaté leurs états après qu'il a été fermé, et qu'il eût aperçu ce qu'ils sont devenus !

Les représailles se sont abattues sur eux et ils n'ont, ni l'un ni l'autre, relevé la tête[4] *en signe de satisfaction. Est-ce le ciel qui les a réduits en poussière ?*

Le passage dans les défilés les a mis à l'étroit. Il arrive que le seigneur[5] *ait dormi et que le talion ne dorme pas.*

Et ils s'étaient imaginés que la fuite sur une monture les sauverait. Mais, où fuir sa destinée ?

Ils se sont envolés, mais Aboû Schoudjâ'[6] *a étendu, pour les prendre à la chasse, le filet du trépas. C'est donc comme s'ils ne s'étaient pas envolés.*

Le poème se termine par un long éloge du vizir-roi, qui « a contenté les esprits en calmant leurs dissentiments par l'association de l'épée et du dînâr[7] ». Les préoccupations malencontreuses sont bannies du Caire et, si le talion n'a pas dormi, Rouzzîk s'endort mollement dans la paix et dans

1. Texte : Aboû Ḥasan. Il s'agit d'Ibn Az-Zoubd ; plus haut, p. 164-167.
2. Le texte porte : « par sa présence ».
3. Cf. *Coran*, XIV, 33.
4. Voir *ibid.*, XIV, 44.
5. « L'ennemi » d'après D, E et *Rauḍ*.
6. Le vizir Aboû Schoudjâ' Rouzzîk.
7. De même dans 'Oumâra, *Dîwân*, p. 233, l. 1.

la sécurité, sans prévoir les surprises du réveil. Pendant son oubli des réalités, le khalife Al-ʿÂḍid commence à se lasser de Salomon, continuateur rigoureusement exact de David [1], et le Palais du khalifat à comploter contre le Palais du vizirat, débarrassé de son cadavre, qui avait tenu en respect les oppositions du Château et de la ville, fraîchement orné de tentures magnifiques, « présent de Tinnîs, tel qu'aucun temps d'entre les temps ne s'est glorifié d'un semblable [2] ». Le mirage de l'illusion ne se dissipera de devant les yeux de Rouzzîk que le jour où la lumière crue d'événements graves les lui dessillera.

Plusieurs mois se passent, pendant lesquels la correspondance poétique de ʿOumâra reflète une détente de la situation et des esprits. Les morceaux ne sont pas tous datés et les attributions n'ont rien d'assuré. Est-ce en djoumâdhâ premier [2] (avril-mai 1162) qu'un panégyrique d'Ibn Az-Zoubd fut adressé à Badr Ibn Rouzzîk [3] ? Est-ce en djoumâdhâ second (mai-juin) que ʿOumâra composa une poésie sur « l'heureux, fils de l'heureux, sur l'élu, l'ami sincère de la dynastie, le fils de ʿAin az-zamân », officier et orateur qui

1. Comparaison du fils et du père dans ʿOumâra, *Diwân*, p. 199, l. 1. Cette prompte révolte d'Al-ʿÂḍid contre son second « régent » est exprimée ainsi dans Ibn Tagrîbardî, *An-Noudjoûm*, fol. 34 v° : وهو أنَ رُزيك لمّا وُزّر مكانَ والده طلائع سار على سيرة ابيه فلم يحسن ذلك ببال العاضد واحبّ ذهابه ايضا ليستبدّ بالامور من غير وزير فدسّ الى شاور

« Rouzzîk, lorsqu'il fut nommé vizir, en remplacement de son père Ṭalâʾiʿ, se modela sur sa conduite, ce qui ne lui gagna pas le cœur d'Al-ʿÂḍid. Le khalife souhaita la disparition de Rouzzîk également, afin de diriger avec indépendance les affaires, sans vizir. Il s'en ouvrit à Schâwar. »

2. ʿOumâra, *Diwân*, p. 232, l. 11. La broderie (الطراز) des ateliers de Tinnîs est citée dans un vers de lui (Texte arabe, p. 615, l. 1). Voir, sur cette fabrication, plus haut, p. 185, n. 5, et A. von Kremer, *Culturgeschichte des Orients*, II, p. 289 et 293.

3. Partie arabe, p. 518, à propos de ʿOumâra, *Diwân*, p. 220, n° 93.

lui a offert l'hospitalité pendant que sa maison à lui était en réparations, « champ de bataille qui ne me compta point parmi ses cavaliers[1] » ? L'entrée dans « le mois honoré, unique » de radjab (seize juin), trève obligatoire, où combattre est un péché, est saluée par des félicitations, que l'ennemi des champs de bataille les moins sanglants, ʿOumâra, adresse à « l'imâm Al-ʿÂḍid et à Al-malik an-nâṣir, comme tribut imposé à la poésie[2]. Il semble aussi que radjab (juin-juillet) ait vu l'assemblée des poètes convoquée par le vizir, dans laquelle ʿOumâra, quand son tour de parler fut venu, fit des reproches à « nos amis » pour « la parcimonie » de leur affection envers lui et pour leur injustice à l'égard de « la dynastie ʿÂdilienne ». Il oppose à leur attitude la conduite de Rouzzîk, auquel il s'adresse en ces termes[3] :

Et, lorsque tu vois la colonne de la royauté pencher, et que ses parois[4] sont sur le point de s'user et de s'effriter,

Tu distribues aux hommes les présents et les détriments[5], toi qui brises tout révolté, qui ne donnes volontiers à aucun coupable ;

Et tu as affermi parmi nous un serment d'obéissance prêté à Al-ʿÂḍid, et c'est là un lien indissoluble.

Vous avez, ô Banoû Rouzzîk, une supériorité rendue éternelle, qu'éternise la transcription sur les feuillets de votre gloire.

1. Partie arabe, p. 537, à propos de ʿOumâra, *Dîwân*, p. 365, n° 283. Au premier vers, je lis صقر avec E au lieu du « sacre » aux yeux perçants. L'émir ʿAin az-zamân, dont il sera question dans le chapitre cinquième, est cité dans ʿOumâra, *An-Noukat*, p. 66 (corrigez غز en عين), 68 et 74 ; voir aussi ma *Vie d'Ousâma*, p. 285.

2. ʿOumâra, *Dîwân*, p. 171, n° 13 ; cf. la Partie arabe, p. 513.

3. ʿOumâra, *Dîwân*, p. 195-196, n° 58 ; cf. la Partie arabe, p. 515. Je donne ici les vers 19-25.

4. Mot à mot : ses anses.

5. J'essaye de rendre l'assonance : العطايا والرزايا.

Que soit béni Celui qui vous a rendu courantes les générosités, au point que, par elles, a grandi une branche et a crû une racine !

Ce sont des traits de longanimité, élevés comme les montagnes[1], *et des actes aux nez saillants, sans qu'il en montre de hauteur.*

C'est par vous que Fousṭâṭ est devenu ma maison, et que ma monture ne m'a arrêté ni à Samarcande, ni à Balkh.

Fousṭâṭ est-il employé par extension pour Le Caire, ou bien l'hospitalité du fils de l'émir ʿAin az-zamân retenait-elle dans la vieille ville, au Sud de la nouvelle, le propriétaire de l'hôtel sur le quai du Canal, livré momentanément aux architectes, aux maçons et aux ouvriers du bâtiment, champ de bataille où il n'aimait point à chevaucher[2]? ʿOumâra, privé de son domicile, avait-il songé à ne pas prolonger son hégire au Caire et à y substituer une hégire en Perse, à laquelle les marques de générosité du vizir Rouzzîk et de son hôte, le fils de ʿAin az-zamân, l'avaient fait renoncer? Ou plutôt avait-il renouvelé[3] la menace de son départ prochain pour se faire retenir à prix d'or et de présents, sans qu'il eût jamais pensé vraiment à visiter les villes et les princes du Khorâsân?

Le mois de radjab 557 est encore indiqué pour un poème qui aurait été composé juste un an après la mort du vizir Aṣ-Ṣâliḥ Ṭalâ'iʿ[4]. C'est un anachronisme ; car, si la première tentative criminelle contre sa vie remontait au dix radjab 556[5], il n'avait été assassiné que le dix-huit rama-

1. Cf. *Coran*, LXXVII, 27.
2. Plus haut, p. 193.
3. Plus haut, p. 171, 173 et 177-179.
4. Partie arabe, p. 529, à propos de ʿOumâra, *Dîwân*, p. 309, n° 206.
5. Plus haut, p. 158.

ḍân 556[1]. Je recule donc à la même date de 557 cette commémoration poétique.

En scha'bân (juillet-août), lorsque, depuis l'anniversaire douloureux, « l'année s'est écoulée à quelque nuits près », 'Oumâra « récite dans une chapelle funéraire de la Ḳarâfa une oraison funèbre en vers d'Al-malik aṣ-ṣâliḥ, suivie d'un éloge de son fils Al-malik an-nâṣir[2] ». Ṭalâ'i', « le maître des rimes », est ainsi interpellé :

Nous lui dîmes : Accueille une part de ce que tu donnais libéralement, vu que rendre justice est un apanage de l'homme bien né,

Des colliers de rimes choisies dans les tiennes, et des perles de pensers dérobés aux tiens,

Perles que nous avons en vérité disséminées sur les petits cailloux de ta tombe, tandis que les perles de mes larmes scintillaient sur ma joue.

...Nous vous avons trouvés, ô Banoû Rouzzîk, ce qu'il y a de meilleur, vers lequel les nobles chamelles accélèrent le pas et l'allongent en dressant les cous.

C'est de vous que nous sommes venus solliciter les honneurs et la richesse. Un hôte a été honoré, un pauvre enrichi,

Et, par votre rosée, vous nous avez fait connaître ce qu'est la grandeur d'âme, ce qu'est une rencontre de visages que n'a pas déparés la flatterie,

Et, par votre générosité, vous avez transformé Fousṭâṭ[3] *en une Ka'ba, aux deux angles de laquelle font les tours sacrés l'Irâḳ*[4] *et Djilliḳ*[5].

1. Plus haut, p. 162-168.
2. 'Oumâra, *Diwân*, p. 296-297, n° 189 ; vers 28-30 ; 59-64.
3. 'Oumâra n'avait pas encore, ce semble, regagné sa maison sise sur le quai du Canal.
4. C'est-à-dire les pèlerins de l'Irâḳ ; voir plus haut, p. 174.
5. Djilliḳ (cf. 'Oumâra, *An-Noukat*, p. 137, l. 4) est un village dans la banlieue de Damas, qui désigne ici la caravane des pèlerins de Damas.

Car, votre rideau n'est jamais clos pour qui met son espoir en vous, votre porte jamais fermée à qui vous rapporte son bonheur.

Hors vous pas d'attache pour aucun esprit; ce n'est qu'à vous qu'une main peut se suspendre.

La rupture de la digue du Canal fut célébrée en scha'bân et le cortège somptueux répondit aux goûts de Rouzzîk pour le luxe des étoffes et des costumes, pour la pompe des cérémonies publiques. Le *ḳâḍî* 'Oumâra occupa sa place d'honneur parmi les fonctionnaires civils coiffés de leurs bonnets distinctifs, revêtus de leurs uniformes officiels, ceints d'épées aux poignées reluisantes. Il n'a pas pu se dispenser de la corvée; mais elle lui a fait regarder d'un œil blasé le spectacle qu'en ce jour d'allégresse offrit à la population du Caire la cavalcade interminable, conduite par le khalife Al-'Âḍid et par son vizir Rouzzîk, traînant derrière eux, chacun à son rang, les princes étrangers, les généraux et les officiers supérieurs, les magistrats, parmi lesquels le *ḳâḍî* 'Oumâra lui-même, les poètes, les principaux titulaires d'emplois, les commis de l'État, rédacteurs, comptables, expéditionnaires, les musiciens, tambours, clairons et trompettes, ainsi que les gradés et les simples soldats, enfin les serviteurs disséminés auprès de leurs maîtres ou relégués à la queue, écuyers, conducteurs des chevaux de main, des chameaux aux litières richement ornées, et des mulets bâtés, porte-parasols, eunuques, nègres, porteurs, domestiques, tous parés magnifiquement.

Les deux poésies de 'Oumâra[1], qui se rapportent au défilé des personnages et des figurants en scha'bân 557, entre le

1. 'Oumâra, *Dîwân*, p. 222-225 et 235-236, n°s 93 et 106; cf. la Partie arabe, p. 519, qui complète la date du premier morceau, et 520, qui rectifie celle du second.

seize juillet et le treize août 1162, manquent de relief et s'expriment avec moins d'ampleur et de précision que la Relation du voyage de Nâṣiri Khosrau[1] sur la fête de 439 (1046), ou que les Chemins tracés d'Al-Maḳrîzî[2] sur les processions annuelles de 516, 517, 518 (1122, 1123, 1124). 'Oumâra se répète dans ses éloges à cette occasion de Ṭalâ'i', « l'aurore levante », qui « a fait revivre sa conduite dans celle de son fils Mouḥyî ad-Dîn An-Nâṣir[3] », mais il n'a garde d'oublier le rôle d'apparat que le vizir, en se réservant les privilèges du pouvoir, a jugé bon de confier à « l'émir des croyants[4] » grandi et majeur.

Au « jour du Canal[5] », 'Oumâra dit, en s'adressant directement au jeune khalife[6] :

Le Nil est venu en ce jour jusqu'à toi, rougissant de honte, avançant son pied, puis le reculant.

Il est arrivé en s'excusant auprès de toi, en se repentant de son péché passé, sachant être excusé par un khalife tel que toi.

S'il n'avait pas bronché sur les extrémités du sol boueux, la vase ne serait pas répandue sur lui.

...La rupture de la Digue est un indice de ce que toute rupture humaine sera réparée.

Jouis donc du cortège d'aujourd'hui et d'une vie éternelle, dont les nuits s'écouleront, tandis que tu seras devenu plus que centenaire[7]...

1. Nâṣiri Khosrau, *Séfer Nâméh* (tr. Schefer), p. XL et 136-142.
2. Al-Maḳrîzî, *Al-Khiṭaṭ*, I, p. 470-479.
3. 'Oumâra, *Dîwân*, p. 224, l. 10, 13 et 15, n° 98.
4. Id., *ibid.*, p. 223, l. 4 ; 235, l. 10.
5. Id., *ibid.*, p. 223, l. 6.
6. Id., *ibid.*, p. 223, l. 9-11 ; 224, l. 4-5 ; vers 22-24, 32 et 33 du n° 97.
7. Mot à mot : avancé en âge ; cf. Aboû Ḥâtim Sahl As-Sidjistânî, mort en 250 (864), *Kitâb al-mou'ammarîn*, publié par I. Goldziher, *Abhandlungen zur arabischen Philologie*, II (1899).

'Oumâra dit encore au khalife Al-'Âḍid[1] :

Tu t'es dirigé à cheval vers la rupture de la Digue, et tu ne t'es dirigé à cheval que vers la réparation de toute rupture atteignant tes sujets.

Et, lorsque tu vois la terre ferme devenir une mer de lames tranchantes[2], tu t'étonnes d'une mer qui se déverse dans un fleuve[3].

Tu es venu à l'aube crever la Digue, à la tête d'une foule empressée qui bouchait le chemin[4] au souffle du vent par ses lances fauves,

Qui transformait les ténèbres de l'eau croupissante en lumière d'eau courante, comme si ses armes acérées étaient fabriquées avec les clartés de l'aurore.

...L'évidence de ta supériorité t'a fait porter un manteau d'honneur, dont les broderies sont la bienfaisance, la justice et la piété...

Les réjouissances publiques absorbaient le khalife et les habitants du Caire, lorsque la nouvelle se répandit qu'une flotte ennemie était apparue sur les côtes septentrionales de l'Égypte, avait débarqué des troupes et s'était approprié quelques points du littoral. On apprit bientôt que ce n'était pas une invasion d'Amaury Ier, roi des Francs, mais l'entreprise hardie d'un prétendant au khalifat, dont les visées semblaient menaçantes pour la dynastie et pour Al-'Âḍid[5].

1. 'Oumâra, *Dîwân*, p. 235-236, n° 106, vers 12-15 et 18.

2. On rompait les digues avec des pioches, des hoyaux et des pelles; cf. Nâṣiri Khosrau, *Séfer Nâméh*, p. 142.

3. La mer est ici le Nil qui se déverse dans les canaux, appelés des fleuves.

4. Impossible de rendre en français ce calembour du texte, non plus que les suivants.

5. Evénements de scha'bân 557, antérieurs au treize août 1162 ; voir la Partie arabe, p. 507.

Aboû ʻAbd Allâh Al-Ḥousain Ibn Nizâr ibn Al-Moustanṣir[1] était parti du Magreb occidental à la tête de forces imposantes, avec l'ambition de conquérir l'Égypte. Ses bandes armées proclamèrent sur le sol égyptien, dans la banlieue d'Alexandrie, « le rebelle Ibn Nizâr » khalife, avec le titre de son aïeul prétendu, Al-Moustanṣir Billâh. Rouzzîk se sentit d'autant plus inquiet de ce mouvement offensif imprévu qu'il coïncidait avec les sommations des Francs décidés à réclamer impérieusement le tribut annuel promis de cent soixante mille dînârs[2]. Avant de chercher à repousser par les armes leur mise en demeure de tenir des engagements consentis, il importait d'arrêter brusquement la marche en avant de l'armée assaillante, qui combattait les droits d'Al-ʻÂḍid, cousin de son prédécesseur Al-Fâ'iz, et revendiquait ceux de Nizâr, fils aîné du Fâṭimide Al-Moustanṣir Billâh, jadis, à la mort de son père en 1089, évincé au profit de son plus jeune frère Aḥmad. Celui-ci, l'imâm Al-Mousta'lî Billâh s'était substitué à l'héritier légitime[3] en face d'une minorité demeurée fidèle à l'imâm Al-Mouṣṭafâ li-dîn Allâh, au nom duquel les Ismaéliens frappèrent des monnaies[4]. «Al-Khâridjî Ibn Nizâr[5]» s'attendait, pour prix de son effort belliqueux, à ramener dans sa lignée, affirmée par lui, de Nizârite[6], le khalifat usurpé par la branche cadette. Il fut déçu dans ses espérances.

1. J'emprunte le nom complet et les détails qui suivent à Ibn Khallikân, *Biographical Dictionary*, II, p. 73.

2. Plus haut, p. 152.

3. Ibn Al-Athîr, *Chronicon*, X, p. 161-162 ; Ibn Khallikân, *Biographical Dictionary*, I, p. 159-162.

4. Stanley Lane-Poole, *A history of Egypt in the Middle Ages*, p. 162, n. 1.

5. Il est ainsi désigné par ʻOumâra, *An-Noukat*, p. 54, l. 8 ; 60, l. 10.

6. M. Max Van Berchem, *Matériaux*, p. 711-715, auxquels ajoutez Al-Maḳrîzî, *Al-Khiṭaṭ*, I, p. 407, l. 28-36 ; II, p. 182, l. 37-39, passages signalés par M. C.-H. Becker. M. Van Berchem me paraît avoir substitué une révolte supposée de Ḥasan II en 559 (1164) à la révolte réelle d'Al-Ḥousain en 557.

'Izz ad-Dîn Ḥousâm, un vétéran des luttes contre les insurrections, fut chargé par le vizir de mater Al-Ḥousain Ibn Nizâr, comme, trois ans auparavant, il avait réprimé les agissements de Ṭarkhân Salîṭ, candidat au vizirat. La victoire de Ḥousâm fut décisive après des combats qui se prolongèrent peut-être jusqu'au commencement de ramaḍân 557[1], jusqu'aux environs du quatorze août 1162. Les soldats vaincus d'Al-Ḥousain le trahirent. « Il fut, dit 'Oumâra[2], appréhendé et amené devant Rouzzîk par le parent de Rouzzîk, par l'émir 'Izz ad-Dîn Ḥousâm. » Le khalife Al-'Âḍid prononça une sentence de mort contre le téméraire qui avait essayé de le remplacer[3]. Il fut pendu[4].

Nous avons deux poésies de 'Oumâra[5] sur « la victoire des victoires[6] » remportée par Ḥousâm et sur l'arrêt du khalife inexorable, qui fit périr « le révolté ». La première de ces épitres évoque les souvenirs récents de drames semblables avec même dénoûment : « les nuages de la mort lançant leurs pluies » sur Roukn ad-Dîn 'Abbâs en 1154[7], l'anéantissement en 1161 de Yoûsouf Al-Khâridjî[8] complice de Bahrâm Al-Gouzzî[9], et autres exemples redoutables ; voilà des précédents dans le passé des Banoû Rouzzîk, qu'ils ont renouvelés par le terrible châtiment infligé à leur dernière victime[10] :

1. Ibn Khallikân, *Biographical Dictionary*, II, p. 73, ne parle pas de scha'bân, mais de ramaḍân.

2. 'Oumâra, *An-Noukat*, p. 65, l. 11-66, l. 1,

3. Ibn Khallikân, *Biographical Dictionary*, II, p. 73.

4. 'Oumâra, *An-Noukat*, p. 54, l. 8.

5. 1° Id., *ibid.*, p. 66, l. 3-8 ; cf. *Dîwân*, p. 232, n° 104, et Aboû-Schâma, *Kitâb ar-rauḍatain*, I, p. 97, l. 26-27 ; 2° 'Oumâra, *An-Noukat*, p. 60, l. 12-61, l. 3 ; cf. *Dîwân*, p. 342-344, n° 254, et la Partie arabe, p. 535.

6. Expression de 'Oumâra, *Dîwân*, p. 344, l. 11.

7. 'Oumâra, dans Aboû Schâma, *Kitâb ar-rauḍatain*, I, p. 97, l. 26 ; voir ma *Vie d'Ousâma*, p. 257-258.

8. 'Oumâra, *Dîwân*, p. 232, l. 5.

9. Plus haut, p. 128.

10. 'Oumâra, *An-Noukat*, p. 66, l. 8.

La descente du Nil fut le terme de son sauf-conduit; car il y trouva campé ce qui menaçait sa sécurité.

Du second dithyrambe de ʿOumâra en l'honneur d'« Al-ʿÂḍid, de son vizir parfait[1] » et de son général vainqueur, je détache quelques vers [2] :

C'est par Al-ʿÂḍid le bien dirigé, que son éloge soit sanctifié[3]! que les jours ont été assainis après une maladie.

...Il a été coupé court aux espoirs que le Rebelle nourrissait contre vous, tandis que ceux qui les concevaient étaient dans l'ivresse des rêves.

Ḥousâm tourne ses yeux pénétrants pour épier les souffles de ton ennemi dans ses veilles et dans son sommeil,

Jusqu'à ce que la chance te l'ait livré, chevauchant sur le dos du matin et sur celui des ténèbres.

La victoire des victoires t'est venue de la main d'un garant, à qui n'a pas suffi la force d'une lance flexible et d'une épée tranchante (ḥousâm).

Aussi, demande à ton dieu de prolonger pour toi sa vie de mille années après celle-ci.

Ce poème a été attribué, par les éditeurs de *Dîwân* de ʿOumâra, au mois de ramaḍân 557, à la fin d'août 1162[4].

1. ʿOumâra, *Dîwân*, p. 342, l. 13. « Le vizir parfait » est synonyme du « roi juste, victorieux » et désigne Rouzzîk. Nous verrons à la fin de ce chapitre Al-Kâmil « Le parfait », épithète appliquée spécialement à Schoudjâʿ, fils cadet de Schâwar. C'est par suite d'une confusion entre les deux « parfaits » que, dans le *Dîwân*, p. 343, dernière l., j'ai lu « le fils de Schâwar », tandis qu'avec E il faut restituer Ibn Mouldjam, c'est-à-dire ʿAbd ar-Raḥmân ibn Mouldjam Al-Mourâdî, le meurtrier de ʿAlî ; voir mon édition du *Fakhrî*, p. 138-141.

2. Vers 5 et 51-55 d'une poésie de 55 vers.

3. Cité à propos de l'eulogie, plus haut, p. 147.

4. ʿOumâra, *Dîwân*, p. 342, préambule du n° 254 ; cf. la Partie arabe, p. 535.

Les circonstances avaient contraint Rouzzîk à un effort urgent et décisif pour pacifier au plus tôt le Nord-Ouest de l'Égypte ; car les Francs s'agitaient au Nord-Est, créanciers frustrés qui ne se résignaient pas à la violation du traité fixant le prix de leur tranquillité sur la frontière. Le refus d'acquitter la dette contractée avec eux équivalait à une déclaration de guerre. Amaury Ier l'accueillit avec joie. Il était à peine monté sur le trône de Jérusalem, après la mort de son frère Baudouin III, le onze septembre 1161, que ses regards avides s'étaient reportés vers l'Égypte, où il s'était montré dans la région d'Al-ʿArîsch[1], qu'il avait quittée à regret, dont la possession lui paraissait un prolongement nécessaire au salut du royaume latin. Aussitôt ses préparatifs terminés, Amaury entre en campagne le premier septembre 1162[2], jour pour jour en ramaḍân à la date musulmane où Aṣ-Ṣâliḥ Ṭalâ'iʿ avait été mortellement atteint l'année précédente pour expirer le lendemain. L'anniversaire de la mort d'Aṣ-Ṣâliḥ vaut des manteaux d'honneur à ʿAlî Ibn Az-

1. Plus haut, p. 152-153.

2. L'intervention personnelle de Rouzzîk (ʿOumâra, *An-Noukat*, p. 55, l. 7 ; *Diwân*, p. 247, l. 10 ; 248, l. 4), suffirait à démontrer que les événements rapportés ici se sont passés le premier septembre 1162, *primo ejus regni anno... kalendis septembribus*, comme l'ont reconnu les savants éditeurs de Guillaume de Tyr (*Hist. occid. des croisades*, I, II, p. 890-891), et, à leur suite, E. Rey, *Les colonies franques de Syrie*, p. 138, non le premier septembre 1163, ainsi que l'a prétendu Rœhricht, *Geschichte des Königreichs Jerusalem*, p. 314. Je m'inscris en faux également contre la date de fin septembre 1163 donnée arbitrairement par Rœhricht, *Regesta regni Hierosolymitani*, p. 101, n° 382, pour la lettre du roi de Jérusalem Amaury Ier au roi de France Louis VII, afin de lui notifier l'intervention désastreuse pour lui du *flumen Paradisi*. Cette lettre a dû être écrite fin septembre 1162. La date de 1163 a été acceptée et reproduite par les deux derniers historiens qui se sont occupés d'Amaury Ier : J. Delaville Le Roux, *Les hospitaliers en terre sainte et à Chypre* (Paris, 1904), p. 66 ; Gustave Schlumberger, *Campagnes du roi Amaury Ier de Jérusalem en Égypte au XIIe siècle* (Paris, 1906), p. 36-43, qui contiennent une élégante traduction française de la lettre latine.

Zoubd[1], probablement au *ḳâḍî* ʿOumâra et à d'autres familiers du vizir assassiné, tandis que Le Caire, terrifié et consterné, entend les premiers échos de l'invasion en marche. Rouzzîk avait dû opter entre le versement de la contribution exigible et la défense du territoire dont Amaury Ier, à l'imitation de Baudouin Ier au printemps de 1118, se proposait la conquête et l'annexion au royaume latin. Les Francs, las d'attendre vainement une réponse ferme toujours différée, avaient mobilisé leurs troupes concentrées à Ascalon et à Gazza, et avaient franchi en nombre, sur la route des sables (*ar-rimâl*), les étapes principales suivantes[2]: Al-ʿArîsch[3], Al-Aʿrâs[4], Al-Khourr[5] (?), Aboû ʿOuroûḳ[6]. Ce fut là probablement qu'à mi-chemin, « dans une solitude[7] », se produisit le choc des Francs et de la colonne

1. ʿOumâra, *Dîwân*, p. 365, en-tête du nº 284.

2. Itinéraire donné par Yâḳoût, *Mouʿdjam*, II, p. 421; *Mouschtarak*, p. 154, en partie. C'est le chemin haut de la *Via ad terram sanctam*, d'après E. Rey, *Les colonies franques de Syrie*, p. 148, et d'après Ch. Kohler, *Deux projets de croisade (XIIIe-XIVe siècle)*, dans la *Revue de l'Orient latin*, X, p. 433-434; cf. p. 456.

3. Plus haut, p. 120, n. 4, Larris de la *Via*.

4. Ahras de la *Via*, qui caractérise la route par « sablon assés et mauvaise aigue salée et amère ».

5. Si Al-Khourr est peut-être identique à Houcar de la *Via*, il y aura eu chez Yâḳoût une interversion des deux étapes. Le Tell el-Her, indiqué par Schlumberger, *Amaury Ier*, p. 78, semble une autre prononciation du mystérieux Al-Khourr.

6. A côté de la transcription Aboû ʿOuroûḳ (ʿOumâra et Yâḳoût), on trouve dans Yâḳoût, *Mouschtarak* (éd. Wüstenfeld), p. 154, note a, la graphie écourtée Boû ʿOurouḳ absolument reproduite par Bouhorok de la *Via*. Le Biʾr Aboû ʿOuroûḳ, aujourd'hui Biʾr Aboû ʿAroûḳ, « puits » bienfaisant sur la route sablonneuse, est inscrit sur la carte 3 de Lepsius, *Denkmäler von Ægypten*, vol. I, et dans Bædeker, *Egypt*, carte du Delta et carte du Canal de Suez. C'est le Wadi Abuecra de Laborde, *Voyage de l'Arabie Pétrée* (Paris, 1830), p. 65 (C. Ritter, *Die Erdkunde von Asien*, VIII, II, I, p. 200).

7. Guillaume de Tyr, dans *Hist. occid. des croisades*, I, II, p. 890. J'identifie la « solitude » à Aboû ʿOuroûḳ, champ de bataille désigné par ʿOumâra, *An-Noukat*, p. 54, l. 12; 55, l. 7.

égyptienne venue du Caire par Bilbîs, Al-ʿAbbâsa[1], Al-Khaschabî[2]. Inférieure en nombre, elle était commandée par le généralissime Ḍirgâm[3], qui fut défait, abandonna ses positions, revint en arrière et se replia sur Bilbîs, où la rupture des digues amena une crue subite du fleuve, où la ville, submergée par l'inondation à son apogée, repoussa les Francs vainqueurs. Les chrétiens s'enfuirent, poursuivis par les musulmans, et, couverts de gloire, ne rentrèrent pas moins précipitamment dans leurs quartiers[4].

Le péril était conjuré et Rouzzîk reçut les félicitations de son poète ʿOumâra pour « son expédition jusqu'à Aboû ʿOuroûḳ, afin de prendre contact avec les Francs, lorsqu'ils envahirent le Ḥauf[5] :

1. Al-ʿAbbâsa est La Habbesce « bone vile et grant, et aigues et totes choses a planté » de la *Via*. « C'est, dit Yâḳoût, le premier bourg égyptien que rencontre le voyageur se rendant de Syrie en Égypte » ; voir *Mouʿdjam*, III, p. 61, 599-600 ; *Mouschtarak*, p. 303 ; Ibn Khallikân, *Biographical Dictionary*, I, p. 500 ; III, p. 367 et 369.

2. Le Hascebi de la *Via*, « sablon assés, bone herberge et bone aigue et place de vendre et d'acheter ». Un passage très curieux de Yâḳoût, *Mouʿdjam*, II, p. 90 (cf. *ibid.*, II, p. 466), sur Al-Khaschabî a été traduit par Wüstenfeld dans le *Zeits. d. d. morg. Gesellschaft*, XVIII (1864), p. 465-466. Al-Khaschabî, Al-ʿAbbâsa et les sables ont fourni à Quatremère l'occasion d'une de ses notes érudites dans l'*Histoire des sultans mamlouks*, I, I, p. 20-21.

3. Guillaume de Tyr, contemporain des événements qu'il rapporte dans le passage cité, affirme que les opérations furent dirigées par « regni illius procurator, qui lingua eorum soldanus dicitur, Dargan nomine ». Dans ce passage, Ḍirgâm est, par anticipation d'une année, appelé sultan, c'est-à dire vizir. Mais ce léger anachronisme n'explique pas que Rœhricht e d'autres à sa suite aient substitué à Fâris al-mouslimîn Ḍirgâm son frère Nâṣir al-mouslimîn Houmâm comme généralissime des troupes égyptiennes; cf. *Geschichte des Kœnigreichs Jerusalem*, p. 314. Il a confondu là encore la campagne méconnue de 1162 avec les luttes ultérieures des Francs et des Égyptiens.

4. Guillaume de Tyr, dans *Hist. occid. des croisades*, I, II, p. 890-891; Rœhricht, *Regesta*, p, 101.

5. Le Ḥauf est le Ḥauf oriental, compris dans la province de Scharḳiyya, au Nord-Est du Caire, chef-lieu Bilbîs ; voir ma *Vie d'Ousâma*, p. 219, n. 6. Les extraits de la poésie (vers 1, 19-37 et 51) proviennent des *Noukat*, p. 55, l. 9-57, l. 2, et du *Dîwân*, p. 247-248, n° 116.

Dans un éloge comme le tien, l'étendue de la parole est à l'étroit, et les plus longs morceaux rimés sont trop courts.

...C'est par la résolution de Mouḥyî ad-Dîn qu'a vécu une royauté qui, grâce à son père, avait été préservée de souillure.

Avec son diadème de roi, son lever illumine le monde, son éclat fait rougir le soleil et la lune.

Lorsque ses épées tranchantes séjournent dans une zone frontière[1], *les catastrophes s'éloignent de ses habitants.*

C'est lui qui a dissipé l'angoisse et assuré la sécurité des districts de Bilbîs[2], *après que les avaient surpris la crainte et l'appréhension.*

Et celui qui aspire à s'élever n'atteindra pas les hauteurs, à moins de dédaigner le blâme et le danger.

Tu as dépassé, dans tes incursions, le Père des incursions (Aboû 'l-gârât[3]*) au mépris de la terreur, en traitant de minces et insignifiantes les plus grosses difficultés.*

Il a été un soleil, tandis que toi, l'aurore, tu le devances, comme, dans l'atmosphère, l'aurore se répand avant le soleil.

Par la résolution d'An-Nâṣir[4], *fils d'Aṣ-Ṣâliḥ, les ennemis ont dû évacuer et ont quitté, épouvantés, le territoire de l'islamisme.*

L'incursion disséminée l'a fait se lancer à leur poursuite, après que le succès et la victoire juraient : Ils n'ont pas pu lui échapper[5].

1. Il s'agit du pays limitrophe entre l'Égypte musulmane et la Palestine chrétienne.

2. Autre expression pour le Ḥauf; cf. plus haut, p. 204, n. 5.

3. *Kounya* d'Aṣ-Ṣâliḥ Ṭalâ'i'; cf. plus haut, p. 139.

4. An-Nâṣir Mouḥyî ad-Dîn, c'est le vizir Rouzzîk; cf. plus haut, p. 155, 156, 176, etc.

5. Si j'ai bien compris ce vers, comme nombre d'autres, je le dois à des

Ils montrèrent de l'ardeur à fuir devant lui et, depuis qu'ils reconnurent sa hâte sur leurs traces, ils se hâtèrent,

Et, lorsque tu as allégué des excuses pour arrêter ta poursuite, et qu'il fut avéré que tu partirais le soir et que tu passerais la nuit dans l'insomnie,

Et que ta résolution, après avoir persisté, n'apercevant plus des fuyards, ni une réalité, ni une trace, s'écria :

Si Amaury[1] *a échappé de la calamité, ce fut par un décret d'Allâh qu'il a vécu ; que de résolutions humaines sont entravées par le destin !*

Et que tu revins au siège de ta résolution première[2], *à la tête de détachements qu'avaient ébréchés les deux maux les plus fréquents, les sables et la pluie,*

Et que les épées tranchantes, en rentrant dans leurs gaînes, éprouvèrent une affliction dont la fièvre a failli brûler les gaînes des yeux[3],

Troupes sur les flancs desquelles, lorsque leurs deux ailes se rejoignent, tu vois les arbres du bonheur pousser leurs tiges,

Alors, elles ont espéré de toi une abondance et une vie large, entre lesquelles les nuages du bonheur et du bienfait se déverseront.

Tu as réjoui l'armée de Miṣr par tes présents, et la satisfaction des hommes n'a pas cessé d'être une porte, à laquelle il est difficile de frapper.

suggestions de l'arabisant très distingué qu'est M. William Marçais. « Le succès et la victoire » proviennent du fleuve envahissant Bilbîs à la veille d'être conquis par les Francs.

1. Aboû 'Amr du texte paraît une arabisation par à-peu-près d'Amalricus, ordinairement rendu par Mourrî ; cf. p. 153, n. 2. La *kounya* employée signifie mot à mot « Le père de vie » ou « Le père de 'Amr ».

2. A ton point de départ du Caire ou de sa banlieue.

3. Métaphore pour désigner les paupières.

Aussi, sois reconnaissant à une main, dont la générosité a provoqué la reconnaissance pour ton patronage des absents autant que des présents.

...Je me suis persuadé, depuis que tu as fait respirer la royauté de toute fatigue, que les pensées finiront par se fatiguer à force de te louer.

« Et Rouzzîk m'accorda des vêtements d'honneur et donna l'ordre de m'envoyer des denrées et de l'or. Je dis alors des vers pour le remercier[1] :

Lorsqu'il fait tournoyer le vin de ses prunelles, alors l'ivresse du parfum de ses qualités naturelles gagne du terrain.

...Je ne savais pas, avant d'avoir vu sa face, que les joues sont les champs de bataille des amoureux.

...Qui annoncera au Yémen, que j'ai quitté, ce qu'il ignore au sujet de ma séparation d'avec lui,

Que je suis descendu à un abreuvoir de générosité aux eaux débordantes, et que j'ai bu à une coupe opulente, remplie jusqu'aux bords,

A l'ombre du plus généreux donateur, au visage ouvert, dont les deux mains ont dénoué mon lien avec le passé?

Lorsque je suis descendu vers la nappe profonde de sa générosité, j'ai été conduit à oublier ce à quoi j'étais accoutumé d'eau tarie et d'eau rare.

An-Nâṣir, fils d'Aṣ-Ṣâliḥ, possède la noblesse, qui donne à l'Égypte la prééminence sur les contrées.

... Qui lui exprimera de la reconnaissance en mon nom pour sa rosée? Car, ma ceinture est trop étroite pour la reconnaissance de qu'il m'a octroyé,

1. Vers 1, 6, 25, 29, 46 et 47 d'une poésie de 49 vers d'après 'Oumâra, *An-Noukat*, p. 57, l. 5 et 6 ; *Diwân*, p. 298, n° 192.

Présents qui lui étaient légers, approvisionnements qui ont pesé sur les cous des donataires.

Les libéralités de Rouzzîk envers les combattants d'Aboû 'Ouroûḳ et l'issue heureuse de la campagne ne dissipèrent pas l'impression fâcheuse que la défaite de Ḍirgâm avait produite sur le khalife Al-'Âḍid et sur ses conseillers.

Les extrémités de l'armée, rognées par Ṭalâ'i'[1], venaient de mettre à nu leur faiblesse et leur impuissance. Sans le fleuve du Paradis[2], le nourricier et le protecteur de l'Égypte, non seulement la forteresse en briques cuites, élevée par Ṭalâ'i' à Bilbîs en 1159[3], aurait été occupée par une garnison des Francs et serait devenue leur forteresse avancée sur la route directe de la capitale, mais encore le khalife Fâṭimide aurait infailliblement été renversé et amené en captivité par le roi de Jérusalem Amaury Ier. Ce fut le Nil qui préserva Le Caire.

Simultanément avec « les paumes des ennemis[4] », un soulèvement séditieux en Basse Égypte avait mis en péril le khalifat, le vizirat, la capitale et jusqu'au pays tout entier. Le centre de la rébellion était le chef-lieu de la Garbiyya[5], Al-Maḥalla[6], enfiévré par les agitateurs du dedans et du dehors. Tandis que Ḍirgâm contenait l'invasion des Francs, combinait contre eux la défense et l'attaque, et finale-

1. Plus haut, p. 170.

2. Amaury, dans sa lettre à Louis VII (plus haut, p. 202, n. 2), appelle ainsi le Nil qui « jaillissait du Paradis », de « sa patrie céleste » ; voir Al-Boukhârî, *Les traditions islamiques*, II, p. 430 ; Maspero, *Histoire ancienne*, I, p. 20. Le Nil a été assimilé par la légende au Guîḥôn de la légende biblique sur les quatre fleuves du Paradis (*Genèse*, II, 13).

3. Plus haut, p. 133.

4. 'Oumâra, *Dîwân*, p. 206, l. 5.

5. Plus haut, p. 129, n. 6.

6. Sur Al-Maḥalla, Maḥallat al-kabîr de nos cartes actuelles, voir Reinaud, *Géographie d'Aboulféda*, p. 160 ; *État des provinces*, dans Sacy, *Relation de l'Égypte*, p. 631, n° 1.

ment leur arrachait les fruits de leur victoire, Saif ad-Dîn Al-Ḥousain, un Messie qui guérirait la ville de sa maladie[1], était placé par Rouzzîk inquiet à la tête de troupes sûres. En dehors de son beau-frère, Rouzzîk fit appel, contre le morcellement du Delta, à l'ami de ʿOumâra, qui lui avait donné naguère une maison sur le quai du Canal, à l'amîr aṭh-ṭhahîr Mourtafiʿ ibn Faḥl, connu sous le nom d'Al-Ḥilwâṣ[2]. Je ne sais quels différends avec Ṭalâ'iʿ l'avaient fait mettre par lui sous les verroux dans le quartier de la Barḳiyya[3]. Rouzzîk ne gracia le prisonnier qu'en ramaḍân 557, à la fin d'août ou au commencement de septembre 1162, lorsqu'il réclama ses services[4] pour corroborer ceux de Saif ad-Dîn Al-Ḥousain. Avant d'aller assister Al-Ḥousain dans le redressement de la situation déviée, Mourtafiʿ s'enquit d'un coffret précieux en cuivre que, lors de sa détention, il avait adressé en dépôt à son camarade absent, vrai et constant ami, à son obligé, qui le déclarait « l'incomparable entre les plus grands émirs », à son homme de confiance, à ʿOumâra, qui n'en connaissait pas le contenu et que, deux jours auparavant, il avait gratifié de cinquante petits sacs de farine dont il lui abandonnait le montant[5]. « Mourtafiʿ, à peine libéré, dit ʿOumâra[6], me dit : Où as-tu placé le coffret? — Je répondis : Il est déposé en lieu sûr, à Miṣr. — Il répliqua : Conduis nous à

1. ʿOumâra, *Dîwân*, p. 190, l. 10 et 12 ; 191, l. 2.

2. Id., *An-Noukat*, p. 142, l. 8 ; *Dîwân*, p. 205, l. 16-206, l. 1 ; plus haut, p. 105, n. 6, 120.

3. ʿOumâra, *An-Noukat*, p. 77, l. 4 et 5 ; 141, l. 14 ; 142, l. 1 ; 144, l. 10 et 11. Sur la Barḳiyya, au Nord-Est du Caire, il sera parlé au chapitre cinquième.

4. Id., *Dîwân*, p. 206, l. 206, l. 1 et 2, préambule du n° 69 ; 364, n° 281 ; Partie arabe, p. 536.

5. Id., *An-Noukat*, p. 141, l. 14-142, l. 3-143, l. 7-9 ; cf. p. 76, l. 11-77, l. 1-140, l. 4 et 5.

6. Id., *ibid.*, p. 142, l. 3-8.

cheval vers l'endroit, afin que nous l'y prenions. — Lorsqu'il ouvrit le coffret, il en retira des bijoux et sept cents dînârs en pièces frappées. Il en saisit deux poignées pleines, qu'il mit à part pour moi, en tout cent trente dînârs. Puis il me fit parvenir de la Scharkiyya, sur la récolte, deux cents boisseaux *(irdabb)* de froment. »

Ce fut donc par les environs de Bilbîs que, opérant de concert avec Dirgâm, les généraux Al-Housain et Mourtafi' passèrent pour aller à Al-Mahalla et pour « réparer le désarroi de la Garbiyya et de sa région sablonneuse[1] ». Mourtafi' revint au Caire, vainqueur de l'émeute, avant la fin de ramadân 557[2], avant le douze septembre 1162, quelques jours ayant suffi à la pacification. Le mouvement insurrectionnel, que les insurgés de la Garbiyya[3], repoussés et vaincus, essayèrent de propager dans la province des Puits *(Abyâr* ou *Ab'âr)* et de l'Ile des Banoû Nasr *(Djazîrat Banî Nasr[4])*, fut réprimé, détourné et renvoyé à son point de départ d'insurrection et de désordre par le gouverneur Tâdj al-khilâfa Ward, ancien lieutenant de Talâ'i'[5] et par les officiers de son état-major[6], l'échauffourée locale s'éteignit, les traîtres, instigateurs de la défection, subirent l'effarement de la déroute, les districts pacifiés

1. 'Oumâra, *An-Noukat*, p. 142. l. 9; *Diwân*, p. 206, l. 1, préambule du n° 69.
2. Id., *ibid.*, p. 206, l. 1 et 2.
3. Les habitants de la Garbiyya sont appelés dans le *Diwân*, p. 319, l. 7, en-tête de la poésie 216, «les Magrébins» (المغاربة).
4. Sur cette province, situé au Nord de la Manoûfiyya et sur l'Île, barrage permanent qui coupe le Nil en deux bras, voir 'Oumâra, *An-Noukat*, p. 153, l. 14; *Diwân*, p. 316, l. 8; 318, l. 1; Yâkoût, *Mou'djam*, III, p. 81, l. 1; Ibn Al-Dji'ân, *At-Touhfa*, p. 111; Ibn Doukmâk, *Al-Intisâr*, V, p. 99; *État des provinces*, dans Sacy, *Relation de l'Égypte*, p. 657; Amélineau, *La géographie de l'Égypte à l'époque copte*, p. 283.
5. Plus haut, p. 157.
6. 'Oumâra, *Diwân*, p. 316, l. 8.

sollicitérent l'*amân,* le commerce reprit son essor à Al-Maḥalla, les généraux et les soldats s'éloignèrent de la place qui avait réclamé leur concours[1]. Ward, blessé, désarçonné, isolé, put, grâce à des concours, « au souvenir desquels la rose de la confusion monterait sur chaque joue[2] », rentrer se soigner et se guérir dans son Île des Banoû Naṣr. 'Oumâra salua de ses acclamations joyeuses et de ses félicitations enthousiastes le retour au Caire de son protecteur et ami Mourtafi' Al-Ḥilwâṣ[3].

La Garbiyya lui rendait momentanément Mourtafi'. Le général, après son entrée triomphale au Caire, n'allait plus y être incarcéré, mais récompensé de son succès éclatant par un éloignement, glorieux pour lui et pour son fils Saif al-moudjâhidîn « L'épée des champions de la guerre sainte[4] », libérateur pour Rouzzîk, qui s'imaginait sauver son vizirat par l'exil des candidats éventuels, par le vide absolu fait autour du khalife. La Garbiyya, en compensation de l'émir dont elle était privée, allait accaparer, au détriment de 'Oumâra, un autre de ses intimes, 'Alî Ibn Az-Zoubd, à qui Rouzzîk destinait la préfecture de la province domptée et assagie. Les manteaux d'honneur du dix-neuf ramaḍân 557, du premier septembre 1162, dont Ibn Az-Zoubd fut le bénéficiaire[5], ne précédèrent que de quelques semaines le décret qui le nommait gouverneur d'Al-Maḥalla[6]. 'Oumâra, son contemporain, lui dit combien il s'émeut de son éloignement, déception amère imposée à leur affection réci-

1. 'Oumâra, *Dîwân*, p. 206, l. 5; cf. *An-Noukat*, p. 143, l. 3.
2. 'Oumâra, *Dîwân*, p. 316, l. 12 et 14.
3. Id., *An-Noukat*, p. 142, l. 8 ; 143, l. 9 ; *Dîwân*, p. 205, l. 16-206, l. 8, n° 69.
4. Id., *ibid.*, p. 315 et 316.
5. Plus haut, p. 202 et 203.
6. 'Oumâra, *An-Noukat*, p. 148, l. 6; *Dîwân*, p. 213, l. 3. Dans les deux passages, lisez وُلِّيَ « il fut nommé *wâlî* ».

proque, acquittement bien dû des obligations contractées à son égard par les Banoû Rouzzîk [1] :

Je dis, appuyé sur la sincérité de ma parole et sur une habitude invétérée de ne pas mentir lorsque je parle :

Certes, je louerai un héros dont les nobles actions jouent par rapport aux panégyriques le rôle du souffle vital par rapport au corps.

...Tu t'es distingué par trois mérites pour lesquels, depuis que je les ai reconnus, j'aime faire ton éloge, comme l'œil aime dormir [2] :

D'abord, ta fidélité à tes trois maîtres [3] à une époque où tout homme, investi de la confiance de son frère, le trahit ;

Puis la beauté de ton endurance pour affronter la mort au Jour du Château [4] (Plût à Allâh que le Jour du Château n'eût pas eu lieu !) ;

Enfin, après la mort, ton observance du pacte a été une troisième supériorité, dans laquelle tu as astreint ton cœur à la compagnie de la tristesse [5].

...Aussi, va au devant des années qui s'avancent, apportant ce qui te fera oublier le gémissement du passé,

Et laisse traîner sur les nuages ce qui dépasse du pan de manteaux d'honneur, auxquels tu as prêté une réputation qui dépasse les autres, sans tache.

Ils sont serrés par des boutons [d'or [6]] sur un

1. Oumâra, *Diwân*, p. 365, l. 11-366, l. 12, n° 284.
2. Cité plus haut, p. 167.
3. Le khalife Al-ʿÂḍid, les deux vizirs Ṭalâʾiʿ et Rouzzîk.
4. Plus haut, p. 162, n. 4.
5. L'année écoulée depuis la mort de Ṭalâʾiʿ n'avait pas atténué la douleur d'Ibn Az-Zoubd, fidèle à la mémoire de son ancien « maître ».
6. Addition d'après la p. 142, l. 1.

acte de bravoure et sur une noble action, ils ne sont serrés sur aucune avarice et sur aucune lâcheté.

La rupture du jeûne le premier schawwâl 557, le treize septembre 1162, inspire à ʿOumâra au moins deux poèmes[1] caractérisés l'un et l'autre par la place de moins en moins effacée qu'y occupe le khalife Al-ʿÂḍid, « l'émir des croyants », « l'imâm », qui a vengé le père et qui, jusqu'ici, a maintenu intacte l'autorité souvent oppressive du fils :

Le khalifat a respecté les droits d'un homme remarquable qui n'a pas cessé d'en protéger la gloire et de la défendre contre les ennemis.

En schawwâl 557, vers la fin de septembre 1162, Al-Moukarram ʿAlî Ibn Az-Zoubd fut invité à rejoindre son poste d'Al-Maḥalla. ʿOumâra, qui s'était toujours maintenu en sa compagnie dans le sillage des Banoû Rouzzîk, s'émut de la mesure qui le séparait d'un compagnon ayant fraternisé avec lui depuis son établissement au Caire, s'étant montré constamment à son égard un dispensateur généreux de la rosée abondante au point d'être pour lui une Kaʿba. Les adieux du *ḳâḍî-poète* au nouveau préfet de la Garbiyya sont ceux d'un ami reconnaissant, navré[2] :

Dis à Al-Moukarram (l'Honoré), et de tels surnoms sont apposés sur ses hautes qualités, comme le burin sur la pierre :

O Kaʿba de la rosée, si j'avais un espoir, mon pèlerinage et ma visite des lieux saints amèneraient vers moi, demain matin[3], cette Kaʿba.

1. ʿOumâra, *Diwân*, p. 198-190, n° 61 ; 310, l. 1-3, n° 207.

2. Id., *An-Noukat*, p. 148, l. 6-149, l. 7 ; cf. *Diwân*, p. 273, l. 3, n° 154.

3. Lisez le verbe غَدَا avec M. De Goeje, article cité, comme dans *An-Noukat*, p. 119, l. 8.

Si tu te résous librement à partir en voyage, Allâh approuvera le résultat de ce voyage.

...Je t'ai accordé une affection digne de ta réputation, vers la pureté de laquelle les jours ne laissent monter aucune souillure.

« Et, dit 'Oumâra, lors des adieux que je lui fis, je rencontrai par hasard un de ses mandataires qui fabriquait à Damiette des pièces de lin fin [1]. Ibn Az-Zoubd me remit sur ce qui venait de lui parvenir une bande d'étoffe de collectionneur (?) [2], un bandeau de turban et un voile de gaze, long de trente coudées, dont le dessin était d'une seule trame, objets fabriqués pour lui-même. Après avoir congédié son envoyé, il me combla d'autres largesses, dont un habillement complet, à la robe et au turban dorés. »

La garde-robe de 'Oumâra renouvelée, son costume et son turban redorés, il n'en faut pas plus pour apaiser sa douleur peu profonde. A peine son impassibilité est-elle altérée par l'abîme qui se creuse à vue d'œil entre le khalife et le vizir. La jalousie de l'imâm, excitée par les détracteurs de Rouzzîk et par les prétendants au vizirat, ne connaît plus de bornes. Schâwar et ses partisans, s'ils n'interviennent pas encore directement, pratiquent de sourdes menées. Rouzzîk, menacé, ombrageux, n'a sans doute pas seulement écarté de la scène Ibn Az-Zoubd, mais il a obtenu d'autres bannissements sous forme de promotions et

1. Les ateliers d'étoffes précieuses étaient concentrés à Tinnts (cf. 'Oumâra, *Diwân*, p. 234, l. 10; 615, l. 1), et à Damiette (*An-Noukat*, p. 148, l. 6 et 7; cf. 139, l. 5; *Diwân*, p. 161, l. 13). Voir à leur sujet A. von Kremer, *Culturgeschichte des Orients*, II, p. 289.

2. Il y avait au Caire de grands magasins vestiaires (*makhâzin al-kiswa*), véritables musées, dont les conservateurs seraient des *khazâ'ini*. Ajoutez peut-être ce mot à la nomenclature très complète donnée par M. Max Van Berchem, *Matériaux*, p. 347-348, des termes techniques appliqués à la direction des trésors d'étoffes et de costumes.

déblayé systématiquement les avenues du Caire encombrées des émirs ses rivaux. 'Izz ad-Dîn Ḥousâm, investi par Aṣ-Ṣâliḥ Ṭalâ'i' de la préfecture d'Ouschmoûnain, a été invité à regagner sa résidence de Mounyat Banî Khaṣîb[1] ; Saif ad-Dîn Al-Ḥousain va expier sa franchise par son envoi aux extrémités du pays, peut-être à Damanhoûr, près d'Alexandrie, pour administrer la Bouḥaira[2] ; Tâdj al-khilâfa Ward est prié de retourner administrer l'Île des Banoû Naṣr « avec un avant-bras très solide et une brasse parfaite[3] » ; enfin Mourtafi' et son fils Saif al-moudjâhidîn, sont désignés, si je ne m'abuse, pour la succession de Schâwar, à Ḳoûṣ, par le vizir inquiet, avec la connivence du khalife aigri, khalife et vizir voulant chacun faire le vide autour de l'autre[4]. Rouzzîk n'ignore pas que le Grand palais d'Al-'Âḍid est devenu le foyer d'une conspiration ardente contre la régence trop pesante et le vizirat trop prolongé du « roi juste, vainqueur ». Le sort du père assassiné semble destiné au fils, à moins qu'il ne parvienne à calmer les dispositions homicides du khalife, son beau-frère, partisan de la suppression du vizirat[5], de moins en moins inoffensif à mesure qu'il prend conscience de sa personne mûrie et de ses fonctions supérieures, religieuses et profanes. Rouzzîk, qui sent le terrain s'affaisser sous ses pieds, perd l'équilibre et la terreur l'affole.

1. Voir ma note détaillée, p. 220, n. 2.
2. Plus haut, p. 129-131.
3. 'Oumâra, *An-Noukat*, p, 154, l. 2; cf. plus haut, p. 129, 157 et 210.
4. Plus haut, p. 211, et plus bas, p. 218-220.
5. Ibn Tagrîbardî, *An-Noudjoûm*, fol. 34, cité plus haut, p. 192, n. 1. Il ajoute que le khalife intrigua auprès de Schâwar : فدسّ الى شاور. Quelques lignes plus bas, *ibid.*, on lit : والعاضد فى الباطن مع شاور « Et Al-Âḍid faisait secrètement cause commune avec Schâwar. »

Ce moment psychologique, qui exigeait la diplomatie et la prudence, Rouzzîk le choisit pour un geste de défi, qui hâta sa perte. Pour grand que fût le péril né de son dissentiment avec le khalife, l'indécision passive de celui-ci, son goût du repos et des moyens dilatoires laissaient le champ libre, sinon à la réconciliation sincère, du moins aux médiations amiables ou aux arrangements temporaires. Le *statu quo* précaire aurait duré si, avant la fin de schawwâl 557, avant le onze octobre 1162, Rouzzîk, dans un accès de délire mental, n'avait pas rompu avec Schâwar, son concurrent le plus redoutable, et ne l'avait pas révoqué de la préfecture du Ṣa'îd supérieur, où son intérêt vital était de l'éterniser dans une indépendance lointaine. Cette destitution brutale lui avait été suggérée par 'Izz ad-Dîn Ḥousâm, son cousin par sa mère, conseiller intéressé, haineux et trop peu suspecté, par d'autres membres de sa famille, aspirant au pouvoir du dépossédé, par des cousins du khalife, héritiers malveillants et hypocrites des deux tantes assassinées. Saif ad-Dîn Al-Ḥousain, cousin, beau-frère et ami fidèle de Rouzzîk, fut seul à lui tenir le langage de la sincérité et de la sagesse et à lui démontrer les périls de l'aventure dans laquelle on tentait de l'engager. Quelle folie d'oser toucher, par caprice et sans urgence, à la situation inébranlable de Schâwar dans sa province, dont le préfet était réputé le plus grand personnage d'Égypte après le vizir[1] ! « Je ne me soucie pas, aurait dit Rouzzik, d'après Ibn Tagrîbardî[2],

1. Ibn Al-Athîr, *Chronicon*, XI, p. 191, et dans *Hist. or. des croisades*, I, p. 528 ; Aboû Schâma, *Kitâb ar-rauḍatain*, I, p. 165, l. 6 et 7, et dans *Hist. or. des croisades*, IV, p. 123 ; Aboû'l-Fidâ, *Annales Moslemici*, III, p. 587.

2. Ibn Tagrîbardî, *An-Noudjoûm*, fol. 25 r°, l. 3 : فاشار عليه سيف الدين الحسين (ms. حسين) بإبقائه فقال رزّيك ما لى طمع فيما آخُذُه منه ولكن أُريده يطأ بساطى فقيل له ما يدخل ابدا فما قبل.

de ce que je vais lui enlever ; mais je veux qu'il foule mon tapis aux pieds.— On lui aurait répondu : Mais jamais il n'entrera dans ta maison. Il ne se laissa pas convaincre. » Cet avertissement, confirmant les dernières instructions de Ṭalâ'i' mourant[1], aurait dû le mettre en garde contre pareille aberration ; mais l'égarement de son esprit obsédé, harcelé, hors des gonds, imposa ce coup de tête à son fatal aveuglement.

Al-Moukarram[2] Aboû Schoudjâ' Schâwar[3] ibn Moudjîr As-Sa'dî[4] Al-Hawâzinî[5] Al-Badawî[6], rendu intangible par les interdictions de Ṭalâ'i', avait su rester indemne et invulnérable, grâce à son caractère indomptable, grâce à son armée d'Arabes et d'hommes du Ṣa'îd, ramassis de milices plus

1. Plus haut, p. 169.

2. امير يُنعَت بالمكرَّم واسمه شاور « un émir surnommé Al-Moukarram (l'honoré), et dont le nom était Schâwar », dit le continuateur de l'*Histoire des patriarches d'Alexandrie* (ms. 302), II, p. 243, cf. p. 244. Cette indication, donnée deux fois, ne se retrouve dans aucun autre de mes documents.

3. Les Banoû Schâwar sont une ancienne tribu Hamdânité du Yémen; voir Al-Hamdânî, *Djazîrat al-'Arab*, p. 70, 111, 112; Wüstenfeld, *Register*, p. 418.

4. Schâwar n'était pas, comme 'Oumâra, issu des Banoû Sa'd al-'Aschîra (plus haut, p. 23), mais des Banoû Sa'd ibn Djoudhâm ; voir Wüstenfeld, *El-Macrizi's Abhandlung über die in Ægypten eingewanderten arabischen Stämme* (Gottingen, 1847), p. 55. 'Oumâra ne cite nulle part son ethnique As-Sa'dî ; je l'emprunte à Ibn Al-Athîr, *Atabeks de Mosul*, dans *Hist. or. des croisades*, II, II, p. 215 ; Aboû Schâma, *Kitâb ar-rauḍatain*, I, p. 130, l. 7 ; 165, l. 4 (vers de Ṭalâ'i'), et *passim* ; Ibn Khallikân, *Biographical Dictionary*, I, p. 608 ; Ibn Tagrîbardî, *An-Noudjoûm*, fol. 34 v° ; As-Souyoûṭî, *Ḥousn al-mouḥâḍara*, II, p. 163 ; etc. L'arbre généalogique, qui rattache Schâwar à Ibn Abî Douwaib, père de Ḥalîma, la nourrice du Prophète, et qui a été reproduit par Ibn Khallikân, *loc. cit.*, lui a été indiqué par un descendant de Schâwar (*ibid.*, I, p. 611).

5. Ethnique tiré de Hawâzin ibn Manṣoûr (Wüstenfeld, *Register*, p. 219-220), que j'emprunte à l'article Schâwar, dans Adh-Dhahabî, *Ta'rîkh al-islâm*, ms. 649 de l'ancien fonds d'Oxford, fol. 259 r°, d'après une aimable communication de M. D. Margoliouth.

6. Schâwar est appelé « le Bédouin » par Ibn Tagrîbardi, *An-Noudjoûm*, fol. 25 v°.

nombreuses que disciplinées, esclaves[1] capables d'élans irrésistibles, grâce à l'étendue de son vaste fief, enfin grâce à la crainte que son individualité et sa puissance inspiraient à quiconque aurait tenté de les attaquer. Ses liens, relâchés avec la domination du khalifat, avaient créé en sa faveur une situation de tolérance, qu'il y avait profit à ne pas ébranler par le moindre choc[2]. Rouzzîk poussa l'extravagance jusqu'à lui donner pour successeur en titre un jeune audacieux sans passé, sans illustration et sans expérience qui, si ma conjecture se confirme, s'était seulement distingué jusque-là par son énergie guerrière, au point d'être surnommé Saif al-moudjâhidîn[3] « l'Épée des champions de la guerre sainte ». La notoriété de son père, si je ne fais pas fausse route, avait contribué à son avancement insolite. Le nom de l'émir Ibn Ar-Rif'a « Le Fils de l'élévation », transmis par quelques chroniqueurs[4], n'est même pas mentionné par 'Oumâra, si bien informé sur les hommes et les choses de l'Égypte et du Caire. Or, cette désignation n'a-t-elle pas l'allure d'un pseudonyme ou d'un sobriquet? Il semble y avoir là un jeu de mots transparent, dont l'explication plausible permet peut-être de résoudre le problème historique ainsi posé.

1. Ibn Tagrîbardî, *An-Noudjoûm*, fol. 34 v° : وجمع اوباش الصعيد من العبيد والاوغاد « Et il réunit les ramassis du Ṣa'îd, esclaves et valets. » Peut-être les Soudanais et les Nubiens, ainsi que me le suggère M. C. H Becker.

2. Ibn Al-Athîr, *Chronicon*, XI, p. 191, et dans *Hist. or. des croisades*, I, p. 526 et 528 ; Aboû 'l-Fidâ, *Annales Moslemici*, III, p. 587.

3. Même surnom est attribué à Ḍirgâm par le continuateur de *l'Histoire des patriarches d'Alexandrie*, II, p. 246.

4. Ibn Khaldoûn, *'Ibar*, IV, p. 88, l. 3 ; Al-Maḳrîzî, *Al-Khiṭaṭ*, II, p. 46, l. 6 ; Ibn Tagrîbardî, *An-Noudjoûm*, fol. 25 r°, l. 5 ; Wüstenfeld, *Geschichte der Faṭimiden-Chatifen*, p. 328, qui me paraît supposer arbitrairement qu'Ibn Ar-Rif'a aurait été un parent de Rouzzîk.

Je présume qu'Ibn Ar-Rif'a, chargé de cette mission téméraire et malencontreuse, n'est autre que le fils de l'ancien détenu politique récemment libéré, de l'un des deux pacificateurs d'Al-Maḥalla, de l'amîr aṭh-ṭhahîr Mourtafi' ibn Faḥl, connu sous le nom d'Al-Ḥilwâṣ[1]. Les injonctions de Rouzzîk hâtèrent le départ du préfet improvisé, sommé d'aller incontinent procéder à son installation dans sa résidence de Ḳoûṣ. Mourtafi', dont la présence au Caire n'était pas agréée, fut sans doute invité avec déférence et fermeté à accompagner son fils et à munir l'administrateur du Ṣa'îd supérieur de sa direction éprouvée. L'identification proposée semble trouver un surcroît de vraisemblance dans l'allusion que fait 'Oumâra[2] à une halte d'Ibn Mourtafi' à Ikhmîm, en Haute Égypte, non loin du séjour assigné à Ibn Ar-Rif'a.

Schâwar n'attendit point l'arrivée de son successeur pour relever le défi outrageant que Rouzzîk lui avait étourdiment porté. Dans la prévision de sa destitution prochaine, marchepied souhaitable à ses ambitions, il avait d'avance combiné ses plans, levé et exercé des troupes considérables[3], accéléré ses préparatifs. Aussitôt la guerre déclarée, Schâwar quitta sa capitale, dont il avait, au préalable, assuré la défense contre un coup de surprise, sortit de son territoire et prit résolument l'offensive. Les justes remontrances de Saif ad-Dîn Al-Ḥousain le firent écarter par Rouzzîk comme chef militaire d'une expédition dont il l'avait dissuadé et dont il avait prédit l'issue fâcheuse. J'ai supposé qu'on se

1. *Mourtafi'* « élevé » est le concret de *rif'a* « élévation », de même racine. Sur Mourtafi', voir plus haut, p. 105-107, 120, 142, n. 4, 209-210.

2. 'Oumâra, *Dîwân*, p. 315, l. 13, dans le n° 215, « épître à l'émir Saif al-moudjâhidîn ibn Mourtafi' lors de son voyage », d'après D ; « adieux à Al-Ḥilwâṣ », c'est-à-dire à Mourtafi', d'après E (Partie arabe, p. 532).

3. Ibn Al-Athîr, *Chronicon*, XI, p. 191, et dans *Hist. or. des croisades*, I, p. 528.

débarrassa de son franc-parler par des honneurs imposés. A Mourtafi' et à son fils Saif al-moudjâhidîn le vizir Rouzzîk adjoignit le général 'Izz ad-Dîn 'Aḍoud ad-Daula Aboû 'l-Mouhannad Ḥousâm [1] qui, loin de s'être compromis par des avertissements jugés intempestifs, avait préconisé avec insistance la nécessité de l'entrée en campagne immédiate, qui brûlait de mesurer ses forces avec celles de Schâwar, qui comptait, avec l'aide d'Allâh, le vaincre et l'anéantir, lui et son armée, qui frémissait de rage belliqueuse dans sa résidence de Mounyat Banî Khaṣîb [2], autrefois occupée par Ṭalâ'i' lui-même avant sa prise de possession du vizirat. Cette ville fortifiée, située au Sud de la capitale, dans la direction de Ḳoûṣ, avait multiplié les contacts de Ḥousâm avec son puissant voisin Schâwar, dont l'autorité était limitrophe de la sienne. De là des frottements personnels et des querelles locales, dont Ḥousâm s'efforça de grossir, aux yeux de Rouzzîk, l'importance, afin de lui inculquer et de lui faire partager son impatience, son ressentiment, son hostilité, bien que Schâwar n'eût répondu par aucunes représailles à ses provocations réitérées.

1. Plus haut, p. 101, n. 4, 129-132, 137, 149, etc.

2. Yâḳoût, *Mou'djam*, IV, p. 675 : Mounyat Abî 'l-Khouṣaib; Ibn Khallikân, *Biographical Dictionary*, I, p. 657, où Slane lit Mounyat Banî Khaṣîb; je suis son exemple avec ma confiance accoutumée dans cet arabisant incomparable. Même vocalisation donnée par Jean Léon African, *Description de l'Afrique*, éd. Schefer, III, p. 396-397, et par l'*État des provinces*, dans Sacy, *Relation de l'Égypte*, p. 697, n° 99. Quatremère, *Mémoires sur l'Égypte*, I, p. 243-246 et 493, hésite pour le premier mot entre Mounyat et Minyat, mais lit le second Khaṣîb. Minya, avec *kasra*, est la prononciation moderne selon Bædeker, *Lower Egypt* (éd. de 1895), p. xxxvi, et *Upper Egypt* (éd. de 1892), p. 1 et 9. Wüstenfeld, *Geschichte der Faṭimiden-Chalifen*, p. 322 : Munja Banu Chuçeib. Sur Mounya dans la toponymie égyptienne, écourté peut-être, par l'intermédiaire du copte Μωνη, du grec μοναστήριον, voir Quatremère, *Mémoires*, I, *loc. cit.* ; Gildemeister, *Der Name chân minje*, dans le *Zeitschrift des deutschen Palästina-Vereins*, IV (1881), p. 194-199 ; Amélineau, *La géographie de l'Égypte à l'époque copte* (Paris, 1893), p. 257-260 ; C.-H. Becker, *Papyri Schott-Reinhardt*, I (Heidelberg, 1906), p. 33 et 107.

« Ce fut par les mains de Ḥousâm, dit un historien[1], que la volonté d'Allâh mit fin à la dynastie des Banoû Rouzzîk[2]. Car il mit dans le cœur du vizir l'inimitié et la haine contre Schâwar Al-Moukarram.... Ḥousâm s'en prenait aux compagnons d'armes de Schâwar, à ses envoyés et à ses jeunes officiers sur terre et sur le Nil, les frappant, les maltraitant, les emprisonnant et lui infligeant en leurs personnes toute espèce de difficultés. Il n'y a pas d'affront qu'il épargnât à Schâwar. Celui-ci lui écrivit à plusieurs reprises pour chercher à se le rendre propice et pour solliciter une entente avec lui, en rappelant qu'il était le serviteur et la créature de son oncle maternel. A ces ouvertures, Ḥousâm répondit en prenant un joli coffret ; il y plaça deux nerfs de bœuf teints et les adressa à Schâwar, qui, en les voyant, éprouva une vive agitation et eut des velléités de

1. Le continuateur anonyme de l'*Histoire des patriarches d'Alexandrie* (ms. 302, II, p. 244, texte copié par M. Noël Giron) : وكان للصالح ابن اخت اسمه حسام ونعته عزّ الدين هذا كانت ارادة الله ان يزول دولتهم على يديه فجعل فى قلبه بغضة شاور المكرّم وعداوته وكان خاله الصالح قد ولّاه منية بنى خصيب فكان يمسك اصحاب شاور ورسله وغلمانه فى البرّ والبحر يضربهم ويهسهم ويعتقلهم ويُجرِى عليه منهم كلّ صعوبة وآل امرُه مع شاور الى كلّ قبيح فكتب شاور اليه دفوعا كثيرة (ms. دفوع كثير) يستعطفه ويطلب مسالمته ويقول له أنّه مملوك دولة خاله وصنيعته (ms. وصعه) فجاوبه عن ذلك بان اخذ صندوق (sic) لطيف (sic) وعمل فيه دِرّتين جلود بقر مصبغة وانفذهم (sic) لشاور فلمّا رآهم (sic) قام وقعد وكاد يقتل نفسه.

2. De même Ibn Abî Ṭayy, dans Aboû Schâma, *Kitâb ar-rauḍatain*, I, p. 165, l. 11 (*Hist. or. des croisades*, IV, p. 124).

suicide. » Rouzzîk se laissa facilement entraîner dans le courant d'une malveillance qui flattait ses passions intimes et ne résista pas aux excitations persuasives vers ce qui depuis longtemps absorbait sa pensée et couvait dans son cœur, projets longtemps différés, jamais abandonnés. Mais, conscient que, s'il sortait du Caire, il n'y rentrerait pas vivant, il renonça à prendre sa part de l'action et confia à l'émir Ḥousâm le soin de venger leur ressentiment commun sur leur même adversaire, sans hésitation, sans atermoiements, sans merci, jusqu'au bout de l'entreprise, jusqu'à extinction de l'ennemi. Dans la conception de Rouzzîk, son oncle, Badr Ibn Rouzzîk, devait seconder Ḥousâm par une diversion au Nord, en s'avançant jusqu'à Taroûdja, afin de fermer l'accès des passages ouverts à Schâwar pour le conduire des Oasis à la Bouḥaira [1]. Les instructions du vizir furent contrecarrées par l'habileté de Schâwar.

Le choix de Ḥousâm acheva d'exaspérer le préfet révoqué. Sa vengeance inexorable d'offensé serait tirée du vizir Rouzzîk, du généralissime Ḥousâm, de l'émir Badr Ibn Rouzzîk, des fonctionnaires militaires et civils nommés et mis en route, ainsi que de leurs acolytes, par son intrépidité de guerrier, sa tactique d'officier, par l'incorporation et le dressage de ses recrues, par ses « résolutions dégainées dont les tranchants ne s'émoussent pas sur le roc [2] ». Dans la pensée de Rouzzîk, Schâwar serait écrasé infailliblement par l'effort combiné de Ḥousâm, qui lui barre-

1. Taroûdja est un bourg de la Bouḥaira, dans le district d'Alexandrie. De Ḳoûṣ on y parvenait en traversant du Sud au Nord la série des Oasis *(Wâḥât)* qui se succèdent sans solution de continuité à l'Ouest du Nil et du Caire; cf. 'Oumâra, *An-Noukat*, p. 73, l. 5 et 6 ; Yâḳoût, *Mou'djam*, I, p. 845; IV, p. 548 et 873 ; Ibn Khallikân, *Biographical Dictionary*, I, p. 342, 608 et 611.

2. 'Oumâra sur Schâwar, dans Aboû Schâma, *Kitâb ar-rauḍatain*, I, p. 132, l. 22, vers 35 du n° 16 ; cf. *Dîwân*, p. 167-170.

rait les issues vers le Nord, et de Badr, qui s'opposerait à ce qu'il transportât le champ de bataille de la Haute à la Basse Égypte.

La bataille de Daldja[1], dans la Haute Égypte, fut un succès pour 'Izz ad-Dîn Ḥousâm, qui le considéra comme décisif, qui sourit avec complaisance lorsque 'Oumâra l'appela dorénavant Al-Mouṭhaffar[2] « le Victorieux de par Allâh », surnom honorifique qu'il venait de récolter sur le champ de bataille. Il crut son ennemi terrassé et la partie absolument gagnée. La lutte lui paraissait terminée par cet exploit, et « le Victorieux » arriva, superbe, aussitôt après, aux environs du Caire, dans l'Île de l'Or de Djîzéh[3], pour y recueillir les félicitations du khalife et du vizir, les compliments de ses pairs accourus et, en dernier lieu, du *ḳâḍî* 'Oumâra, seul retardataire, les acclamations du peuple enclin à flatter ses illusions. Pendant que, plus de trois jours de suite, on se congratulait, que Le Caire et sa

1. Lisez ainsi dans 'Oumâra, *An-Noukat*, p. 117, l. 3, comme *ibid.*, p. 110, l. 8. Sur Daldja, dans la province d'Ouschmoûnain, voyez Yâḳoût, *Mou'djam*, II, p. 583 ; Al-Maḳrîzî, *Al-Khiṭaṭ*, I, p. 239 ; trad. Bouriant, p. 710 ; Quatremère, *Mémoires*, I, p. 369-370 ; *État des provinces*, dans Sacy, *Relation de l'Égypte*, p. 695 ; Amélineau, *La géographie de l'Égypte*, p. 175-176 et 488. Il est fait allusion à un engagement d'Asad ad-Dîn Schîrkoûh à Daldja, dans un vers cité par Aboû Schâma, *Kitâb ar-rauḍatain*, I, p. 133, l. 11 ; cf. *ibid.*, I, p. 168, l. 25 et 27.

2. Vers de 'Oumâra, dans ses *Noukat*, p. 112, l. 4.

3. L'Île de l'Or (lisez ainsi plus haut, p. 185, l. 4), au Sud-Ouest de Djîzéh, au Sud de l'Île de Rauḍa, en face de Fousṭâṭ, au Sud du Caire, est un lieu de plaisance, avec de beaux arbres fruitiers et de riches palmeraies touffues; voir Jean Léon African, *Description de l'Afrique*, éd. Schefer, III, p. 347-348. L'Île de l'Or aurait mérité d'être appelée, comme sa voisine, la *Rauḍa* « le Jardin ». A toutes deux s'applique la description de celle-ci, par Ibn Djoubair, *Viaggio*, tr. Schiaparelli, p. 25 : « Entre Djîzéh et Miṣr il y a une île contenant des habitations délicieuses avec des belvédères élevés qui servent de lieux de rendez-vous pour jouer et se divertir. Elle est séparée de Miṣr par un bras du Nil qui la baigne. » L'Île de l'Or (*Djazîrat adh-dhahab*) est marquée sur les deux Cartes des environs du Caire, dans Bædeker, *Lower Egypt*, p. 126 et 132.

banlieue célébraient des réjouissances publiques, Schâwar profitait de l'accalmie générale, avouait publiquement sa défaite qu'il feignait de croire irrémédiable, trompait la surveillance plus relâchée des chefs subalternes, quittait Ḳoûṣ pour une destination inconnue et déposait les armes en bon musulman, résigné à ne les reprendre ni en dhoû 'l-ḳa'da, ni en dhoû 'l-ḥidjdja, ni en mouḥarram. La trève tacite simulée par Schâwar sembla justifier les espérances de Ḥousâm et de Badr : ils se désintéressèrent du fugitif défait qui s'était contenté d'une faible escorte[1] et qui paraissait ne pas en appeler de sa déroute, lui laissèrent les coudées franches et, orgueilleusement immobilisés dans leur sécurité, abandonnèrent la piste du héros vaincu et jugé anéanti.

Le Victorieux 'Izz ad-Dîn Ḥousâm, dans sa présomption hautaine, ne soupçonna pas que le danger, arrêté par la bataille de Daldja, allait renaître sur un autre terrain et être déchaîné avec plus de violence par Schâwar, lorsqu'il aurait réparé ses forces entamées. Et cependant, après la défaite de Ṭarkhân à Damanhoûr, trois ans auparavant[2], il avait déclaré à 'Oumâra ne craindre, parmi les prétendants au vizirat, les atteintes d'aucun à « la royauté », excepté celles de Schâwar[3].

« Après que Ḥousâm fut arrivé de Daldja, dit 'Oumâra[4], tandis que Schâwar s'en allait de nuit vers les Oasis, je demandai à An-Nâṣir Rouzzîk la permission d'aller saluer Ḥousâm. Rouzzîk dit : Tu ne l'as donc pas encore salué jusqu'à présent ? Or, il est depuis trois jours dans l'Île de l'Or. Je m'y rendis et il me reprocha mon abstention à son égard.

1. في جماعة قليلة, dit Ibn Tagrîbardî, *An-Noudjoûm*, fol. 25 r°.
2. Plus haut, p. 129-130.
3. 'Oumâra, *An-Noukat*, p. 111, l. 11-12.
4. 'Oumâra, *An-Noukat*, p. 110, l. 8-111, l. 4.

Puis il demanda : Quel don d'hospitalité m'as-tu préparé? — Je répondis : Mon estime et ce que rendra bienséant ta générosité. — Approprie-toi, dit-il, ce qui est sous le coussin. — J'y trouvai cinquante dînârs. Il ajouta : J'ai envoyé à chacun de mes familiers, par mon intendant, un cadeau et je t'ai oublié à dessein, parce que je t'en voulais d'avoir interrompu mon éloge pendant dix-huit mois. — Je repris : Je ne t'aurais pas visité dans la Bouḥaira sans y être appelé par une lettre de toi. Si tu m'avais écrit, je serais accouru. — Il s'écria : Laisse-nous causer d'autre chose. »

'Oumâra retourna au camp de l'Île de l'Or et arriva le dernier à la réception de Ḥousâm, qui le reconnut à son costume de *ḳâḍî*[1]. « Donne à souper aux assistants », dit Ḥousâm à Ward. « Alors, d'après 'Oumâra[2], Ḥousâm se leva de la natte dans la direction de la tente. Il s'y assit pour me recevoir, jusqu'à ce que je l'aie salué. Or, son père dormait dans la tente. Ḥousâm dit à son père : Laisse-nous la tente, que nous nous mettions à notre aise, moi et un tel. Puis il me questionna : Donne-moi satisfaction, informe-moi de quel œil on me regarde chez vous et n'enjolive rien. — Je lui répondis : C'est toi qui es l'émir 'Izz ad-Dîn Ḥousâm. — Pas autre chose? demanda-t-il. — Je répliquai : Pas autre chose. — Et il paraissait vouloir tirer de moi plus que cela. Il s'écria : Par Allâh, si je n'avais pas été là pour repousser Schâwar, ton ami le Cavalier des musulmans [Badr] aurait été contraint à restreindre ses libations de spiritueux accompagnées de chansons sur les belvédères du Canal[3]. Puis il ajouta : Tant que je profiterai de ta sincérité à me don-

1. Plus haut, p. 185.

2. 'Oumâra, *An-Noukat*, p. 117, l. 8-118, l. 10.

3. Allusion au rôle qui avait été assigné à Badr dans la lutte, si Schâwar la transportait précipitamment vers le Nord de la Basse Égypte ; voir plus haut, p. 223.

ner de bons avis, je te devrai quantité de sages conseils. — Je lui dis : Combien de jeunes gens as-tu dans ton état-major ? — Il répondit : Énormément. — Je repris : Et combien de nègres porteurs des armes ? — Une troupe nombreuse. — Je dis alors : Je pense pour toi que, lorsque tu chevauches, tu ne devrais pas amener un seul nègre et plus de dix aides de camp. Ne te modèle pas sur ton cousin du côté maternel, Madjd al-islâm[1] ; car, Aṣ-Ṣâliḥ a eu un successeur qui, unissant la légèreté de la jeunesse à l'éclat de sa royauté, a mauvaise opinion de toi, tandis que les deux hommes éminents, Badr et Al-Ḥousain, sont ses familiers. Or, entre toi et eux, tu sais ce qui vous sépare, selon la parole du poète :

Comment l'homme réussirait-il dans ce qu'il recherche,
alors que ses ennemis sont assis chez l'émir ?

« Ḥousâm dit : Tu m'as bien conseillé. — Et il ne tarda pas à gagner Le Caire. »

Au sortir de la tente, Ḥousâm et 'Oumâra rejoignirent, non seulement Al-Moukarram Ward, mais encore les autres assistants, parmi lesquels le frère de 'Izz ad-Dîn Ḥousâm, Nadjm ad-Dîn Mou'ayyad. Ce personnage de second plan, qui n'a pas encore été mentionné dans ce récit, fut plus d'une fois mêlé à la vie de 'Oumâra, « le prédicateur de sa gloire », qui, « en le louant, faisait un acte d'obéissance le rapprochant de l'obéissance à Allâh[2] ». Voici un épisode que je suppose avoir eu lieu ce jour-là dans l'Île de l'Or[3] : « Un jour, 'Izz ad-Dîn Ḥousâm me dit : Que penserais-tu si j'enchérissais sur Ward et sur mon frère Mou'ayyad

1. Le texte porte Roukn al-islâm qui, dans les *Noukat*, désigne Zakî ad-Dîn Nadjm, frère de Schâwar. Madjd al-islâm, c'est le vizir Rouzzîk ; cf. plus haut, p. 101, 136 et 137. Le texte, par inadvertance, le désigne comme l'oncle au lieu du fils de l'oncle, du cousin par sa mère.

2. 'Oumâra, *Dîwân*, p. 209, l. 2 et 4.

3. Id., *An-Noukat*, p. 150, l. 11-152, l. 2 ; cf. *Dîwân*, p. 189, n° 47.

pour obtenir en ta faveur de chacun d'eux un manteau d'honneur. — Je répondis :

Et ce qui n'est pas naturel sent l'effort.

« Puis il s'adressa à son frère : Il ne sied pas à un homme tel que toi de ne pas chercher habilement l'éloge d'un tel par l'envoi de présents. — Il répéta les mêmes paroles à Ward.

« Pour ce qui est de son frère, celui-ci me fit tenir une pièce d'étoffe qu'on roule autour de la tête, dont la longueur était de cent coudées. Je la lui rendis en ajoutant : Je ne veux rien autre que l'achat pour moi d'une copie du *Kâmil*, par Al-Moubarrad, en dix gros fascicules[1]. Il l'acheta et eut ensuite envie de la garder. Je lui écrivis alors :

O maître, dont les supériorités ont dominé par elles-mêmes, sans avoir besoin d'être décrites et signalées,

Si tu n'as pas envie des rimes, soufflette avec elles le visage de l'espérance et rends-les.

Car la mère ne refuse jamais, lorsque ses gendres ne la traitent pas à la perfection, qu'ils répudient ses filles.

« Mou'ayyad se mit en colère : Tu as dirigé une satyre contre moi, dit-il. — Non, répondis-je, mais un reproche. Seulement tu ne sais pas distinguer entre la satyre et le reproche. — Nous prîmes 'Izz ad-Dîn pour arbitre. Il trancha la question en ma faveur : Mou'ayyad me fit porter la copie, la pièce d'étoffe, de l'or, et devint un de mes amis.

« Quand à Ward, 'Izz ad-Dîn ne cessa pas de polir sa rouille et d'ouvrir la porte de sa générosité, jusqu'à ce qu'il

1. Aboû'l-'Abbâs Al-Moubarrad, né à Al-Baṣra en 210 (826), mort à Bagdâd en 285 (998) ; voir Brockelmann, *Geschichte der arabischen Litteratur*, I, p. 108-109. Si on laisse de côté les suppléments, index et notes, c'est en dix fascicules également qu'a paru l'édition magistrale du *Kâmil*, par William Wright, Leipzig, 1864-1892.

suivît son exemple et sortît de son sommeil. 'Izz ad-Dîn lui récita ce vers d'Ibn Ḥayyoûs[1]:

Certes les éloges sont un ornement des assemblées, ils ne sont interdits qu'en l'honneur des avares.

« Alors, les sources ruisselantes de Ward frayèrent un chemin à sa générosité, et la mèche de sa compréhension devint un tison enflammé au point qu'il me fit des dons bienfaisants, dont je le louai en vers qui garderont seuls sa mémoire, « comme si, en dehors de ce que j'ai dit, rien n'avait été dit[2] ».

« Après le retour de Ḥousâm au Caire, dit 'Oumâra[3], je lui apportai un poème. Il me demanda la faveur d'en prendre connaissance avant que qui ce fût l'eût entendu. S'il est beau, je lui ai réservé un beau cadeau. — Je répondis: Tu n'entendras mes vers que de ma bouche. Ensuite je lui citai la parole d'Al-Bouḥtourî[4] :

Écoute ce beau parleur, ton admiration croîtra pour lui; car, c'est sur leurs branches qu'est le charme des roses.

« Je lui récitai mon poème. Leurs jours ne se prolongèrent pas longtemps. »

1. Aboû 'l-Fityân Moḥammad ibn Soulṭân ibn Moḥammad Ibn Ḥayyoûs Al-Ganawî (cf. 'Oumâra, *Dîwân*, p. 422-423) le chantre des Mirdâsites d'Alep, naquit à Damas en 394 (1003) et mourut à Alep en 473 (1081) d'après Ibn Khallikân, *Biographical Dictionary*, III, p. 138-144.

2. 'Oumâra, *An-Noukat*, p. 152, l. 11. Vers douzième d'une poésie de 60 vers, dans *An-Noukat*, p. 152, l. 2-153, l. 10; *Dîwân*, p. 316, l. 7-318, l. 5 (voir plus haut, p. 210). Ward n'avait pas attendu l'avertissement de Ḥousâm pour offrir à 'Oumâra « en un seul jour, Ṭalâ'i' étant à la veille de sa mort, un poulain bai brun, dix agneaux gras, dix pains de sucre, cinq grandes jarres d'huile d'olive supérieure, cinq grandes jarres d'huile de lin, cinquante boisseaux de froment et vingt dînârs »; cf. *An-Noukat*, p. 153, l. 11-15.

3. 'Oumâra, *An-Noukat*, p. 111, l. 4-9.

4. Al-Walîd ibn 'Oubaid Al-Bouḥtourî, né à Manbidj en 205 (820), y mourut en 284 (897), d'après Brockelmann, *Geschichte der arabischen Litteratur*, I, p. 80. Le vers est dans le *Dîwân* d'Al-Bouḥtourî, Constantinople, Al-djawâ'ib, 1300 (1883), II, p. 202.

Rouzzîk et les Banoû Rouzzîk sont ceux dont les jours comptés ne se prolongèrent pas longtemps. Comme Ḥousâm, ils se bouchaient les oreilles pour ne pas entendre les bruits du dehors. Les rumeurs qui circulaient avec persistance ne les atteignirent pas et, tandis que Ḥousâm festoyait à l'Île de l'Or de Djîzéh et Badr sur les belvédères du Canal, gouvernants et gouvernés se rassérénaient au Caire dans un ciel pur et dans une atmosphère apaisée. Saif almoudjâhidîn et son père Mourtafiʿ, gagnés par la contagion du milieu optimiste, se hasardèrent probablement à Ḳoûṣ délaissé par Schâwar et l'Égypte respira comme allégée d'un lourd fardeau.

Pendant dhoû 'l-ḳaʿda 557 (octobre 1162), on ne pensa plus à Schâwar qui avait réussi à se faire oublier, on se disposa au pèlerinage et les inquiétudes de quelques-uns furent traitées par la majorité railleuse de chimères dénotant leurs humeurs chagrines. Rouzzîk donnait l'exemple du calme extérieur et de la satisfaction apparente; mais, pour impérieuse que fût sa tentation de diriger la caravane dʿÉgypte vers les deux villes saintes, il y résista délibérément. Au fond, il n'était pas aussi rassuré par la brusque disparition de Schâwar que le Victorieux Ḥousâm, que Badr vieilli et voluptueux, que la population crédule et mobile du Caire. Car, il avait beau se détourner de la réalité, elle l'étreignait dans des nuits sans sommeil, où des cauchemars obscurs, repoussés le jour, assaillaient son cerveau malade. Il conta l'un de ses rêves, « un rêve extraordinaire[1] », à son cousin Saif ad-Dîn Al-Ḥousain, dont la faveur affectueuse n'avait subi chez lui qu'une éclipse partielle et de courte durée. « Al-Ḥousain lui dit : Il existe à Miṣr un cer-

1. Al-Maḳrîzî, *Al-Khiṭaṭ*, II, p. 46, l. 7-13, que j'ai traduit ; cf. Ibn Tagrîbardî, *An-Noudjoûm*, fol. 25 rº.

tain Aboû 'l-Ḥasan 'Alî ibn Naṣr Al-Artâḥî[1], qui excelle dans l'oniromancie. Rouzzîk le manda et lui fit ce récit : J'ai cru voir la lune avec un serpent, qui essayait de la contourner et, quant à moi, je m'imaginais être un équarrisseur de têtes, en boutique. — Al-Artâḥî chercha à biaiser avec Rouzzîk sur le sens du rêve. Ce dont Saif ad-Dîn Al-Ḥousain s'aperçut, mais il se tut jusqu'à ce que l'interprète partît. Il lui dit alors : Ton parler ne m'a pas ravi ! Par Allâh, il me faut la vérité entière, et il n'en résultera aucun mal pour toi. — Le savant lui répondit : O mon maître, pour nous la lune est le vizir, de même que pour nous le soleil est le khalife[2]. Le serpent *(ḥanasch*[3]*)*, qui cherche à s'enrouler autour de la lune, c'est, avec d'autres points diacritiques[4], une prison *(ḥabs*[5]*)*. Pour ce qui est du mot exprimant l'équarrisseur de têtes, retourne-le et tu auras Schâwar, en substituant de même un *schîn* au *sîn*. Rien d'autre ne m'a frappé. — Al-Ḥousain dit à l'interprète : Cache ceci à tout le monde. — Alors Al-Ḥousain réfléchit au cas du vizir et flatta son désir[6] de se diriger vers la ville du Prophète (qu'Allâh prie

1. Al-Maḳrîzî : Al-Artâdjî, ici et plus bas, que j'ai corrigé en Al-Artâḥî, « le natif d'Artâḥ », près d'Alep, leçon confirmée par les mss. 1730 et 1735 de notre Bibliothèque Nationale. Ibn Tagrîbardî n'a conservé du nom que l'ethnique Al-Îtâḥî, à corriger en Al-Îtâkhî ; cf. Yâḳoût, *Mou'djam*, I, p. 882, l. 21 ; IV, p. 430, l. 21, d'après Îtâkh le Turc ; As-Souyoûṭî, *Loub al-loubâb*, éd. Veth, p. 24 *b*.

2. « Un khalife », dit Ibn Tagrîbardî.

3. Mot interverti lui-même de l'hébreu *nâḥâsch* « serpent ».

4. Changement de ponctuation appelé en arabe *taṣḥîf* ; cf. Ibn Al-Athîr, dans Aboû Schâma, *Kitâb ar-rauḍatain*, I, p. 133, l. 33 et 34, et dans *Hist. or. des croisades*, II, II, p. 222.

5. Ibn Tagrîbardî : « une armée » *(djaisch)*, ce qui répond aussi au programme ; de même le ms. 1736 d'Al-Maḳrîzî à notre Bibliothèque Nationale.

6. Traduit par conjecture. Ibn Tagrîbardî : ووطّى له « et ce qui lui parut aisé fut le départ du vizir », etc. Déjà l'année précédente, Rouzzîk aurait aimé accomplir en personne le devoir musulman du pèlerinage, voir plus haut, p. 180.

sur lui et lui donne la paix !). Car, Rouzzîk avait comblé de bienfaits ceux qui y séjournent en permanence[1], y avait expédié des richesses importantes[2] et les avait mises en dépôt chez ses hommes de confiance. Ceci se passait, tandis que la puissance de Schâwar s'affermissait, se développait et amenait le désarroi jusque dans le voisinage du Caire. »

Le conseil du sage Al-Ḥousain au vizir Rouzzîk aurait peut-être prévalu cette fois, s'il l'avait appuyé sur l'oracle terrifiant d'Al-Artâḥî. Mais le mystère ne fut pas dévoilé par Al-Ḥousain, qui craignit l'effet désastreux d'une telle confidence sur un esprit agité et troublé. Rouzzîk, n'ayant pas été mis au courant des jours sombres qui lui étaient prédits, éleva des objections contre son départ du Caire, où il jugeait sa présence indispensable à sa sauvegarde personnelle. La débâcle lui paraissait ajournée et la direction du pèlerinage pouvait impunément être confiée à d'autres mains que les siennes. La caravane égyptienne partirait-elle seulement avec sa pompe, son éclat et son affluence de l'année précédente ?

« Le revivificateur de la religion » n'aurait vraisemblablement pas pénétré à Médine, encore moins à La Mecque, où la révolution grondait, où le scharîf ʿÎsâ, prisonnier de l'émeute, était interné par les rebelles, où les portes ne s'ouvrirent pas à la pieuse cohue. Les cérémonies annuelles furent suspendues le dix de dhoû 'l-ḥidjdja 557 (vingt novembre 1162) et les voyageurs isolés qui, malgré les pronostics alarmants, s'étaient obstinés jusqu'à Minâ, furent déçus, pillés, en nombre massacrés[3]. L'année 557 s'acheva

1. Emprunté à Ibn Tagrîbardi : الى القيمين بها ; Al-Maḳrîzî : « ses habitants ».

2. Plus haut, p. 174, 175 et 180.

3. Ibn Al-Athîr, *Chronicon*, XI, p. 189-190 ; Aboû 'l-Fidâ, *Annales*

dans les alarmes, et la fête du premier mouḥarram [1] en 558 (dix décembre 1162) coïncida avec le retour offensif de Schâwar, l'équarrisseur de têtes, avec l'enlacement autour de la lune du serpent. Au lieu du cortège joyeux, elle offrit au *ḳâḍî* 'Oumâra, juge et partie, et aux habitants du Caire, violemment secoués de leur torpeur et de leur engourdissement, un spectacle sinistre et lugubre, attristé comme les circonstances, morne comme les pensées sombres de la population abasourdie et consternée.

Le continuateur anonyme de l'*Histoire des patriarches d'Alexandrie* nous a conservé un récit en prose et en prose rimée, de provenance incertaine, d'authenticité probable, de ce qui se passa dans les campements successifs de Schâwar pendant les trois mois sacrés qui suivirent son échec de Daldja [2] :

Moslemici, III, p. 583 et 585 ; Wüstenfeld, *Chroniken der Stadt Mekka*, II, p. 256 ; IV, p. 225 ; Snouck Hurgronje, *Mekka*, I, p. 66.

1. Al-Maḳrîzî, *Al-Khiṭaṭ*, I, p. 445-450. Ce passage a été rendu et commenté en russe par K. Inostrantser (Saint-Pétersbourg, 1905, 113 p. in-4°), tirage à part des *Zapiski*, Mémoires de l'Académie des sciences de Saint-Pétersbourg, XVII.

2. Ms. 302 de la Bibliothèque Nationale, II, p. 244-245, copie de ce texte inédit fournie par M. Noël Giron, points diacritiques ajoutés par moi là où ils ne faisaient pas doute : وكان شيخ (*sic*) داهية خبير بالحروب والخداع والحيل والمكايد فشمّر عن ساق الاجتهاد ، ووطّد نفسه على الحروب والجهاد ، وهيّأ العدد والاستعداد ، وأنفق الأموال ، وجمع الرجال ، وحشد وجمع عسكرا لم يثق به لأنّ بنى رزّيك كانوا قد يملكوا (*sic*) سنين كثير (*sic*) يقارب (*sic*) عشرة فكثرت أموالهم ورجالهم ، وقويت أحوالهم ، فلمّا علم أنّه لا يطيق قتالهم جمع أصحابه ومن كان معه من ثقات اهله واقاربه من اهل النصيحة والرأى فشاورهم فى أن يندفع من قدّام عساكرهم الى بريّة الواح ويجول فيها طولا وعرضا بحيث لا يستقرّ به

« Et il (Schâwar) était un chef très habile, expérimenté dans les guerres, les artifices, les ruses et les stratagèmes. Il releva le pan de sur la jambe de l'effort, s'affermit pour les combats et pour la guerre sainte, disposa les munitions et les équipements, réunit et recruta les hommes et organisa une armée qui ne lui inspira pourtant aucune confiance, parce que les Banoû Rouzzîk occupaient la royauté depuis à peine moins de dix années, s'étaient enrichis, avaient une nombreuse clientèle et jouissaient d'une grande considération. Lorsque Schâwar eut reconnu son impuissance à les combattre, il assembla ses compagnons d'armes et les hommes de bon conseil et de jugement sain parmi les plus honorables de ses parents et de ses proches et les consulta s'il ne ferait pas mieux de se retirer devant leurs armées vers le

مكان فاذا طال على من يطلبه عدمُ وجوده تقلّلت العساكر لفروغ الزاد ، ومشقّة البلاد ، وحرّ الجبال ، ونكد الحال ، ثم لا يقدر يتبعه الى برّية الواحات عسكر كبير لقلّة الماء وحرّ الهواء وقلّة العشب للدوابّ ولكونها رمال وتلال لا شجرة تظلّ ولا ثمر ولا بعل (ms. بعل) فأشاروا عليه بذلك فسار مع الحشود الى مفازة الواح فاقتصر من اصحابه على عشرين فارسا بخيامهم وجمالهم وزادهم وعبيدهم واخذ لنفسه بغال وجمال وخيل وزاد كثير وذهب ومال كثير (sic, et de même les autres) لنفقته وقماش يدفعه للعربان وسار وكان الأمر كما قال لما تبعته العساكر ثلثة شهور وهو يزوغ منها من مكان الى مكان لا يقع له على خبر فتقلّلت العساكر ورجعت الى القاهرة ولم يبلغ مراد وقالوا عنه أنّه توجّه الى العرب الى عند امير المؤمنين ملك العرب فلمّا غيّب الظنّ عنه مقدار شهرين أخر هبط من برّيّة الواح الى بحيرة اسكندريّة معه اصحابه

désert des Oasis [1] et d'y tourner en long et en large, sans qu'aucun endroit le retînt. Puis, lorsque les troupes lancées à sa poursuite trouveraient que sa recherche traîne en longueur, elles diminueraient par l'épuisement des provisions, le dénuement de la région, la chaleur des montagnes et la dureté de la situation. De plus, une armée nombreuse serait hors d'état de le suivre dans le désert des Oasis, à cause de la disette d'eau, de l'air brûlant et des pâturages rares pour les montures, le sol étant tout sables et collines, sans arbres ombreux, sans fruits, sans vergers sauvages. La proposition de Schâwar fut approuvée.

« Il partit à la tête de ses recrues pour le désert des Oasis et se borna, pour ses gardes du corps, à vingt cavaliers avec leurs chevaux, leurs chameaux, leurs provisions et leur eau douce dans des fétus. Lui-même, il se prit des mulets, des chameaux, des chevaux, des provisions abon-

ومعهم جمال عليها أفراد خوص وعدّى من محلّة عبد الرحمن الى الغربيّة وتزل بظاهر بلقينة وهى قرية مجاورة المحلّة بمقدار ميل فى يوم الاحد الثامن من المحرّم سنة ثمان وخمسين وخمس مائة هلالية وأجتمع اليه اجناد الغربيّة وعربها من بنى سنبس (ms. سيس) فلم يقم ثاثة ايّام حتّى صار عنده عساكر أجناد وعربان تقارب عشرة الف فارس فوقّع للاجناد بإقطاعات وامر العربان [أن] ينهبوا ما لبنى رزّيك فى بلاد إقطاعاتهم من حواصل الغلّة والمعاصر والمواشى وأنعم على كلّ قوم بشىء طيّب قلوبهم وسار حتّى تزل على مسجد الخضر فعدّى منه الى برّ القاهرة.

1. Le texte alterne entre le singulier, comme ici : *al-wâḥ* « l'Oasis » et le pluriel : *al-wâḥât* « les Oasis ». J'ai partout traduit par le pluriel, en l'absence de toute distinction faite entre les cinq Oasis du désert de Lybie. Sur cette longue ligne d'oasis, voir le Prof. Ascherson, dans Bædeker, *Lower Egypt*, p. LXII-LXVI ; cf. *Upper Egypt*, p. 348-356.

dantes, de l'or, de grosses sommes pour ses dépenses personnelles et des effets destinés aux Arabes.

« Il se mit en route, et les événements se passèrent selon ses paroles. Les armées le poursuivirent pendant trois mois[1], tandis qu'il s'écartait d'elles en passant d'un endroit à l'autre, sans qu'elles fussent informées de lui. Alors, les armées s'affaiblirent et revinrent au Caire, n'ayant pas atteint leur but. On raconta de lui qu'il s'était dirigé vers les Arabes et qu'il était chez l'émir des croyants, le roi des Arabes[2].

« Lorsque Schâwar eut ainsi détourné les soupçons pendant une période de deux mois[3], il fit volte-face et descendit du désert des Oasis vers la plaine unie d'Alexandrie[4]

1. Deux mois, ainsi qu'il est dit plus bas, et encore tout au plus, pour ne point dépasser les limites du temps disponible.

2. Le titre de « roi des Arabes » a été porté au XIIe siècle par certains Mazyadites, seigneurs d'Al-Ḥilla, sur la rive gauche de l'Euphrate. Je ne sais pas si ces voisins du khalifat de Bagdâd ont vraiment usurpé la dignité d' « émir des croyants ». A ce sujet, voir un curieux épisode, daté de 512 (1113), entre le khalife 'Abbâside Al-Moustarschid Billâh et Doubais ibn Ṣadaḳa, roi des Arabes à Al-Ḥilla, qui se soumet à la suzeraineté du vrai émir des croyants, dans mon édition du *Fakhri*, p. 406-407 (surtout p. 407, l. 2). Al-Ḥilla était la résidence la plus accueillante pour les exilés de marque ; cf., en dehors du *Fakhri*, *loc. cit.*, Yâḳoût, *Mou'djam*, II, p. 332-333. Précisément en 558 (1162), le khalife Al-Moustandjid Billâh, douze ans après la chute de la dynastie Mazyadite, attaqua ses anciens sujets, les Banoû Asad, restés en 'Irâḳ, et détruisit les derniers vestiges du royaume arabe. En dehors du crochet distant, que la légende attribuait à l'esprit d'aventure de Schâwar, le moment eût été mal choisi pour se réfugier à la cour d'une dynastie tombée, vers des tribus d'Arabes expulsées et détruites ; cf. Ibn Al-Athîr, *Chronicon*, XI, p. 195 ; Stanley Lane-Poole, *The mohammedan Dynasties*, p. 119 ; Hartwig Derenbourg, *Vie d'Ousâma*, p. 584, n. 1, et 614.

3. Voir la n. 1.

4. Yâḳoût, *Mou'djam*, I, p. 514, prend soin d'avertir que la Bouḥaira d'Alexandrie n'est pas un lac. « La plaine unie d'Alexandrie » désigne ici le bourg de Taroûdja (Yaḳoût, *Mou'djam*, I, p. 845 ; *État des provinces*, dans Sacy, *Relation de l'Égypte*, p. 663, province de la Bouḥaira, n° 93), où Schâwar cessa de garder l'incognito, déclara ouvertement ses intentions et

avec ses compagnons d'armes et avec des chameaux, sur lesquels étaient des paniers en feuilles de palmier[1]. Il passa de Maḥallat 'Abd ar-Raḥmân[2] à la Garbiyya et campa devant Boulḳîna[3], village situé à un mille d'Al-Maḥalla[4], le dimanche huit de mouḥarram en l'année lunaire 558[5]. Les indigènes de la Garbiyya et ses Arabes, descendants de Sinbis[6], se joignirent à Schâwar. Au bout de trois jours, il commandait à des troupes, cavaliers et Arabes, formant ensemble près de dix mille hommes montés. Il octroya des fiefs aux cavaliers et ordonna aux Arabes de piller ce qui, dans les fiefs concédés, appartenait aux Banoû Rouzzîk: récoltes de denrées, pressoirs et bestiaux, et il accorda à chaque homme une gratification qui le lui concilia. Il s'avança, campa devant Masdjid Al-Khiḍr[1] et de là passa sur le sol du Caire. »

leva haut l'étendard de la révolte; voir Ibn Khallikân, *Biographical Dictionary*, I, p. 608, et cf. plus haut, p. 129, n. 5; 222, n. 1.

1. Ces paniers à victuailles, à fruits, à lupins, à farine et autres objets de consommation, servaient à défrayer des troupes sobres et sans besoins. Il y avait sans doute aussi sur les chameaux des paniers en feuilles de palmier pour les réserves d'équipement et de munitions, pour les fonds destinés à la solde et autres accessoires d'une armée en marche.

2. Maḥallat 'Abd ar-Raḥmân, village dans la province de la Bouḥaira, est noté dans Yâḳoût, *Mouschtarak*, p. 386, l. 12, et dans l'*État des provinces* (Sacy, *Relation de l'Égypte*), p. 667, n° 201.

3. Boulḳîna, autrement dit Al-Boûb, « les Portes », est un village de la Garbiyya, dans le Ḥauf; cf. Yâḳoût, *Mou'djam*, I, p. 729 et 755 (cf. V, p. 15); *État des provinces*, dans Sacy, *Relation de l'Égypte*, p. 636, n° 130.

4. Est-ce Maḥallat al-kabîr, capitale de la Garbiyya, comme plus haut, p. 208, ou laquelle des Maḥalla citées par Sacy, *ibid.*, p. 645-646, n°s 342-368? Peut-être, vu l'itinéraire, est-ce Maḥallat Roûḥ, n° 360.

5. Le dix-sept décembre 1162 de notre ère.

6. Les Sinbis, tribu arabe immigrée en Égypte, étaient installés dans la Bouḥaira depuis 442 (1050), y avaient une situation aisée et y jouissaient d'une parfaite considération d'après Wüstenfeld, *Al-Macrizi's Abhandlung über die in Ægypten eingewanderten arabischen Stämme*, p. 48-51; cf. Sinbis ibn Mou'âwiya chez Wüstenfeld, *Register zu den genealogischen Tabellen der Arabischen Stämme*, p. 422.

L'endroit même de la Bouḥaira où, moins de trois mois auparavant, Badr Ibn Rouzzîk avait été chargé d'arrêter Schâwar au passage s'il y survenait inopinément, Taroûdja, maintenant dégarni de ses défenseurs, fut la première station du général rebelle, lorsqu'il abandonna la région parallèle à la rive occidentale du Nil, les déserts sablonneux du Sahara lybien et les puits bienfaisants des Oasis pour prendre l'offensive, affirmer ses prétentions et montrer publiquement sa résolution d'évincer le détenteur du vizirat. La Bouḥaira, la Garbiyya, la Manoûfiyya lui fournirent les étapes d'un voyageur se rendant à petites journées par Ḳalyoûb au Caire, plutôt que les champs de bataille d'un combattant, à qui l'ennemi aurait disputé le terrain pas à pas. La promenade militaire ne fut contrariée que par la dispersion désordonnée de troupes sans vivres réguliers, sans cohésion et sans discipline, par les détours qu'imposaient quelques résistances locales, par la file interminable des chameaux et des convois qui encombraient les routes et entravaient la marche. Le succès final n'était plus douteux, lorsqu'à Masdjid Al-Khiḍr[1], cinquante kilomètres seulement séparèrent Schâwar de son fils Al-Kâmil Aboû Fâtik Schoudjâ' que, lors de son départ pour Ḳoûṣ vers 555 (1160), il avait laissé en arrière avec 'Oumâra pour protecteur affectueux, pour ami condescendant et pour sage conseiller[2], ainsi que du khalife Al-'Âḍid et du vizir Rouz-

1. « La mosquée d'Al-Khiḍr », telle était la dénomination usuelle d'un bourg dans la province de Manoûf, géographiquement appelé Abyoûha, selon d'autres Atnoûha ; cf. Yâḳoût, *Mou'djam*, I, p. 111 et 114 ; *État de l'Égypte*, dans Sacy, *Relation de l'Égypte*, p. 651, n° 5. Bien que, *ibid.*, p. 609, n° 136, Binhâ ou Banhâ al-'asal « producteur du miel » (Yâḳoût, *Mou'djam*, I, p. 748) soit placé dans la Scharḳiyya, je ne serais pas étonné, vu la position géographiqne, que ce fût une troisième orthographe de la ville appelée communément « La mosquée d'Al-Khiḍr ».

2. 'Oumâra, *An-Noukat*, p. 130, l. 2 : « Schâwar me dit avant son départ : Certes, d'Arabe à Arabe, je t'ai institué le gardien inséparable d'Al-Kâmil

zîk restés au Caire, celui-là souhaitant une prompte solution et la favorisant en secret, celui-ci appelant un miracle qui barrerait la route au prétendant, son rival enhardi et confiant.

Le premier des Banoû Rouzzîk qui prit les devants pour chercher loin du Caire son salut et sa libération, fut le Kurde Saif ad-Dîn Al-Ḥousain fils d'Aboû'l-Haidjâ, le beau-frère de Rouzzîk. « Celui-ci demanda après lui. On répondit : Il est parti. — L'esprit de Rouzzîk fut bouleversé par cette nouvelle, parce qu'Al-Ḥousain était considéré et illustre pour sa bravoure, qu'il occupait un haut rang et une autorité prépondérante auprès de la dynastie, qu'il possédait la pratique et l'expérience des combats et que la situation de Rouzzîk lui-même ne pouvait se maintenir après le départ d'Al-Ḥousain[1]. » On n'entendit plus parler de lui. On ne sait ni le lieu, ni la date de sa mort.

L'exemple d'Al-Ḥousain fut bientôt suivi par 'Izz ad-Dîn Ḥousâm, une fois le mirage d'espérance dissipé. Il ne s'exposa pas non plus à tomber entre les mains de Schâwar, qui lui eût fait expier la victoire de Daldja. Désabusé, il n'hésita pas sur la conduite à tenir en pareille occurrence. Quelques jours avant que Schâvar, maître de la banlieue, entrât au Caire, Ḥousâm préféra se dérober aux sévices de son courroux par une fuite anticipée dans la direction du

[Schoudjâ']. Et il me fit promettre ce qu'il désirait, puis se mit en route. Schoudjâ' passa dans ma demeure plusieurs jours par semaine, trois au moins, parfois y séjourna le jour entier et une partie de la soirée, parfois aussi arriva chez moi à l'aube et sortit à la nuit tombée. » Sur cette intimité, voir Ibn Khallikân, *Biographical Dictionary*; II, p. 369 ; sur les origines arabes du Bédouin Schâwar, plus haut, p. 217, n. 4; plus bas, p. 242-243; 256.

1. Al-Maḳrîzî, *Al-Khiṭaṭ*, II, p. 46, l. 15-18, à propos de la *Khoûkhat Ḥousain*. « Porte passagère d'Al-Ḥousain », dénommée, dit-on, d'après ce personnage, dont la date de la mort est laissée en blanc dans l'édition de Boûlâḳ et dans tous les manuscrits de Paris; cf. Ibn Tagrîbardî, *An-Noudjoûm*, fol. 25 r°.

Nord-Est. Il rassembla ses biens, les emporta, s'expatria, traversa le long de la côte Al-'Arîsch, Gazza et Ascalon, le royaume chrétien de Jérusalem, la principauté de Tyr, le duché de Tripoli, entra dans la Syrie musulmane, dans les états de Noûr ad-Dîn Maḥmoûd, fils de Zengui, et finalement « s'installa dans Ḥamâ, y acheta des villages entiers et ne cessa pas d'y séjourner jusqu'à sa mort. Au moment où il était sorti de l'Égypte, il avait mis en dépôt chez certains Francs soixante mille dînârs qu'ils lui rendirent intégralement. Plus tard, Taḳî ad-Dîn 'Omar, neveu de Saladin, voulut lui enlever cet or, mais il s'écria : Quelle surprise ce serait que le Franc se fût acquitté de sa dette et que toi, tu t'emparasses de cette somme ! Taḳî ad-Dîn n'insista pas. »

Al-Ḥousain et Ḥousâm dictèrent la conduite de Rouzzîk. Le vizir, à l'approche de Schâwar, aima mieux lui céder la place qu'adresser à sa clémence un appel qu'il eût peut-être rejeté avec dédain et insulte. C'eût été une gageure trop osée pour qu'il en risquât les chances, au moins de prime abord. Une attitude expectante en lieu sûr fut adoptée par le vizir déchu qui réserva l'avenir.

Sur ces entrefaites, 'Oumâra, aux aguets et aux écoutes avec son jeune ami Al-Kâmil Schoudjâ', fils de Schâwar, épiait les événements sans quitter le belvédère de sa maison, du Dâr Sa'd al-Iftikhârî, sis sur le quai du Canal. Ce fut à ce moment, vers le quinze mouḥarram 558, vers le vingt-quatre décembre 1162, qu'il récapitula dans sa mémoire et que probablement il nota sur le papier ses souvenirs résumés du « règne » agonisant. Je ne sais s'il apporta plus tard des modifications à son brouillon, lorsqu'il le mit au

1. Ibn Abî Ṭayy, dans Aboû Schâma, *Kitâb ar-rauḍatain*, I, p. 165, l. 11-13, et dans *Hist. or. des croisades*, IV, p. 124.

net pour le publier en 1171[1] dans ses Finesses contemporaines[2] :

« Quant aux événements du vizirat d'Al-malik an-nâṣir al-'âdil Rouzzîk, fils d'Aṣ-Ṣâliḥ, Allâh ne lui accorda qu'un très court délai pour l'employer à de belles actions fort nombreuses.

« C'est ainsi qu'il fit remise aux Égyptiens de leurs impôts en retard et de leurs anciens comptes[3].

« Il supprima les impôts vexatoires[4] pour des sommes considérables.

« Ce fut lui qui se substitua aux pèlerins pour payer le tribut réclamé par l'émir des deux villes saintes et envoya, par l'entremise de l'émir Schams al-khilâfa, quinze mille dînârs, ou à peine moins, à cet émir, qui était alors 'Îsâ, [fils d'Al-Ḳâsim], fils d'Aboû Hâschim [Foulaita[5]], afin d'affranchir les pèlerins de toute redevance.

« Il réussit merveilleusement à mettre la main sur les meurtriers de son père, qui s'étaient dispersés dans les provinces.

« Pendant son vizirat, il maria sa sœur au khalife Al-'Âḍid.

« Et il fit transporter le cercueil de son père du Caire à un mausolée que son père s'était bâti dans la Ḳarâfa. Tout cela eut lieu pendant son vizirat.

« Et il creusa un chemin souterrain, par lequel on accédait du Palais du vizirat à la Maison du bienheureux[6].

1. Plus haut, p. 169.

2. 'Oumâra, *An-Noukat*, p. 52, l. 11-55, l. 7.

3. Plus haut, p. 180. «Et, dit audacieusement Ibn Tagrîbardî, *An-Noudjoûm*, fol. 25 r°, en cela il n'eut pas de précurseur. »

4. « Le contrôleur des réparations de griefs » exerçait ainsi sa noble fonction dès avant son vizirat ; voir plus haut, p. 152 et 177.

5. Le nom a été complété d'après les p. 175 et 180.

6. La construction du souterrain, qui reliait la résidence officielle des

« Et, parmi les hauts faits les plus dignes d'être enregistrés de son vizirat, il y en a un qui est tellement éclatant qu'il ne saurait être égalé, si brillamment noble qu'il ne pourrait pas être récompensé; c'est l'initiative qu'il prit d'ordonner au *wâlî* d'Alexandrie de mander au gouvernement l'éminent Al-ḳâḍî al-fâḍil Aboû ʿAlî ʿAbd ar-Raḥîm ibn ʿAlî Al-Baisânî[1].

« Rouzzîk, lorsqu'il maria sa sœur au khalife Al-ʿÂḍid, fit porter à son beau-frère des sacs d'or dont le moindre pesait trois quintaux.

« Pendant le vizirat de Rouzzîk, diverses circonstances éloignèrent son parent, l'émir ʿIzz ad-Dîn Ḥousâm, dont la renommée grandit encore; d'autre part, il eut pour collaborateurs effectifs dans l'administration son oncle paternel le Cavalier des musulmans [Badr Ibn Rouzzîk] et son beau-frère Saif ad-Dîn [Al-Ḥousain][2].

« Quant aux jeunes serviteurs de son père[3], ils dédaignèrent de se tenir à ses ordres.

« Pendant les jours de Rouzzîk, fut tué le rebelle Ibn Nizâr et fut tué aussi Al-Mouʿaṭhṭham, fils de Ḳawâm ad-Daula.

vizirs à leur domicile privé, commencée par Ṭalâʾiʿ, fut achevée par son fils Rouzzîk; voir plus haut, p. 99, n. 5; 151, n. 2.

1. La fin de ce paragraphe a été donnée plus haut, p. 183.

2. Par rapport à Rouzzîk, Al-Ḥousain est appelé مدبر أمره « l'administrateur de sa politique », dans Al-Maḳrîzî, *Al-Khiṭaṭ*, II, p. 46, l. 5.

3. Ward, l'un de ces *goulâm Aṣ-Ṣâliḥ*, est mentionné plus haut, p. 129 et 157, 210 et 215. P. 157, n. 3, j'ai parlé de la rue dite *aṣ-ṣâliḥiyya*, parce qu'elle était habitée par ce groupement autonome qui accordait ou refusait son service, corps privilégié de jeunes officiers, voués à la garde du Palais, dans lequel on choisissait les émirs. Ibn Khallikân, *Biographical Dictionary*, II, p. 352, compare cette institution aux ordres militaires francs des Templiers et des Hospitaliers. Sur elle, voir encore Sacy, *Chrestomathie arabe* (2e éd.), I, p. 156; A. von Kremer, *Culturgeschichte des Orients*, I, p. 238; Dozy, *Supplément aux dictionnaires arabes*, I, p. 252-253.

« Quant à son talent de cavalier, il était un cavalier qui galopait en maniant à la fois plusieurs[1] bois de lances.

« Pour ce qui est de sa bravoure, elle eut une première occasion de se manifester lorsqu'il sortit à la suite de son oncle paternel [Badr Ibn Rouzzîk] et de Saif ad-Dîn [Al-Ḥousain], pour repousser, en livrant bataille, l'incursion des Francs contre la région du Ḥauf. Car, il les poursuivit avec acharnement jusqu'à Aboû ʿOuroûḳ et revint ensuite devant Bilbîs partager entre ses troupes des biens abondants et attribuer des manteaux d'honneur à plusieurs chefs.

« La seconde campagne eut lieu quand il atteignit Bahrâm le Gouzzite qui s'était révolté hypocritement, en se dirigeant vers le Ṣaʿid. Car, Rouzzîk partit de nuit à la tête d'une troupe légère, rattrapa les Gouzzs à l'aurore, tua les uns, fit prisonniers les autres.

« De sa générosité, je dirai qu'il n'était pas avare, mais que son père se montrait plus généreux que lui.

« Son intelligence lui faisait reconnaître, admirer et rétribuer la bonne poésie.

« Et, parmi ces événements, il n'y en a pas qui n'ait provoqué des poésies de moi ou d'autres. »

ʿOumâra éprouve autant d'admiration que de pitié pour Rouzzîk, mais il n'est animé d'aucun sentiment hostile contre Schâwar, un Arabe comme lui, un ami de relations

1. Je lis بِعدّة avec J. De Goeje, article critique cité plus haut, p. 156, n. 3. « L'éducateur de Rouzzîk pour l'équitation, dit Al-Maḳrîzî (*Al-Khiṭaṭ*, II, p. 78, l. 31-34) fut Ḍirgâm, qui, avant d'être promu au vizirat d'Égypte, forma en lui un si parfait cavalier qu'un jour de fête, Rouzzîk prit part à la course de l'anneau, saisit une lance, une javeline, un arc et une flèche, enfila l'anneau dans la lance, décocha la flèche qui atteignit le but, tira la javeline qu'il enfonça dans la cible et joua de la lance on ne peut plus élégamment. » Ces prouesses simultanées de Rouzzîk furent, ce semble, accomplies par lui sans qu'il descendît de sa monture. Dans ce fragment de description d'un tournoi analogue au jeu de bagues, le manuscrit 1739 de notre Bibliothèque Nationale porte حضر فى يوم العيد الحلقة. Il sera parlé ultérieurement des deux autres partenaires.

anciennes et solides[1], dont le fils Al-Kâmil Schoudjâʿ est dans l'expectative à ses côtés. L'aîné des deux compagnons regarde la situation avec compassion pour les Banoû Rouzzîk ses bienfaiteurs, tandis que le cadet subit avec impatience les lenteurs de son père et salue chaque nouveau pas en avant de son approche par des transports d'allégresse. Rien d'étonnant que les deux hommes, réunis par leur amitié, divisés par les degrés de leurs préférences, n'aient pas su accommoder leurs impressions inégales et que le vizirat de Schâwar ait été inauguré par une brouille entre le maître et son disciple[2].

Les Banoû Rouzzîk, et avec eux les khalifes Fâṭimides, étaient condamnés[3]. Al-ʿÂḍid s'imaginait encore que tout changement lui profiterait et interrogeait l'avenir prochain avec une curiosité attentive et sympathique. Ni le vizir Madjd al-islâm Rouzzîk, ni son frère Djalâl al-islâm, ni son oncle Badr, ni son beau-frère Saif ad-Dîn Al-Ḥousain, ni son parent ʿIzz ad-Dîn Ḥoûsam, ni les autres membres, jeunes et vieux, de la famille dépossédée, n'avaient osé envisager la perspective d'affronter le gouvernement qu'allait fonder la venue de Schâwar. De même que Saif ad-Dîn Al-Ḥousain et ʿIzz ad-Dîn Ḥousâm, les descendants de Rouzzîk « se dispersèrent dans les régions[4] » et disparurent à l'horizon de l'Égypte. Nul ne sait dans quelle retraite obscure chacun d'eux, hors Rouzzîk, son frère et Ḥousâm, rechercha l'oubli et le silence. Al-Kâmil Schoudjâʿ, lassé

1. ʿOumâra, *An-Noukat*, p. 69, l. 5 et 6.

2. Id., *ibid,*, p. 130, l. 8, se plaint que son élève exigeant lui ait infligé à ce moment le plus violent outrage, celui de passer devant lui, sans avoir l'air de le reconnaître. Cf. Ibn Khallikân, *Biographical Dictionary*, II, p. 369.

3. ʿOumâra, *An-Noukat*, p. 68, l. 2.

4. Ibn Abî Ṭayy, dans Aboû Schâma, *Kitâb ar-rauḍatain*, I, p. 165, l. 11, et dans *Hist. or. des croisades*, IV, p. 124.

d'attendre le stratégiste prudent, partit pour le camp voisin avec les premiers émirs ralliés qui avaient entretenu des correspondances avec lui, Ḍirgâm et ses trois frères, Moulham, Houmâm et Ḥousâm, avec Yaḥyâ Ibn Al-Khayyâṭ, avec une escouade de Banoû 'l-Ḥâdjib, tous officiers qui avaient été au service des Banoû Rouzzîk[1].

Le dix-neuf mouḥarram 558[2], le vingt-huit décembre 1162, Madjd al-islâm Rouzzîk, bouleversé par l'abandon de Saif ad-Dîn Al-Ḥousain et de 'Izz ad-Dîn Ḥousâm[3], trahi par le khalife, abandonné par ses parents, ses généraux et plusieurs de ses amis, victime de ses agissements envers Schâwar qui n'aurait peut-être pas la générosité de les lui pardonner, se sauva la nuit avec son frère Djalâl al-islâm, avec ses proches et sa domesticité, emporta des biens innombrables, se dirigea vers le Ṣa'îd inférieur, vers Iṭfîḥ, chef-lieu de la province, et y sollicita l'hospitalité de Ya'ḳoûb (d'autres disent : Soulaimân) Ibn An-Nîṣ Al-

1. 'Oumâra, *An-Noukat*, p. 67, l. 12-14 ; Aboû Schâma, *Kitâb ar-rauḍatain*, I, p. 165, l. 8, et dans *Hist. or. des croisades*, IV, p. 123. Les Banoû 'l-Ḥâdjib sont-ils les Kurdes, de la famille du *hâdjib* « chambellan » 'Omar ibn Abî Bakr, dont le fils, Aboû 'Amr 'Othmân, né à Isnâ, dans le district de Ḳoûṣ en Haute Égypte, en 570 (1175), est le célèbre jurisconsulte mâlikite et grammairien, l'auteur de la *Kâfiya* et de la *Schâfiya*, connu sous le nom d'Ibn Al-Ḥâdjib et mort à Alexandrie en 646 (1249) ? Le père avait été « le chambellan » d'un cousin par sa mère, peut-être d'un oncle maternel de Saladin, l'émir Kurde 'Izz ad-Dîn Moûsak, fils de Djakoû (ou de Djakar), mort en 585 (1189). Cf. Ibn Al-Athîr, *Chronicon*, IX, p. 416, l. 5 ; Aboû Schâma, *Kitâb ar-rauḍatain*, II, p. 149-150 ; Ibn Khallikân, *Biographical Dictionary*, II, p. 193-195 et 683 ; Ibn Tagrîbardî, *An-Noudjoûm*, fol. 81 r° ; Brockelmann, *Geschichte der arabischen Litteratur*, I, p. 303-306.

2. Ibn Khallikân, *Biographical Dictionary*, I, p. 660-611, remarque le rôle du dix-neuf du mois dans l'histoire des Banoû Rouzzîk : élection d'Aṣ-Ṣâliḥ Ṭalâ'i' comme vizir, son meurtre, son exhumation, enfin la chute de la dynastie « royale » par la fuite de Rouzzîk. *Ibid.*, I, p. 608, le départ du vizir tombé est placé un jour plus tard, le vingt mouḥarram.

3. Ibn Tagrîbardî, *An-Noudjoûm*, fol. 25 r° : انقطع قلبه.

Lakhmî, un protégé des siens, qui leur devait l'octroi de richesses abondantes. Ibn An-Nîṣ accueillit le suppliant et les fugitifs dans son domaine[1]. Pour ne pas appeler l'attention des malveillants, les fuyards « étaient sortis séparément, chacun de son côté par les différentes portes, abandonnant leurs biens, leurs demeures et leurs familles au pillage des nègres ardents comme les béliers[2] ». Cet exode des Banoû Rouzzîk, dit-on[3], « coïncida avec un fracas et avec un grand cri : Sortez, sortez, qu'ils entendirent derrière eux de tous côtés[4]. En vain, ils cherchèrent ceux qui avaient poussé ce cri, mais ne trouvèrent personne. Ils reconnurent alors que c'étaient les anges qui, par l'ordre d'Allâh, les avaient fait sortir. »

Le continuateur de l'*Histoire des patriarches d'Alexandrie*, auquel j'ai emprunté ces détails, poursuit son récit en ces termes[5] : « Quant à Madjd al-islâm Rouzzîk, leur vizir,

1. Ibn Khallikân, *Biographical Dictionary*, I, p. 660. Djamâl ad-Dîn Al-Ḥalabî porte : Soulaimân Ibn Al-Faiḍ (Wüstenfeld, *Geschichte der Faṭimiden-Chalifen*, p. 328).

2. Continuation de l'*Histoire des patriarches d'Alexandrie* (ms. 302), II, p. 245 : فخرجوا من أبواب القاهرة كلّ واحد منهم بنفسه وتركوا أموالهم ومنازلهم وعيالهم فنهبوها السودان ودأبوا كالملح.

3. *Ibid., loc. cit.*, juste avant : وذكر جماعة من أصحابهم (اى من أصحاب بنى رزّيك) أنّهم كانوا يسمعوا (sic) صوت جلبة وصياح خلفهم من كلّ جانب أخرجوا آخرجوا يطلبوا (sic) من يصيح فلا يجدوا (sic) احد (sic) فعلموا أنّهم الملائكة بامر الله أخرجوهم.

4. *Coran*, XXXVIII, 8.

5. Ms. 302, II, p. 245-246, texte inédit, placé immédiatement après la comparaison des béliers (plus haut, n. 2), texte publié d'après la copie de M. Noël Giron : (sic) وامّا مجد الاسلام رزّيك وزيرهم فانّه أخذ خرج

il prit une petite sacoche, dans laquelle on mit, d'une part des perles précieuses, des jacinthes, des émeraudes et nombre d'objets de cette catégorie pour une valeur qui atteignait celle de l'impôt foncier égyptien pendant une année, d'autre part des bourses remplies de dînârs. Rouzzik

صغير (*sic*) عُمل فى ناحية منه جواهر وياقوت وزمرّد وشىء كثير من هذه الأصناف وما يكون قيمته خراج ديار مصر سنة وملأ الناحية الاخرى أكياس (ms. اكناس) دنانير وجعله على حصان يسوى الف دينار من خيله وركبه وخرج من القاهرة من باب زويلة وحده ولم يصحبه أحد فلم يعرف أين يروح وسار متوجّه (*sic*) الى قبلىّ مصر فوقع فى فريق عرب لرجل مقدّم منهم يسمّى يعقوب ابن النيص (ms. النمص) فأخذوه عبيده وعرّوه وأخذوا الحصان وكلّما (*sic*) عليه ومضوا عنه وتركوه فبقى وحده فى البرّيّة عريان حائر (*sic*) وكان شتىّ وبرد شديد فى شهر طوبه (*sic*) فرأى نار (*sic*) من بعيد فتبعها فلمّا قربت منه خرجت عليه كلاب الفريق فقعد على الارض وحبا (ms. وحبى) على يديه ورجليه حتّى دخل طرف الفريق فوجد كلب راقد (*sic*) فى الرماد فرقد بجنبه وضمّه اليه حتّى وجد سخونته فسبحان الله مزيل النعم وعظمة قدرته وأعوذ به من سخطه هذا رزّيك كان فى اوّل تلك الليلة عزيز مصر وسلطانها جالس (*sic*) فى مجلسه يأمر وينهى الى العتمة سلب من ملكه وبان نعمته وخرج هائم (*sic*) على وجهه لقيه من أهانه وأخذ ماله وكلّ هذا الى نصف الليل [حتّى] صار راقد (*sic*) مع كلب فى الرماد سبحان الله يؤتى الملك من يشاء وينزع الملك ممّن يشاء ويعزّ من يشاء ويذلّ من يشاء بيده الملك وهو على كلّ شىء قدير

فلمّا أصبح الصبح وهو على تلك الحال أبصرته جارية فانكرت حاله

plaça la sacoche sur un cheval de race qu'il avait payé pour son écurie mille dînârs et sortit du Caire par la porte de Zawîla, isolé, sans aucun compagnon, ne sachant pas où il irait, s'avançant au Sud de Miṣr[1].

وسألته من انت فقال قُولى لمولاك يجىء الى عندى فهو يعرفنى فمضت ليعقوب وأخبرته به فحضر اليه وعرفه وعانقه وبكى (وبكاء .ms) ثمّ أخذه وخلا به وأخلى له بيت شعر وأكساه وأقام عنده الى أن تمكّن شاور فى مملكته واخلع (sic) عليه خلع الوزارة وأنعتوه بأمير الجيوش وطلب مجد الاسلام فعرف مكانه وأحضر يعقوب ابن النيص وطلبه منه فأحضره له من فريقه النازل فى شرقىّ اطفيح فتلقّاه أمير الجيوش شاور بأحسن ملقى (ملقا .ms) وأكرمه ونجله وأخلى لـه قاعة فى دار الوزارة وجعله فيها وأحضر لـه سرّيتـه وولـده وأستـاذه لخدمتـه وكان يفتقـده فى كلّ وقت بنفسه ويسئل عنه ويحضر صحبته فاكهة ويأكل معه حتى يطيّب قلبه فنقل له عنه اخوه جلال الاسلام ابن الصالح أنّـه يريد يهرب ويخرج يفسد الامراء ويطلب الوزارة فصعب عليه ذلك وأمر به أن يقيّد بالحديد فقيّدوه ثمّ صبر جلال الاسلام ايضا مدّة وأشاع عنه أنّ عنده مبرد (sic) وقد برد بعض القيد فكشفوا عن ذلك فوجدوه صحيح (sic) فسمع طىّ بن شاور المنعوت بالعادل فى ذلك الوقت بخبر مجد الاسلام رزّيك وأنّه برد القيد فأخذ سيفه ولم يشاور اباه ولا علم بـه أحد ودخل اليـه وضرب رقبتـه وكان ذلك ليلة جمعة فى العشر الأخير من شهر رمضان سنة ثمان وخمسين وخمسمائة فلما بلغ امير الجيوش أباه الخبرُ صعُب عليه فلم يقدر بردّ ما فات.

1. Ibn Tagrîbardî, *An-Noudjoûm*, fol. 25 r°, mentionne aussi des mulets de trait, porteurs des biens de Rouzzîk. C'étaient des « richesses, vêtements et perles précieuses » d'après Ibn Khaldoûn, *'Ibar*, IV, p. 88, l. 5.

« Or, il tomba au milieu d'un parti d'Arabes appartenant à un chef qui se nommait Ya'ḳoûb Ibn An-Nîṣ. Ses serviteurs capturèrent Rouzzîk, le mirent à nu, s'emparèrent du cheval avec sa charge, s'éloignèrent de lui et le laissèrent. Il resta dans le désert, solitaire, dépouillé, stupéfait, exposé à des pluies et à de fortes gelées du mois de *ṭoûba*[1]. Il vit alors un feu, dont il suivit la direction. Lorsqu'il s'en rapprocha, les chiens du campement s'élancèrent sur lui. Assis à terre, il se traina sur ses mains et sur ses pieds jusqu'à ce qu'il atteignît l'extrémité de la troupe. Alors, il trouva un chien endormi dans la cendre. Rouzzik s'endormit à son côté et le tira à lui, pour mieux se réchauffer à son contact[2]..... Au début de cette même nuit, le Rouzzîk que voici était le seigneur et le sultan de Miṣr, siégeait dans sa résidence, ordonnant et interdisant, jusqu'à ce que, le premier tiers de la nuit étant écoulé, il fût dépouillé de sa royauté, séparé de son bien-être, poussé dehors pour errer çà et là les yeux hagards, rencontré par quelqu'un qui le traita avec mépris et lui enleva son bien. Tout ceci avant le milieu de la nuit, où il s'endormit avec un chien dans la cendre[3].....

« Le lendemain matin, alors qu'il était dans cet état, une servante, qui ignorait son rang, le vit et lui demanda : Qui es-tu? — Il répondit : Dis à ton maître de venir me trouver. Car, il me connaît. — Elle alla prévenir Ya'ḳoûb qui le rejoignit, le reconnut, l'embrassa, pleura, le recueillit, s'entretint avec lui, installa à son usage une tente en poil et le vêtit.

1. On était dans les derniers jours de décembre, dans les premiers du *ṭoûba (ṭybi)*, qui, d'après le calendrier julien, correspond au vingt-sept décembre, cinquième mois de l'année solaire copte, cf. F.-K. Ginzel, *Handbuch der mathematischen und technischen Chronologie*, I (1906), p. 225.

2. Une doxologie musulmane a été sautée sans inconvénient.

3. L'auteur cite ici le *Coran*, III, 25, transposé de la deuxième à la troisième personne, avec الملك au lieu de الخير.

« Rouzzîk resta chez Ya'ḳoûb jusqu'à l'avènement de Schâwar, la remise à celui-ci des manteaux d'honneur du vizirat avec le surnom d'Émir des armées[1]. Schâwar s'enquit alors de Madjd al-islâm, fut informé de son séjour, manda Ya'ḳoûb ibn An-Niṣ et le lui réclama. L'hôte le fit conduire de chez ses Arabes, campés à l'Est d'Iṭfîḥ, vers Schâwar. L'Émir des armées Schâwar vint à sa rencontre, l'honora lui et sa lignée, le combla de présents, lui réserva une salle dans l'Hôtel du vizirat, l'y plaça, y manda vers lui sa concubine, ses enfants et son eunuque affecté à son service. Schâwar ne cessait pas d'aller lui-même visiter Rouzzîk, de lui témoigner sa sollicitude, de faire apporter chez lui des fruits, qu'il mangeait en sa compagnie, en vue de se le gagner.

« Mais, son frère Djalâl al-islâm, fils d'Aṣ-Ṣâliḥ[2], rapporta sur son compte à Schâwar qu'il voulait s'enfuir, se révolter en soulevant les émirs et reconquérir le vizirat[3]. Schâwar en ressentit de la peine et ordonna qu'il fût mis aux fers. On l'enchaîna[4].

« Ensuite, Djalâl al-islâm patienta pendant quelque temps ; puis il dénonça son frère comme possesseur d'une lime, avec laquelle il aurait détruit une partie de ses liens. On fit une enquête sur ce rapport, dont on constata l'exactitude[5]. Al-'Âdil Ṭayy, fils de Schâwar[6], entendit raconter que

1. Le vingt-deux mouḥarram 558, le trente-et-un décembre 1162 ; cf. Ibn Khallikân, *Biographical Dictionary*, I, p. 608.

2. Plus haut, p. 137.

3. Cf. Ibn Abî Ṭayy, dans Aboû Schâma, *Kitâb ar-rauḍatain*, I, p. 165, l. 15-17.

4. « Et il emprisonna avec lui son frère », dit Ibn Khaldoûn, *'Ibar*, IV, p. 88, l. 6-7 ; « Il l'enchaîna, ainsi que son frère Djalâl al-islâm », dit Ibn Tagrîbardî, *An-Noudjoûm*, fol. 25 r°.

5. Id., *ibid.*, nous apprend que Djalâl al-islâm fut gracié pour avoir donné cet avertissement.

6. Ṭayy était le fils aîné de Schâwar ; cf. Ibn Schaddâd et Ibn Khallikân,

Madjd al-islâm Rouzzîk venait de limer ses chaînes. Il saisit son épée et, sans consulter son père, sans informer personne, il pénétra chez le prisonnier et lui trancha la tête. Cela se passa un vendredi dans le dernier tiers de ramaḍân en 558[1]. Lorsque l'Émir des armées, père de Ṭayy, apprit son acte, il en fut affligé, mais ne put pas réparer ce qui était un fait accompli. »

Que cette cruauté ait été ajournée au vingt-trois août 1163, comme je le suppose avec vraisemblance, ou qu'elle ait ensanglanté le commencement du vizirat issu de la révolution[2], il ne semble pas douteux que Schâwar aurait préféré laisser la vie sauve à son ancien rival vaincu, rendu inoffensif, devenu l'ornement de ses cortèges et la parure de son édifice fragile. Il lui confisqua ses biens, ses dépôts et ses trésors, dont profitèrent largement avec lui ses deux fils aînés Al-ʿÂdil Ṭayy et Al-Kâmil Schoudjâʿ[3], celui-ci l'ami de ʿOumâra. Mais son esprit politique le détourna d'un acte

dans *Hist. or. des croisades*, III, p. 41 et 403 (*Biographical Dictionary*, IV, p. 485) ; Al-Maḳrîzî, *Al-Khiṭaṭ*, II, p. 12, l. 28-29.

1. Malgré le vague de cette date, elle répond sans aucun doute au vendredi vingt-et-un ramaḍân 558 (vingt-trois août 1163). Car, le meurtrier Ṭayy fut tué juste une semaine après, le vendredi vingt-huit ramaḍân (trente août) d'après 'Oumâra, *An-Noukat*, p. 81, l. 5 et 6 ; 129, l. 2 ; cf. Aboû Schâma, *Kitâb ar-rauḍatain*, I, p. 131, l. 12. Ibn Sa'îd, *Al-Mougrib* (ms. du Caire, copie de M. C. H. Becker, p. 73), prétend que Rouzzîk fut tué par les Arabes près du Caire », ce qui ne me semble pas fondé.

2. 'Oumâra, *An-Noukat*, p. 68, l. 13-14, accuse Schâwar d'avoir, par son meurtre de Rouzzîk, « noirci la blancheur de sa haute puissance » ; cf. Ibn Khallikân, *Biographical Dictionary*, I, p. 608, d'après lequel Schâwar aurait tué Al-ʿÂdil Rouzzîk avant d'occuper le vizirat ; de même Aboû 'l-Fidâ, *Annales Moslemici*, III, p. 587 ; Ibn Tagrîbardî, *An-Noudjoûm*, fol. 40 r°. Cela me paraît peu probable. 'Oumâra, *An-Noukat*, p. 66, l. 9, ne dit rien d'explicite. Son « ensuite » peut être arbitrairement élargi ou rétréci. *Ibid.*, p. 67, l. 5, « hier » parait favorable à cette seconde alternative.

3. 'Oumâra, *An-Noukat*, p. 68, l. 3-4 ; Ibn Al-Athîr, *Chronicon*, XI, p. 191, et dans *Hist. or. des croisades*, I, p. 528.

de violence contraire à son prestige et à ses intérêts. Bien plus, lorsque Rouzzîk comparut devant lui, il le traita avec honneur, fit pendre celui qui le lui avait livré[1] et proclama par le héraut : « Telle est la punition réservée à ceux qui s'écartent du devoir et qui oublient les bienfaits d'Aṣ-Ṣâliḥ[2]. »

Lui-même se gardait de renier « les bienfaits d'Aṣ-Ṣâliḥ » Ṭalâ'i', qui autrefois lui avait frayé les voies du vizirat en le nommant gouverneur du Ṣa'îd supérieur. Aux objurgations homicides de son fils aîné Schâwar avait répondu : « Certes Aṣ-Ṣâliḥ m'a comblé de bienfaits et c'est grâce à lui que je suis monté à cette dignité[3]. » Il avait résolu d'épargner Rouzzîk et de le maintenir en prison, pour la satisfaction de sa reconnaissance, mais aussi par ostentation de vanité. La cruauté spontanée de Ṭayy déconcerta Schâwar et ruina ses projets de clémence réfléchie. Son fils commit une faute grave en infligeant la décapitation à Rouzzîk, alors que cette amputation infamante n'avait pas été pratiquée sur Ṭalâ'i'. Le crime du vingt-et-un ramaḍân 558 (vingt-trois août 1163), s'il produisit l'effondrement des Banoû Rouzzîk, eut des conséquences désastreuses pour Schâwar et pour son fils aîné Ṭayy, ainsi que la suite de ce récit en fera foi[4].

1. D'après Ibn Khallikân, *Biographical Dictionary*, I, p. 660, Ibn An-Nîṣ aurait été, non pas pendu, mais étranglé.

2. Ibn Abî Ṭayy, dans Aboû Schâma, *Kitâb ar-rauḍatain*, I, p. 165, l. 10, et dans *Hist. or. des croisades*, IV, p. 124.

3. Ibn Abî Ṭayy, dans Aboû Schâma, *Kitâb ar-rauḍatain*, I, p. 165, l. 18.

4. L'assassinat de Ṭayy juste une semaine après celui de Rouzzîk est mentionné plus haut, p. 250, n. 1. Quant à Schâwar, nous raconterons au chapitre cinquième son éloignement temporaire de Miṣr et du vizirat au profit de Ḍirgâm.

« J'entrai, dit 'Oumâra[1], dans la Salle du fleuve[2] à l'Hôtel du vizirat. J'y rencontrai Ṭayy, fils de Schâwar, Ḍirgâm et plusieurs émirs, parmi lesquels 'Ain az-zamân[3] et Mourtafi' Aṭh-Ṭhahîr. La tête de Rouzzîk, fils d'Aṣ-Ṣâliḥ, avait été placée devant eux dans une grande écuelle. Aussitôt mon œil la regarda à la dérobée, je ramenai ma manche sur ma figure et je revins sur mes pas pour ne pas emplir ma vue par l'image de la tête. Il n'y eut aucun des spectateurs qui ne soit mort assassiné et dont la tête n'ait pas été séparée violemment du corps[4]. Ṭayy ordonna de me ramener. Je dis alors : Par Allâh, je ne rentrerai pas tant que la tête ne sera pas soustraite à mes yeux. — On enleva l'écuelle. Ḍirgâm me dit : Pourquoi as-tu rebroussé chemin ? — Je répondis : Hier, il était le sultan de son époque, dans la générosité duquel tu te mouvais. — Il dit alors : Si Rouzzîk s'était emparé de l'Émir des armées ou bien de nous, il ne nous aurait pas laissés en vie. — Je répondis : Il n'y a nul bien dans ce dont le possesseur passe du coussin moelleux *(dast)* à la grande écuelle *(ṭast)*. — Puis, je sortis et je dis :

Combien il me coûte, ô Aboû Schoudjâ'[5], de voir ce front illustre souillé par les flots de son sang !

Il n'a été retourné que par des hommes ayant précédemment retourné leurs mains dans ses bienfaits.

1. 'Oumâra, *An-Noukat*, p. 66, l. 9-67, l. 10.

2. Je crois qu'au lieu de قاعة السر, il convient de lire, avec une graphie analogue, قاعة البحر, comme dans *An-Noukat*, p. 62, l. 13 ; 100, l. 6 ; voir plus haut, p. 149 et 171.

3. A عز الزمان, je substitue عين الزمان, vu la ressemblance extérieure, vu la comparaison avec *An-Noukat*, p. 68, l. 6 et 7 ; 74, l. 6, où Mourtafi' est accouplé à 'Ain az-zamân, sur lequel voyez plus haut, p. 193.

4. C'est ce qui, pour chacun des assistants ici nommés, sera confirmé par le chapitre cinquième. Pour Ṭayy, voir déjà, plus haut, p. 250, n. 1.

5. Aboû Schoudjâ' Rouzzîk et non Aboû Schoudjâ' Schâwar.

'Oumâra n'était pas l'un de ces hommes et sa reconnaissance envers les Banoû Rouzzîk l'autorisait à dire de ses « patrons » tués ou exilés, tous supprimés[1] :

Sois étonné de ce que je les réclame, alors qu'ils n'ont plus sur la terre aucune habitation autre que mon cœur.

1. 'Oumâra, *Dîwân*, p. 417, l. 8 et 9.

CHAPITRE V

'OUMÂRA ET LES DEUX VIZIRATS DE SCHÂWAR. — VIZIRAT ET MEURTRE DE DIRGÂM. — MEURTRE DE SCHÂWAR.

(1163-1168)

Schâwar ne fut pas un vizir-roi de paix et de plume comme Ṭalâ'i' et comme son fils Rouzzîk, mais « un émir des armées » *(amîr al-djouyoûsch)* comme Badr Al-Djamâlî et comme le fils de Badr, Al-Afḍal Schâhânschâh[1]. Le vingt-deux mouḥarram 558[2] (trente-et-un décembre 1162), il était entré au Caire après trois mois de pérégrinations et avait, le premier ou le deux ṣafar 558[3], le neuf ou le dix janvier 1163, l'ordre étant rétabli au Caire, obtenu, sans résistance et sans compétition, les manteaux d'honneur disponibles du vizirat laissé vacant. Le khalife Al-'Âḍid allait-il enfin secouer le joug de ses tuteurs et goûter les délices de l'émancipation? Il ne tarda pas à reconnaître qu'à son égard les traditions des Banoû Rouzzîk étaient continuées par leur successeur et à conspirer contre lui, de même qu'il avait conspiré contre eux. Son appui fut cause déterminante de la crise ministérielle qui renversa Schâwar moins de huit

1. Plus haut, p. 138 et 152. La distinction entre les deux vizirats ressort de Wüstenfeld, *Calcaschandi's Geographie und Verwaltrung von Ægypten*, p. 181 et 187-188.

2. Ibn Khallikân, *Biographical Dictionary*, I, p. 608.

3. Ibn Al-Athîr, *Chronicon*, XI, p. 191 ; Aboû 'l-Fidâ, *Annales Moslemici*, III, p. 484 et 487; *Hist. or. des croisades*, I, p. 527 et 34.

mois musulmans après son investiture officielle[1]. L'interruption dura neuf mois juste, « le temps d'une gestation[2] », au bout desquels Schâwar recouvra son mandat. Il fut le seul vizir des Fâṭimides, qui ait été appelé à remplir deux fois ces hautes fonctions[3]. Ce ne fut pas d'ailleurs la seule particularité de ce héros assagi par sa maturité, avide de calme et de stabilité, dont, pendant son premier vizirat, « les qualités restèrent dans l'ombre, grâce à la persistance de la sécurité, de l'obéissance et de l'autorité[4] ».

Le troisième émir des armées se nommait, on s'en souvient, Aboû Schoudjâʿ Schâwar ibn Moudjîr As-Saʿdî Al-Hawâzinî Al-Badawî, Arabe d'origine, Égyptien d'adoption[5]. On ignore la date et le lieu de sa naissance et nous n'avons aucun renseignement sur l'éducation de sa jeunesse avant son arrivée en Égypte, ni sur son incorporation probable parmi ces jeunes serviteurs d'Aṣ-Ṣâliḥ Ṭalâʾiʿ, récalcitrants à Al-ʿÂdil Rouzzîk[6]. Ce fut dans cette élite qu'Aṣ-Ṣâliḥ le distingua, qu'il le promut au rang d'émir et qu'en raison de ses maîtrises, il le choisit pour l'appeler à la préfecture du Ṣaʿîd supérieur. Sa brusque révocation par Rouzzîk, sa protestation à main armée contre une mesure arbitraire, ses marches et contremarches à travers les déserts et les Oasis, son élévation au vizirat, l'emprisonnement par son ordre, l'assassinat comploté par son fils aîné Ṭayy de son infortuné prédécesseur, voilà des épisodes qui ont été

1. Le premier vizirat de Schâwar, inauguré vers le premier ṣafar 558, dura jusqu'au vingt-huit ramaḍân de la même année, du neuf ou dix janvier au trente août 1163.

2. ʿOumâra, *An-Noukat,* p. 73, l. 12 et 13 ; *Dîwân*, p. 321, l. 14 ; Aboû Schâma, *Kitâb ar-rauḍatain,* I, p. 131, l. 12, et 158, l. 28 (*Hist. or. des croisades*, IV, p. 121).

3. Aboû Schâma, *Kitâb ar-rauḍatain,* I, p. 131, l. 12.

4. ʿOumâra, *An-Noukat,* p. 68, l. 11-12.

5. Plus haut, p. 217.

6. Plus haut, p. 241.

groupés pour composer un tableau d'ensemble, mais dont au moins le dernier a empiété sur le terrain de la présente narration.

Schâwar, maître du Caire le vingt-deux mouḥarram 558 (trente-et-un décembre 1162), ne voulut s'introduire au cœur de la place qu'à l'abri du feu qui couvait encore dans les âmes des réfractaires. Les adhérents de la première heure, Ḍirgâm et ses frères, Yaḥyâ ibn Al-Khayyâṭ et les Banoû 'l-Ḥâdjib, eurent mission de désarmer les troupes restées fidèles aux Banoû Rouzzîk[1] et de pacifier la ville troublée. C'est pourquoi Schâwar s'abstint de se diriger sans transition vers l'Hôtel du vizirat, mais préféra s'établir en dehors de l'enceinte, entre la Porte du guichet *(Bâb al-khaukha)* et la Porte de Sa'âda, au Sud du Caire et au Nord de Fousṭâṭ, dans une maison de plaisance, l'Hôtel de l'Or[2], sur les rives du Canal, à proximité du domicile qu'occupait son ami 'Oumâra. Il vit s'amonceler bien vite, sur lui-même et sur ses deux fils aînés Ṭayy et Al-Kâmil Schoudjâ' « les biens des Banoû Rouzzîk et les dépôts remis par eux de ci de là, quelques-uns si considérables que les dépositaires y trouvaient matière à des prodigalités[3] ».

Quant à 'Oumâra, son intimité durable avec Schâwar, que les Banoû Rouzzîk tout puissants avaient tolérée, lui défendait, malgré son attachement immuable à ses anciens protecteurs, de se tenir systématiquement à l'écart du

1. 'Oumâra, *An-Noukat*, p. 67, l. 14-68, l. 1.

2. Ce pavillon, qui dominait le Canal, avait été construit dans le voisinage du Pavillon de la Perle ('Oumâra, *Dîwân*, p. 292, l. 5 et 7 ; 293, l. 4) par le vizir Al-Afḍal Schâhânschâh, au commencement de notre XIIe siècle ; cf. Aboû Schâma, *Kitâb ar-rauḍatain*, I, p. 262, l. 23 ; Al-Makrîzî, *Al-Khiṭaṭ*, I, p. 470, l. 10-25 ; II, p. 63-64.

3. 'Oumâra, *An-Noukat*, p. 68, l. 3-5. Le troisième fils de Schâwar, Al-Mou'aṭhṭham Soulaimân (*An-Noukat*, p. 78, l. 13 ; 138, l. 2 et 3 ; *Dîwân*, p. 209, l. 9), bien que non mentionné ici par 'Oumâra, aura eu son lot dans ce partage.

nouveau régime, d'affecter une allure boudeuse, de garder un silence dédaigneux, qui eût été mal interprété, de manifester une opposition intraitable, d'oublier qu'à Miṣr la légitimité d'un vizir réside dans sa force et que la conquête du pouvoir suffit à l'y faire tenir pour régulier[1]. Voici ce que ʿOumâra nous rapporte sur son attitude correcte, respectueuse du passé, accueillante pour le présent[2] :

« Lorsque Schâwar se fut installé à l'Hôtel de l'Or, les poètes, les prédicateurs, et la foule mélangée se mirent, pour la plupart, à déblatérer contre les Banoû Rouzzîk. Ḍirgâm, suppléant du grand chambellan, Yaḥyâ ibn-Al-Khayyâṭ, généralissime des armées, en firent autant. Or, il existait entre moi et Schâwar une amitié parfaite, solide. Aussi lui récitai-je, le deuxième[3] jour de son audience, devant une assemblée compacte :

Par ta puissance les jours ont été préservés de toute maladie et l'on a vu cesser ce dont l'époque se plaignait en fait de souffrance.

Elles ont cessé, les veillées des Banoû Rouzzîk, et ont été retranchées, sans qu'aient été retranchés des veillées leur éloge, ni leur blâme.

On dirait que leur Ṣâliḥ et leur ʿÂdil[4] *ne se sont jamais assis, ni levés dans ce brillant appareil!*

Ce sont eux qui ont agité contre eux-mêmes les jours

1. Ibn Schaddâd, *An-Nawâdir*, dans *Hist. or. des croisades*, III, p. 42; Aboû Schâma, *Kitâb ar-rauḍatain*, I, p. 130, l. 11-15, 157, l. 20-21, et dans *Hist. or. des croisades*, IV, p. 106; Guillaume de Tyr, *Hist. occ. des croisades*, I, p. 893.

2. ʿOumâra, *An-Noukat*, p. 69, l. 2-70, l. 6; *Dîwân*, p. 359, nº 272, et les références données *ibid.*, n. 2; Aboû Schâma, *Kitâb ar-rauḍatain*, I, p. 226, l. 30-227, l. 4; Al-Djanadî, *As-Souloûk*, p. 546, l. 1-3; Bâ Makhrama, *Taʾrîkh*, p. 557, l. 3-9.

3. Le premier jour d'après Al-Djanadî, *As-Souloûk*, p. 545, l. 10; Bâ Makhrama, *Taʾrîkh*, p. 557, l. 4.

4. Aṣ-Ṣâliḥ Ṭalâʾiʿ et son fils Al-ʿÂdil Rouzzîk.

qui étaient calmes jusqu'alors, au point que la paix faisait parfois pousser les feuilles jusque sur l'arbre salam.

Nous nous imaginions (et l'imagination a sa part de péché!) que les Banoû Rouzzîk formaient une troupe invincible.

Mais, depuis que tu as fondu sur eux comme l'aigle, ils ont été trahis par une troupe qu'avait recrutée ce vautour[1],

Et ils n'ont pas été un ennemi qui fût à dédaigner, mais ils n'ont été noyés que dans ton torrent impétueux.

Mon intention, en exaltant d'autres que toi, n'a été que d'exalter ton mérite; aussi excuse moi et ne m'adresse pas de reproches.

Et, si je gardais mon pacte de reconnaissance pour leurs veillées d'autrefois, ce ne serait point seulement en raison du pacte antérieur.

Et, si j'ouvrais ma bouche un jour pour blâmer les Banoû Rouzzîk, ta grandeur d'âme me désapprouverait et ne manquerait pas de me fermer la bouche,

Étant donné qu'Allâh, par une faveur de lui, ordonne la bienveillance et interdit les excès du langage[2].

« Schâwar et ses fils[3] me remercièrent de ma fidélité aux Banoû Rouzzîk. » L'enthousiasme de Schâwar fut, dit-on, poussé au point qu'il remplit la bouche de ʿOumâra avec des pièces d'or, qu'il apprit quelques-uns de ses vers par cœur et qu'il contracta l'habitude de les réciter publiquement[4].

Quelques jours après, au début de ṣafar 558, après le

1. Ce vers, répété dans *An-Noukat*, p. 76, l. 10, avait éveillé les susceptibilités de Ḍirgâm, qui s'était reconnu : « Suis-je donc, dit-il fort mécontent (*ibid.*, p. 70, l. 1), à tes yeux un vautour ? »

2. Vers imité du *Coran*, XVI, 92 ; cf. XXIX, 44.

3. Faut-il lire ici le pluriel, se rapportant aux trois fils Ṭayy, Schoudjâʿ et Soulaimân, ou le duel, excluant ce dernier ? La première leçon est dans Aboû Schâma, *Kitâb ar-rauḍatain*, I, p. 227, l. 5, la seconde dans mon édition des *Noukat*.

4. Djamâl ad-Dîn Al-Ḥalabî, dans Wüstenfeld, *Geschichte der Faṭimiden-*

neuf janvier 1163, Schâwar alla, comme ses prédécesseurs au vizirat, installer son habitation privée dans la Maison du bienheureux[1]. Schâwar dut adopter en même temps l'Hôtel du vizirat comme sa résidence officielle[2], unie à sa demeure familiale par la plus commode des communications souterraines[3]. Schâwar s'était ainsi rapproché du khalife, sous le couvert duquel le vizirat changeait de titulaire sans que l'auguste habitant du Palais oriental conquît l'indépendance rêvée et fût associé plus efficacement à l'administration de la chose publique. La continuité de la tutelle fut assurée par le maintien de Ḍirgâm comme préfet du Palais, avec son élévation au titre de grand chambellan[4] pour prix de sa félonie précipitée envers les Banoû Rouzzîk, lorsqu'il était accouru avec ses frères au-devant de Schâwar. Celui-ci avait démonté leurs cavaliers, plus de trois mille[5], tués dans les bagarres, ou prisonniers comme Madjd al-islâm Rouzzîk et son frère Djalâl al-islâm, ou exilés comme Saif ad-Dîn Al-Ḥousain et 'Izz ad-Dîn Ḥousâm, ou ralliés comme Ḍirgâm et ses frères, Yaḥyâ ibn Al-Khayyâṭ et les Banoû

Chalifen, p. 329; cf. Stanley Lane-Poole, *A History of Egypt*, p. 186. 'Oumâra prétend (*An-Noukat*, p. 82, l. 1) que Schâwar ne cessait pas de redemander telle de ses poésies.

1. 'Oumâra, *An-Noukat*, p. 70, l. 7-8.

2. C'est à l'Hôtel du vizirat que Schâwar fut recherché par ses adversaires le vingt-neuf ramaḍân 558 (trente-et-un août 1163), d'après le Continuateur de l'*Histoire des patriarches d'Alexandrie*, ms. 302, II, p. 246, passage qui sera cité plus loin.

3. Plus haut, p. 99, 154 et 240.

4. 'Oumâra, *An-Noukat*, p. 68, l. 8, commenté par le Continuateur de l'*Histoire des patriarches d'Alexandrie*, II, p. 246 : وكان شاور قد أحسن الى ضرغام وقربه وادناه وجعله صاحب بابه. « Et Schâwar avait favorisé Ḍirgâm, l'avait honoré et approché de lui, et l'avait institué son grand chambellan. » Même titre dans Al-Maḳrîzî, *Al-Khiṭaṭ*, I, p. 338, l. 4 ; II, p. 12, l. 26 ; cf. plus bas, p. 271, n. 3.

5. Chiffre évidemment exagéré dans Al-Maḳrîzî, *Al-Khiṭaṭ*, II, p. 46, l. 14-15 ; Ibn Tagrîbardî, *An-Noudjoûm*, fol. 25 r°.

'l-Ḥâdjib, ou convertis sans réticence et sans apostasie, ainsi que 'Oumâra, ou enfin gardant leur foi secrète avec réserve et discrétion, à l'écart des militants. Dans ce mouvement général d'exclusion, le khalife Al-'Âḍid avait sans doute répudié sa femme, la fille d'Aṣ-Ṣâliḥ Ṭalâ'i', la sœur d'Al-'Âdil Rouzzîk.

'Oumâra s'était montré parmi les premiers à l'Hôtel de l'Or et y avait nettement affirmé ses regrets comme ses espérances. Il se montra de même au Palais du vizirat, où Schâwar, son compatriote et son coreligionnaire, respecta ses souvenirs et ses convictions, l'attira dans le cercle de ses familiers, lui fit des largesses et demanda en échange d'être loué en prose et chanté en vers par cet « Arabe pur de langage poétique et de famille, le Farazdaḳ et le Djarîr de l'époque [1] ».

« Quant à la générosité de Schâwar, dit 'Oumâra [2], elle n'avait pas de limites. Il n'amassait, ni n'enfouissait de trésors [3]. Pour ce qui est de son courage et de son énergie, il gardait son sang-froid et demeurait impassible en face des dangers de mort... Un jour, au sortir d'un défilé trop resserré pour livrer passage aux troupes, c'était lui qui était passé le premier et avait sauté sur sa jument dépourvue de selle, en disant :

Rien de bon chez le vieux, s'il n'a pas un grain de folie.

L'installation de Schâwar dans la Maison du bienheureux fut saluée en ces termes par 'Oumâra, qui ne manqua pas l'occasion de rappeler les droits des Banoû Rouzzîk et d'intercéder en faveur d'An-Nâṣir Rouzzîk, qui n'avait pas encore été mis à mort [4] :

1. Jugement immodeste de 'Oumâra sur lui-même dans ses *Noukat*, p. 71, l. 9 et 10.

2. 'Oumâra, *An-Noukat*, p. 72, l. 9-11 ; 73, l. 8-11.

3. Contraste avec les Banoû Rouzzîk, enfiévrés thésauriseurs.

4. 'Oumâra, *An-Noukat*, p. 70, l. 7-72, l. 3 ; 128, l. 3-5 ; *Dîwân*, p. 275-278, n° 159.

Il se peut qu'après avoir orienté les litières vers le Nadjd, on les descende vers le Gaur[1], *et qu'après avoir tressé les cordes de l'émigration, on ne les torde pas,*

Et qu'après avoir interdit à mes paupières les délices de leur sommeil, on leur vende ou on leur prête un assoupissement.

...Mais, mon âme est une des propriétés de Schâwar au pouvoir, et je dois la consulter sur celui à qui elle veut appartenir.

...Il est un vizir qui a guéri la poitrine du vizirat, affligée d'une maladie douloureuse, latente dans ses parties antérieures.

Le vizirat a eu son diadème couronné par le respect qu'il inspire, son audience brillante comme un lever de soleil, son trône réjoui,

Et jamais il n'avait ignoré que, sans aucun doute, c'est à toi qu'il reviendrait[2].

Et nous constations que ta place y était marquée avec évidence pour les clairvoyants et pour les borgnes.

Et l'islâm a reconnu que tu es son épée, de même que, pendant la nuit, on discerne la lumière blanche de la lune.

Et quel moulin tournerait sans que Schâwar fût l'essieu de la roue que mettent en mouvement les vies heureuses et les infortunes?

Allâh a protégé dans les Oasis tes jours dont les mois laissaient s'écouler trop de temps[3].

Tu y as séjourné en pliant les filets d'un stratagème, dont le tissu a plié vers toi les cous du monde.

1. Le Nadjd comprend ici tout le centre de l'Arabie, avec le Ḥidjâz et le territoire sacré, le Gaur du Tihâma, le Yémen entier. ʻOumâra simule un projet de retour au pays natal. Il parle de la mosquée Al-Khaif de Minâ au v. 6, de Naʻmân au v. 11.

2. Cf. *Coran*, II, 285 ; LX, 4.

3. Traduction douteuse.

...Tes jours se passent, leur soir assistant à ta noble victoire[1]*, leur matin à ta conquête manifeste*[2].

Ils sont dirigés vers Fousṭâṭ par ta personne couronnée, qui a constamment l'escorte et la suite dues à son élévation.

Tu y as heurté dans les Banoû Rouzzîk une colline, au point que leur Raḍwâ a été fendu, et leur Thabîr[3] *enfoncé.*

Il a été brisé de cette colline un avant-bras et son coude[4]*, et l'on n'espère plus que l'on puisse réduire sa fracture.*

Et, lorsque leurs nids se sont vidés de leurs aigles, envolés pour se garder de tes assauts[5]*,*

Tu as gratifié très généreusement leurs rejetons[6]*. Et parfois les destructeurs des lions favorisent les lionceaux.*

Tu as pardonné. Et, si tu étais celui auquel cette colline pourrait nuire, celui qui en était l'arbitre ne t'aurait point pardonné.

Rien de surprenant que, par votre sagesse, des ressentiments soient morts ; car, les cœurs des chefs en sont les tombeaux.

J'ai vu des hommes abreuver de blâme les Banoû Rouzzîk. Voilà des natures dont ma pensée ne recherchera pas le voisinage !

1. *Coran*, XLVIII, 3.
2. *Coran*, XLVIII, 1.
3. Rouḍwâ et Thabîr sont deux noms de montagnes, celle-là à Médine, celle-ci à Minâ ; cf. Yâḳoût, *Mou'djam*, II, p. 790 ; I, p. 917. On voit combien 'Oumâra est hanté par l'Arabie et le Coran.
4. Traduction par à peu près, littéralement : « l'avant-bras et celui qui en aide le fonctionnement ». Il s'agit de Ṭalâ'i' et de Rouzzîk.
5. Saif ad-Dîn Al-Ḥousain, 'Izz ad-Dîn Ḥousâm et les aiglons partis avec eux sous leurs ailes.
6. Madjd al-islâm Rouzzîk et Djalâl al-islâm, fils de Ṭalâ'i', lionceaux préservés jusqu'ici par Schâwar de la mort violente à laquelle le lion n'a pas échappé.

Renierai-je, ô Aboû 'l-Fatḥ[1], *une bienveillance*[2], *grâce à laquelle les rideaux de leurs portes ont été dénoués en ma faveur ?*

Et loin de toi que tu prennes plaisir à ce qu'on blâme des lionnes vertueuses[3] *dont les retraites sont protégées par ton glaive tranchant !*

Et tu nous as enseigné la retenue du langage par une vie, que nous t'avons vu mener dans la retenue de verser le sang[4],

Vie dont tu as fait déborder l'assistance sur les deux pointes de ton épée, dont l'éclat a débordé sur les deux pointes de ma langue.

Et les vizirs aux aigrettes blanches sont des astres aux mouvements rapides[5]*; si un premier a disparu, le dernier est survenu,*

Et, si la comparaison se vérifie chez vous, vous êtes montés à l'horizon comme des soleils, après que leurs pleines lunes s'étaient couchées[6].

Si de leur temps je n'ai pas atteint à la richesse, le nuage que voilà a humecté de sa pluie mon contemporain[7].

Si d'autres nuages ne m'ont pas désaltéré, je considérerais comme trahison de ma part de blâmer l'étang où ils se sont déversés.

Et, s'il y a des hommes pour celer les faveurs, moi, je

1. *Kounya* laudative « le père de la victoire » (de même, p. 159, l. 12 ; 160, l. 2), donnée à Schâwar, dont la *kounya* ordinaire est Aboû Schoudjâ' « le père de Schoudjâ' », comme il a en effet nommé son fils cadet.

2. Je traduis la leçon de B² à cause des pronoms masculins.

3. Les harems des Banoû Rouzzîk et de leurs partisans.

4. Allusion à Rouzzîk captif et vivant.

5 Ce sont les *sâbiḳât* du *Coran*, LXXIX, 5.

6. Imitation du *Coran*, XXXVI, 40.

7. C'est-à-dire Schâwar.

les divulgue ; s'il y en a pour les renier, moi, j'en exprime ma reconnaissance.

J'ai, pour remercier mes bienfaiteurs, des paroles bienfaisantes dont les lanières sont coupées à la mesure des faveurs accordées.

Fines et abondantes, ces paroles vous ont été apportées par le **Farazdaḳ** *et le* **Djarîr** *de l'époque.*

Je suis l'Arabe, pur de langage poétique et de famille, alors que tant de gens ont des alliages qui déparent leurs vers ou leur race.

Aussi, ne prêtez l'oreille à aucun éloge provenant d'un autre que moi ; car, il n'y a point parité entre ceux qui louchent et ceux qui ont de beaux grands yeux.

Je vois les existences des rois s'achever et ce n'est que par mon pareil qu'elles sont ressuscitées et rappelées à la vie.

Lorsque des réputations sont effacées, c'est le polisseur de cette parole qui seul les fera briller à nouveau.

Et assurément, si les rimes de trempe efféminée sont vouées à l'oubli, les rimes de trempe mâle assureront la plus belle gloire.

O Aboû 'l-Fatḥ, et le bienfait a pour pivot la vicissitude de ce monde, dont tu[1] *fais tourner la roue,*

Lorsque vous fixerez pour chacun des hommes sa quote-part — or, j'ai un besoin pressant qu'il t'est facile de satisfaire —

Tu auras ajouté à mes appointements réguliers une gratification, par laquelle tu auras relevé mon état et enrichi celui qui la sollicite,

Et tu auras apposé en ma faveur ton sceau et ta signature

1. Je traduis la leçon de B².

sur cette décision généreuse, ton équité venant au secours de ma misère contre l'injustice des chrétiens[1] *;*

Car, ils n'intercepteront pas un seul jour la voie à mon espérance, du moment que tu seras le protecteur de mon dénûment.

Et ils avaient prétendu que les rois sont des aiguades; si cela était prouvé, vous seriez par rapport à ceux-là des mers.

Vous avez jeté un regard vers mes jours qui étaient improuvés, puis vous m'avez m'apporté des jours comme il y en a eu peu de semblables,

Dont les événements ne se sont appuyés que sur vous, dont les dents n'ont souri que tournées vers vous.

Les deux lionceaux, rejetons de Ṭalâ'i', étaient en cage et Schâwar ne se souciait, ni de rendre la liberté à des prétendants éventuels, ni de se déconsidérer par des actes de cruauté vains et impolitiques. 'Oumâra, rassuré sur le sort des derniers Banoû Rouzzîk, jouissait du regain de faveur qu'il avait obtenu sans capitulation de conscience et des générosités octroyées par un vizir tolérant et ami. En dehors de la gratification supplémentaire, « Schâwar, pendant son premier vizirat, me donna, dit 'Oumâra[2], une jument cap de more qui valait cinquante dînârs. Lorsque

1. 'Oumâra prend ses précautions contre les erreurs ou les oublis volontaires des scribes chrétiens, Coptes, Grecs ou Arméniens, Ibn Doukhkhân, Aboû 'l-Faḍl et consorts, fonctionnaires de la comptabilité publique; cf. 'Oumâra, *An-Noukat*, p. 90 et 107; *Dîwân*, p. 215, 280-282, 293, etc. Le bureau, où la tolérance des Fâṭimides avait installé ces expéditionnaires et traducteurs étrangers dont le sounnite 'Oumâra se défiait, est appelé ('Oumâra, *Dîwân*, p. 282) دار الكباش « la Maison des béliers »; cf. une autre maison de même dénomination dans Ibn Doukmâḳ, *Al-Intiṣâr*, IV, p. 37, l. 10. L'accession d'employés chrétiens aux emplois officiels vers le milieu de notre XIIe siècle est signalée par Stanley Lane-Poole, *A History of Egypt*, p. 170.

2. 'Oumâra, *An-Noukat*, p. 150, l. 4-11.

Schâwar partit pour Damas[1], un ostodâr la réclama et Ṣoubḥ[2] vint me trouver pour appuyer la réclamation de l'ostodâr. Il me dit : Cette jument provient des écuries des Banoû Rouzzîk et il ne t'est pas licite de la monter. Car, elle en a été enlevée de vive force. Or, Ṣoubḥ avait épousé une fille de Saif ad-Dîn Al-Ḥousain. Je dis à Ṣoubḥ : Chevaucher sur les dos de leurs montures est une faute plus légère devant Allâh que ta chevauchée sur les ventres de leurs femmes. — Il répondit : Il est bien osé, le drôle! Puisse Allâh maudire la jument et son possesseur! — Et désormais il ne revint plus avec moi sur ce sujet. »

Schâwar, instruit par l'expérience, avait appris l'art de se contenir et de dominer sa fougue naturelle. Sa modération indulgente à l'égard de Rouzzîk avait paru un indice de force plutôt que de faiblesse. Son vizirat aurait présenté des symptômes de puissance et de durée, s'il n'avait pas été sapé jusque dans ses fondements par la cupidité insatiable de ses trois fils, par leurs interventions malencontreuses, par leur impopularité grandissante, dont leur père subissait le contre-coup. Grave fut le préjudice qui lui fut causé par les excès de sa triple lignée déchaînée sur la population, « en prenant à son aise avec elle, affectant des airs d'autorité, provoquant la répulsion générale[3] ».

'Oumâra n'était pas homme à se sacrifier au bien public et à répudier des amitiés qui donnaient satisfaction à ses intérêts privés. Il resserra ses relations avec Al-'Âdil[4] Ṭayy, fils aîné de Schâwar, et obtînt, grâce à lui, un accroissement notable de son bien-être matériel. « Sa vie ne se prolongea

1. Le vingt-neuf ramaḍân 558, le trente-et-un août 1163.

2. Ṣoubḥ ibn Schâhânschâh; voir plus haut, p. 106, n. 7.

3. Ibn Abî Ṭayy, dans Aboû Schâma, *Kitâb ar-rauḍatain*, I, p. 165, l. 14.

4. Plus haut, p. 247, 249 et 250.

pas, dit 'Oumâra[1]. Mais il ne cessa pas de m'honorer et de me combler. Ce fut lui qui augmenta mon salaire de quinze dînârs en provisions, qui m'accorda pour mon alimentation cent soixante boisseaux de farine, ainsi que la ration d'orge pour mes chevaux, qui me fixa pour chaque mois vingt boisseaux de froment et dix d'orge, qui, de sa bourse, me détermina un supplément de pension de vingt-quatre dînârs, qui m'offrit à trois reprises des manteaux d'honneur, qui me gratifia d'une pouliche cap de more et d'un cheval de bât, qui m'autorisa à entrer librement chez lui et accueillit favorablement mon intercession. Je me rappelle qu'une nuit, il me fit appeler pendant mon sommeil et que je montai à cheval, éclairé par un luminaire qu'il avait envoyé. Je le trouvai dans l'hôtel de 'Abbâs[2], aux Orfèvres[3], presque terrassé par la boisson. Il répandit sur moi des robes magnifiques et me donna cinquante dînârs, en ajoutant : Par Allâh, si je remplissais à ton intention ce bassin au jet d'eau, je ne m'acquitterais pas envers toi de ma dette. »

Le fils cadet de Schâwar, Al-Kâmil Aboû Fâtik Schoudjâ', avait eu quelques démêlés d'amour-propre avec 'Oumâra[4], qui avait pris à cœur de les dégager nettement par la condescendance d'une démarche conciliatrice. « Je l'abordai, dit 'Oumâra[5], par un poème, dont voici le commencement :

Lorsque le temps ne fait pas la paix avec toi, combats ;

1. 'Oumâra, *An-Noukat*, p. 127, l. 6-128, l. 2.

2. Cet hôtel, cité aussi dans 'Oumâra, *Dîwân*, p. 418, l. 6, situé dans la rue Schams ad-Daula, était dénommé d'après le vizir 'Abbâs, fils d'Aboû 'l-Foutoûḥ Yaḥyâ, fils de Tamîm, surnommé l'émir Roukn al-islâm ; voir Al-Maḳrîzî, *Al-Khiṭaṭ*, II, p. 55-56, et ma *Vie d'Ousâma*, p. 238-260.

3. Plus haut, p. 106, n. 3.

4. Plus haut, p. 106, n. 3.

5. 'Oumâra, *An-Noukat*, p. 130, l. 9-131, l. 11 ; *Dîwân*, p. 182, l. 1, n° 36 ; Ibn Khallikân, *Biographical Dictionary*, II, p. 369-370 ; Hammer-Purgstall, *Literaturgeschichte der Araber*, VII, p. 937,

éloigne-toi, lorsque tu ne tires aucun parti des plus proches,

Et ne traite point par le mépris une rancune même légère. Parfois les vipères meurent des poisons des scorpions !

Autrefois le trône de Bilḳîs fut renversé par une huppe[1] *et ce fut dans le passé aussi qu'un rat mit en ruines la digue de Ma'rib*[2].

Ta vie étant ton capital, garde-toi de le dépenser sans nécessité,

Car, entre la succession de la nuit et de l'aurore est un champ de bataille, dont les troupes ramènent sur nous les plus grandes merveilles ;

Et je n'ai pas été épouvanté par la trahison de la jeunesse, parce que je me suis accoutumé à ce défaut de caractère chez tout compagnon,

La défection de l'homme consistant à renier son pacte et son engagement, celle des épées à émousser leurs tranchants[3].

.... *Comme ces perles ont pour mine ma bouche, dispensez la d'embrasser la paume du donateur.*

J'ai vu des hommes au matin s'asseoir chez vous à des banquets[4], *tandis que j'étais seul avec des pleureuses*[5].

1. *Coran*, XXVII, 20-43. Bilḳîs et Ma'rib, vrais souvenirs de Yéménite.

2. Al-Khazradjî, *The pearl-strings ; a History of the Resûlidy Dynasty of Yemen*, by the late Sir J.-W. Redhouse, I (Leyden, 1906), p. 53-56 ; G. Weil, *Biblische Legenden der Muselmänner* (Frankfurt a. M., 1845), p. 251.

3. Sur le conseil de M. W. Marçais, j'ai adopté la leçon نبوّ de C. Malgré l'affirmation de 'Oumâra, *An-Noukat*, p. 131, l. 5, nous doutons, l'un et l'autre, qu'il y ait ici une lacune.

4. Hammer-Purgstall, *loc. cit.*, affirme que le mot مأدبة s'applique exclusivement aux festins destinés à célébrer la circoncision et cite un écrit de circonstance publié sous ce titre à Constantinople. Le sens me paraît plus général et plus vague, mais je persiste à ne pas ignorer les défrichements de ce pionnier infatigable et à ne pas suivre les routes qu'il a frayées témérairement sans rappeler notre hardi précurseur.

5. Allusion aux deuils réitérés de 'Oumâra ; voir plus haut, p. 142-143 et 188.

Je me suis tenu en arrière, lorsque vos supériorités les ont placés devant[1]. *Et les lions n'aiment pas la prééminence des renards !*

Et pourtant tu sais où ces renards se tenaient par rapport à mes positions, que j'ai occupées en étant pour vous un très noble lieutenant,

Dans des veillées où je proclamais votre éloge en des compagnies qui ne s'exprimaient que par des mouvements des sourcils.

« ʿOumâra échoua[2]. » D'autres tentatives n'aboutirent pas mieux. L'incompatibilité d'humeur s'était accentuée et avait dressé une barrière infranchissable entre les efforts du maître et la résistance de son disciple revêche. Les rétractations de celui-là se brisèrent devant le mauvais caractère de celui-ci[3], auquel ʿOumâra, en dépit de son irritation, reconnut une seule qualité, sans la lui contester, à savoir que son autorité sur les frères de Schâwar[4] les empêchait de commettre nombre d'injustices. Sinon, ils eussent tout massacré[5]. »

Le troisième fils de Schâwar, Soulaimân, a porté le surnom d'Aṭ-Ṭârî « Le survenu à l'improviste[6] », parce que

1. Lisez قَدَّمْتُهم.

2. ʿOumâra, *An-Noukat*, p. 133, l. 10.

3. Les palinodies d'Al-Kâmil Schoudjâʿ offrant l'Égypte à Noûr ad-Dîn dans la seconde moitié de 562 (1167) sont révoltantes ; voir Aboû Schâma, *Kitâb ar-rauḍatain*, I, p. 143, l. 33-36, et dans *Hist. or. des croisades*, II, II, p. 240-241.

4. Des frères de Schâwar je ne connais que deux par leurs noms : Zakî ad-Dîn Roukn al-islâm Nadjm (voir plus haut, p. 226, n. 1), et Al-Auḥad Ṣoubḥ (*An-Noukat*, p. 78, l. 8 ; 131, l. 12 ; 150, l. 6 ; *Dîwân*, p. 293, l. 6) ; un troisième est désigné comme Fâris al-mouslimîn « Le cavalier des musulmans » dans Aboû Schâma, *Kitâb ar-rauḍatain*, I, p. 180, l. 10, mais je crois, par confusion avec Houmâm, frère de Ḍirgâm, dont il a été parlé plus haut p. 204, n. 3, et 244.

5. ʿOumâra, *An-Noukat*, p. 134, l. 3-5.

6. Aboû Schâma, *Kitâb ar-rauḍatain*, I, p. 180, l. 6, 9 et 10.

probablement sa naissance tardive fut une surprise pour son père. Ses exploits lui valurent le titre honorifique d'Al-Mou'aṭhṭham « Le magnifié[1] ». Son attitude envers 'Oumâra fut celle d'un indifférent, « ni généreux ni sordide, dont l'éloge ne s'impose pas »[2]. La communauté d'âge et de goût rapprochait du reste 'Oumâra surtout de l'aîné Ṭayy, qu'il blâmait souvent, qu'il aimait toujours. Le cadet Schoudjâ', enclin aux voies extrêmes, avait repoussé ses avances avec acrimonie et le plus jeune Soulaimân, un guerrier intrépide, ne se sentait pas attiré vers le vétéran sédentaire, spectateur attentif des événements, narrateur agréable en prose et en vers, qui ne s'enthousiasmait ni ne s'indignait plus et dont la sérénité blasée heurtait la fougue de la nouvelle génération.

Or, on s'agitait dans la Barḳiyya[3] contre le vizirat de Schâwar et contre son aveuglement paternel. Les adhérents de la première heure, qui avaient espéré vendre à un prix exorbitant leur abandon des Banoû Rouzzîk, étaient déçus et mécontentés. Apostats en sa faveur, ils complotaient de le trahir à son tour pour un chef plus docile. Aboû 'l-aschbâl Ḍirgâm, grand chambellan, qui, depuis tant d'années, convoitait le vizirat[4], fit miroiter à leurs yeux l'illusion de sa dépendance et de sa soumission. On se distribua les rôles

1. 'Oumâra, *Dîwân*, p, 209, l. 9 ; Partie arabe, p. 518, l. 1 ; Aboû Schâma, *Kitâb ar-rauḍatain*, I, p. 180, l. 10 ; plus haut, p. 257, n. 3.

2. 'Oumâra, *An-Noukat,* p. 138, l. 3-4.

3. Les milices Barḳiyya, qui habitèrent ce quartier sis au Nord-Est du Caire et lui donnèrent leur nom, étaient originaires de la région de Barḳa, sur les confins de l'Égypte et de la Tripolitaine ; voir Al-Maḳrîzî, *Al-Khiṭaṭ*, II, p. 12, l. 20-23, et ma *Vie d'Ousâma*, p. 250, n. 5. Aṣ-Ṣâliḥ Ṭalâ'i' avait créé sous son vizirat l'institution des émirs Barḳiyya, à la tête desquels il avait placé Ḍirgâm, qui s'éleva jusqu'à devenir *nâ'ib al-bâb* « suppléant du grand chambellan », et même *ṣâḥib al-bâb* « grand chambellan », d'après Al-Maḳrîzî, *Al-Khiṭaṭ*, I, p. 338, l. 4 ; II, p. 12, l. 25-26 ; cf. plus haut, p. 260, n. 4.

4. Plus haut, p. 101, n. 5, 166, 204, 210, etc.

et le quartier de la Barḳiyya, contigu au Palais oriental du khalife Al-'Âḍid, voisin au Sud-Est de l'Hôtel du vizirat, fournit le théâtre le mieux situé pour la préparation efficace du complot. Le khalife en souhaitait ardemment le succès pour secouer enfin sa tutelle et les officiers étaient pleins de confiance dans la réussite.

'Oumâra ne se mêla pas aux pourparlers préliminaires. Il avait conservé contre la Barḳiyya une aversion superstitieuse depuis la captivité de Mourtafi', aujourd'hui l'un des conspirateurs groupés dans le voisinage de son ancien cachot. Il n'y avait du reste pas eu un courant ininterrompu de vive sympathie entre 'Oumâra et Ḍirgâm. La Barḳiyya avait provoqué chez eux naguère « un malentendu qui persistait depuis ramaḍân 556 », depuis avant le vingt-deux septembre 1161, depuis « le mois, dans lequel fut assassiné Aṣ-Ṣâliḥ. Ḍirgâm dit alors à 'Oumâra : Sors avec moi vers le tertre qui domine la Porte de la Barḳiyya. — Je répugne, répondit 'Oumâra, à voir la Barḳiyya, tant que Mourtafi' y est emprisonné et, depuis qu'Aṣ-Ṣâliḥ a mis la main sur lui, je n'ai plus passé par la Barḳiyya. — Par ma vie, s'écria plus tard 'Oumâra, cette parole m'a échappé, j'ignorais l'avenir et les pensées secrètes des uns à l'égard des autres[1]. »

Ce que 'Oumâra, absorbé par son intimité avec Schâwar et Ṭayy, n'avait pas remarqué, c'était combien l'hostilité contre eux deux avait été accrue par le meurtre de Rouzzîk le vingt-et-un ramaḍân 558 (vingt-trois août 1163), quel prétexte de vengeance contre l'assassin et contre le geôlier ce crime allait donner à « la rupture des émirs de la Barḳiyya. Ḍirgâm et ses partisans formaient une troupe à part, tandis qu'Aṭh-Ṭhahîr Mourtafi', 'Ain az-zamân et Ibn Az-Zoubd, ainsi que leurs partisans, en constituaient

1. 'Oumâra, *An-Noukat*, p. 77, l. 1-7 ; cf. plus haut, p. 209.

une autre. Quant à Ḍirgâm, son corps d'armée était le plus en évidence, vu son titre de grand chambellan[1], vu son privilège par lui-même, par ses frères et par ses gendres, d'avoir sous ses ordres des forces considérables. Quant à ses rivaux [de la première troupe], ils se chargèrent spécialement de Ṭayy, fils de Schâwar, le pressèrent et ne le lâchèrent pas jusqu'à ce que fût arrivé ce qui arriva : le départ de Schâwar pour la Syrie, le meurtre de son fils Ṭayy et le vizirat de Ḍirgâm[2]. »

Ṭayy passa ses derniers jours avec 'Oumâra sans éprouver de remords, sans se préoccuper de ce que sa vie était menacée, de ce que la révolution allait lui faire expier ses exactions et l'assassinat du vizir Rouzzîk. « J'entrai chez lui, dit 'Oumâra[3], tandis qu'il tenait dans sa main une boule en forme de pomme, grande, dorée. Il me la tendit. Je la trouvai fort lourde. Donne-la à tes servantes, s'écria-t-il. La boule resta dans ma manche. Et, lorsque je me levai, il me fit dire par quelqu'un qui me rejoignit : Préviens-le qu'elle contient quarante dînârs et un *roubâ'î*[4]. Selon sa prescription, je distribuai le tout à mes servantes. Cela se passait le vingt-cinq ramaḍân[5]. Le vingt-sept du même mois, il m'adressa à mon domicile pour la rupture du jeûne deux grands paniers de victuailles et des corbeilles de friandises, sans compter vingt dînârs pour la fête. Le vingt-huit, sa tête passa, au sommet d'une lance, sous mes fenêtres, tandis

1. Le texte porte : « Suppléant du grand chambellan » ; mais il a été constaté, p. 260, n. 4 ; 271, n. 3, que Ḍirgâm était promu grand chambellan, c'est-à-dire préfet du Palais. Ibn Tagrîbardî, *An-Noudjoûm*, fol. 32 r°, dit :

فولّى شاور ضرغامَ المذكورَ البابَ.

2. 'Oumâra, *An-Noukat*, p. 68, l. 5-11.

3. Id., *ibid.*, p. 128, l. 6-129, l. 8.

4. Sur ces écus d'or, frappés en Égypte et valant un quart de dînâr, voir H. Sauvaire, *Matériaux*, I (1832), p. 157-159.

5. Le vingt-sept août 1163.

que les femmes de ma maison ne cessaient pas de s'exclamer *Allâh akbar* « Allâh est très grand », en récitant leurs chansons joyeuses[1] par reconnaissance pour le don de rupture du jeûne et en même temps de pousser des cris stridents. L'une d'elles savait par cœur ma parole au sujet d'Aṣ-Ṣâliḥ[2] :

Sera-t-il jamais oublié par qui a dans les yeux sa noble face, alors que l'époque de sa mort est encore voisine ?

« Elle ne cessa pas de répéter ce vers jusqu'à ce qu'elle aperçût Ḍirgâm[3]. Alors elle cessa. Qu'Allâh ait en pitié Ṭayy ! »

Le meurtrier de Ṭayy, le vengeur de Rouzzîk, était un esclave de ce dernier, nommé Gaschm. L'endroit où il infligea la peine du talion à l'assassin de son maître, fut appelé la rue Ṭâyya[4], probablement à la rentrée de Schâwar au Caire en 1164. Ce fut alors également que Schâwar construisit dans la basse Ḳarâfa une chapelle funéraire à la mémoire de son fils aîné[5].

Schâwar, bien qu'il eût essayé de capter sûrement et d'immobiliser en sa faveur la fidélité vacillante des troupes, des fonctionnaires et des pensionnés, en décuplant soldes, appointements et mensualités[6], bien que notoirement il n'eût pas trempé dans la mise à mort violente de Rouzzîk, ne

1. La correction heureuse بأزجالهن m'est suggérée par M. William Marçais.

2. Plus haut, p. 174.

3. Aboû Schâma, *Kitâb ar-rauḍatain*, I, p. 131, l. 16 (de même notre ms.) porte : « la tête de Ḍirgâm ». Cette leçon suppose que la chanteuse aurait récité ce vers pendant plus de neuf mois consécutifs, ce qui serait au-dessus même d'une patience ancillaire musulmane.

4. Djamâl ad-Dîn ʿAlî, *Akhbâr ad-douwal*, dans Wüstenfeld, *Geschichte der Faṭimiden-Chalifen*, p. 329.

5. Ibn Khallikân, *Biographical Dictionary*, I, p. 609.

6. Ibn Khaldoûn, *ʿIbar*, IV, p. 88, l. 12 : وزاد [شاور] اهل الرواتب

se sentit en sûreté, à cause de l'assassinat de Ṭayy, ni dans l'Hôtel du vizirat, ni dans la Maison du bienheureux, où son innocence ne l'eût pas soustrait au sort de son fils aîné. Il ne donnait plus audience qu'en tenant les portes closes par crainte des fidèles de Rouzzîk[1]. D'autre part, Ḍirgâm, acharné contre Schâwar après tant d'années d'amitié fidèle, n'aspirait plus qu'à supplanter celui dont il avait été l'obligé, le compagnon et l'auxiliaire et à se débarrasser de lui, même au prix d'un meurtre. C'est ce contraste qu'un an plus tard, à la suite de la mort de Ḍirgâm et du retour au vizirat de Schâwar, 'Oumâra dénonça dans des félicitations au fugitif, paré à nouveau de son diadème[2] :

Ton premier vizirat avait été un abreuvoir pur ; mais ses étangs ont été contaminés.

Des hommes ont arraché violemment son diadème et son trône, après que leurs diadèmes s'étaient prosternés devant lui.

Schâwar, au risque de fournir un argument à ses accusateurs, résolut de se dérober par la fuite à la poursuite de Ḍirgâm, de ses frères, de ses gendres et des autres conjurés. Il ne défendit pas contre eux son diadème, mais sa vie, faillit tomber dans leurs embuscades, s'en garda par miracle et poussa un soupir de soulagement, lorsque, le trente-et-un août 1163, il eut dépassé sain et sauf Le Caire d'abord, lorsque, quelques jours plus tard, il eut quitté l'Égypte, dont il se voyait dépossédé et chassé.

والجرايات عشرة أمثالها ; Ibn Tagrîbardî, *An-Noudjoûm*, fol. 32 r° : فلمّا وزر [شاور] زاد الأجناد على ما كان لهم عشر مرّات. Cf. plus haut, p. 265-266.

1. Ibn Tagrîbardî, *ibid.*, immédiatement après : وكان يجلس والأبواب مغلقة عليه خيفة من حواشي رزّيك.

2. 'Oumâra, *An-Noukat*, p. 84, l. 6-7 ; Aboû Schâma, *Kitâb ar-rauḍatain*, I, p. 131, l. 6-7.

Voici le récit de son exode, tel qu'il nous a été rapporté par le continuateur de l'*Histoire des patriarches d'Alexandrie*[1] : « La veille, le vendredi soir, et à l'aurore du vingt-neuf ramaḍân, l'Émir des armées Schâwar fut trahi par l'Émir des émirs Ḍirgâm, surnommé l'Épée des combattants de la guerre sainte, dont les frères étaient appelés Moulham et Houmâm[2]... Et Schâwar avait fait prêter par Ḍirgâm quarante serments qu'il ne le trahirait pas sournoi-

1. Manuscrit 302 de notre Bibliothèque Nationale, II, p. 246 :
ولمّا كانت ليلة الجمعة القابلة وصبحها التاسع والعشرين من شهر رمضان المذكور نافق على أمير الجيوش شاور أمير الأمراء اسمه ضرغام ونعته سيف المجاهدين وله اخوة يسمّى احدهم ملهم والاخر نصر..... وحلّف شاور لضرغام أربعين يمين (sic) أنّه لا ينافق وكذب وخرج من عنده ليلة الجمعة كما قلنا فنافق وحالف الامراء فى الليل وجيّش عسكر (sic) وفتح باب البرقيّة من أبواب القاهرة خرج منه ثمّ فتحوا له باب زويلة دخل منه وصاح عسكره وقصدوا دار الوزارة فخرج شاور وهو معمّم لم يُمهلوه حتى يُكمل عمامته بل أخذ باقيها فى كمّه وركب حصانه وتقلّد سيفه وجاء الى باب الفتوح وجده مغلق (sic) والسودان محتفظين به فصاح يا زنجان (ms. بارنجان) فلبّوا نداءه وأجازوه فتحوا له باب الفتوح فوقف فى وسطهم وشكرهم واثنى (ms. واثنا) عليهم ووعدهم إن أعاده اللّه الى ملكه كافأهم بأحسن مكافأة ولمّا عاد وظفر أوفاهم ثمّ خرج من باب الفتوح وسار تحت ليلة حتّى وصل الى بيوت عشيرته بنى سعد فنزل عندهم.

2. Le manuscrit porte Naṣr et à la page suivante Naṣr Nâṣir al-mouslimîn = Houmâm Nâṣir ad-Dîn, par comparaison avec mes autres documents; voir plus bas, p. 282. Le passage omis est cité plus haut, p. 260, n. 4.

sement. Mais il mentit, se révolta contre lui le vendredi soir, ainsi que nous l'avons dit, s'unit par serment pendant la nuit avec les émirs, rassembla des troupes, ouvrit la Porte de la Barḳiyya, l'une des portes du Caire, sortit par là et rentra par la Porte de Zawîla, après qu'on la lui eut ouverte. Ses soldats poussèrent des cris belliqueux et envahirent l'Hôtel du vizirat. Schâwar se sauva, surpris au moment où il se coiffait du turban, sans avoir eu le loisir d'achever sa toilette de tête. Il prit la partie non enroulée dans sa manche, monta sur son cheval, ceignit son épée et se rendit à la Porte des conquêtes[1], qu'il trouva fermée et gardée par les nègres. Ils les interpella : Ô Zendjs[2] ! Ils répondirent à son appel, lui permirent de passer et lui ouvrirent la Porte des conquêtes. Il s'arrêta au milieu d'eux, les remercia, les loua et leur promit que, si Allâh le ramenait à sa royauté[3], il leur accorderait la plus généreuse rétribution et que, après son retour et sa victoire, il s'acquitterait envers eux. Ensuite, il franchit la Porte des conquêtes et s'avança à la faveur de la nuit jusqu'à son arrivée aux maisons de sa tribu, des Banoû Sa'd. Il fit halte chez eux. » Lorsque Ḍirgâm renonça aux poursuites et aux représailles pour rétablir l'ordre intérieur et que Schâwar eut foi dans l'apaisement, il continua sa route, monta vers le Nord, pénétra en Syrie et alla jusqu'à Damas implorer l'appui de l'atâbek de Syrie, du sultan Noûr ad-Dîn qui, comme le roi Amaury Ier

1. Le *Bâb al-foutoûḥ* « La Porte des conquêtes », située tout au Nord du Caire, obligea Schâwar à contourner la ville pour gagner mystérieusement l'une des routes de la Syrie, avec la complicité de ses frères de tribu, les Banoû Sa'd ibn Djoudhâm ; voir plus haut, p. 217, n. 4.

2. Lu et traduit par conjecture ! Y avait-il parmi les nègres du Caire des Zendjs du 'Omân ? Ou bien ce terme a-t-il été généralisé pour caractériser la garnison nègre de la Porte des conquêtes ?

3. En effet Schâwar, s'il ne fut pas « roi » pendant son premier vizirat, devint « roi victorieux » après avoir repris le pouvoir.

à Jérusalem, comme Schâwar réfugié auprès de lui, avait les yeux tournés fixement vers l'Égypte[1].

Je n'ai l'intention de raconter ni la vie de Noûr ad-Dîn Al-malik al-'âdil Maḥmoûd, fils du « martyr » *(Asch-schahîd)* Zenguî, ni celle du vizir Schâwar, ni celle du général en chef, du Kurde Asad ad-Dîn Schîrkoûh, le vieil oncle de Saladin, que Noûr ad-Dîn, sollicité par Schâwar, envoya en Égypte pour lui reconquérir le vizirat, ni celle de Saladin lui-même, non plus que celle d'Amaury Ier, roi de Jérusalem, mais seulement la biographie intégrale de 'Oumâra, déraciné du Yémen, implanté désormais à Miṣr. De plus en plus, je ne retiendrai des événements que ceux auxquels il fut mêlé ou intéressé directement, ou encore ceux dont l'écho parvint à ses oreilles attentives dans son hôtel ouvert aux bruits du dedans et du dehors, sur le quai du Canal, sa résidence, son poste d'observation, où il se recueillait alors avant d'adopter une direction nouvelle et où son sentiment de regret pour Schâwar exilé ne le rendait pas indifférent à Ḍirgâm vainqueur et triomphant, naguère son consolateur affectueux dans l'épreuve la plus cruelle qu'il eût subie, la mort et l'enterrement de sa femme libre bien née.

Ce mouvement de sympathie émue ne fut pas le seul lien entre 'Oumâra et Ḍirgâm, en dépit des incompatibilités qui les séparèrent en maintes occasions. Le commandant de la Barḳiyya, « le vautour[2] », qui s'était rué sur Ṭayy, qui menaçait de mort les deux autres fils de Schâwar, Schoudjâ' et Soulaimân[3], qui avait conspiré contre Schâ-

1. Ibn Al-Athîr, *Histoire des atabeks de Mosul*, dans les *Hist. or. des croisades*, II, II, p. 215-217.

2. Plus haut, p. 259.

3. Ibn Abî Ṭayy, dans Aboû Schâma, *Kitâb ar-rauḍatain*, I, p. 165, l. 20-21, prétend que Ḍirgâm fit exécuter deux fils de Schâwar, Ṭayy et

war lui-même et l'avait évincé, savait, à ses heures de détente, écrire comme Ibn Mouḳla[1], composait d'excellents poèmes en stances dits *mouwaschschaḥât*[2]. « Le charme de sa personne, dit ʿOumâra[3], et l'attrait de sa conversation étaient rehaussés par une générosité trop connue pour avoir besoin d'être louée. » Or, c'est là une qualité que personne ne savait mieux et ne désirait plus vivement que ʿOumâra être mis à même d'apprécier. « Sa libéralité, dit encore ʿOumâra[4], était raisonnée et il n'en donnait des marques qu'après une information qui en relevait le prix ou après une enquête qu'il mettait à profit. »

« Cavalier de son époque[5] », il avait, par sa maîtrise,

Soulaimân. La nouvelle relative à celui-ci, dont il s'est fait l'écho, doit avoir couru; mais, pour vraisemblable qu'elle fût, elle paraît justement démentie par ʿOumâra, *An-Noukat*, p. 78, l. 13, et ʿImâd ad-Dîn, dans Aboû Schâma, *Kitâb ar-rauḍatain*, I, p. 180, l. 6-10.

1. Al-Maḳrîzî, *Al-Khiṭaṭ*, II, p. 13, l. 26. ʿOumâra, *An-Noukat*, p. 73, l. 14, admire « la calligraphie » de Ḍirgâm, sans la comparer à celle du vizir des khalifes ʿAbbâsides Al-Mouḳtadir, Al-Ḳâhir et Ar-Râḍî, à celle du maître en cet art Aboû ʿAlî Moḥammad ibn ʿAlî Ibn Mouḳla, dont le talent est spécifié dans Ibn Aṭ-Ṭiḳṭaḳâ, *Al-Fakhri*, éd. Hartwig Derenbourg, p. 368, l. 5-7 (cf. p. 369-371). Après la Préface d'Ahlwardt (Gotha, 1860), mon Introduction de 1895, et la notice, si courte et si exacte, de Brockelmann, *Arabische Litteratur* (Berlin, 1902), II, p. 161, la survivance des erreurs accréditées ressort de « Fakhrî, more correctly named Ibn-aṭ-Ṭiḳṭaḳâ », par confusion du titre et de l'auteur, dans G. Le Strange, *The Lands of the Eastern Caliphate* (Cambridge, 1905), p. 18. Des renseignements complémentaires sur Djalâl ad-Dîn Aboû Djaʿfar Moḥammad Ibn Aṭ-Ṭiḳṭaḳâ et sur ses ascendants immédiats sont fournis par le manuscrit 9403 de Berlin et publiés par Ahlwardt, *Verzeichniss arabischer Handschriften*, IX (1897), p. 26. Je saisis l'occasion de les signaler aux admirateurs de cette piquante Histoire du khalifat et du vizirat et au traducteur présumé, M. Émile Amar.

2. Ḍirgâm peut être ajouté à la liste dressée par l'explorateur heureux de ce genre strophique, Martin Hartmann, *Das arabische Strophengedicht*, I (un.), *Das Muwaššaḥ*, Weimar, 1897.

3. ʿOumâra, *An-Noukat*, p. 73, l. 13.

4. Id., *ibid.*, p. 74, l. 1-2.

5. Id., *ibid.*, p. 73, l. 14.

conquis le titre panislamique de *Fâris al-mouslimîn*[1] « Le Cavalier des musulmans ». Rouzzîk, le vizir dépossédé par Schâwar, avait été en son temps l'élève favori en équitation de cet Aboû 'l-aschbâl Ḍirgâm[2], au profit de qui Schâwar, à son tour fut dépossédé. Dans le carrousel d'anneaux organisé par ce maître des concours hippiques pour l'écuyer, son disciple, avant les vizirats de l'un et de l'autre, Ṣoubḥ ibn Schâhânschâh[3] montra dans les mêmes exercices une adresse semblable à celle que Rouzzîk avait déployée. « Alors Ḍirgâm se mit en mouvement. Il venait de revêtir un turban avec un long voile d'étoffe et une robe à larges manches, le costume des Égyptiens d'alors. Il se couvrit ensuite le visage avec le voile, enroula au-dessus ses manches[4], prit sa lance, en joua merveilleusement à la poursuite de l'anneau de même que les autres[5], l'y fit pénétrer et le saisit. Les troupes présentes furent unanimes à l'applaudir. Alors, l'émir Ṣoubḥ ibn Schâhânschâh fit apporter l'encensoir, s'approcha de Ḍirgâm et lui dit : Ô mon maître, qu'Allâh te préserve de toute atteinte à l'œil; car, tu as fais une chose dont toi seul, tu es capable. Ṣoubḥ se mit à tourner autour du cheval de Ḍirgâm et à le parfumer d'encens, tandis que son cavalier souriait et s'étonnait de tout cela[6]. »

Ḍirgâm, en devenant vizir, dut renoncer à la calligra-

1. Ibn Khallikân, *Biographical Dictionary*, I, p. 609; IV, p. 485.

2. Plus haut, p. 242, n. 1.

3. Ṣoubḥ ibn Schâhânschâh, l'un des émirs de la Barḳiyya (plus haut, p. 106, n. 7, et 267), donnait l'hospitalité à ces sports sur les terrains de son hôtel inachevé.

4. C'est ainsi que, plus haut, p. 252, ʿOumâra ramène sa manche sur sa figure pour la soustraire à un spectacle douloureux. Ḍirgâm atteignit à tâtons le but, comme dans une sorte de colin-maillard.

5. De même que ses deux compétiteurs qui, eux, s'escrimaient à visage découvert.

6. Al-Maḳrîzî, *Al Khiṭaṭ*, II, p. 78, l. 33-39.

phie, à la poésie, de même qu'au jeu de bagues et aux autres sports, auxquels s'était délassé le généralissime. On vantait aussi ses succès dans le maniement du mail, son habileté à tirer de l'arc et à planter la flèche au centre de la cible[1]. Ce furent des talents hors d'usage pendant le vizirat de Ḍirgâm, « qui dura juste les neuf mois de la gestation[2] ». 'Oumâra lui pardonna facilement ses infidélités aux jeux de l'esprit et aux exercices du corps, pourvu qu'il maintînt l'augmentation des soldes et des pensions décuplées par son prédécesseur Schâwar[3].

Schams al-khilâfa[4] Aboû 'l-aschbâl[5] Ḍirgâm[6] ibn 'Âmir ibn Sawwâr[7] Al-Lakhmî Al-Moundhirî[8], un Arabe

1. Al-Maḳrîzî, *Al-Khiṭaṭ*, II, p. 13, l. 26.

2. 'Oumâra, *An Noukat*, p. 73, l. 12-13 (cf. p. 81, l. 7); Abôu Schâma, *Kitâb ar-rauḍatain*, I, p. 131, l. 12 ; 158, l. 28.

3. Plus haut, p. 274.

4. Surnom honorifique cité plus haut, p. 127, d'après Ibn Mîsar, dans *Hist. or. des croisades*, III, p. 471, et dans ma *Vie d'Ousâma*, p. 284, n. 4. Ce fut le khalife Al-Fâ'iz qui donna ce surnom à Ḍirgâm pour le naturaliser Égyptien. Le khalifat Fâṭimide a eu la spécialité de tels surnoms, Tâdj al-khilâfa, Schams al-khilâfa, Fakhr al-khilâfa, Madjd al-khilâfa, Mou'taman al-khilâfa. Cf. plus haut, p. 102, n. 3; Ibn Al-Athîr, *Chronicon*, X, p. 337-338 ; Max Van Berchem, *Matériaux*, p. 72, 633, 649.

5. Mot à mot : « Le père des lionceaux ».

6. Variante du nom propre : Aḍ-Ḍirgâm, « le lion », dans Ibn-Sa'îd, *Al-Mougrib* (copie du Prof. C.-H. Becker), p. 73, Aboû'l-Fidâ, dans *Hist. or. des Croisades*, I, p. 34, l. 6 ; Al-Maḳrîzî, *Al-Khiṭaṭ*, II, p. 56, l. 1 ; 78, l. 31 ; Ibn Tagrîbardî, *An-Noudjoûm*, fol. 25 r°, l. 22, et 35 r°, l. 4; Slane, dans *Hist. or. des croisades*, I, p. 761. Le sultan-Rasoûlide du Yémen, Al-Afḍal 'Abbâs (1363-1376) est dénommé Ḍirgâm ad-dounyâ wad-dîn sur ses dirhems et sur un plat décrit par M. Max Van Berchem, *Journal asiatique* de 1904, I, p. 69.

7. Lisez ainsi avec le manuscrit de Paris 1700 (Aboû Schâma, *Kitâb ar-rauḍatain*, I, p. 130, l. 18), fol. 67 v°; avec Ibn Khallikân, *Wafayât al-a'yân*, éd. Slane, p. 310, l. 10; 311, l. 22 (سوار); éd. Wüstenfeld, n° 284 (سوّار) et 856 (سوار); Ibn Sa'id, *Al-Mougrib*, copie de M. le Prof. C.-H. Becker, p. 74 (سوّار). Wüstenfeld, *Geschichte der Faṭimiden-Chalifen*, p. 329.

8. Sur les Moundhirs, princes Lakhmides, d'origine yéménite, rois de Ḥîra, voir Caussin de Perceval, *Essai*, tableau IV; G. Rothstein, *Die*

d'origine pure[1] comme Schâwar[2] et comme 'Oumâra, prit possession du vizirat dès qu'il fut abandonné par Schâwar en fuite et laissé disponible le samedi vingt-neuf ramaḍân 558[3], le trente-et-un août 1163. Le khalife Al-'Âḍid intervint pour le rattacher à la série des vizirs-rois interrompue par « l'émir des armées » Schâwar et confirma la prise de possession de Ḍirgâm en décernant le titre d'*Al-malik al-manṣoûr*[4] « Le Roi victorieux » au « Soleil du khalifat » Fâṭimide, promu d'abord « Cavalier des musulmans ». A partir de son avènement à la « royauté », ce fut son frère Houmâm qui, désigné jusque-là comme *Nâṣir ad-Dîn*[5] « Défenseur de la religion », hérita de ses droits à

Dynastie der Laḫmiden in al-Ḥîra (Berlin, 1899); R. Dussaud, *Les Arabes en Syrie avant l'Islam* (Paris 1907), p. 9 et 33-36; *Journal des Savants*, 1907, p. 333-336. Al-ḳâḍî al-fâḍil Ibn Al-Baisânî (plus haut, p. 182, 183 et 241) était aussi un Lakhmide (Ibn Khallikân, *Biographical Dictionary*, II, p. 111), ainsi que Ya'ḳoûb Ibn An-Nîṣ qui avait recueilli Rouzzîk fuyant ; voir plus haut, p. 245.

1. Ibn Tagrîbardî, fol. 34 v°, l'appelle une fois Ḍirgâm ibn Tha'laba (ms. ثعلبة). Wüstenfeld, *Register*, p. 449-451, énumère 40 tribus arabes dites Tha'laba « renard ».

2. Plus haut, p. 217 et 256.

3. Plus haut, p. 275.

4. 'Oumâra, *An-Noukat*, p. 73, l. 12 ; Aboû Schâma, *Kitâb ar-rauḍatain*, I, p. 130, l. 18 ; Ibn Khallikân, *Biographical Dictionary*, I, p. 611 ; IV, p. 485 ; Djamâl ad-Dîn 'Alî, *Akhbâr ad-douwal*, dans Wüstenfeld, *Geschichte der Faṭimiden-Chalifen*, p. 329 ; Al-Maḳrîzî, *Al-Khiṭaṭ*, II, p. 12, l. 30. Le Continuateur de l'*Histoire des patriarches d'Alexandrie* (ms. 302, de la Bibliothèque Nationale, II, p. 246), appelle Ḍirgâm الملك الافضل « le Roi éminent ».

5. Djamâl ad Dîn 'Alî, *ibid.* ; Al-Maḳrîzî, *Al-Khiṭaṭ*, II, p. 12, l. 33 ; Ibn Khaldoûn, *'Ibar*, IV, p. 88, l. 23. La confusion aisée de Nâṣir ad-Dîn avec Nâṣir al-mouslimîn a été faite par Ibn Sa'îd, *Al-Mougrib*, copie de M. C.-H. Becker, p. 73 : « Houmâm ibn Sawwâr, surnommé Nâṣir al-mouslimîn », et dans la *Vie de 'Oumâra*, p. 204, n. 3 ; cf. Ibn Al-Athîr, *Chronicon*, où le même texte porte Nâṣir ad-Dîn dans l'édition Tornberg, XI, p. 197, l. 10, et Nâṣir al-mouslimîn dans *Hist. or. des croisades*, I, p. 534, l. 2.

être appelé *Fâris al-mouslimîn,* le « Cavalier des musulmans[1] », tandis que leur frère Moulham gardait son privilège d'être le « Défenseur des musulmans » *(Nâṣir al-mouslimîn[2]).* Les noms de Houmâm et de Moulham ne tardèrent pas à tomber en désuétude, étant relégués au profit des titres éclatants, plus sensibles aux amours-propres de ceux qui en étaient parés, *Fâris al-mouslimîn*[3] et *Nâṣir al-mouslimîn*[4]. Quant au dernier de leurs frères, le plus jeune et le moins illustre de tous, Ḥousâm, il s'en tint, sans aucun rappel panislamique, au surnom, qui lui avait été attribué, de *Fakhr ad-Dîn*[5], « L'Honneur de la religion ».

Ḍirgâm, aussitôt qu'il eut confiance dans son pouvoir consolidé, conçut la pensée que son rival Schâwar cherchait simultanément à réaliser : mettre à profit les convoitises de Noûr ad-Dîn, offrir large satisfaction à ses vastes ambitions et l'attirer en Égypte par l'appât d'une alliance fructueuse, d'une conquête facilitée. N'était-il pas le détenteur actuel du vizirat, que Schâwar devrait commencer par reconquérir ? L'infériorité de Ḍirgâm dans sa surenchère, c'est que l'agitation, déchainée par lui et par les émirs de la Barḳiyya dans la région du Caire, ne lui

1. 'Oumâra, *An-Noukat*, p. 74, l. 4. Cependant Moulham est appelé Nâṣir ad-Dîn dans Aboû Schâma, *Kitâb ar-rauḍatain*, I, p. 166, l. 15 ; de même dans notre ms. 1700, fol. 86 v°.

2. Id., *ibid.*, p 74, l. 8. La comparaison avec la l. 4 exclut Houmâm de cette dénomination. Voir d'ailleurs plus haut, p. 184. Moulham aurait d'autre part été surnommé Al-'Âdil « Le juste » d'après le Continuateur de l'*Histoire des patriarches d'Alexandrie* (ms. 302), II, p. 247.

3. Ibn Al-Athîr, *Chronicon*, XI, p. 197, l. 14, où les *Hist. or. des croisades*, I, p. 534, l. 5, donnent Nâṣir al-mouslimîn, comme à la l. 2.

4. Kamâl ad-Dîn Ibn Al-'Adîm, *Zoubda*, tr. Blochet, p. 29 ; cf. ici p. 282, n. 5, et ci-dessus, n. 1.

5. Djamâl ad-Dîn 'Alî, *Akhbâr ad-douwal* dans Wüstenfeld, *Geschichte der Faṭimiden-Chalifen*, p. 329 ; Al-Maḳrîzî, *Al-Khiṭaṭ*, II, p. 12, l. 33 ; Ibn Khaldoûn, *'Ibar*, IV, p. 88, l. 23.

permet pas la plus courte absence, indispensable pour tenter et faire aboutir une démarche personnelle. Il adressa une épître à Noûr ad-Dîn et la lui fit remettre en mains propres à Damas par un émissaire d'autant plus sûr qu'on le comptait parmi les ennemis déclarés de Schâwar, par 'Alam al-moulk Ibn An-Naḥḥâs[1]. « Le message promettait la soumission de Ḍirgâm et y opposait Schâwar traître à ses alliés. Noûr ad-Dîn feignit d'accueillir favorablement les ouvertures de 'Alam al-moulk, bien qu'au fond il fût d'accord avec Schâwar, et répondit avec bonne grâce à la missive. 'Alam al-moulk s'éloigna de Damas. Lorsqu'il fut arrivé aux portes de Karak, le Franc Philippe Ibn Ad-Daḳiḳ[2] mit la main sur lui et enleva tout ce qu'il emportait. 'Alam al-moulk, dans sa déroute, sauva sa vie, se rendit en Palestine et revint à Miṣr. »

'Oumâra y restait dans une sage réserve, sans se compromettre par trop d'empressement à flatter le héros du jour et à devancer son appel, sans se retrancher dans une intransigeance que ne comportaient ni son caractère accommodant, ni ses relations anciennes avec Ḍirgâm, jadis comme lui une créature d'Aṣ-Ṣâliḥ Ṭalâ'i'[3], ni ses intérêts de pensionné et de quémandeur, ni son désir et sa joie de vivre largement à l'abri de l'isolement et des privations. D'autre part, Ḍirgâm avait été déçu, non seulement par les paroles évasives et la conduite dédaigneuse à son égard de Noûr ad-Dîn, mais en-

1. Aboû Schâma, *Kitâb ar-rauḍatain*, I, p. 165, l. 37-166, l. 4. Ce personnage se retrouve *ibid.*, I, p. 170, l. 15, parmi les chefs égyptiens confédérés avec le roi Amaury Ier à la fin de 1168; cf. *Hist. or. des Croisades*, IV, p. 137; Röhricht, *Geschichte des Kœnigreichs Jerusalem*, p. 338.

2. Lisez ainsi d'après le *Kitâb ar-rauḍatain*, I, p. 183, l. 27, et d'après ma *Vie d'Ousâma*, p. 152, n. 3; 472, n. 4. La conduite d'Ibn Ad-Daḳiḳ envers l'ambassadeur de Ḍirgâm fut peut-être dictée par des instructions secrètes de Noûr ad-Dîn.

3. Plus haut, p. 251; 271, n. 3.

core par l'attitude insolente des émirs de la Barḳiyya, qui se targuaient des services personnels rendus pour grossir outre mesure leurs exigences, qui manifestaient de la jalousie et de la haine contre leur ancien chef[1], résolument émancipé de leur tutelle avec la complicité du khalife Al-ʿÂḍid, plus conscient de son impuissance et moins résigné à laisser annuler son autorité que jamais. Le vizir, ombrageux de nature, se défiait, avec un désespoir croissant, de son entourage, de sa famille, de quiconque se risquait à l'approcher et à franchir le seuil de sa résidence. ʿOumâra se tint à l'écart, épiant l'occasion de rentrer en scène opportunément et se rendant compte combien Ḍirgâm, refroidi de son enthousiasme premier, avait maintenant « l'oreille prompte à se retourner contre ses compagnons d'autrefois, l'esprit porté à considérer comme réalité tout soupçon, aussitôt qu'il avait présumé chez quelqu'un de mauvaises dispositions à son égard, les idées si arrêtées qu'on ne pouvait pas chasser de sa pensée ce qui y avait pénétré[2] ».

Si ʿOumâra, sans être persécuté par Ḍirgâm, vécut d'abord dans l'abandon du vizir, c'est que celui-ci ne lui pardonnait pas la constance de son intimité avec Aṭh-Ṭhahîr Mourtafiʿ, impliqué dans un complot contre lui[3]. Les deux partis, qui se partageaient « les tertres de la Barḳiyya[4] », se préparaient à briser leurs accords factices pour se diviser en deux factions ouvertement rivales. Les anciens partisans de Ḍirgâm avaient engagé une correspondance avec Schâwar[5]

1. Al-Maḳrîzî, *Al-Khiṭaṭ*, II, p. 12, l. 33-35; Wüstenfeld, *Geschichte der Faṭimiden-Chalifen*, p. 330.
2. ʿOumâra, *An-Noukat*, p. 74, l. 2-4.
3. Id., *ibid.*, p. 76, l. 11-77, l. 1; 140-144.
4. كيمان البرقيّة, dans Al-Maḳrîzî, *Al-Khiṭaṭ*, I, p. 407, l. 25. Voir plus haut, p. 272-273.
5. Aboû Schâma, *Kitâb ar-rauḍatain*, I, p. 165, l. 22-23; Al-Maḳrîzî, *Al-Khiṭaṭ*, II, p. 12, l. 35; Wüstenfeld, *loc. cit.*

qui, parvenu en Syrie, était le vizir désigné d'avance et appelé par les futurs conjurés. Ils avaient, ce semble, gagné à leur cause l'un des frères de Ḍirgâm, le Cavalier des musulmans Houmâm. Car, ʿOumâra nous apprend que Ḍirgâm « fut éprouvé en ce qu'il subit de lui des fétus dans l'œil, des os dans la gorge »[1]. La répression fut inopinée, terrible, inexorable, sans précédents. Houmâm fut épargné par son frère. Mais, dit ʿOumâra[2], « les émirs de la Barḳiyya disparurent, enchaînés et assassinés par l'épée de Ḍirgâm. C'étaient Ṣoubḥ ibn Schâhânschâh, Aṭh-Ṭhahîr Mourtafiʿ, ʿAin az-zamân, ʿAlî Ibn Az-Zoubd, Asad al-Gâwî[3] et leurs plus proches parents ». Les victimes furent au nombre de soixante-dix, sans compter les subalternes massacrés par surcroît. Sous le couvert d'amicale réunion, Ḍirgâm organisa un guet-apens, dans lequel tombèrent les coupables qui méditaient sa perte. Un centenaire, nommé ʿAlî Schaikh As-Souʿoûdî, a raconté vers 1400[4] : Au moment où un pan de muraille, dernier vestige de l'Hôtel du vizirat, venait de s'écrouler, j'aperçus un coffret contenant une tête de vieillard. J'imaginai que c'était la tête d'un des émirs Barḳites que tua Ḍirgâm aux jours de son vizirat. Car, Ḍirgâm avait usé de ruse avec eux dans l'Hôtel du vizirat, en les convoquant un à un dans une garde-robe de l'Hôtel, soi-disant pour leur conférer des pelisses d'honneur. Successivement, ils furent tués et leurs têtes furent tranchées. « Cela se passait en l'an 558 » de l'hégire, avant le vingt-neuf novembre, apparemment en octobre 1163. Le meurtrier

1. ʿOumâra, *An-Noukat*, p. 74, l. 4-5.

2. Id., *ibid.*, l. 5-7.

3. C'est-à-dire « Asad l'égaré »; cf. ʿOumâra, *An-Noukat*, p. 149, l. 8-10. J'ai traduit *al-gâwî* d'après le *Coran*, VII, 175; XV, 42; XXVI, 91, etc.

4. Al-Maḳrîzî, *Al-Khiṭaṭ*, I, p. 439, l. 22-26, où la date du 707 (1307-1308 de notre ère) est assignée à la naissance de ce *mouʿammar* (plus haut, p. 197, n. 7). Ce passage a été signalé et traduit par Ravaisse, *Essai*, II, p. 55.

fit son œuvre pendant la nuit et, débarrassé de ses compétiteurs, ne s'attaqua ni à leurs biens, ni à leurs demeures. « Il les plaça dans des cercueils et, dit-on, inscrivit sur chacun le nom de son habitant[1]. » Quelques-unes des têtes, séparées de leurs troncs, furent placées dans des coffrets et figurèrent au Musée des Têtes[2]. Ces actes de vengeance privèrent l'Égypte de ses défenseurs et hâtèrent la chute de la dynastie Fâṭimide[3].

Parmi les victimes de cette nuit sanglante[4], il ne faut pas compter le plus jeune fils de Schâwar, Aṭ-Ṭârî Soulaimân, qui s'échappa en faisant courir le bruit de sa mort. Quant au cadet Al-Kâmil Schoudjâ', Moulham l'avait dérobé aux atteintes de son frère Ḍirgâm en l'internant dans sa maison[5]. Ces attentats épouvantaient les survivants et 'Oumâra tremblait de frayeur, se demandant quel sort lui était destiné par les rancunes de Ḍîrgâm. Son tour allait-il suivre de près celui de compagnons et amis, dont il déplorait l'assassinat ? Dans ce régime de terreur, tout mal était à craindre, aucun bien n'était à espérer. Quelle surprise ce fut pour 'Oumâra, lorsque, peu de jours après ces événements tragiques, Ḍirgâm le fit appeler pour le rassurer par des paroles de sympathie, pour le combler par des libéralités ! « J'avais peur de lui, dit 'Oumâra[6], et je m'attachais à la

1. Aboû Schâma, *Kitâb ar-rauḍatain*, I, p. 165, l. 23-26.

2. Hartwig Derenbourg, *Vie d'Ousâma*, p. 239-240. C'est par conjecture qu'après M. Ravaisse, j'ai supposé avec vraisemblance que plusieurs de ces coffrets enrichirent la collection spéciale formée à l'Hôtel du vizirat.

3. Ibn Al-Athîr, *Chronicon*, XI, p. 191 ; Al-Maḳrîzî, *Al-Khiṭaṭ*, II, p. 12, l. 36-39.

4. « Jamais personne, dit 'Oumâra (*An-Noukat*, p. 88, l. 5) n'anéantit autant de notables entre les hommes de la dynastie que Ḍirgâm. »

5. Ibn Abî Ṭayy, dans Aboû Schâma, *Kitâb ar-rauḍatain*, I, p. 165, l. 20-21.

6. 'Oumâra, *An-Noukat*, p. 74, l. 7-14.

société de son frère Moulham[1], le Défenseur des musulmans *(Nâṣir al-mouslimîn)*. Un soir, au bout de deux mois de son vizirat, Ḍirgâm m'envoya un courrier pour me mander dans la Salle du jardin *(ḳâ'at al-boustân*[2]*)* à l'Hôtel du vizirat. J'éprouvai dans mon cœur, au sujet du vizir, un sentiment d'inquiétude, qui ne se dissipa que par son accueil de bonne compagnie dès mon entrée et par son regret de mon absence. Il se montra aimable envers moi, me remit de sa main ce qu'elle pouvait atteindre d'or et dit : Vous êtes le type des belles manières aux yeux de celui en compagnie duquel vous vous êtes assis, ô familiers d'Aṣ-Ṣâliḥ. Car il a été un modèle de bonne grâce. — Je répondis aux avances de Ḍirgâm par mes vœux en sa faveur et par un poème que je lui consacrai et que je lui récitai devant Sa Majesté le khalife, dans la Salle d'or *(ḳâ'at adh-dhahab*[3]*)* » au grand Palais du khalifat.

Des fragments de ce morceau ont été conservés par 'Oumâra[4]. Ils ont trait à la « dynastie » des Fâṭimides et à des escarmouches sur le territoire égyptien, où « les Francs s'étaient avancés sous le vizirat de Ḍirgâm ». Le détachement, peut-être emprunté aux garnisons des villes frontières Gazza et Ascalon, faisait des reconnaissances, non seulement pour constater la pénurie en hommes de l'Égypte après les hécatombes de Ḍirgâm, mais encore pour intimider le massacreur qui s'était inconsidérément isolé, qui éprouvait un malaise imputable à sa cruauté seule, dont le pouvoir, à peine affermi, menaçait ruine et s'écroulait sous le poids

1. Plus haut, p. 283.
2. Cette même salle fut le théâtre d'un grand massacre sur l'ordre et en présence de Schâwar quatre ans plus tard; cf. 'Oumâra, *An-Noukat*, p. 87, l. 4-6.
3. Plus haut, p. 96; 162, n. 4; 164; 166.
4. 'Oumâra, *An-Noukat*, p. 74, l. 14-76, l. 7.

de ses iniquités. Combat partiel et poème sont-ils de la fin de 1163 ou du commencement de 1164? C'est une question à laquelle l'absence de documents ne permet pas, jusqu'à présent, de répondre. ʿOumâra n'a pas conservé son exorde, mais il a détaché les vers suivants :

Le temps s'est préoccupé de la dynastie. Depuis que tu t'en es constitué le régent (kafîl), il vient et vient à son secours,

Et tu as répondu à l'attaque des Francs précipitamment, avant toute réflexion, en faisant entrer des troupes en campagne[1].

..... Tu as éteint leur charbon embrasé, grâce à tes frères, qui[2] *étaient hissés sur les garrots des dangers.*

Je n'ai pas su — et aucune comparaison n'est digne d'eux — s'ils sont des nuages pluvieux producteurs de végétation ou des lions de combat.

Par leurs mains se sont allongées des lames trop courtes, qui ont empêché les existences de se prolonger.

Et vous avez mêlé vos défenseurs à vos personnes. Car, les hommes sont pour vous des parents ou des auxiliaires.

Ô mes amis[3] *— et ma question me soulage de ce que je désire apprendre, si elle reçoit une réponse favorable —*

Le vizirat est-il une nécessité ou bien a-t-il une justification, dont tu espères combler les lacunes par un appoint de perfection ?

C'est vers celui-ci que ton regard, ô charge du vizirat,

1. M. De Goeje, *art. cit.*, propose de substituer ارتجال رجال « en improvisant des hommes » à ارتحال رجال. La correction, pour ingénieuse qu'elle soit, n'a pas pénétré dans ma traduction après nouvel examen du manuscrit A.

2. Remarquez le pluriel masculin rare الأولى du pronom relatif الذى.

3. Lisez : يا صاحبىّ.

n'a jamais cessé de se tourner avec amour dans le temps passé ;

C'est lui qu'ils t'avaient empêchée d'épouser, pour te préserver d'une solitude sacrée de veuve ou d'une profanation[1],

Lui qui est le plus qualifié pour être le vizir du khalifat, lui qui a grandi au sein de l'élévation et de la puissance[2],

Qui s'est familiarisé avec les khalifes, auquel leurs secrets ont été révélés dans les conjonctures des événements,

D'après les jugements duquel les vizirs ont été fléchis, comme les noms sous la dépendance des verbes.

Ô fils des imâms[3] *— et l'éloge à votre sujet s'avance avec fierté, développé et allongé —*

Le monde ne rougira pas tant que tu seras son imâm et que ton vizir sera le guide dans la bonne voie Aboû 'l-aschbâl.

Aboû 'l-aschbâl Ḍirgâm ne se sentait pas en mesure de repousser la démonstration belliqueuse des Francs. Elle menaçait de propager le mouvement en avant commencé, d'étendre l'invasion jusqu'à la capitale, et ensuite jusqu'à la Haute Égypte, sans doute même d'attirer le roi Amaury Ier, toujours à l'affût d'une occasion favorable. Ḍirgâm, qui avait échoué dans ses négociations avec Noûr ad-Dîn[4], essaya de gagner Amaury à sa cause, lui « envoya une ambassade avec des paroles pacifiques », le supplia d'ordonner la retraite immédiate de l'avant-garde audacieuse, lui offrit un tribut considérablement augmenté et garanti par la livraison préalable d'otages distingués, tribut annuel payé

1. Sens plutôt entrevu que saisi.

2. Ce vers et les deux suivants sont cités par Aboû Schâma, *Kitâb ar-rauḍatain*, I, p. 130, l. 32-34.

3. Le khalife Al-'Âḍid, petit-fils du khalife Aṭh-Ṭhâfir; cf. plus haut, p. 146.

4. Plus haut, p. 284.

aux dates que le roi lui-même fixerait[1]. L'entente avec le roi de Jérusalem contre Schâwar et ses alliés, menaçants pour l'un et pour l'autre, serait scellée par un acte de soumission éternelle et par un traité perpétuel. Pendant que l'on discutait longuement et minutieusement en Palestine les conditions de la main mise sur l'Égypte par Amaury Ier et que la subordination de l'Égypte musulmane au souverain chrétien était sollicitée comme une faveur par le vizir Ḍirgâm au nom du khalife Al-ʿÂḍid, les événements se précipitaient, les postes avancés des Francs se repliaient pour se concentrer en arrière, quelques fuyards isolés apportaient la panique au Caire et ʿOumâra, jadis client de Nâṣir almouslimîn Moulham, demandait maintenant à Fâris almouslimîn Houmâm[2] de le protéger contre leur frère Ḍirgâm, dont il avait peur et qui lui gardait rancune d'anciens dissentiments. « Le vautour[3] » carnassier, dont Al-ḳâḍî al-mouhadhdhab Al-Ḥasan Ibn Az-Zoubair rappelait à ʿOumâra l'hostilité féroce[4], fondrait-il sur une proie que depuis longtemps il épiait avidement pour la saisir avec ses griffes et la dévorer? « Mais, dit ʿOumâra[5], Schâwar amena de Damas les Gouzz et Ḍirgâm ne pensa plus ni à moi, ni à lui-même. »

Comment Ḍirgâm n'aurait-il pas été oublieux de ses griefs personnels contre ʿOumâra, comment n'aurait-il pas été affolé par la terreur jusqu'à l'abandon de lui-même et jusqu'au désespoir, lorsqu'il fut terrassé et anéanti par la

1. Guillaume de Tyr, dans *Hist. occ. des croisades*, I, p. 892.
2. ʿOumâra, *An-Noukat*, p. 77, l. 8.
3. Plus haut, p. 259, n. 1; 278.
4. ʿOumâra, *An-Noukat*, p. 76, l. 8-10. Sur les deux Ibn Az-Zoubair, voir plus haut, p. 60, n. 2; 95, n. 3. A la littérature donnée p. 95 sur Al-ḳâḍî al-mouhadhdhab ajoutez Ibn Schâkir Al-Koutoubî, *Fawât al-wafayât*, I, p. 124-126.
5. ʿOumâra, *An-Noukat*, p. 77, l. 9.

crise impétueuse, décisive, incurable, mortelle? Schâwar, parti du Caire le trente-et-un août 1163[1], ne fut admis à faire valoir devant Noûr ad-Dîn ses revendications que le vingt-trois octobre[2]. Vers le quinze, à Bouṣrâ, il avait été salué au nom de l'atâbek par quelques officiers envoyés au devant de l'ancien vizir pour lui faire escorte dans les dernières étapes jusqu'à Damas. A peine arrivé, il fut installé, par ordre du prince, dans le Pavillon de l'Hippodrome vert[3], y reçut une belle et généreuse hospitalité, mais ne fut pas admis tout d'abord à exposer ses griefs et ses revendications, ses espérances et ses vœux en présence de Noûr ad-Dîn. Au bout d'une semaine, celui-ci fit interroger son hôte par Ibn Aṣ-Ṣoûfî[4], accompagné de plusieurs notables Damascéniens. Schâwar refusa de répondre à leurs questions autrement que par des remercîments pour la bienveillance de Noûr ad-Dîn. « La décision, dit-il, sur laquelle on n'a pas fait passer une nuit, est irréfléchie. » Une seconde tentative, faite le lendemain, n'eut pas plus de succès. Schâwar se tut de nouveau, réservant ses confidences à une entrevue sollicitée avec l'atâbek de Syrie lui-même, qui acquiesça à son désir le jour suivant. Les deux personnages se rencontrèrent à cheval au milieu de l'Hippodrome vert. Noûr ad-Dîn, pour donner plus de solennité à cet entretien décisif, avait amené, comme témoins de cet événement, les principaux chefs de son état-major et les personnages les plus distingués de son royaume en costumes éclatants et en brillant appareil[5]. Sans

1. Plus haut, p. 275.

2. Ibn Khallikân, *Biographical Dictionary*, IV, p. 485.

3. جوسق الميدان الاخضر ; voir Sauvaire, *Description de Damas*, extrait du *Journal asiatique*, I (1895), p. 135, n. 24.

4. Cet Ibn Aṣ-Ṣoûfî est sans doute le fils du Damascénien Mou'ayyad ad-Daula Aboû 'l-Fawâris Al-Mousayyab ibn 'Alî Ibn Aṣ-Ṣoûfî, mort en 549 (1154), auquel j'ai consacré une notice dans ma *Vie d'Ousâma*, p. 196, n. 1.

5. Lisez avec le manuscrit شارة .

mettre pied à terre, les interlocuteurs se saluèrent, chevauchèrent de front, s'entretinrent, prirent en commun des résolutions et se séparèrent[1].

L'exaspération de Schâwar contre Ḍirgàm avait été portée au comble, lorsque, parvenu à Damas, il y fut informé, comme d'une certitude, par des gens, qui prétendaient tenir la nouvelle de bonne source, que Ḍirgâm aurait assouvi sa rage sanguinaire contre lui par un second meurtre, celui de son plus jeune fils Soulaimân après celui de son fils aîné Ṭayy. Les inventeurs de cette calomnie l'étayaient d'un renseignement authentique : son fils cadet, le disciple dégénéré de 'Oumâra, le jeune ambitieux sans scrupules, mais non sans grâce et sans séductions, Al-Kâmil Schoudjâ' n'avait été épargné que sur l'intercession de Moulham qui s'était offert à l'interner chez lui pour le sauver d'une mort violente, tandis que Soulaimân réussissait à se cacher et à s'enfuir[2]. La maison de Moulham abritait également un illustre prisonnier dont Ḍirgâm supportait impatiemment la réprobation ouverte, Al-ḳâḍî al-fâḍil 'Abd ar-Raḥîm Ibn Al-Baisânî[3]. 'Oumâra, qui s'y était naguère réfugié, se croyait maintenant plus en sûreté chez un autre frère de Ḍirgâm, chez Fâris al-mouslimîn Houmâm[4].

Noûr ad-Dîn avait terminé sa conversation en plein air

1. Ibn Abî Ṭayy, dans Aboû Schâma, *Kitâb ar-rauḍatain*, I, p. 165, l. 27-37; Reinaud, *Extraits des historiens arabes*, p. 114, n. 1. L'importance de ce morceau (Aboû Schâma, *op. cit.*, I, p. 165-174) communiqué et traduit en grande partie dans *Hist. or. des croisades*, IV, p. 123-145, n'avait pas échappé à Reinaud qui en a inséré la quintessence dans ses *Extraits*, p. 113-135. Largement exploité dans mes notes, il a été choisi par W.-B. Stevenson, *The Crusaders in the East* (y voir la p. 188, n. 1) comme base de son récit pour l'année 1164.

2. Plus haut, p. 278, n. 3 ; 287.

3. Ibn Abî Ṭayy, dans Aboû Schâma, *Kitâb ar-rauḍatain*, I, p. 166, l. 30-31.

4. Plus haut, p. 291.

avec Schâwar par la promesse, sous la foi du serment, de mettre une armée en campagne pour la restauration de l'évincé. Et pourtant il hésitait encore, « avançant tantôt un pied et tantôt le reculant[1] », lorsqu'enfin, rassuré par une consultation favorable du Coran, il donna des ordres formels à son « généralissime[2] », à son « connétable », comme l'appellent Guillaume de Tyr et les autres chroniqueurs francs[3], à l'oncle de Saladin, Asad ad-Dîn Schîrkoûh, qu'il arracha sans peine aux loisirs forcés de son fief de Raḥba[4], où « vielz, patiz de cors et mout gras[5] », il ne se résignait à un repos mérité que comme à une trêve trop prolongée. Schâwar avait enfin triomphé des rivalités hostiles et vaincu les dernières résistances de Noûr ad-Dîn en lui promettant, pour prix de leur alliance offensive, le tiers des produits de l'Égypte sous forme de tribut annuel, deux tiers étant, l'un réservé à Schâwar et à ses troupes, l'autre à l'habitant du Palais, qui le dépenserait à sa guise[6]. C'est par cette formule dédaigneuse que le khalife Al-ʿÂḍid avait été désigné.

La marche en avant d'Asad ad-Dîn Schîrkoûh, de son neveu récalcitrant Saladin et de Schâwar, commencée au milieu de djoumâdâ I 559[7] (vers le onze avril 1164), fut

1. Ibn Al-Athîr, *Histoire des atabeks de Mosul*, dans Aboû Schâma, *Kitâb ar-rauḍatain*, I, p. 130, l. 21, et dans les *Hist. or. des croisades*, II, ii, p. 216.

2. مقدّم عسكره, titre que lui conféra Noûr ad-Dîn d'après Ibn Al-Athîr, *op. cit.*, dans Aboû Schâma, *ibid.*, I, p. 130, l. 1, et dans les *Hist. or. des croisades*, II, ii, p. 215.

3. Schlumberger, *Amaury Ier*, p. 50-54.

4. L'apanage qu'Asad ad-Dîn Schîrkoûh dut aux générosités de Noûr ad-Dîn comprit non seulement Raḥba, dans la région d'Alep, mais encore Ḥimṣ et quelques autres villes de moindre importance ; cf. Aboû Schâma, *ibid.*, I, p. 130, l. 1 ; 169, l. 18.

5. Guillaume de Tyr, dans *Hist. occ. des croisades*, I, p. 892.

6. Réclamations d'Asad ad-Dîn Schîrkoûh, d'après Ibn Abî Ṭayy, dans Aboû Schâma, *Kitâb ar-rauḍatain*, I, p. 166, l. 34-35.

7. Ibn Schâddad dit 558 (*Hist. or. des croisades*, III, p. 43) ; mais cette

préservée de la plus légère attaque des Francs par une démonstration menaçante de Noûr ad-Dîn qui, avec des forces redoutables, s'était posté sur les confins de ses états, prêt, en cas d'alerte, à envahir ceux d'Amaury Ier. Les Syriens et les Gouzz, deux mille[1] chefs et guerriers d'élite montés, ne furent arrêtés dans leur expédition par aucune résistance. A leur arrivée, ils firent halte et dressèrent leurs tentes sur une colline du Ḥauf, peu éloignée de Bilbîs, sur le Tell Basṭa[2], ainsi nommé sans doute à cause de son vaste plateau. La panique les précéda au Caire, d'où, dès le vingt-quatre avril 1164[3], la population affolée se sauva précipitamment. Tandis que 'Oumâra, sans vouloir se prononcer ouvertement entre les deux rivaux, sans oser affirmer ses sympathies pour Schâwar, dont il prévoyait et espérait la victoire, restait interné de son plein gré dans la maison de Houmâm, Ḍirgâm, avec l'énergie du désespoir, organisait la lutte, afin de repousser l'attaque soudaine de son mortel adversaire, de son pire ennemi, qui en voulait à son pouvoir et à sa vie.

Ce fut son frère Nâṣir al-mouslimîn Moulham[4] que, le premier djoumâdâ II 559, le vingt-six avril 1164, Ḍirgâm

assertion est réfutée, sur les témoignages d'Ibn Al-Athîr et de 'Imâd ad-Dîn Al-Kâtib, par Aboû Schâma, *op. cit.*, I, p. 130, l. 25-27 ; cf. Ibn Khallikân, *Biographical Dictionary*, I, p. 609-611 ; IV, p. 486 ; Ibn Khaldoûn, *'Ibar*, dans Röhricht, *Quellenbeiträge*, p. 25.

1. J'emprunte ce chiffre plutôt atténué au continuateur de l'*Histoire des patriarches d'Alexandrie*, II, p. 247, dans un passage cité p. 297-299.

2. Ibn Abî Ṭayy, dans Aboû Schâma, *op. cit.*, I, p. 166, l. 11. Le texte imprimé porte يسطة, le ms. 1700 de Paris بسطة ; cf. Yâḳoût, *Mou'djam*, I, p. 624 ; Wüstenfeld, *Calcaschandi's Geographie... von Ægypten*, p. 96 ; Quatremère, *Mémoires géographiques sur l'Égypte*, I, p. 100.

3. Röhricht, *Geschichte des Königreichs Jerusalem*, p. 315 ; G. Schlumberger, *Amaury Ier*, p. 51.

4. Nâṣir ad-Dîn Moulham, dit Ibn Abî Ṭayy, dans Aboû Schâma, *Kitâb ar-rauḍatain*, I, p. 166, l. 15.

mit à la tête d'une armée plus considérable qu'homogène, mélange péniblement amalgamé d'émirs fidèles et de chefs en correspondance secrète avec Schâwar ou en connivence avec ses desseins, de troupes aguerries et sûres, mais aussi d'éléments douteux, destinés à se désagréger au premier choc. Cette masse énorme, chatoyante, fut entraînée jusqu'à Bilbîs, sur les routes encombrées par des milliers de cavaliers[1] en escadrons serrés, qui firent impression sur les arrivants, trop inférieurs en nombre. Le généralissime « Asad ad-Dîn Schîrkoûh[2] s'effraya de la rapidité avec laquelle fut cerné le Tell Basṭa, furent occupées les issues des chemins avoisinants. Il dit à Schâwar : O un tel, tu as mal agi envers nous et tu nous as trompés en prétendant que l'Égypte n'a plus de défenseurs. C'est pourquoi nous n'avons amené que ce petit corps d'armée. — Schâwar lui répondit : Ne te laisse pas épouvanter par ce que tu aperçois de cette accumulation de soldats. La plupart d'entre eux sont un amas de tisserands[3] et de laboureurs que le tambour assemble et que le bâton sépare. Quelle idée te feras-tu d'eux, lorsque le four sera embrasé et que la guerre délirera ? Quant aux émirs, je possède leurs lettres et leurs engagements envers moi. Et tu verras cela, lorsque nous les combattrons. Il ajouta : Je voudrais t'entendre ordonner aux troupes de

1. Schîrkoûh, dans un mouvement de surprise, évalue cette cavalerie à « vingt mille combattants », nombre exagéré au moins de moitié ; voir p. 297-299, le passage cité du continuateur de l'*Histoire des patriarches d'Alexandrie*, II, p. 247.

2. Cette conversation et la fin du paragraphe sont traduites d'Ibn Abî Ṭayy, dans Aboû Schâma, *Kitâb ar-rauḍatain*, I, p. 166, l. 16-25 ; cf. Reinaud, *Extraits*, p. 115-116.

3. Je traduis ainsi حاكة, pluriel de حائك « tisserand ». La profession de tisserand est méprisée et diminue aux yeux des musulmans, « la dignité humaine » (المروءة) ; cf. W. Marçais, *Taqrib de Nauaui*, p. 82, l. ult. (Note de M. W. Marçais).

hâter leurs préparatifs et de monter à cheval. Schîrkoûh le fit. Schâwar les empêcha d'engager la lutte et les deux partis restèrent dans l'ordre de bataille, sans en venir aux mains, jusqu'à ce que la journée s'échauffât et que le fer devînt rouge sur les corps des hommes. Alors, presque tous les gens de Miṣr dressèrent leurs petites tentes, quittèrent leurs panoplies, descendirent de leurs montures et s'assirent à l'ombre. Schâwar ordonna aux siens de charger. Bienheureux parmi les Égyptiens celui qui réussit à remonter sur son cheval, à laisser flotter les rênes et à partir en s'enfuyant ! Ils laissèrent leurs tentes et leurs biens sans personne pour les garder. Les cavaliers d'Asad ad-Dîn en prirent possession entière. Schams al-khilâfa[1] fut fait prisonnier, ainsi que plusieurs émirs des Égyptiens. Schâwar fut hors d'état de les enchaîner et de les garder. Ils se sauvèrent. Asad ad-Dîn et Schâwar se mirent à leur poursuite, campèrent devant Le Caire, multipliant leurs attaques pendant quelques jours. Schâwar envoya vers Al-ʿÂḍid demander la pacification et l'autorisation d'entrer au Caire. Le khalife la lui accorda. »

Le continuateur de l'*Histoire des patriarches d'Alexandrie* donne un récit analogue du premier conflit entre Schîrkoûh et Schâwar. L'attrait de l'inédit me l'a fait reproduire. J'y ai joint la suite de la narration jusqu'au meurtre de Ḍirgâm et au retour de Schâwar au Caire[2], bien

1. Schams al-khilâfa Moḥammad ibn Moukhtâr, dans un conseil de guerre improvisé par Ḍirgâm, avait proposé d'attaquer les armées syriennes lors de leur passage à Ṣadr, que deux jours séparent du Caire. « En effet, dit-il, elles ne tiendront pas à leur sortie du désert, affaiblies par le manque d'eau, étant donné que quiconque voyage vers l'Égypte apporte l'eau d'Aila sur un parcours de trois jours. » Ce point de vue fut écarté. Voir Ibn Abî Ṭayy, dans Aboû Schâma, *Kitâb ar-rauḍatain*, 1, p. 166, l. 12-14. Sur ce Schams al-khilâfa, cf. plus haut, p. 142, n. 4 ; 149, n. 5 ; 180 ; 240.

2. Manuscrit 302, II, p. 247, copie de M. N. Giron : ثمّ عاد [شاور] الى ديار مصر ونزل بلبيس وخرج اليه ناصر المسلمين اخو ضرغام بعسكر كبير فلمّا

que ʿOumâra ne soit, par rapport à ces événements, qu'un spectateur sans action directe sur leur cours. Mais il s'en préoccupe, les observe d'un œil attentif et a saisi l'heure favorable, alors que la sécurité lui paraissait suffisamment rétablie au Caire, pour retourner avec joie occuper sa maison, sise sur le quai du Canal, longtemps abandonnée par lui pour celle de Houmâm.

« Puis il (Schâwar) revint en Égypte et campa à Bilbis. Nâṣir al-mouslimîn [Moulham], frère de Ḍirgâm, amena contre lui une armée considérable. Lorsque Schîrkoûh vit cela, il en fut effrayé et dit à Schâwar : Comment as-tu agi ainsi à notre égard et au tien ? Nous ne sommes venus en Égypte que pour nous y faire tuer. A peine sommes-nous, nous et

رأى شيركوه ذلك خاف وقال لشاور كيف فعلت هذا الفعل بنا وبنفسك انّما جئنا الى مصر ليهلكنا لعلّ نكون نحنا (sic) واصحابك الفىْ فارس فى هذا العسكر عشرين الف فارس مقاتلة ويتبعه مثلها خُدّام واصحاب فقال له شاور لا يهلك (ms. يهولك) الامر فكلمهم معى وما منهم احد يقاتلنى

وكان على ظاهر بلبيس كوم عظيم قال شاور لشيركوه اصعد بنا الى الكوم وطوّل روحك لا تقاتلهم حتّى تحمى الشمس جدّا ولم يقل شاور هذا الّا لعلمه انّ الشمس اذا قويت تقيّلوا (ms. تقللوا) يطلبوا الظلّ تحت الشجر والجدران انما الشمس قد حميت وقت الظهر وهم قد تقيّلوا (ms. تقللوا) وطلب كلّ قوم منهم مكانا استظلّوا فيه فنزل شاور وشيركوه من على الكوم وحملوا بعسكرهم عليهم فكسروهم واسروهم وعرّوهم واخذوا خيلهم واموالهم ولم يقتلوا منهم واحدا وهرب بقيّتهم الى القاهرة فسار شاور وشيركوه بالعسكر خلفهم الى القاهرة ونزلوا فى ارض الطبّالة واللوق ودائر القاهرة وحاصروها ولم يزل القتال والحرب مستمرّا وضرغام واخوته مباشرين

tes compagnons, deux mille cavaliers, en face de cette armée qui a vingt mille combattants[1], suivis d'autant de serviteurs et d'auxiliaires. — Schâwar lui répondit: Ne t'en effraie pas ; car ils sont d'accord avec moi et pas un d'entre eux ne me combattra. Or, il y avait en dehors de Bilbîs un vaste tertre. Schâwar dit à Schîrkoûh : Laisse-nous monter sur ce tertre, donne-toi le temps de respirer, ne les combats pas avant les ardeurs du plein soleil. Et Schâwar avait ainsi parlé, sachant bien que, sous les rayons du soleil à son apogée, les Égyptiens, voulant faire la sieste, réclameraient de l'ombre sous les arbres et derrière les murailles[2]. Or, le soleil ne devint brûlant qu'à l'heure de midi. En vue de leur sieste, ils réclamèrent chacun un endroit où il pût se mettre à l'ombre. Alors, Schâwar et Schîrkoûh descendirent de sur le tertre, firent charger leurs troupes sur celles de Nâṣir al-mouslimîn, qu'ils taillèrent en pièces, firent prisonnières, dépouillèrent de leurs armes, de leurs chevaux et de leurs biens, sans tuer personne. Ceux qui ne furent pas

الحرب متفرّقين على ابوابها الى ان كتب الامام العاضد الخليفة فى ذلك
الوقت رقعة لضرغام الوزير يقول فيها   بسم الله الرحمن الرحيم نحن نعزّيك
ايها الملك لانه لم يبق فى فيك ظلّ الّا الى صلاة العصر فانج بنفسك إن قدرت
والسلام   وكان ضرغام فى ذلك اليوم قد جاء الى القصر ووقف مقابل باب
الذهب فى امر عرض له يأخذ رأى الخليفة فيه فوجد ابواب القصر مغلقة
فرميت له هذه الرقعة   فلمّا وقف عليها لم يرجع الى ورائه بل ثمّ خرج
من باب زويلة فادركته خيل الغزّ عند موضع يسمّى الكبش تحت جبل المقطّم
بين القاهرة ومصر فقتلوه ولم يعرفوا أنّه ضرغام   فلمّا جابوا رأسه الخيمَ
عرفه شاور وركب للوقت وجاء الى القاهرة ففُتحت له الابواب ودخل

1. Plus haut, p. 295-296.
2. Lecture et traduction douteuses.

faits captifs s'enfuirent vers le Caire, poursuivis par Schâwar et Schîrkoûh jusque-là, et installèrent leurs campements dans la Timbalière[1], à Al-Loûḳ[2] et dans les alentours du Caire[3] afin de le bloquer. Le combat et la guerre ne cessèrent pas de se poursuivre, Ḍirgâm et ses frères résistant aux attaques, se partageant la garde des portes, jusqu'au moment où l'imâm Al-ʿÂḍid, le khalife de l'époque, fit tenir à Ḍirgâm un billet, dont voici la teneur : Au nom d'Allâh, le Raḥmân miséricordieux ! C'est nous qui t'offrons nos condoléances, ô Roi[4], de ce qu'il n'est resté d'abri à ton ombre que jusqu'à la prière de l'après-midi. Sauve donc ta vie, si tu le peux. Salut ! — Or, ce même jour, Ḍirgâm était venu au Palais, s'était tenu en face de la Porte de l'or[5], désirant, pour une affaire qui lui était survenue, prendre l'avis du khalife. Il trouva les portes du Palais fermées et on lui remit ce billet. Lorsqu'il en eut pris connaissance, il ne revint pas en arrière, mais sortit de là par la porte de Zawîla, fut atteint par les cavaliers des Gouzz près d'un

1. « La Terre de la Timbalière » (ارض الطبّالة) « est un canton situé sur la rive occidentale du *Khalîdj*, du grand Canal qui longe l'ouest du Caire ; voir Al-Maḳrîzî. *Al-Khiṭaṭ*, dans Sacy, *Chrestomathie arabe*, 2ᵉ éd., I, p. 206-210 ; Wüstenfeld, *Geschichte der Faṭimiden-Chalifen*, p. 245 ; Ravaisse, *Essai*, I, p. 418, n. 1 ; Stanley Lane-Poole, *A History of Egypt*, p. 139.

2. Ou Al-Lauḳ, canton situé au Sud-Ouest du Caire, entre le *Khalîdj* et le Nil, comme au Nord-Ouest la Timbalière et le Maḳsam (plus bas, p. 304, n. 2) ; cf. Ibn Abî Ṭayy, dans Aboû Schâma, *Kitâb ar-rauḍatain*, I, p. 168, l. 17 ; 171, l. 27 ; Al-Maḳrîzî, *Al-Khiṭaṭ*, dans Sacy, *Chrestomathie arabe*, 2ᵉ éd., I, p. 227, 272-274.

3. Le six djoumâdâ II 559, le premier mai 1164, l'armée assaillante campait au dehors de la ville, dans le lieu de plaisance *Aṭ-Tâdj*, « La Couronne », où le vizir Al-Afḍal avait bâti une tour d'où l'on avait une vue étendue ; cf. Al-Maḳrîzî, *Al-Khiṭaṭ*, II, p. 13, l. 8, dans Wüstenfeld, *Faṭimiden-Chalifen*, p. 331 ; Sacy, *Chrestomathie arabe*, 2ᵉ éd., I, p. 206, 224, 228.

4. Allusion railleuse au titre de Ḍirgâm, le « Roi victorieux ».

5. De même Al-Maḳrîzî, *Al-Khiṭaṭ*, II, p. 13, l. 19. La Porte de l'or, la porte d'honneur du grand Palais, y était placée sur la façade occidentale, vers le Sud ; cf. Ravaisse, *Essai*, I, p. 429, 430, 448-457, et II, pl. 5.

endroit nommé Al-Kabsch[1], au pied du mont Mouḳaṭṭam, entre Le Caire et Miṣr[2]. Il fut tué par des gens qui ignoraient avoir tué Ḍirgâm. Lorsqu'ils apportèrent sa tête dans les tentes des généraux, Schâwar le reconnut, monta à cheval sur l'heure, et parvint au Caire, dont les portes s'ouvrirent devant lui et où il fit son entrée. »

Elle eut lieu le vingt-huit djoumâdâ II 559[3], le vingt-trois mai 1164. Le lendemain, Schâwar fut réintégré dans son vizirat. Ḍirgâm n'avait plus que des partisans isolés et l'indignation générale avait écarté de lui ceux que la crainte ne retenait pas dans sa dépendance. La main mise sur le *waḳouf*, sur le fonds des orphelins détourné comme fonds de guerre[4], avait renouvelé contre lui l'exaspération provoquée par son assassinat des soixante émirs. Schâwar fut non seulement débarrassé de lui, mais aussi de ses trois frères qui furent associés à Ḍirgâm jusque dans la mort[5]. Asad ad-Dîn Schîrkoûh blâma le meurtre de Ḍirgâm et voulut tuer le meurtrier. Mais Schâwar intercéda en faveur de celui-ci[6] qui, à ses yeux, méritait une grosse récompense, non le supplice du talion.

1. « Le Bélier » désigne « la corne nord-ouest du plateau du mont Yaschkour et, par la suite, tout le quartier environnant du Caire méridional ; voir Georges Salmon, *Études sur la topographie du Caire* (Le Caire, 1902), p. 79-81 et *passim.*, ainsi que les trois planches.

2. Miṣr désigne ici, comme souvent ailleurs, Fousṭâṭ.

3. 'Oumâra, *An-Noukat*, p. 81, l. 6-8 ; Aboû Schâma, *Kitâb ar-rauḍatain*, I, p. 131, l. 16 ; Wüstenfeld, *Geschichte der Faṭimiden-Chalifen*, p. 332 ; Rœhricht, *Geschichte des Königreichs Jerusalem*, p. 315 ; Schlumberger, *Amaury I*[er], p. 56. Voir plus bas, p. 316.

4. Al-Maḳrîzî, *Al-Khiṭaṭ*, II, p. 13, l. 11-12 ; Wüstenfeld, *Geschichte der Faṭimiden-Chalifen*, p. 331 ; Lane-Poole, *A History of Egypt.*, p. 177.

5. Al-Maḳrîzî, *Al-Khiṭaṭ*, II, p. 13, avec un récit détaillé de la catastrophe qui anéantit Ḍirgâm et ses trois frères, récit donné dans Wüstenfeld, *Geschichte der Faṭimiden-Chalifen*, p. 331-332 ; Stanley Lane-Poole, *Saladin*, p. 81-82 ; id., *A History of Egypt*, p. 177-178 ; résumé dans Schlumberger, *Amaury I*[er], p. 54-55. Voir aussi Rœhricht, *op. laud.*, p. 315.

6. Ibn Abî Ṭayy, dans Aboû Schâma, *op. cit.*, I, p. 166, l. 29.

Le corps de Ḍirgâm, avant d'être enterré dans le cimetière de la Ḳarâfa, resta deux ou trois jours livré aux chiens affamés près du Grand Pont qui relie Fousṭâṭ au Caire, dans le voisinage de la chapelle dénommée d'après Dame Nafîsa[1]. Sa tête coupée avait été apportée à Schâwar par celui qui l'avait tranchée et détachée du tronc. Par ordre du nouveau vizir, nouveau Roi victorieux, qui lui avait repris sa charge et avait hérité de son titre[2], elle fut promenée à travers les rues du Caire, trophée exposé sur le haut d'une lance, maudit au passage par la grande majorité de ses anciens adulateurs et sujets, par la plupart des habitants dont le sinistre cortège frôla les demeures et des passants attirés par la curiosité du spectacle. Lorsque 'Oumâra, ayant gravi la terrasse de sa maison reconquise, aperçut le fer que surmontait la tête de Ḍirgâm, il improvisa avec un accent irréfléchi d'indignation[3] :

Je vois le menton du vizirat transformé en une épée, qui applique sa pointe aux cous les plus haut dressés.

On dirait que tu te repais de l'affliction ou que tu annonces, comme bonnes nouvelles, le meurtre et la victime.

Ces apostrophes à Schâwar victorieux reflètent un mouvement spontané de pitié et de sympathie pour Ḍirgâm vaincu, pour sa tête donnée comme cible aux quolibets et aux injures du public Cairote. 'Oumâra n'était pas un homme

1. Ibn Khallikân, *Biographical Dictionary*, I, p. 611 ; Al-Maḳrîzî, *Al-Khiṭaṭ*, II, p. 13, l. 25 ; Wüstenfeld, *Fatimiden-Chalifen*, p. 332 ; Schlumberger, *Amaury Ier*, p. 55. Sur la chapelle de Dame Nafîsa, voir Sacy, *Chrestomathie arabe*, 2e éd., I, p. 206, 228.

2. Schâwar, dans son second vizirat, reçut le titre, tombé en déshérence par le meurtre de Ḍirgâm, d'*Al-malik al-manṣoûr;* cf. un vers de 'Arḳala Al-Kalbî, dans Aboû Schâma, *Kitâb ar-rauḍatain*, I, p. 132, l. 35 ; Al-Maḳrîzî, *Al-Khiṭaṭ*, II, p. 12, 13, 31, 46, 366, 415.

3. 'Oumâra, *An-Noukat*, p. 77, l. 10-13 ; cf. Aboû Schâma, *Kitâb ar-rauḍatain*, I, p. 130, l. 35-37 ; Al-Maḳrîzî, *Al-Khiṭaṭ*, II, p. 13, l. 27-29.

d'opposition et, d'ailleurs, il n'avait pas toujours eu à se louer de Ḍirgâm, notamment à la fin de son vizirat[1]. Le changement brusque qui venait de se produire lui avait rendu la liberté d'allures et l'intimité qu'il avait eues l'année précédente avec Schâwar pendant son premier vizirat. Voici comment il décrit le second avec grande franchise, évidemment pour se satisfaire lui-même, avec l'espoir que le portrait ne tombera pas sous les yeux du modèle qu'il a bien étudié et dont il révèle les faces diverses, telles qu'elles sont apparues clairement de très près à un témoin assidu, quotidien, clairvoyant, avisé, expérimenté, pratique, animé de bonnes dispositions envers les puissants qui assurent sa vie et son bien-être, sans aveuglement systématique pour se dissimuler les défauts et les fautes de son ami et bienfaiteur[2] :

« *Second vizirat de Schâwar*[3]. — Ce fut alors que ses traits se découvrirent, que ses flammes incendièrent[4], que ses bienfaits débordèrent. Le temps l'a suffoqué et mordu,

1. 'Oumâra, *An-Noukat*, p. 77, l. 8.

2. Id., *ibid.*, p. 78. Le « second vizirat de Schâwar » est résumé par 'Oumâra, suivant le point de vue de la chronologie relative, qui suit la marche authentique des faits sans préciser aucune des dates successives. L'histoire de Guillaume de Tyr et les chroniques arabes appliquent partout ce système vague, comme vient de le montrer W.-B. Stevenson, *The Crusaders in the East*, p. 361-371 ; voir le *Journal des Savants* de 1907, p. 569-570.

3. Ce morceau (*An-Noukat*, p. 78-87, l. 6) est cité sans changement, mais non sans coupures, dans Aboû Schâma, *Kitâb ar-rauḍatain*, I, p. 158, l. 4-31 ; cf. *Hist. or. des croisades*, IV, p. 119-122.

4. Allusion à l'incendie de Fousṭâṭ en ṣafar 564, en novembre 1168 ; peut-être aussi au fait antérieur que Schâwar mit le feu au Belvédère de la Perle (منظرة اللؤلؤة) et aux maisons voisines, en 559 (1164), pendant son investissement du Caire ; voir Al-Maḳrîzî, *Al-Khiṭaṭ*, II, p. 13, l. 14, traduite dans Wüstenfeld, *Geschichte der Faṭimiden-Chalifen*, p. 331. Ce pavillon de plaisance était reconstruit et habité en 567 (1171-1172) par Nadjm ad-Dîn Ayyoûb, le père de Saladin, lorsqu'en sa présence, 'Oumâra y réfuta des vers récités devant eux deux contre « la dynastie éteinte » des Fâṭimides, après la mort du khalife Al-'Âḍid, par le poète Al-Aḥdab Aboû Sâlim Yaḥyâ Ibn Abî

la perte de son fils[1] l'a peiné et attristé, on a vu paraître tour à tour son abondance et sa disette d'eau, son charbon et sa cendre. Les difficultés n'ont point laissé se dessécher son feutre, et son abreuvoir n'a pas été exempt des poussières fines. Et lui, il n'avait pris possession du vizirat qu'avec le calme de l'esprit ; mais les soucis lui furent accordés en échange du calme.

« Le premier soir où Schâwar entra au Caire, Asad ad-Dîn s'en éloigna[2] pour se rendre à Bilbîs, où il s'établit,

Ḥaṣîna; cf. 'Oumâra, *Dîwân*, p. 292-293 ; Al-Maḳrîzî, *Al-Khiṭaṭ*, I, p. 469, l. 4, où il est dit que Nadjm ad-Dîn Ayyoûb mourut au cours de la même année 567 dans la Lou'lou'a. La vraie date, le vingt-sept dhoû 'l-ḥidjdja 568 (neuf août 1173) est donnée par Ibn Al-Athîr, *Chronicon*, XI, p. 259 (*His. or. des croisades*, I, p. 594) ; Ibn Wâṣil, *Moufarridj al-kouroûb*, dans la Partie arabe, p. 616 ; etc.

1. Allusion au meurtre de Ṭayy, son fils aîné ; voir plus haut, p. 273-274. Le texte serait le même, si Schâwar avait perdu plusieurs fils, comme le bruit en avait couru ; voir plus haut, p. 293.

2. « Schirkoûh attendait sur les bords du Maḳsam les indications de Schâwar au sujet de ses engagements envers Noûr ad-Dîn. Schîrkoûh lui fit dire : Voici trop longtemps que nous vivons dans les tentes, que nos troupes se sont impatientées de la chaleur et de la poussière. Schâwar lui envoya trente mille dînars, en ajoutant : Tu partiras incontinent, sous la sauvegarde et la paix d'Allâh. — Schîrkoûh protesta en invoquant les instructions que lui avaient données Noûr ad-Dîn au départ........... Schâwar répliqua : Je n'ai rien stipulé de ce que tu dis. J'ai demandé à Noûr ad-Dîn des renforts qui, une fois ma besogne achevée, devaient retourner en Syrie. Prenez la somme que je vous ai fait parvenir pour vos frais de route et mettez-vous en règle pour partir, tandis que moi je me mettrai en règle avec Noûr ad-Dîn. — Asad ad-Dîn répondit : Quant à moi, je ne puis pas me mettre en opposition avec Noûr ad-Dîn, et je ne suis pas en mesure de partir avant d'avoir fait aboutir sa prescription. — Alors Schâwar ordonna de fermer les portes et se prépara à soutenir un siège. » Ainsi Ibn Abî Ṭayy, dans Aboû Schâma, *Kitâb ar-rauḍatain*, I, p. 166, l. 31-37. Le passage omis est plus haut, p. 294. على القسم est abrégé de على ساحل المقسم dans 'Oumâra, *An-Noukat*, p. 79, l. 7 ; cf. *Hist. or. des croisades*, IV, p. 120. Al-Maḳsam (forme écourtée : Al-Maḳs ; variante : Al-Maks) est le port du Caire sur le Nil. « Lorsque le Nil se retira, le nom s'appliqua à la région comprise entre le Nil et le *Khalîdj*, en face de la Porte du pont » d'après

puis revint dans la direction du Caire[1], tailla en pièces les troupes de Schâwar à la bataille de la Couronne[2] *(At-Tâdj)*. Ṣoubḥ, frère de Schâwar[3], fut fait prisonnier[4]. Lui-même, devant la Porte du pont, il fut atteint par une pierre et faillit en mourir.

« Plus d'acharnement fut alors déployé [par Schîrkoûh[5]]

P. Casanova, *Histoire et description de la citadelle du Caire*, p. 589; cf. plus haut, p. 300, n. 1 et 2.

1. Le récit d'Ibn Abî Ṭayy (Aboû Schâma, *Kitâb ar-rauḍatain*, I, p. 166, l. 37-167, l. 1-2) est traduit dans *Hist. or. des croisades*, IV, p. 124.

2. Il a été parlé p. 300, n. 3, du lieu de plaisance extérieur au Caire, appelé *At-Tâdj* « La Couronne ». Schâwar y fut défait dans l'une des batailles ininterrompeus et acharnées que livraient l'un contre l'autre les deux alliés de la veille, probablement en juin 1164 ; cf. Al-Maḳrîzi, *Al-Khiṭaṭ*, I, p. 481 ; II, p. 4.

3. Ṣoubḥ Al-Auḥad avait son fief à Sandafâ ; cf. 'Oumâra, *An-Noukat*. p. 134 ; *Dîwân*, p. 293, n° 184.

4. D'après Ibn Sa'îd, copie de M. C.-H. Becker, p. 75, Schâwar aurait payé, pour le rachat de son frère, une rançon de cinquante-et-un mille dînârs à Schîrkoûh, qui avait emmené son prisonnier à Damas. Cette somme considérable, alors même qu'elle aurait été exagérée par Ibn Sa'îd, fut peut-être, non seulement la rançon de Ṣoubḥ, mais celle de l'Égypte pendant les années 560 et 561 de l'hégire, 1165 et 1166 de notre ère.

5. L'assaut du Caire par Schîrkoûh n'est pas relaté ailleurs, mais 'Oumâra le note avec certitude, comme il note la journée de la Couronne. Voici quelques épisodes inédits de ces luttes incessantes, empruntés au continuateur de l'*Histoire des patriarches d'Alexandrie*, ms. 302, II, p. 247-248, immédiatement après le passage cité plus haut, p. 297, n. 2; copies de Richard Gottheil, Noël Giron et Émile Amar : فلم يستقرّ بـه (يعنى بشاور) القرار حتّى بلغه أنّ اسد الدين يريد يغدر بـه فاحترز وغلّق ابواب القاهرة فتقدّم اليه وقاتله وحاصره وامتدّت ايـدى الغزّ فى سُكّان مصر من النصارى والسودان والارمن والأتراك المصريّين وكانوا يقتلوا منهم ويبيعوهم فان وجدوا من يشترى منهم وإلّا قتلوا ذلك الشخص ونهبوا امواله واخذوا نساءهم واولادهم وكانوا ينادوا على النصرانىّ من يشترى كافرا وعلى التركىّ المصرىّ من يشترى تركىّ خليع بات فى الصقيع وعلى

dans la lutte contre Le Caire, au point qu'on y pénétra par la brèche.

الاسود من يشترى سُوَيْـدًا   وكانوا يبيعوهم بثمن بخيس بعشرين درهم
النصرانىّ وعشرة الدراهم التركىّ وخمسة الدراهم الاسود   واستشهد على
أيديهم راهب يسمّى شنّوفه من دير ابو مقار مسكوه واعرضوا عليه الاسلام
فامتنع منــه فقتلوه وراموا ان يحرقوا جسده فلم يحترق واخذوه النصارى
وادّفنوه فى كنيسة ابو سرجه بمصر فى الرابع والعشرين من بشنس سنة ثمانين
(ثمانيـة .ms) وثمـان مايـه للشهداء وهدموا كنايس كثير (sic) للشهداء
فى ذلـك الوقت فى ضواحى القاهرة وهدموا كنيسة الحمراء بجارة الروم
البرّانيّة وكنيسة الزُّهرى ونهبوا كلّ كنيسة هدموها وبعد ان اهتـدت
الامور اهتمّ الشيخ الاسعد صليب صاحب الديوان بعمارة كنيسة الحمراء
والزهرى وما قــدر عليه من الكنايس وكان تعاهدهم وتفقّـدهم بالقدّاسات
فيهم ويهتمّ باقامتــه بالجير (باقمنه الجير .ms) حتّى كملت العمارة   ولم يزل
اسد الدين مقيما على القاهرة يحاصر شاور الى ان أنفذ شاور للملك مرّى
ملك الافرنج بمال عظيم حتّى جاء بعسكره

« A peine Schâwar s'était-il établi solidement qu'il apprit les projets de trahison conçus par Asad ad-Dîn et qu'il fit fermer les portes du Caire. Celui-ci engagea la lutte avec Schâwar, le combatit et l'assiégea. Et les mains des Gouzz s'étendirent contre les habitants de Miṣr, chrétiens, nègres, Arméniens et Turcs, tous Miṣrites. Les Gouzz tuaient les uns, vendaient les autres. Trouvaient-ils un acheteur pour tel individu, tant mieux! Autrement ils le tuaient et pillaient ses biens. Quant à leurs femmes et à leurs enfants, ils se les appropriaient. Le crieur public mettait en vente le chrétien en disant : Qui veut acheter un infidèle? Pour le Turc de Miṣr, il disait : Qui est acheteur d'un libertin turc qui a passé la nuit dans la gelée blanche? Le nègre était mis à l'encan comme étant un petit moricaud. Les Gouzz n'en demandaient qu'un bas prix, vingt dirhams d'un chrétien, dix d'un Turc, cinq d'un nègre. — Ce fut par les mains des Gouzz que le martyre fut infligé à un moine nommé Schannoûfa, du couvent de Saint-Macaire. Ils s'appréhendèrent et lui proposèrent la conversion à l'islamisme. Son refus

« A la suite de ceci, eurent lieu la venue des Francs[1], la

lui coûta la vie. Ils avaient résolu de brûler son corps, qui ne fut pas incinéré, les chrétiens s'étant emparés de son cadavre et l'ayant enterré eux-mêmes dans l'église de Saint-Serge à Miṣr (Fousṭâṭ) le vingt-quatre baschnas *(paschon)* en l'an 880 (ms. : 808) de l'ère des Martyrs. Et, à cette époque, les Gouzz démolirent de nombreuses églises élevées en l'honneur des martyrs dans la banlieue du Caire, ainsi que l'église [du quartier] d'*Al-Ḥamrâ* [*as-souflâ*], dans la rue des Roûm hors les murs et l'église [des jardins] d'*Az-Zouhrâ* (ou d'*Az-Zahri*). Ils pillèrent toutes les églises qu'ils démolirent. Lorsque l'ordre fut rétabli, le schaikh al-as'ad Ṣalîb, le trésorier, se préoccupa de restaurer les églises d'Al-Ḥamrâ et d'Az-Zouhrâ en même temps que, autant que possible, les autres églises. Il avait examiné la situation des chrétiens et s'était avisé de rétablir chez eux les messes. En conséquence, il projetait un replâtrage jusqu'à ce que la restauration fût achevée. — Et Asad ad-Dîn [Schîrkoûh] ne cessa pas de maintenir son blocus autour du Caire contre Schâwar qui envoya au roi Amaury, roi des Francs, des émissaires porteurs de sommes considérables. En conséquence, Amaury amena ses troupes. » Le vingt-quatre *paschon* 808 des Martyrs répond au mercredi dix-neuf mai 1092, le vingt-quatre paschôn 880 au mardi dix-neuf mai 1164, date plus vraisemblable, qui précéda de cinq jours la rentrée de Schâwar au Caire. Le nom du martyr Schannoûfa correspond exactement au copte **ϣⲉⲛⲛⲟⲩϥⲉ** « bonne nouvelle, évangile », comme me l'apprend mon savant collègue E. Amélineau, et rappelle le nom de l'écrivain du VIe siècle Barsanuphius dans Ulysse Chevalier, *Bio-bibliographie*, 2e éd., col. 440, et la μνήμη τοῦ ὁσίου Βαρσανουφίου, dans le *Synaxarium Constantinopolitanum*, éd. Delehaye (Bruxellis, 1902), col. 448, l. 18. — Quant au trésorier Ṣalîb, il est appelé par Aboû Ṣalâḥ l'Arménien, le schaikh al-as'ad Ṣalîb ibn Mikhâ'îl, fils de l'higoumène (الأغومن); cf. *The Churches and Monasteries of Egypt*, edited and translated by Evetts, texte ar., p. 40-41 ; trad, anglaise, p. 105-107.

1. Dès juillet 1164, Amaury Ier répondit en personne à l'appel de Schâwar qui lui avait écrit pour implorer son secours : « Schîrkoûh est monté avec moi pour m'aider contre Ḍirgâm. Une fois parvenus en Égypte, les Syriens ont été avides de la posséder. Au moment où ils l'auront conquise et annexée à la Syrie, tu n'auras plus avec eux de vie, ni de sécurité. » — Schâwar lui garantit mille dînârs pour chaque journée de marche en avant vers l'Égypte, et stipula une somme pour les fourrages de leurs montures, une autre pour ses Hospitaliers. En conséquence, Amaury partit d'Ascalon à la tête de ses troupes vers Fâḳoûs. Ses étapes furent au nombre de vingt-sept et il toucha pour elles vingt-sept mille dînârs. » Ainsi Ibn Abî Ṭayy, dans Aboû Schâma, *Kitâb ar-rauḍatain* (*Hist. or. des croisades*, IV, p. 125 ; éd. du Caire, I, p. 167, l. 2-5) ; cf. Ibn Al-Athîr, *Atabeks*, dans *Hist. or. des croisades*, II, II, p. 216, et dans Aboû Schâma, *op. cit.*, I, p. 131 : Rœhricht, *Königreich Jerusalem*, p. 315, n. 3 ; Schlumberger, *Amaury I*[er], p. 58-80.

construction de la tour[1], le siège de Bilbîs[2], puis encore la révolte de Yaḥyâ Ibn Al-Khayyâṭ pour s'emparer du vizirat[3], et aussi la trahison des Lawâta coalisés avec les Ḳai-

1. Ibn Sa'îd, p. 74, copie de M. C.-H. Becker : وعملت الافرنج برجا عظيما وكان شيركوه فى القبضة واعانه الله وخرج منها سالما منصورا ومعه اسارى عدة من جماعتهم اخو شاور الوزير « Et les Francs construisirent une tour puissante. Et Schîrkoûh faillit être fait captif. Mais Allâh vint à son secours et il sortit de Bilbîs, sain et sauf, vainqueur, emmenant plusieurs captifs, parmi lesquels le frère du vizir Schâwar. » Ces détails inédits n'empêcheront pas que M. G. Schlumberger, *Amaury Ier*, p. 83, ait raison de constater avec regret que « nous ne savons rien sur ce siège si fameux en ces contrées alors si lointaines ». J'ai parlé plus haut, p. 305, n. 4, de la rançon payée par Schâwar pour racheter son frère Ṣoubḥ.

2. D'après les deux textes imprimés d'Ibn Abî Ṭayy, dans Aboû Schâma, *Kitâb ar-rauḍatain*, éd. du Caire, I, p. 167, l. 8, et *Hist. or. des croisades*, IV, p. 125, l. 7, de même que d'après notre ms. 1700, le siège aurait duré huit mois au lieu de trois ; sur cette confusion par similitude de graphie, entre ثلاثة et ثمانية, voir W.-B. Stevenson, *The Crusaders in the East*, p. 359. « Les cottes de mailles des troupes ont séjourné sur elles en guise de vêtements pendant quatre-vingt-dix nuits », dit un vers de 'Oumâra dans Aboû Schâma, *Kitâb ar-rauḍatain*, I, p. 132, l. 24, c'est-à-dire depuis le premier ramaḍân jusqu'au premier dhoû 'l-ḥidjdja 559, depuis le vingt-trois juillet jusqu'au vingt octobre 1164. J'emprunte ces précisions à un contemporain, à 'Imâd ad-Dîn Al-Kâtib, dans Aboû Schâma, *op. cit.*, I, p. 132, l. 17. « Tu as arraché de Miṣr un ennemi par un autre ennemi », dit encore 'Oumâra s'adressant à Schâwar, d'après Aboû Schâma, *op. cit.*, I, p. 132, l. 20. Schâwar négocia, Bilbîs capitula, Schîrkoûh l'évacua, le dernier de la garnison musulmane (Ibn Al-Athîr, *Atabeks*, dans Aboû Schâma, *op. cit.*, I, p. 132, l. 7-13, dans Reinaud, *Extraits*, p. 117-118, et dans *Hist. or. des croisades*, II, II, p. 218-219), Amaury revint hâtivement dans ses états menacés par Noûr ad-Dîn ; le départ simultané « des armées de l'impiété et de la Syrie » soulagea « les troupes égyptiennes d'un fardeau trop lourd pour elles » ('Oumâra, dans Aboû Schâma, *op. cit*, I, p. 132, l. 21-23). Avant la fin de dhoû 'l-ḥidjdja 559, avant le dix-sept novembre 1164, Asad ad-Dîn, rentré à Damas le douze novembre, y dirigeait la préservation des édifices religieux dans l'incendie lamentable de tout un quartier, le Djairoûn (Aboû Schâma, *ibid.*, I, p. 132, l. 36-133, l. 11.

3. Sur Yaḥyâ Ibn Al-Khayyâṭ, « ennemi de Schâwar » (id., *ibid.*, I, p. 154, l. 14 : 170, l. 15), voir plus haut, p. 101, n. 7.

sites[1]. Le frère de Schâwar, Nadjm[2], et le fils de Schâwar, Soulaimân, sortirent pour les combattre, avec plusieurs des jeunes serviteurs de Schâwar. Son autre fils, Al-Kâmil, sortit également à la tête du reste de l'armée. Il faut encore signaler à cette époque l'emprisonnement et le meurtre d'Al-Athir ibn Djalab Râgib[3], ainsi que de Mou'âni ibn Fouraiḥ[4].

« Et[5] Schâwar fut informé qu'Asad ad-Din avait amené jusqu'à Iṭfiḥ la source des plus grands malheurs. L'arrivée des Gouzz coïncida avec l'entrée en campagne des Francs pour venir au secours de la dynastie. Et les Francs, au sortir de Miṣr, se dirigèrent par terre vers l'Est (vers le Sud-Est) à la poursuite des Gouzz. Puis l'occasion parut

1. En dehors des Kinânites, mentionnés par Ibn Abî Ṭayy, dans Aboû Schâma, *Kitâb ar-rauḍatain*, I, p. 167, l. 6 (*Hist. or. des croisades*, IV, p. 125), à propos du siège de Bilbis, il y avait au Caire d'autres tribus arabes immigrées, les Berbères Lawâta, montés du Soudan, les Ḳaisites, venus du Yémen. La répression de l'insurrection des Lawâta est attribuée uniquement à Al-Kâmil Schoudjâ' par 'Oumâra, *Dîwân*, p. 177-179, n° 23, où le khalife Al-'Âḍid est appelé Al-Hâdî Aboû 'l-Fatḥ (*Dîwân*, p. 178, l. 1; cf. p. 179, l. 4). Quant à « Ḳais du Yémen », voir *An-Noukat*, p. 85, l. 11; C.-H. Becker, *Beiträge zur Geschichte Ægyptens*, p. 121-127; plus bas, p. 323.

2. Le parti-pris de silence sur Roukn al-islâm Nadjm au profit d'Al-Kâmil Schoudjâ' avait été reproché par celui-là à 'Oumâra, qui força sa porte pour se justifier, qui noua avec lui des relations bientôt resserrées en liens d'amitié et d'intimité, qui, outre une rente mensuelle de quinze dînârs pendant trois ans, devint, par sa générosité, propriétaire d'un fief à Mounyat Abî 'l-Yasâr, dans le Ḥauf, au district de Samannoûd, d'après *An-Noukat*, p. 135, l. 4-10; cf. Yâḳoût, *Mou'djam*, II, p. 710; III, p. 145, 168; Sacy, *État des provinces*, dans la *Relation de l'Égypte, par Abd-Allatif*, p. 640 et 647; plus bas, p. 336.

3. Plus haut, p. 101 : Rouḍwân, fils de Djalab Râgib : et 102, n. 1, où lisez : « Le *schaikh al-athir* (aussi le *ḳâḍi al-athir*), Rouḍwân, fils de Djalab Râgib », etc.

4. Variantes : Mou'âlî et Faradj, Fouraidj, Firandj.

5. Sans transition, 'Oumâra passe à la deuxième invasion de l'Égypte, une répétition, en février 1167, de la première en tous points : ce fut encore Asad ad-Dîn Schîrkoûh qui la dirigea au nom de Noûr ad-Dîn, qui de nouveau lui avait offert deux mille cavaliers. Ibn Abî Ṭayy en a esquissé le récit : voir Aboû Schâma, *Kitâb ar-rauḍatain*, I, p. 167, l. 37-168, l. 9; Reinaud, *Extraits*, p. 122; *Hist. or. des croisades*, IV, p. 128-129. Ibn Abî Ṭayy

favorable aux Francs ; alors ils revinrent à Miṣr et réclamèrent en fait de contribution ce que les espérances n'osent concevoir[1], campèrent sur les bords du Maḳsam[2] et prétextèrent leur intention de retourner en Syrie. Al-Kâmil se prépara à partir avec les Francs.

« J'ai été informé par le très illustre Al-ḳâḍî al-fâḍil 'Abd ar-Raḥîm ibn 'Alî Al-Baisânî, qui m'a dit : Je me souviens d'un jour où nous étions à l'écart dans une tente. Il n'y avait de présents que lui Schâwar, son fils Al-Kâmil et son frère Nadjm. Al-Kâmil avait formé le projet de remonter avec les Francs, et Nadjm se proposait de se rendre au Magrib vers [les Banoû] Soulaim[3] et au delà. Schâwar dit : Pour ce qui est de moi, je ne cesserai pas, jusqu'à ce que

place ces événements en rabî' I 562, entre le vingt-six décembre 1166 et le vingt-quatre janvier 1167, tandis qu'Aboû Schâma, *op. cit.*, I, p. 142. l. 24, fixe avec raison l'entrée en campagne au neuf rabî' II 562, au deux février 1167. Ibn Al-Athîr, *Chronicon*, XI, p. 213, l. 17 (*Hist. or. des croisades*, I, p. 546), dit vaguement : en rabî' II.

1. Ibn Sa'id, copie de M. Becker, p. 75 : وبذل له من الاموال ما لا عدد له فوافاه بخيله ورجاله « Et Schâwar promit des biens innombrables à Amaury, qui, en échange, lui fournit ses cavaliers et ses fantassins. »

2. Allusion discrète à l'admission de deux plénipotentiaires francs, Hughes de Césarée et le Templier Godefroy, en présence du khalife Al-'Âḍid pour obtenir de sa main nue la ratification de l'indemnité promise et de l'alliance éternelle contractée. Les écrivains orientaux sont muets sur le blasphème de cette entrevue, à l'exception d'Al-Ḳalḳaschandî ; voir Wüstenfeld, *Calcaschandi's Geographie und Verwaltung von Ægypten*, Gœttingen, 1879, p. 197-198. Le récit merveilleux de cette audience insolite a été conté d'après Guillaume de Tyr par Rœhricht, *Königreich Jerusalem*, p. 323-324 ; Lane-Poole, *Saladin*, p. 88-89 ; id., *A History of Egypt*, p. 180-181 ; G. Schlumberger, *Amaury Ier*, p. 118-125. Quant à la contribution inespérée, elle aurait été de quatre cent mille pièces d'or payables en deux fois. D'après M. Rœhricht, les Francs auraient exigé cette quotité comme tribut annuel, ce qui est invraisemblable. Sur le Maḳsam, voir plus haut, p. 304, n. 2.

3. Au XIIe siècle, la tribu arabe des Banoû Soulaim (Wüstenfeld, *Register*, p. 427-430) avait des colonies établies dans le pays de Barḳa, l'ancienne Cyrénaïque, au Magrib ; cf. Ibn Al-Athîr, dans E. Fagnan, *Annales du Maghreb et de l'Espagne*, p. 528 et 605 ; A. Bel, *Les Benoû Ghânya*, p. 65. Il y avait aussi des Banoû Soulaim dans la Basse Égypte (Wüstenfeld, *El-Macrizi's*

je meure, de combattre pour mes amis fidèles. Sur ces entrefaites, nous fûmes rejoints par le *dâ'î* Ibn 'Abd al-ḳawî[1], par Ṣanî'at al-moulk Djauhar[2] et par 'Izz l'ostodâr[3], qui s'étaient chargés de réunir la somme[4].

« De cette racine ont poussé d'autres branches : le campement prolongé des Gouzz à Gizéh[5]; la bataille d'Al-Bâbain[6],

Abhandlung über die in Ægypten eingewanderten arabischen Stämme, p. 39, 41, 81, 83; mais je doute qu'une émigration vers eux eût été appelée un *tagrib*.

1. Le *ḥâdjdj*, le *dâ'î ad-dou'ât* 'Abd al-Djabbâr ibn Ismâ'îl Ibn 'Abd al-ḳawî, impliqué dans la conspiration qui fit pendre 'Oumâra par Saladin le deux ramaḍân 569 (six avril 1174), subit, le même jour, le même châtiment au Caire ; voir Al-Maḳrîzî, *As-Soulouk*, dans la Partie arabe, p. 651, l. 1 et 9. Le titre de *dâ'î ad-dou'ât* avait été héréditaire dans sa famille : cf. Sacy, *Chrestomathie arabe*, 2e éd., I, p. 143.

2. L'eunuque Mou'taman al-khilâfa Ṣanî'at al-moulk Djauhar, un des intendants (*moutaḥakkim*) du Château, fut mis à mort par Saladin dans un bourg nommé Al-Kharḳâniyya, le mercredi vingt-cinq dhoû 'l-ḳa'da 564, le vingt août 1169; voir 'Imâd ad-Dîn, dans Aboû Schâma, *Kitâb ar-rau-ḍatain*, I, p. 178, l. 1-15. En ṣafar 564, en novembre 1168, Djauhar, lors de l'incendie de Fousṭâṭ par Schâwar, avait ordonné à Ibn Soummâka de mettre le feu à la mosquée de la Ḳarâfa ; cf. Wüstenfeld, *Geschichte der Faṭimiden-Chalifen*, p. 338.

3. Administrateur dont le nom paraît être celui d'un eunuque.

4. Traduction douteuse. « Lesquels avaient pris l'administration des finances », d'après *Hist. or. des croisades*, IV, p. 120.

5. Cinquante-quatre jours d'après Aboû Schâma, *Kitâb ar-rauḍatain*, I, p. 142, l. 33. « Plus de cinquante jours », dit Ibn Al-Athîr, dans *Hist. or. des croisades*, I, p. 547; II, II, p. 236; de même Aboû Schâma, *ibid.*, dans notre ms. 1700.

6. Al-Bâbain, l'endroit des « deux portes », appartient à la Haute Égypte, dans le district et au sud de Mounyat Banî Khaṣîb (plus haut, p. 220, n. 2), à une journée de marche d'Ouschmoûnain. Les cavaliers de Schîrkoûh et de Saladin y remportèrent, le vingt-cinq djoumâdâ I 562, le dix-neuf mars 1167, une victoire plus glorieuse que décisive, sur les Francs d'Amaury et sur les Égyptiens, en masses terrifiantes, de Schâwar. Ibn Sa'îd, copie du professeur Becker, p. 75, porte après le passage cité p. 310, n. 1 : وجرت بينهم وقائع ثمّ عدوا اليه فاندفع طالبا للصعيد فلحق بأعمال منية ابن خصيب فوقعت بينهما وقعة عظيمة كانت اوّل النهار لشاور والفرنج ونصر الله شيركوه اخر النهار وكسرهم جميعا واخذ صاحب قيساريّـة اسيرا وجماعة من أصحابه

le siège d'Alexandrie[1], le départ des Gouzz lorsqu'ils s'en

« Et il y eut entre eux des engagements ; ensuite ils traversèrent [le Nil] pour attaquer Schîrkoûh qui se déroba en gagnant la Haute Égypte et en se fixant dans le district de Mounyat Banî (texte : Ibn) Khaṣîb. Une grande bataille fut livrée, un succès pour Schâwar et les Francs au commencement de la journée ; à la fin, une victoire remportée par Allâh pour Schirkoûh qui tailla en pièces tous ses adversaires. [Hugues], le seigneur de Césarée, fut fait captif, ainsi que plusieurs de ses compagnons. » Le continuateur de l'*Histoire des patriarches d'Alexandrie* (ms. 302, II, p. 248) dit de cette même rencontre : ثمّ سار عسكر الفرنج ومرى ملكهم وعسكر المسلمين وشاور سلطانهم فى طلب اسد الدين شيركوه وعسكره فلمّا تبعوه عدّى الى الصعيد الاعلى (ms. الاعلا) فادركوه على بقعة تسمّى البابين والتقوا معه فقُتل من عسكره خلق كثير وقُتل ايضا من الافرنج والمصريّين جماعة كثيرة واسر كلّ منهم من الاخر اسارى « Puis les troupes des Francs commandées par leur roi Amaury et les troupes des musulmans ayant à leur tête leur sultan Schâwar se mirent en campagne à la recherche d'Asad ad-Dîn Schîrkoûh et de ses troupes. Poursuivi par eux, il passa sur la rive orientale [du Nil] et pénétra dans le Ṣa'îd Supérieur, où ses ennemis l'atteignirent près d'une plaine appelée Al-Bâbain. Les coalisés y eurent une rencontre avec lui et lui tuèrent beaucoup de monde, Nombre de Francs et d'Égyptiens furent tués également. De part et d'autre on fit des prisonniers. » Je signale aux historiens des croisades un récit, original sur plusieurs points, de la bataille d'Al-Bâbain dans Mouslim Asch-Schaizarî. *Djamharat al-islâm*, ms. 480 de Leide, fol. 44 v°-45 r°.

1. Schîrkoûh, après son succès éphémère d'Al-Bâbain, imita le changement de front de Schâwar qui, cinq ans auparavant, avait été non pas victorieux, mais vaincu à Daldja, près d'Al-Bâbain (plus haut, p. 223). Il gagna précipitamment les Oasis du désert de Lybie pour reparaître au Nord, dans « la ville frontière d'Alexandrie », qui lui fut ouverte sans combat. Saladin. nommé par son oncle gouverneur d'Alexandrie, y soutint, avec des forces inférieures, grâce à l'appui de la population, contre « Schâwar et les Roûm » ('Oumâra, *An-Noukat*, p. 136, l. 4), un siège de soixante-quinze jours, d'après Ibn Al-Athîr et Ibn Sa'îd, de « trois mois », disent Al-Idrîsî dans Aboû Schâma (éd. du Caire, I, p. 168, l. 37 ; *Hist. or. des croisades*, IV, p. 133) et Aboû 'l-Fidâ, *ibid.*, I, p. 35. La capitulation eut lieu le quinze schawwâl 562, le quatre août 1167, après que les assiégeants, dit Ibn Sa'îd (p. 76), eussent pressé la place « par terre et par mer, dans la plaine et sur les chemins abrupts et eussent coupé vignes et palmeraies » (برّا وبحرا وسهلا ووعرا وقطعوا كروما ونخيلا). 'Oumâra entra avec Schâwar à Alexandrie et admira « ses écoles, ses portiques, ses corps de garde, sa situation au point de jonction

retournèrent, et celui des Francs après eux[1]. Schâwar, en présence de ces faits, s'imagina que le temps avait longtemps sommeillé et dormi, mais que, maintenant, il avait abandonné son habitude envers lui et lui avait fait grâce. Or, voici que les jours d'alors ne réclamaient que sa fin et sa disparition, ne poursuivaient que son décès et son trépas.

« En effet[2], l'arrivée des Francs à Bilbîs, la mise à mort ou la captivité de tous ceux qui s'y trouvaient[3] eurent pour

des mers de l'orient et de l'occident, la ville forte des deux communions (orthodoxe et schî'ite), et son hôtel des monnaies, ce lieu de séjour des plus grands entre les généraux, les mosquées remplies par les assemblées des croyants, les habitations particulièrement destinées aux auditions des professeurs ». Voir 'Oumâra, *At-Tarassoulât*, p. 488, l. 8-11.

1. Schîrkoûh revint à Damas le cinq septembre 1167 ; Amaury, qui était resté en arrière, n'en fut pas moins à Ascalon dès le vingt août ; cf. Rœhricht, *Königreich Jerusalem*, p. 330 ; G. Schlumberger, *Amaury Ier*, p. 168.

2. La troisième expédition de Schîrkoûh en Égypte, l'année suivante, est ainsi étroitement rattachée à la deuxième.

3. L'initiative de cette campagne contre Schâwar fut prise par Amaury Ier à la fin d'octobre 1168. L'ancien allié du vizir, devenu son ennemi, parut devant Bilbîs le premier novembre, y pénétra le quatre, et livra les habitants au massacre, la place au pillage et à l'incendie. Les documents orientaux et occidentaux ont été contrôlés les uns par les autres, largement analysés, communiqués et mis en œuvre par Rœhricht, *Königreich Jerusalem*, p. 337-339 ; G. Schlumberger, *Amaury Ier*, p. 169-196. Le continuateur de l'*Histoire des patriarches d'Alexandrie* (ms. 302, p. 254), copie de M. Noël Giron, parle ainsi de cet événement : فلمّا كان يوم الثلثاء الثالث من صفر سنة اربع وستّين وخمساية للهجرة.... نزل مرّى ملك الافرنج بجنوده على بلبيس ففتحها وقتل كلّ من وجده فيها من الكنانيّة والاتراك والسودان ظاهرها وقتل جماعة كثيرة من عوامّ الناس مسلمين ونصارى قتلهم داخلها واباح لعسكره القتل والسبي والنهب ثلثة ايّام ليل ونهار واطلق لهم السيف فيها واسر من بقى من اهلها وحملهم معه الى الشأم ونهبها واحرقها ومضى باموالها واثارها. « Puis, le mardi, troisième jour de ṣafar 564 de l'hégire (six novembre 1168) .... Amaury, roi des Francs, fit camper ses armées devant Bilbîs, dont il s'empara et où il mit à mort tous ceux qu'il y trouva, Kinânites, Turcs et nègres, au dehors de la place, nombre de gens

conséquences l'incendie de Miṣr [1], la correspondance avec Noûr ad-Dîn Ibn Al-Ḳasîm, le secours que celui-ci envoya pour maintenir le faisceau de l'islamisme par l'entremise d'Asad ad-Dîn et de ses compagnons d'armes musulmans [2],

du commun, musulmans et chrétiens, à l'intérieur. Et il permit à ses troupes d'y tuer, faire des captifs et piller pendant trois nuits et trois jours, et les autorisa à y user librement du sabre. Les autres habitants, Amaury les fit prisonniers et les transporta avec lui en Syrie après le sac et l'incendie de la ville, dont il enleva les biens et les antiquités. » Ibn Sa'îd (p. 76) prétend que les hommes furent tués, les femmes et les enfants emmenés en captivité » (وقتلوا رجالها وسبوا نساءها وأطفالها). Les Kinânites sont de même mentionnés plus haut, p. 309, n. 1.

1. Le huit ṣafar 564, le douze novembre 1168. L'incendie, allumé par Schâwar à Fosṭâṭ, désigné par Miṣr, se répandit librement pendant cinquante-quatre jours. La maison de 'Oumâra, sise sur les bords du Canal, à l'extrême Sud du Caire, fut détruite et pillée ; cf. 'Oumâra, *An-Noukat*, p. 88, l. 13 ; 124, l. 4 ; 127, l. 6 ; 144, l. 14 et 15. Les poésies de Oumâra sur Mourtafi' et sur Ṭayy disparurent toutes. Yâḳoût, *Mou'djam*, III, p. 900, dit : « Il advint en l'an 564 que les Francs vinrent camper devant Le Caire. On incendia Miṣr (Fosṭâṭ), pour que l'ennemi ne pût pas s'en emparer ; car l'on n'était pas en forces pour lui résister » ; voir Hartwig Derenbourg, *Les croisades d'après le dictionnaire géographique de Yâḳoût*, dans *Centenaire de l'École des langues orientales vivantes* (Paris, 1895), p. 82. A la fin de 578 (avril 1183), le voyageur Ibn Djobair vit encore « les traces de la dévastation produite par l'incendie de 564 » ; cf. la nouvelle édition De Goeje, p. 54, l. 5-8 ; *Viaggio*, tr. Schiaparelli, p. 24.

2. Sous le coup de la nécessité, il se produisit un déplacement des alliances et l'on renonça à l'union contre nature des Francs et d'une partie des musulmans contre l'autre. Amaury Ier était parvenu devant Le Caire dès le treize novembre, et s'était heurté à une résistance inattendue, mais qui aurait été courte et vaine sans l'intervention d'une armée de secours. Ibn Sa'îd, p. 77, dit : فوصل الملك المذكور وجيوشه الى باب القاهرة وعوّل على فتحها ودخولها فبذل له مالا جزيلا مقداره مايتا الف دينار فما قنع بذلك وطلب الفى كيس فرأى العاضد ووجوه دولتــه ان ينفــذوا الى شيركوه مستغيثين به من الفرنج ففتح الله عليه وجيّش من دمشق لمساعدة السلطان نور الدين. . . . فما علم به حتّى وصل الى القاهرة فارتحل الفرنج الى بلادهم لا يلوون على شى. « Alors, le roi susdit (Amaury) arriva avec ses armées à la porte du Caire, avide de le prendre d'assaut et d'y entrer. Schâwar

sur lesquels j'ai dit, alors que les Francs s'étaient embusqués contre eux sur la route[1] :

Vous avez enlevé aux Francs tout défilé, et vous avez dit aux pieds de devant des chevaux : « Passez outre sur Amaury! »

Certes, s'ils établissent sur la terre ferme une chaussée, vous faites passer sur cette chaussée un océan de fer.

« Or, l'arrivée des Gouzz décida les Francs à évacuer les régions égyptiennes[2].

« Schâwar ne tarda pas à mourir assassiné, dix-huit jours après l'arrivée des Gouzz[3].

s'empressa de lui offrir une somme considérable, deux cent mille dînars. Mais Amaury ne s'en contenta pas et réclama deux cents sacs. Al-'Âḍid et ses plus illustres conseillers furent d'avis d'envoyer vers Schîrkoûh pour solliciter son appui contre les Francs. Allâh protégea Al-'Âḍid. Et Schîrkoûh rassembla les troupes de Damas pour l'assistance que résolut de lui prêter le sultan Noûr ad-Dîn..... A l'improviste, Schîrkoûh parvint au Caire. Les Francs s'en retournèrent dans leurs contrées, en se désintéressant de tout. » La porte du Caire est celle de la Barḳiyya d'après Ibn Al-Athîr, dans *Hist. or. des croisades*, I, p. 555 ; II, II, p. 247 ; cf. plus haut, p. 272 et 277. Chacun des « deux mille sacs » devait contenir deux mille dînârs. Amaury réclamait donc le double de ce qui lui était offert.

1. Vers 18 et 16 d'une poésie composée par 'Oumâra sur Saladin « du vivant de son père Ayyoûb et de son oncle Schîrkoûh », vers cités aussi séparément par Ibn Al-Athîr, dans *Hist. or. des croisades*, I, p. 537. Pour la poésie entière, voir 'Oumâra, *Dîwân*, p. 269-271, n° 141 ; Aboû Schâma, *Kitâb ar-rauḍatain*, I, p. 163-164 ; et notre chapitre VI.

2. Les Francs se mirent en route pour la Syrie le premier rabî' II 564, le deux janvier 1169 ; cf. Guillaume de Tyr, dans *Hist. occ. des croisades*, I, p. 956 ; Rœhricht, *Königreich Jerusalem*, p. 341, qui, n. 4, indique par erreur une source arabe de cette date précise, tandis qu'il n'y en a pas ; Stevenson, *The Crusaders in The East*, p. 194, où, n. 1, lisez Tyre xx. 9.

3. Le meurtre de Schâwar et sa décapitation ayant été perpétrés par les émissaires de 'Izz ad-Dîn Djourdîk et de Saladin le dix-sept rabî' II 564, le dix-huit janvier 1169, le calcul de 'Oumâra nous amène au trente-et-un décembre 1168 pour « l'arrivée des Gouzz », ce qui explique le départ précipité des Francs le deux janvier 1169. Cf. Ibn Al-Athîr, dans *Hist. or. des croisades*, I, p. 558 et 560 ; II, II, p. 250 et 252 ; Ibn Khallikân, *Biographical Dictionary*, I, p. 609 ; IV, p. 490-491 ; Rœhricht, *Königreich Jerusalem*, p. 341-342 ; G. Schlumberger, *Amaury Ier*, p. 215-227.

« Et les années, pendant lesquelles Schâwar occupa le vizirat pour la seconde fois, furent remplies d'événements et de péripéties qui tournèrent plutôt à son détriment qu'à son avantage.

« Et plus d'une fois, dans les passages où ce recueil le comportait, j'ai, par le témoignage de mes vers, attesté la justesse de sa cause et la sincérité de sa parole intime.

« Par exemple, son fils Ṭayy ayant été tué le vendredi vingt-huit ramaḍân [558 = trente août 1663 [1]] et vengé enfin par lui, neuf mois après, le vendredi vingt-huit djoumâdâ II [559 = vingt-trois mai 1164 [2]], j'ai composé à ce sujet une poésie où j'ai dit :

Et tu as enlevé ta royauté [3] à des hommes qui te l'avaient disputée et tu y avais, plus qu'eux, des droits et des aptitudes.

Ils avaient tiré à eux violemment ton manteau, et tu n'as pas eu de cesse que tu n'aies fait endosser à ces gens-là les manteaux du trépas,

Et tu as rafraîchi ton penser par une chaleur d'incendie [4] qui a défendu à l'air de la nuit d'être rafraîchi.

La date de ceci [5], tu l'as atteinte au même quantième d'un mois semblable, au même jour [6] ; exemple à méditer pour qui se laisse bien diriger !

1. Plus haut, p. 273-274.

2. Plus haut, p. 301.

3. Allusion au titre récent de Schâwar, « l'émir des armées » ayant été promu « le roi victorieux » par la mort de Ḍirgâm qui avait eu le privilège de ce surnom honorifique.

4. Sur le feu mis par Schâwar, en radjab 559 (juin 1164), à certains quartiers du Caire pour les rendre inaccessibles à Schîrkoûh, voir plus haut, p. 304 et 314.

5. Lecture empruntée à Aboû Schâma, *Kitâb ar-rauḍatain*, I, p. 131, l. 21. Je le préfère à دَيْن de M. De Goeje, *art. cité*, et à دِين de mon édition.

6. Un vingt-huit, un vendredi.

L'époque en a été enceinte pendant neuf mois avant de lui donner naissance en djoumâdâ[1].

« Et Schâwar ne cessait pas de les répéter.

« Et, à son retour du siège de Bilbîs[2], je le félicitai par une poésie de circonstance, dont voici le début[3] :

Combien cette prise éclatante occupe les oreilles et les regards! Comme les élans de la félicitation sont trop courts pour l'atteindre!

Par cette prise, il a illuminé notre temps devenu comme le visage de Celui qui annonce la bonne nouvelle et comme l'aigrette blanche de Celui qui la reçoit[4].

Prise qui nous rappelle, bien que nous ne l'ayons pas oubliée, la prise de Khaibar par le Mandataire[5].

Prise, dont le succès a été enfanté au prix de difficultés prolongées. Quel enfantement est sans difficultés?

L'époque en avait été enceinte ; mais elle n'a employé que trois mois[6] *pour la mettre au monde parfaite.*

« Dans ce même morceau je disais encore :

Tu le rencontres à la tête de la cavalerie, lorsqu'elle s'élance, à la tête de l'infanterie, lorsqu'elle s'ébranle.

Sa vie lui paraît sans valeur au point qu'il offre de la vendre ; mais il n'a pas trouvé d'acheteur.

1. Le vingt-huit djoumâdâ II.

2. Au commencement de dhoû 'l-ḥidjdja 559, à la fin d'octobre 1164 : voir plus haut, p. 308.

3. Cf. 'Oumâra, *An-Noukat*, p. 72, l. 11-12 ; 73, l. 1-3, où les vers 8 et 9 sont précédés du vers suivant : *Le four a été enflammé ; puis il s'y est enfoncé par des résolutions qui ont enseigné la beauté de la patience à qui n'avait pas su patienter.* Les dix vers sont aussi dans le *Dîwân*, p. 272, n° 147 et note 2, où ajoutez *Hist. or. des Croisades*, IV, p. 106.

4. L'ange Gabriel et le Prophète Moḥammad.

5. Le mandataire du Prophète, c'est son gendre Ali ; voir sur cet événement Caussin de Perceval, *Essai sur l'histoire des Arabes avant l'islamisme*, III, p. 197-198.

6. Les trois mois du blocus de Bilbîs ; voir plus haut, p. 308.

Le fer s'est lassé du fer, tandis que Schâwar ne s'est pas lassé de prêter son appui à la famille de Moḥammad [1].

Le temps a juré de nous apporter son pareil. Tu as violé ton serment, ô temps. Aussi expie ton parjure.

Ô conquérant des pays orientaux et occidentaux[2], *sois félicité d'être l'héritier d'Alexandre* [3].

« Et ces vers furent une des causes déterminantes qui m'affermirent dans ma résolution de vouloir être dispensé à l'avenir de composer des poésies [4]. Car, autrefois les hommes comblaient les poètes par des générosités qui ne pouvaient être surpassées.

« Voici des extraits d'une poésie consacrée par moi à l'affaire de Bilbîs et au premier vizirat de Schâwar [5] :

Certes le temps de la félicité a étendu son ombre, certes son heure a fait sourire les dents de devant de la félicitation.

La première moitié de son année t'a apporté une joie que ne t'avaient donnée ni la rupture du jeûne, ni le ramaḍân[6].

...[*Ô khalife*], *par ta noble investiture, quel* [7] *autre para-*

1. C'est-à-dire : aux khalifes Fâṭimides ; cf. p. 319, l. 3 et 4.

2. 'Oumâra désigne ainsi les deux provinces de la Basse Égypte : la Scharḳiyya et la Garbiyya.

3. Peut-être la comparaison vise-t-elle la possession d'Alexandrie où Schâwar était apparu « dans la plaine unie » à sa sortie des Oasis pour poser sa première candidature au vizirat ; voir plus haut, p. 235 et 312.

4. Plus bas, p. 327 et 336.

5. Vers 1, 2, 19, 20, 23, puis un vers qui n'est que dans *An-Noukat*, p. 83, l. 6 (cf. n. 5), 27-49, d'après 'Oumâra, *An-Noukat*, p. 83, l. 5-84, l. 10 : *Dîwân*, p. 367-370, n° 287. A la littérature citée p. 367, n. 2, ajoutez Ibn Wâṣil, *Moufarridj al-kouroûb* (ms. 1762 de notre Bibliothèque Nationale, fol. 27 r°) où sont donnés les neufs vers publiés dans la Partie arabe, p. 369, l. 8, 10-12 ; 83, l. 7 ; 369, l. 14-16.

6. Ṭayy, fils de Schâwar, avait été tué à la fin de ramaḍân 558, le vizir Schâwar évincé et exilé au commencement de schawwâl 558, enfin rétabli dans son ancienne dignité avant le milieu de 559 ; cf. plus haut, p. 316. Le texte dit vaguement : Le commencement de son année ».

7. Lisez : أَنَّى.

dis nous abritera, alors que Schâwar, agréé par Allâh, en est l'agrément?

Il est le blanc et le noir de l'œil du monde, tandis qu'Al-'Âḍid, le descendant du Prophète, en est l'article de foi.

... Si Schâwar reste seul de tant de rois[1], *c'est que le feu et la fumée du bois gaḍâ diffèrent.*

On a vu réunies autour de toi les trois nations que tu as dirigées au point que leurs religions ne furent plus en désaccord.

... C'est une troupe de Gouzz, que tu as abandonnés[2], *et le mieux que nous espérions de toi pour elle, c'était l'amân.*

Et c'est une troupe de Roûm[3] *dont tu as été l'allié, dont les intelligences ont été civilisées et améliorées.*

Et c'est une troupe égyptienne, supérieure aux autres créatures, qui, par toi, a vu repencher la balance en sa faveur.

Tu as délivré de son ennemi toute armée, alors que ses cordes avaient été tordues ou nouées;

Lorsque tu voyais sa sangle rétrécie, tu l'as élargie au point où elle était trop serrée.

Par ta sagesse tu as épargné le sang de combattants qui s'étaient imaginés que leurs cottes de mailles seraient leurs linceuls.

1. De tant de vizirs-rois.

2. Lisez غادرتها et de même dans le vers suivant غاشرتها. 'Oumâra parle des Gouzz de Schîrkoûh, celui-ci étant mentionné au vers 13 (*Dîwân*, p. 268, l. 13, où j'adopte la correction مصر proposée par M. Goldziher). Les Gouzz étaient venus de Damas rétablir Schâwar dans son vizirat, puis avaient été « abandonnés » par lui, lorsque, son but atteint, il avait cru pouvoir se priver de leurs services. L'*amân* même risquait de ne pas leur être assuré après leur résistance contre Schâwar à Bilbîs.

3. Les Roûm, ce sont ici les Francs d'Amaury Ier; cf. plus haut, p. 312, n. 1.

Tu as ressemblé à Noé pour l'endurance et la bonne direction à l'égard d'une nation dont la transgression était croissante[1].

On aurait cru que la haute tour[2] *était une arche dont le Nil, au jour où tu as brisé sa digue*[3], *aurait été le déluge.*

Bilbîs a été atteint de ta part par des marques de sympathie dont la clémence s'étend au temps actuel et aux contemporains.

Je l'ai juré, n'était ta belle idée, la crécelle[4] *eût été demain installée dans Bilbîs pour y appeler à la prière ;*

Ville qui, si les fondements de ses murailles avaient été détruits par les chrétiens, n'aurait jamais été rebâtie.

Tu l'as conservée aux musulmans et, après sa destruction, sa restauration est parfaite.

Les femmes ont intercédé auprès de toi à son sujet et l'intercession des habitantes a été accueillie pour les dommages subis par leurs maris.

Un puissant a pardonné aux femmes leurs fautes, lui dont les élans sont agréés et dont on n'imagine pas qu'il leur soit soumis.

1. Les chrétiens, qui ne s'étaient pas laissé diriger par Schâwar dans la bonne voie ; cf. *Coran*, v, 69 et 72 ; xvii, 62.

2. La tour en briques construite par Ṭalâ'i' à Bilbîs en 554 (1159) ; voir plus haut, p. 133 et 208.

3. Plus haut, p. 196-198, 204 et 208.

4. Plaque de fer que les chrétiens frappaient avec un bois quelconque pour, à défaut de cloches, appeler bruyamment les fidèles dispersés à la prière. On se rappelle que, le premier septembre 1162, Amaury Ier, vainqueur à Bilbîs, se disposait à y établir une garnison franque, lorsqu'une « belle idée » du vizir Rouzzîk, la rupture des digues du « fleuve du Paradis », l'obligea, lui et son armée, à fuir l'inondation, à « quitter, épouvantés, le territoire de l'islamisme ». Sans la crue du Nil, comme l'écrivait Amaury au roi de France Louis VII, « l'Égypte eût été marquée du signe de la Très Sainte Croix ». Voir Schlumberger, *Amaury Ier*, p. 39-43, qui place cet événement au premier septembre 1163, et plus haut, p. 204-208.

..... '*Il avait abandonné à d'autres le coussin du vizirat, en sachant bien que leur satan provoquerait entre eux la dissension.*

Il avait mis en dépôt dans leurs cous des présents qu'ils ont reniés, mais ce reniement les a anéantis[2].

Son vizirat a émigré loin de lui, lorsqu'en a été méconnu le bienfait. Telle l'hégire de la prophétie, lorsque ses lieux d'origine[3] *s'en sont écartés*[4].

Et je ne vois pas les conjonctions des astres se produire sans que leur rencontre laisse des traces dans tes ennemis;

Et, lorsque tu emploies la ruse pour atteindre un adversaire et que tu veux que le moment de la ruse agisse contre lui[5],

Alors, d'entre les vents, c'est celui de l'Ouest qui souffle sur lui; en fait d'étoiles, ce sont celles du Taureau qui se lèvent.

Aussi demeure sain et sauf, ô garant d'un khalifat 'Alide dont l'argument en sa faveur a remporté la victoire par ton épée.

« Fragment d'un autre de mes poèmes[6] :

Tu as bénéficié des cinq merveilles[7], *dont, en dehors de*

1. Les deux vers précédents ont été omis, parce qu'ils sont traduits plus haut, p. 275.

2. La discorde entre les émirs de la Barḳiyya, unis auparavant à Ḍirgâm contre Schâwar, les a fait assassiner par celui-là : voir plus haut, p. 272-273 et 286.

3. La Mecque, sa région et les Ḳoraischites.

4. Le texte a un calembour que je n'ai pas pu rendre.

5. Contre Amaury Ier ou contre Schîrkoûh.

6. Cf. 'Oumâra, *Diwân*, p. 215, n° 85.

7. Peut-être convient-il de lire رُبْع, car 'Oumâra n'énumère pas cinq merveilles, mais quatre, à moins que la cinquième n'ait pas été conservée

toi, personne n'a pu se targuer que leurs drapeaux aient flotté sur lui.

En effet, c'est toi qui as mis fin aux Banoû Rouzzîk, dans les mains desquels avaient été les destinées des hommes, éclatantes ou sombres[1].

C'est l'action d'Allâh à ton profit sur les Banoû Sawwâr[2] *et ce que leur ont attiré leurs haines.*

C'est encore le retour des Gouzz quittant l'Égypte, après que leur avaient été livrés ses bas-fonds et ses hauteurs[3].

C'est que nous n'avons jamais vu aucun homme occuper une seconde fois un vizirat dont le cou s'était séparé de lui.

« Fragment d'une autre de mes poésies[4] :

Je loue Schâwar; et, n'était sa bienveillance, il nous dirait : En voilà assez! Car tu as suffisamment vanté mon épée.

Chaque jour lui apporte une victoire et une merveille[5] *dont son épée déflore la virginité et la ramifie.*

Allâh t'avait favorisé alors que tu étais un offensé[6], *ayant eu la primeur d'un coussin et d'une selle, de paupières et d'une couche.*

Tu n'as été absent que peu de temps; ensuite tu as brillé

par l'auteur, parce qu'elle le concernait trop directement. Même expression au vers 2 de la poésie suivante.

1. Littéralement : rouges ou noires.

2. Les Banoû Sawwâr (*taschdîd* allégé par licence poétique, lisez سوّار) sont Dirgâm, ainsi que ses trois frères Moulham, Houmâm et Ḥousâm.

3. Expressions empruntées au Gaur et au Nadjd de l'Arabie, comme plus haut, p. 262 (y comparer la n. 1).

4. Voir la note 3 dans 'Oumâra, *An Noukat*, p. 85

5. Même expression au premier vers de la poésie précédente.

6. Schâwar, on s'en souvient, avait été arbitrairement révoqué par le vizir Rouzzîk, en octobre 1162, de sa préfecture du Ṣa'îd supérieur; cf. plus haut, p. 216 et 256.

pour nous, avec ton talion atteint et ta royauté rétablie.

Un tel événement, le fils de Dhoû Yazan[1] *ne l'a pas réalisé autrement que toi, étant donné que les faits se répètent.*

Aussi enorgueillis-toi de la tribu yéménite de Ḳais[2], *ô Aboû Schoudjâ'; car le droit est imprescriptible.*

Prête l'oreille à mon panégyrique et n'écoute que lui; car ta bienveillance ne met pas en doute que les autres hommes viennent à ma suite.

J'intercale quelques passages d'un autre poème, que 'Oumâra composa en dhoû 'l-ḥidjdja 559[3], dans les derniers jours d'octobre 1164, et dont il n'a inséré aucun vers dans ses Finesses contemporaines. Les deux accessions de Schâwar au vizirat et la levée du siège de Bilbîs après trois mois d'investissement et de combats, voilà les sujets qu'il y traite en contemporain, dont le témoignage irrécusable importe dans la pénurie de nos documents sur ce qui se passa devant Bilbîs du vingt-trois juillet au vingt octobre 1164[4]. J'ai fait un choix en vue d'éviter les doubles emplois[5] :

1. Le Yéménite rappelle son histoire provinciale, sa légende locale en faisant allusion à Saif, fils de Dhoû Yazan ; cf. Aṭ-Ṭabarî, dans Nöldeke, *Geschichte der Perser und Araber*, p. 220-236 ; 249-250 ; Al-ḳâḍî al-fâḍil dans Aboû Schâma, *Kitâb ar-rauḍatain*, II, p. 83, l. 5 ; A. von Kremer, *Über die südarabische Sage*, p. 92-94.

2. Plus haut, p. 309, n. 1.

3. 'Oumâra, *Dîwân*, p. 167-170, nº 16. La Partie arabe, p. 512, contient un en-tête de E ainsi conçu : « Et il dit à l'éloge d'Al-'Âḍid, de Schâwar et d'Al-Kâmil [Schoudjâ'] dans le mois de ramaḍân » [559]. Or, « la nouvelle lune » de ramaḍân 559 se montra dans la nuit du vingt-deux au vingt-trois juillet 1164 et ce fut à peu près la date exacte où commencèrent les hostilités devant Bilbîs entre Schîrkoûh d'une part et Schâwar allié aux Francs d'autre part; cf. plus haut, p. 308, n. 2. Les vers 7 et 8 du poème ont trompé le glossateur sur la date de l'ensemble. J'ai traduit les vers 30-38 d'après le texte d'Aboû Schâma, *Kitâb ar-rauḍatain*, I, p. 131, l. 8-11 ; 132, l. 18-25.

4. G. Schlumberger, *Amaury Ier*, p. 81-83.

5. Vers 1, 7, 8, 30-51, d'une poésie de 51 vers.

Ton rang en fait de mérite supérieur et de beau langage est un rang de bonne direction par rapport à la sounna et au Coran[1].

... Et, lorsque la nouvelle lune a été recherchée à l'envi par des yeux, aux regards desquels l'atmosphère la dérobait en la couvrant de brume,

Debout, nous avons attendu, puis nous avons félicité Al-'Âḍid du jeûne; puissent briller pour lui de longs jours sans s'éteindre !

.... Tu es un vizir que le vizirat a souhaité une première et une seconde fois spontanément, sans que tu l'aies recherché.

Dans le premier, un ami intime[2] *l'a trahi ; parfois un ami revêt une tunique de serpent*[3].

Le vizirat est venu à lui implorant la pacification, mais lui, il ne fut satisfait qu'après avoir coupé des cous[4].

Et tu as délivré l'Égypte d'un ennemi par un ennemi semblable[5]; *c'est grâce à Allâh que tu as ébréché une griffe et une molaire (de lion*[6]*).*

Tu as heurté l'une contre l'autre les troupes de l'impiété et celles de la Syrie d'un heurt, par lequel tu as établi pour elles un champ de bataille ;

Et les troupes égyptiennes ont dégainé des résolutions dont le tranchant ne s'émousse que dans le roc.

Elles se sont chargées à la place des Francs d'un

1. 'Oumâra considère avec raison Schâwar comme un coreligionnaire sounnite; voir plus haut, p. 261.

2. Ḍirgâm, que Schâwar avait nommé grand chambellan ; voir plus haut, p. 260, n. 4; 271, n. 3.

3. Phrase proverbiale avec un calembour impossible à rendre.

4. Les cous de Ḍirgâm et de ses trois frères.

5. Tu as délivré l'Égypte de Schîrkoûh et des Gouzz par Amaury Ier et les Francs.

6. Le lion est Asad ad-Dîn Schîrkoûh.

fardeau trop pesant pour eux, et le moulin des Francs a tourné grâce à des ondées provenant d'elles.

Les cottes de mailles de nos combattants ont séjourné sur eux comme vêtements pendant quatre-vingt-dix nuits[1], *sans qu'ils les échangeassent contre d'autres vêtements.*

Tantôt ils étaient repoussés et tantôt ils rejetaient l'ennemi ; tantôt ils atteignaient leur adversaire, tantôt c'était lui qui les atteignait.

Et c'est de toi que les troupes (égyptiennes) ont tiré tout avantage, parce que tu es un Nil[2] *grossi par des affluents.*

Tu leur as garanti, dans tout dessein et dans toute demande, que tu porterais la charge des fardeaux et que tu répandrais des vagues gonflées.

Et, lorsque survient la déroute de la colonne, tu la répares. Quelle saveur a un rayon de miel après un repas de coloquinte !

Et, dans leur victoire, tes fils, montés sur des chevaux arabes, se sont avancés au pas vers les Arabes des campagnes placées sur les deux rives du fleuve[3] *?*

Tes fils sont des cavaliers, des descendants de Moudjîr[4] *; tu vois en eux des pensées cachées à l'égard de lions*[5] *aux tanières cachées.*

1. Pendant les trois mois qu'a duré le blocus de Bilbîs, comme il est dit plus haut, p. 308, n. 2.

2. Littéralement : une mer.

3. Sur les deux *rîfs*, campagnes arrosées par le Nil oriental et occidental, dans le Delta, voir la dissertation de Quatremère, *Histoire des sultans mamlouks*, II, ii, p. 205-210. Le duel s'y trouve comme ici dans un exemple emprunté à l'*Histoire des patriarches d'Alexandrie*, qui y est cité p. 207, l. 12 des notes. Cf. Wüstenfeld, *Calcaschandi's Geographie... von Ægypten*, p. 97.

4. Texte : Al-Moudjîr pour le mètre, au lieu de Moudjîr. C'est le père de Schâwar ; voir plus haut, p. 256.

5. Est-ce avec intention que 'Oumâra emploie l'appellatif *ḍirgâm* pour désigner un autre « lion » que Ḍirgâm, « le lion de la religion, le lion de la montagne » Asad ad-Dîn Schîrkoûh ?

Ceux-ci se sont heurtés à une attaque résolue d'Al-Kâmil[1], *attaque qui repoussait les aspérités de l'époque, sans être âpre.*

Ils se sont envolés pour se garder de Schoudjâ', fils de Schâwar, comme s'envolent des orfraies et non pas comme vole l'aigle.

Et Schoudjâ' les a laissés, les uns repoussés dans un désert lointain[2], *les autres livrés comme butins aux pillages.*

Il est un jeune héros, par lequel la région de Miṣr a été au matin rattachée aux deux forteresses de sa maîtrise et du tranchant de son épée.

Derrière toi il est monté en croupe sur le dos élevé du vizirat et il te suit pour y maintenir pureté et quintessence.

Et vous n'avez pas brillé tous deux sur le coussin du vizirat, sans que nous fussent apparues une gravité de vieillesse et une ardeur résolue de jeunesse.

Et tous deux, vous avez été d'excellents auxiliaires de l'imâm et vous avez été pour lui des lieutenants parfaits dans les affaires de la royauté[3].

Puissiez-vous vivre ! Quant à moi, je ne désire aucun accroissement de mon état en[4] *relèvement de pension et en rétribution.*

Je reprends, après cette parenthèse, le long morceau des

1. Al-Kâmil Schoudjâ', fils de Schâwar ; voir le vers suivant.

2. Schîrkoûh, pour éviter les embuscades des Francs (plus haut, p. 308), prit la route du grand désert. Parti de l'Égypte vers le vingt octobre 1164, il regagna sans encombre la Syrie le douze novembre ; cf. Ibn Khallikân, *Biographical Dictionary*, IV, p. 487 (*Hist. or. des croisades*, III, p. 405) ; Röhricht, *Geschichte des Königreichs Jerusalem*, p. 321.

3. C'est-à-dire du vizirat.

4. Lisez avec E : ف.

Finesses contemporaines sur le second vizirat de Schâwar, « le seul vizir égyptien qui, après avoir été renversé, soit revenu au pouvoir [1] » :

« Et [2] je vis Schâwar un jour qu'il était de bonne humeur. Je lui dis : Il y a longtemps que je me retiens de converser avec toi sur une question et je me suis décidé enfin à t'en parler. Si tu la résous à ma satisfaction, c'est bien. Sinon, je te prie instamment d'agréer mes excuses. — De quoi s'agit-il ? demanda Schâwar. — Je repris : Dispense-moi d'écrire en vers, et transforme le traitement régulier que je touche à ton service en une rente d'hospitalité. Car, je considère le profit et la gloire de la poésie comme un amoindrissement de mon droit. — Mais, dit alors le vizir, qu'est-ce qui t'a empêché de demander cette dispense aux temps d'As-Sâliḥ [Ṭalâ'i'] et de son fils [Al-'Âdil Rouzzik] ? — Je repris : J'avais alors un soulagement et une consolation dans le schaikh, le familier (*al-djalîs*) Ibn Al-Ḥabâb [3], ainsi que dans les deux fils d'Az-Zoubair, Ar-Raschîd et Al-Mouhadhdhab [4]. C'en est fait maintenant de cette génération et d'hommes pareils. — Il dit : Tu es exempté. Puis il ordonna la publication d'un diplôme scellé m'accordant la dispense ; il le revêtit de la signature du khalife et de la sienne.

« Je dis pour le remercier en vers [5] :

1. Aboû Schâma, *Kitâb ar-rauḍatain*, I, p. 131, l. 12.

2. Ce qui suit se trouve dans 'Oumâra, *An-Noukat*, p. 86-93. La scène racontée est postérieure au siège d'Alexandrie qui fut levé le quinze schawwâl 562, le quatre août 1167, et aux cruautés sanglantes de Schâwar, que 'Oumâra ne craignit pas de lui reprocher courageusement en vers indignés qui contrastent heureusement avec son indulgence habituelle de courtisan à la solde du vizir. J'ai traduit et commenté ces vers plus bas, p. 328-329.

3. Plus haut, p 95, n. 2. A la littérature sur ce *scharîf*, ajoutez 'Oumâra, *Dîwân*, p. 158-159, n° 5 ; 252-254, n°s 120 et 121 ; la Partie arabe, p. 523.

4. Plus haut, p. 60, n. 2 ; 95, n. 3 ; 291, n. 4.

5. On voit que l'incorrigible 'Oumâra compose encore des vers pour reconnaître la faveur de son droit à n'en plus composer.

Le respect qu'il inspire est un voile devant lui, tandis que sa rosée n'est séparée de nous par aucun voile.

Son affection et le respect de sa bravoure ont habité chez nous les deux profondeurs noires, regard et cœur.

... Et tu as effacé de mon visage des marques de travail et de gagne-pain, dont le nom me discréditait.

Et tu as fait de moi un sujet d'entretiens, alors qu'on lira éternellement les feuillets relatant par écrit ta faveur.

Qu'un autre que moi s'enorgueillisse désormais de la poésie. Elle est pour mon pareil une gloire qu'il ne répute pas telle.

J'ai été au matin reconnaissant d'un bienfait, non d'une servitude, moi qui ne m'acquitte pas ici d'une prescription, mais qui réponds à un appel.

« Et Schâwar, lorsqu'il revint du siège d'Alexandrie, fit couler injustement des flots de sang. Et il ordonna que les exécutions eussent lieu en sa présence dans la Salle du jardin[1] au Palais du vizirat; puis les cadavres étaient traînés au dehors du Palais. Les assistants me prièrent de composer une poésie sur ce sujet.

« Je dis alors entre autres[2] :

Oui, la pointe de l'épée n'a pas laissé une pensée des hommes, qui ne soit stupéfaite, vacillante.

Tu as effrayé l'humanité au point qu'un juste a craint pour lui-même le double de ce qu'a craint un coupable.

Rentre dans le fourreau les tranchants du sabre yéménite et ramène-nous à ton habitude de bienveillance poussée jusqu'à la miséricorde.

1. Plus haut, p. 288, n. 4.

2. Voir 'Oumâra, *Dîwân*, p. 216, n° 89. On comprend qu'après cette poésie, un acte courageux trop isolé chez 'Oumâra, Schâwar ait renoncé non seulement aux mélodies et au gazouillement de l'épée, mais à ceux de son censeur indigné, de son courtisan habituel.

Car, les éclairs et le fracas de tes épées pénétrantes sont des coups de tonnerre qui font trembler les prescriptions religieuses.

Et certes le cliquetis de l'épée est une mélodie abominable, qui est chantée dans l'ombre et gazouille sur les cous.

Sois indulgent! Sinon, le Mouḳaṭṭam fondra par crainte et l'eau du Nil, n'en doute pas, se figera.

« Alors Schâwar me dit : Il y a eu en fait de massacre ce qu'il y a eu [1]. Si pareille chose se renouvelait, elle ne se passerait pas au Palais, parce que les *ḳâḍîs* et les porteurs de manteaux rapiécés [2] ont les cœurs trop faibles pour la résolution ferme de l'épée.

« Parmi ce qui arriva de contraire et non de favorable à Schâwar fut la conduite vexatoire de ses frères, de ses fils, de ses serviteurs et de son entourage. Aucun vizir ne forma mieux les gens de la dynastie qu'Aṣ-Ṣâliḥ Ibn Rouzzîk; aucun n'en fit périr l'élite comme Ḍirgâm ; aucun ne pilla leurs biens comme la famille de Schâwar et comme Schâwar lui-même. Et ce fut lui qui excita les appétits des Francs et des Gouzz contre l'autorité, au point qu'elle se retira de ceux qui la détenaient [3].

1. 'Oumâra, par sa franchise acerbe, sauva la vie de son ami et bienfaiteur, de Nadjm ad-Dîn Ibn Maṣâl, fils de l'ancien vizir d'Aṭh-Ṭhâfir, Nadjm ad-Dîn Salîm Ibn Maṣâl, assassiné par 'Abbâs, le beau-fils du vizir 'Alî Ibn As-Sallâr, le vingt-trois dhoû 'l-ḳa'da 544 (vingt-quatre mars 1150). Nadjm ad-Dîn avait coopéré avec Saladin dans la Bouḥaira d'Alexandrie, fut appréhendé par Schâwar et emprisonné, mais survécut jusqu'au douze djoumâdâ I 574 (vingt-six octobre 1176). Voir l'Index de la Partie arabe, p. 665 *a*, où supprimez 141 et lisez 216 au lieu de 212 ; Ibn Abî Ṭayy dans Aboû Schâma, *Kitâb ar-rauḍatain*, I, p. 168, l. 20-21; 169, l. 8 (*Hist. or. des croisades*, IV, p. 131-133); 'Imâd ad-Dîn, dans Aboû Schâma, *op. cit.*, II, p. 5, l. 10; Ibn Khallikân, *Biographical Dictionary*, II, p. 350; ma *Vie d'Ousâma*, p. 219-221 ; Rœhricht, *Königreich Jerusalem*, p. 330.

2. Les *ḳâḍîs*, dont fut 'Oumâra, et les *soûfis*.

3. C'est-à-dire que la cupidité de Schâwar précipita la chute de la dynastie Fâṭimide.

« Et Schâwar avait une chose qui était contre lui et non pas en sa faveur : à savoir, son obéissance et sa soumission à son fils Al-Kâmil, sa persistance à lui abandonner le pouvoir. Toute mauvaise action était ainsi détournée de lui pour être attribuée à un autre vizir [1], mais en même temps l'éclat de toute bonne action était effacé pour lui. Telle a été la cause de l'attitude qu'en toute circonstance la famille de Schâwar a adoptée contre le peuple et le peuple contre la famille de Schâwar. Et, si je me mettais à exposer la moindre parcelle de cet ensemble, je sortirais du plan de ce livre.

« Un trait de générosité de Schâwar, c'est qu'après l'incendie de ma maison sur les bords du Canal [2] et après le pillage de ce que le feu avait épargné, je me trouvai accablé de dettes qu'il paya pour moi. Il y avait à régler un reliquat de deux cents dînârs. Il m'en octroya cent et, sur son ordre, on mit à ma disposition cent béliers qui furent vendus pour cent vingt dînârs.

« Je dis pour l'en remercier et je parlai en même temps de ses deux vizirats [3] :

Tu as été rendu victorieux dans ton premier vizirat par une terreur qui a mis en mouvement les pieds, bien qu'ils fussent robustes pour l'attaque.

Et tu as été rendu victorieux dans le second par un coup droit qui a fait s'envoler le corbeau de sur les têtes.

Tu as atteint un talion et tu t'es rétabli dans un vizirat que tu as arraché par ton épée aux deux mains de Ḍirgâm.

1. L'autre vizir est l'ancien ami de 'Oumâra, le fils et le coadjuteur du vizir Schâwar, Al-Kâmil Schoudjâ' ; voir 'Oumâra, *An-Noukat*, p. 132, l. 9, et plus haut, p. 326.

2. Plus haut, p. 314, n. 1.

3. Les trois premiers vers sont cités dans Aboû Schâma, *Kitab ar-raudatain*, I, p. 131, l. 2-4.

... Ce sont tes combats dont j'ai abrégé le récit, tout en me gardant pour eux de trop écourter mon langage.

Et, lorsque tu veux les exposer selon la réalité, interroge les coups de ton sabre bien trempé.

Quant à nous, nous avons rapporté[1] *au sujet de ton épée tranchante une partie de ce que rapportent et se rappellent les langues des jours.*

Écoute donc les faits extraordinaires de tes panégyriques, où les épées sont mises au-dessus des ḳalams.

Tu m'as fait l'honneur de m'admettre près de toi dans ta familiarité ; aussi les chefs ont-ils rivalisé pour m'honorer.

Et tu m'as élevé si haut qu'un homme, mal au courant de la situation, s'est imaginé que j'étais un de tes parents.

Et tu m'as allégé du poids d'une dette accablante. N'était ta rosée abondante, mes os auraient été brisés.

Et tu as marché dans une voie inaccoutumée et peu encombrée de générosité.

« Et Schâwar s'impatientait, lorsqu'on voulait lui raconter les menus faits. Il ne refusait pour ainsi dire jamais la nourriture à un quémandeur dans le besoin. Il se montrait terrible dans la répression, lorsqu'il châtiait.

« Plus d'une fois, l'administrateur des finances, le receveur particulier de la dynastie, Ibn Doukhkhân[2], m'avait

1. Lisez : رَوَيْنَا.

2. Ibn Doukhkhân, *al-kâtib an-naṣrâni*, « le secrétaire chrétien », avait ses bureaux dans « la Maison des béliers » *(Dâr al-kibâsch)*; cf. sur lui 'Oumâra, *An-Noukat*, p. 107; *Dîwân*, p. 215, n° 87; 282, n° 172; 293, n° 185; etc., qui lui a consacré surtout des satires; 'Imâd ad-Dîn, *Kharîda*, fol. 262 r°. Nombre de chrétiens occupaient sous les Fâṭimides des emplois dans l'administration des finances égyptiennes; voir plus haut, p. 266, n. 1; cf. aussi un vers dans 'Oumâra, *At-Tarassoulât*, p. 441, l. 8 : « Et les employés des finances n'ont pas été inquiétés quoiqu'ils fussent chrétiens et qu'ils ne crussent pas à Moḥammad. »

fait des difficultés pour me payer ma pension. Il lui revenait à mon sujet un propos qui le disposait mal à mon égard, puis il se reprenait à me traiter avec bienveillance, je me reprenais à le traiter avec déférence. Un jour il dit à Schâwar : Ne m'as-tu pas mis en garde contre 'Oumâra[2] ? Autrement je te demanderais excuse de ma conduite envers lui. — Il répondit : Ô Ibn Doukhkhân, rougis de toi-même de faire des difficultés à un homme qui mange avec moi dans un même vase deux fois par jour. — Depuis lors, je ne cessai pas d'apprécier la considération d'Ibn Doukhkhân envers moi et son empressement à satisfaire mes besoins, à bien accueillir mon intercession pour lui signaler des illégalités. Et j'en étais reconnaissant à l'intervention de Schâwar.

« Il tomba un soir de la cire sur le pan de mon vêtement. Un fragment de cire liquide s'y consolida. Lorsque je rentrai de la réunion tenue chez Schâwar, je fus accompagné jusqu'à ma demeure par le valet de chambre porteur de dix coupons de toile très fine. Le lendemain matin, pendant que nous prenions le premier repas, Schâwar dit au valet de chambre : Tu as donc une prédilection pour le nombre dix ? — Ce fut moi qui répondis : Oui, il aime ce nombre. Schâwar voulait, ce semble, m'interroger sur la quantité reçue pour savoir si, oui ou non, il l'avait remise intacte dans ma maison. Rarement une de ses soirées intimes se passait sans que l'on portât chez moi, selon un usage presque régulièrement adopté, les douceurs les plus abondantes et, chaque mois, sa sollicitude envers moi ne se croyait pas quitte par des présents de vingt dinârs et plus. Et il disait : Le temps ne nous a pas laissé faire pour ce qui te revient la moindre partie de ce que tu es en droit de revendiquer. Et il ajoutait : Lorsque je suis privé d'une réunion intime avec lui, qu'Allâh maudisse une réunion à laquelle 'Oumâra n'assiste pas !

« Et Schâwar avait ordonné de mettre à mort Aboû Moḥammad Ibn Schou'aib[1] et 'Alî Ibn Moufliḥ[2], arrivés tous deux d'Aden pour lui transmettre une requête des habitants. Or, Schâwar venait d'être informé que les gens d'Aden avaient fort mal accueilli Mabhadj[3] Iftikhâr as-Sou'adâ, lorsque celui-ci s'était rendu avec *Al-wadjîh* Ibn Schou'aib dans le Yémen en l'an 561[4]. Je dis à Schâwar : Les deux hommes sont dans ma demeure depuis trois jours et il n'y a aucune voie pour pénétrer jusqu'à eux. Le vizir se contint pendant une longue heure, puis il se leva sans proférer une parole. Je me mis alors à l'entretenir de l'histoire des rois du Yémen, de Zabîd et d'Aden, et à lui raconter quelques traits de leurs belles actions et de leur vie, ce qui le fit renoncer à ses rancunes. Je fis ensuite apporter les écrits, j'insistai pour connaître la réponse et j'obtins pour eux deux une gratification de cent dînârs. Au jour des adieux, Schâwar leur dit : Par Allâh, sans 'Oumâra, je vous aurais coupé le cou. J'apaisai ainsi le différend entre la dynastie et la population d'Aden.

« Le vizir insista pour m'associer à l'ambassade chargée de porter à Damas des tapis soyeux[5]. Je me récusai. Il

1. Je n'ai trouvé aucun renseignement sur *Al-wadjîh* « L'homme considéré » Aboû Moḥammad Ibn Schou'aib.

2. Le vizir de Zabîd, Moufliḥ Al-Fâtikî (Partie arabe, p. 598, 599, 639) étant mort au plus tard en 529 de l'hégire (1134-1135 de notre ère), d'après 'Oumâra dans Kay, *Yaman*, p. 114, 'Alî doit être plutôt son petit-fils que son fils, à moins qu'il ne s'agisse d'un autre Moufliḥ. P. 639, l. 1, de la Partie arabe, il est fait mention d'Aboû 'Abd Allâh Manṣoûr, fils du vizir Moufliḥ Al-Fâtikî.

3. Les deux manuscrits ont مبهج, que je ne sais comment vocaliser.

4. Du sept novembre 1165 au vingt-sept octobre 1166.

5. Lisez : خمائل. Cette ambassade apporta sans doute les présents d'Al-'Âḍid et de Schâwar, avec les cheveux des femmes du Palais, à Noûr ad-Dîn en novembre 1168 pour lui demander son appui contre Amaury Ier ;

protesta. Je sortis de la salle en y laissant quelqu'un qui lui dit : Cet homme est surtout l'ami des Banoû Rouzzîk. Et, lorsque les faces tomberaient les unes sur les autres, il n'accomplira pas son pacte de te servir et ne tiendra pas ses engagements. — Schâwar répondit : A moins que les Banoû Rouzzîk lui soient plus chers que moi, je ne soupçonnerai de lui rien de semblable. — Je laissai aussi quelqu'un qui en dit autant à son fils Al-Kâmil. L'on me dispensa de partir.

« Et parmi les faveurs, dont le vizir me comblait, fut que le *dâ'î* Ibn 'Abd al-ḳawî[1], l'illustre Al-ḳâḍî al-fâḍil, Schâwar et Al-Kâmil s'étaient proposés d'accorder d'avance la transmission du titre de *dâ'î* aux deux fils du seigneur d'Aden pour le jour où celui-ci mourrait[2]. Schâwar dit alors : Faites venir 'Oumâra et enquérez-vous de son opinion. Il ne resta plus d'autre parti à prendre que d'interrompre la séance. Puis, lorsque j'arrivai et qu'on m'eût mis au courant, je les détournai de ce qu'ils avaient projeté et je leur dis : Certes les Yéménites n'arrêtent pas de vous envoyer leurs présents, leurs cadeaux et leurs tributs, ni enfin de reconnaître votre suzeraineté à cause du titre de *dâ'î* dont vous disposez. Lorsque vous l'aurez accordé d'avance, vous en aurez abaissé le caractère sacré. L'assemblée changea d'avis et résolut d'envoyer à Aden

cf. Ibn Al-Athîr, *Chronicon*, XI, p. 221, et dans *Hist. or. des croisades*, I, p. 555; id., *Atabeks*, *ibid.*, II, II, p. 248; Reinaud, *Extraits*, p. 130; Wüstenfeld, *Geschichte der Fatimiden-Chalifen*, p. 339; Röhricht, *Geschichte des Kœnigreichs Jerusalem*, p. 339; Schlumberger, *Campagnes du roi Amaury Ier*, p. 199-202.

1. Plus haut, p. 311, n. 1.

2. La scène est antérieure à la mort du *dâ'î* 'Imrân qui succomba en 560 de l'hégire (1165 de notre ère), laissant trois fils mineurs, Moḥammad, Aboû 's-Sou'oûd et Manṣoûr. Schâwar, à peine revenu au vizirat le vingt-cinq mai 1164, avait voulu tenter une démarche pour se concilier d'avance les futurs *dâ'î*. Voir Kay, *Yaman*, p. 79 et 275.

deux négociateurs, le jurisconsulte Ibn Gâzî, l'ami de Saif ad-Dîn[1], et Nasch' ad-Daula Aboû 'l-Ḥasan Al-ʿÂbid. Ils vinrent tous deux me trouver et me demandèrent mes bons offices auprès du vizir. Dans un entretien particulier, je dis à Schâwar : Si ton but est de favoriser et d'élever ces deux hommes, fais les partir ; car il n'y aura ni présent, ni gracieuseté dont on ne leur fasse hommage. Mais, si ton but est tout contraire, maintiens-les ici. Schâwar les y maintint.

« D'autres témoignages de sa bienveillance à mon égard sont encore plus éclatants. Mais leur nombre m'empêche de les citer. Je ne saurais établir de plus juste comparaison entre mon attitude et celle d'autrui à son égard qu'en me considérant comme quelqu'un dont le père aurait été tué et qui, pour le venger, aurait tué[2] un personnage plus parfait que son père et aurait dit ensuite : Mon père a été excellent à mes yeux, alors qu'aux vôtres il était réputé détestable. »

C'était un second père que ʿOumâra avait perdu, lorsque Schâwar, vaincu par le généralissime Schirkoûh et trahi par le khalife Al-ʿÂḍid, fut tué et décapité le dix-sept rabîʿ II 564, le dix-huit janvier 1169[3]. Son impopularité d'assassin[4] « réputé détestable » fit que son meurtre ne laissa de regrets que dans le cœur de ʿOumâra sous l'impression fugitive du deuil récent, de la douleur filiale expansive,

1. Saif ad-Dîn n'est pas ici, comme précédemment (plus haut, p. 93, n. 3, et *passim*), Al-Ḥousain, gendre du vizir Aṣ-Ṣâliḥ Ṭalâʾiʿ, mais probablement le gendre de Schâwar, Mâdjid ad-Dounyâ Saif ad-Dîn ; cf. ʿOumâra, *Diwân*, p. 373-374, nº 290.

2. M. De Goeje, *art. cité*, propose de lire فَقَتَلَ que j'ai traduit. Sur l'échelle du talion en droit schâfiʿite selon la condition de la victime, voir Eduard Sachau, *Muhammedanisches Recht nach Schafiitischer Lehre* (Stuttgart et Berlin, 1897), p. 762 et 774-776.

3. Plus haut, p. 315, n. 3.

4. Plus haut, p. 328 et 329.

mais trop peu profonde pour n'être pas consolable. ʿOumâra crut avoir payé sa dette au passé, lorsque, par un effet de sa sollicitude[1], Schâwar fut enterré dans la chapelle funéraire qu'il avait fait construire pour les restes de son fils Ṭayy dans le cimetière de la basse Ḳarâfa[2].

Ainsi que l'a reconnu ʿOumâra[3], Schâwar avait consenti à le relever des obligations auxquelles il était astreint en sa qualité de panégyriste officiel. Sa conscience, pour complaisante qu'elle fût, avait fini par se révolter contre elle-même et contre ses accommodements. La source de poésie était loin d'être tarie en lui. Mais le joug lui pesait et il était résolu à ne pas continuer le métier de versificateur officiel, travaillant sur commande, tenu d'approuver en public ce que souvent il réprouvait dans son for intérieur. La littérature mûrie, soustraite aux caprices des grands et aux hasards de l'improvisation, attirait son esprit comme une émancipation, dont il n'avait pas encore savouré la volupté, dont il aimerait embellir sa retraite volontaire. Il habitait maintenant une partie de l'année sa campagne du Ḥauf, son fief de Mounyat Abî 'l-Yasâr, dans le district de Samannoûd, domaine que lui avait concédé Nadjm, frère de Schâwar[4]. Sans dédaigner les occasions d'y recevoir les sacs pleins de dînârs, sans repousser les présents qui affluaient dans sa maison reconstruite sur le quai du Canal au Caire, il aspirait à composer des ouvrages qui lui conquerraient une bonne renommée. Ses éloges, lorsqu'ils ne seraient plus que l'effusion spontanée de son admiration pour les hommes et pour les choses, changeraient de caractère

1. L'intervention de 'Oumâra n'est qu'une hypothèse vraisemblable.
2. Ibn Khallikân, *Biographical Dictionary*, I, p. 609; cf. plus haut, p. 274.
3. Plus haut, p. 327.
4. Plus haut, p. 309, n. 2.

et seraient recherchés, comme des distinctions flatteuses, par ceux qu'il en jugerait dignes.

Cette évolution, favorisée par un diplôme contresigné du khalife Al-'Âḍid et du vizir Schâwar, qui relevait 'Oumâra de son emploi de versificateur à leurs gages[1], nous a valu ses meilleures productions. Il s'y était préparé par la fréquentation assidue d'amis cultivés, tels qu'Ibn Al-Ḥabâb, que les deux fils d'Az-Zoubair, les ḳâḍîs Ar-Raschîd et Al-Mouhadhdhab, qu'Al-Mouwaffaḳ Ibn Al-Khallâl, qu'Al-ḳâḍî al-fâḍil[2], et par un choix heureux de lectures attrayantes et instructives, modèles et spécimens de ce langage intact, sans alliage, clair et limpide, don héréditaire que 'Oumâra avait de naissance reçu du terroir familial et que, comme ses principes religieux, il s'obstinait avec ténacité à défendre contre l'immixtion d'éléments étrangers[3]. A défaut d'une floraison épanouie en Arabie ou au Yémen[4], il ne risquait pas d'altérer l'idiome de ses ancêtres en étudiant le *Kâmil* d'Al-Moubarrad, dont il s'était fait octroyer par Al-Mou'ayyad, frère de 'Izz ad-Dîn Ḥousâm, un magnifique exemplaire en dix fascicules[5]. Al-Moutanabbî, de Koûfa, poète lyrique à l'inspiration « prophétique » et puriste inflexible qui, deux siècles avant 'Oumâra, avait été aussi exilé à Miṣr[6], resta toujours un de ses auteurs préférés,

1. Plus haut, p. 327 et 336.
2. Plus haut, p. 60, 95, 100, 181-183, 241, 310, 327.
3. Plus haut, p. xv-xvi, 49-50 et 80.
4. La littérature arabe d'Arabie, si elle revendique à bon droit les poésies antéislamiques dans les limites de leur authenticité et le Coran, s'est ensuite maintenue dans la pénombre, tandis que brillaient au grand jour celles de la Syrie, de la Perse, de l'Égypte, du Magrib, de l'Espagne. 'Oumâra lui-même, produit rare de l'Arabie méridionale, a été déraciné pour être fécondé par le sol de l'Égypte.
5. 'Oumâra, *An-Noukat*, p. 151; *Dîwân*, p. 189, n° 47; voir plus haut, p. 227.
6. Ibn Khallikân, *Biographical Dictionary*, I, p. 102-110; Hammer Purgstall, *Litteraturgeschichte der Araber*, V, p. 712-728; Brockelmann, *Geschichte der arabischen Litteratur*, I, p. 86-89.

dont il goûtait en connaisseur les élans rapides et entraînants, plus encore la langue châtiée et le vocabulaire archaïque, dont il nourrissait sa mémoire et dont il prodiguait volontiers les citations[1], qui, en dépit de la provenance différente, lui rappelait le plus vivement, sur la terre d'Égypte, l'arabe, sans taches et sans néologismes disparates, de Marṭân, de Zabîd et d'Aden[2].

Ce fut au contact du *Dîwân* d'Al-Moutanabbî qu'avant la fin de 562, avant le seize octobre 1167[3], 'Oumâra, encouragé sans doute par le vizir Schâwar, dont il était le favori et le commensal, conçut le projet d'opérer une sélection entre ses poésies éparses, d'en détacher celles qui lui paraissaient mériter de survivre au succès éphémère de l'actualité et d'en composer un recueil personnel plus durable, première édition de son *Dîwân*, cadre mobile et flexible, se prêtant à des élargissements, à des insertions, à des remaniements, à des annotations chronologiques et biographiques. Cette anthologie, aujourd'hui perdue sous sa forme primitive, a laissé des traces dans l'ouvrage composé moins de deux ans plus tard par 'Oumâra et dénommé « Les Finesses contemporaines » *(An-Noukat al-'aṣriyya[4])*. En dehors de ces deux collections, dont la seconde est close par la mort de Schâwar au commencement de 1169[5], l'auteur a publié plus tard lui-même, en certaines occasions, des feuilles volantes, pamphlets apologétiques en vers, qu'il a fait circuler dans les milieux hostiles ou hésitants, afin de se concilier leur commisération ou leur sympathie pour

1. Plus haut, p. 83, n. 8 ; 142. M. D. Margoliouth m'a signalé comme d'Al-Moutanabbî quatre vers anonymes dans 'Oumâra, *At-Tarassoulât*, p. 470, 476, 497.

2. R. A. Nicholson, *A literary History of the Arabs* (London, 1907), p. 304.

3. Date approximative ; cf. plus haut, p. 327, n. 2.

4. 'Oumâra, *An-Noukat*, p. 46, 47, 65, 70, 133 ; cf. *Avant-propos*, p. XIII-XIV.

5. Plus haut, p. 315, n. 3 ; 335 ; plus bas, p. 343.

« le pauvre 'Oumâra[1] ». Telle « La plainte de l'opprimé et la souffrance de l'affligé », plaidoyer versifié que l'ancien client de Schâwar adressa par écrit au vizir Saladin, sans être admis à le lui réciter[2]. Tel aussi le beau panégyrique des Fâṭimides, sorte de testament poétique et politique du poète fidèle à la dynastie déchue, compromis dans une conspiration contre le sultan Saladin[3]. Tels peut-être d'autres cris de joie ou de tristesse poussés par lui selon les circonstances, favorables ou funestes, qui seront relatées dans le chapitre sixième.

Après la mort violente de 'Oumâra le deux ramaḍân 569, le six avril 1174, ces poèmes, qui circulaient séparément, ont été incorporés dans le *Dîwân* qu'ils ont enrichi et complété. C'est ainsi que la série première a été allongée, classée, soit d'après les rimes, soit en raison des sujets traités, dans les trois éditions, parfois identiques, souvent divergentes, qui tantôt s'accordent et tantôt se contredisent, que représentent les trois manuscrits de Gotha, de Saint-Pétersbourg et de Copenhague[4]. Une cinquième édition semble avoir été sous les yeux d'Aboû Schâma, lorsque, vers 650 (1252), il composa son « Livre des deux jardins » (*Kitâb ar-rauḍatain*[5]).

Au Palais du vizirat, que Schâwar avait largement ou-

1. 'Oumâra, *Dîwân*, p. 328, l. 7 ; cf. la Partie arabe, p. 616, l. 3.

2. Id., *ibid.*, p. 287-291, n° 181 ; cf. *Avant-propos*, p. XII-XIII.

3. 'Oumâra, dans Ibn Wâṣil, *Moufarridj al-kouroûb* (Partie arabe, p. 611-616) ; cf. *Dîwân*, p. 328, n° 228. Deux exemplaires de cette poésie isolée, telle qu'elle parut à l'origine, sont conservés à Berlin ; voir Ahlwardt, *Verzeichniss der arabischen Handschriften*, VI, p. 626, n° 7696, 1 ; VII, p. 519, n° 8521, 2.

4. *Avant-propos*, p. IX-XV et XVII-XIX ; Partie arabe, p. 503-539.

5. *Avant-propos*, p. XII. Al-Djanadî (*As-Souloûk*, dans la Partie arabe, p. 544-545) emprunte cinq vers à une sixième édition du *Dîwân*, qui paraît avoir été connue d'Ibn Doukmâk (*ibid.*, p. 550-551) et de Bâ Makhrama (*ibid.*, p. 559).

vert aux anciennes créatures de ses bienfaiteurs Aṣ-Ṣâliḥ Ṭalâ'i' et Al-'Âdil Rouzzîk[1], et dans les bureaux du protocole, rendez-vous au Caire de l'élite intellectuelle, 'Oumâra rencontrait Al-ḳâḍî al-fâḍil Ibn Al-Baisânî[2] et se laissait pousser par lui à écrire dans la belle prose, qu'il parlait avec tant d'élégance, un livre dont il avait amassé les matériaux au Yémen sans avoir eu le temps de les y mettre en œuvre. Lorsque, à l'instigation d'Al-ḳâḍî al-fâḍil, 'Oumâra se crut suffisamment armé pour affronter les jugements de ses pairs et pour conquérir les suffrages de ses lecteurs, il fit appel à ses souvenirs, compulsa ses notes écrites sous la dictée des plus instruits et des mieux informés entre ses anciens amis du Yémen et commença en 563[3] (du dix-sept octobre 1167 au quatre octobre 1168), termina en 564[4] (du cinq octobre 1168 au vingt-deux septembre 1169) son essai sur l'histoire du Yémen. Il le donna comme le complément d'une tentative antérieure, due au prince de Zabîd, Nâṣir ad-Dîn Aboû 'ṭ-Ṭâmî Djayyâsch Ibn Nadjâḥ, également poète et historien, qui était mort en dhoû 'l-ḥidjdja 498 (août-septembre 1105). 'Oumâra copia le titre de son devancier, de telle manière que les deux ouvrages s'appellent l'un et l'autre *Al-Moufîd fî akhbâr Zabîd* « L'Instructeur, sur les événements de Zabîd[5] ». Le plan de 'Oumâra est plus large que ne le laisserait sup-

1. Ibn Abî Ṭayy, dans Aboû Schâma, *Kitâb ar-rauḍatain*, I, p. 165, l. 18; cf. plus haut, p. 251, 310, 334.

2. 'Oumâra, *Al-Moufîd*, traduit dans Kay, *Yaman*, p. 1.

3. Id., *ibid.*, *loc. cit.*

4. Id., *ibid.*, p. 79. 'Oumâra avait dépassé la première moitié de son ouvrage en mouḥarram 564, avant le trois novembre 1168.

5. Kay, *Yaman*, p. 2, 93, 279-281; 'Imâd ad-Dîn, *Kharîdat al-ḳaṣr*, fol. 278 r° et v°; Al-Djanadî, *As-Souloûk*, dans la Partie arabe, p. 542, 544, 547, 631, 633, 637-639, 649; Ḥâdjî Khalîfa, *Lexicon bibliographicum*, VI, p. 43, n° 12641; plus haut, p. 7-8, 6°. L'ouvrage de Djayyâsch paraît irrévocablement perdu.

poser un titre qui donne l'illusion d'une monographie consacrée à une seule ville. M. Kay, en publiant et en traduisant ce livre, lui a donné un titre plus conforme au contenu, lorsqu'il l'a appelé la Chronique du Yémen[1]. Malgré l'état déplorable d'un texte mal conservé et déparé par l'ignorance ou la négligence des copistes, on reconnaît, sous le fourmillement des fautes les plus choquantes[2], la maîtrise de l'écrivain et l'on perçoit clairement que le virtuose des vers ne s'est pas senti moins à l'aise, lorsqu'il s'est essayé sur le terrain nouveau pour lui de la prose et de la narration historique.

'Oumâra, occupant ses loisirs à rédiger les annales de sa patrie, réussit à s'abstraire du milieu où la destinée l'avait conduit à s'implanter pour revivre dans le passé et se reporter par l'érudition amassée, par la mémoire de ce qu'il avait vu et entendu, par l'imagination créatrice, à son lieu d'origine. « En 563, dit-il[3], j'assistai à la réception du maître très illustre Al-ḳâḍî al-fâḍil Aboû 'Alî 'Abd ar-Raḥîm, fils d'Al-ḳâḍî al-aschraf Bahâ ad-Dîn Aboû 'l-Madjd 'Alî Al-Baisânî (puisse Allâh veiller sur sa hauteur et maintenir son élévation !). Il était alors le chef du bureau de la correspondance officielle sous le khalifat d'Al-'Âḍid. Son ordre m'excita, bien plus m'entraîna à composer un livre, dans lequel je réunirais ce que ma mémoire avait retenu sur les événements de l'île yéménite, sur ses plaines et ses montagnes, sur son continent et sa mer, sur l'étendue de ses royaumes et la distance de ses routes, sur les guerres, les batailles, les monuments et les constructions de ses

1. De même, Yâḳoût, *Mou'djam*, I, p. 707 ; III, p. 249 ; Ibn Khallikân, *Biographical Dictionary*, II, p. 348 et 369 ; Aboû 'l-Fidâ, *Annales moslemici*, II, p. 222 ; III, p. 56, 188, 566 ; Ḥâdjî Khalîfa, *Lexicon bibliographicum*, I, p. 159, n° 2344.

2. Plus haut, p. 8.

3. 'Oumâra, *Al-Moufîd*, traduit dans Kay, *Yaman*, p. 1-2.

habitants, sur la vie de ses *ḳâḍîs* et de ses *dâ'îs*, de ses notables et de ses émirs, sur ceux de ses poètes dont on m'avait récité des vers ou que j'avais connus. J'obéis à son appel et je me décidai après examen approfondi. »

Du programme tracé par Ibn Al-Baisânî, 'Oumâra détacha le dernier article, celui relatif aux poètes, pour en faire le sujet d'un « Recueil » *(Madjmoû')* spécial et distinct. Cet ouvrage ne nous est parvenu que par les longs extraits que 'Imâd ad-Dîn Al-Kâtib en a tirés dans le chapitre de sa *Kharîda* sur les poètes du Yémen, du Ḥidjâz et du Tihâma[1]. Là encore l'auteur fait preuve d'une information sûre, abondante, puisée aux sources les plus riches entre celles qui lui étaient accessibles.

Cette même prédilection nostalgique pour le Yémen, conciliée avec une vive reconnaissance pour l'hospitalité des hôtes qui avaient accueilli l'exilé et adouci pour lui l'amertume de la séparation, a inspiré un autre ouvrage qui a été surtout mis à contribution dans mon étude sur 'Oumâra. Les « Facéties contemporaines, sur les chroniques des vizirs égyptiens[2] » sont plutôt une autobiographie sans proportions régulières, une confession sans réserves qu'un « Abrégé[3] » sans longueurs et sans développements ou qu'un « Recueil[4] » aux sujets divers. Une introduction substantielle nous introduit dans la vie de famille de l'auteur et nous transporte avec lui successivement à l'École de droit

1. 'Imâd ad-Dîn, *Kharîdat al-ḳaṣr*, dans la Partie arabe, p. 564-608 ; cf. *ibid.*, p. 395-599 ; Ḥâdjî Khalîfa, *Lexicon bibliographicum*, IV, p. 159, n° 7901 ; plus haut, p. 80.

2. النكت العصريه ، فى اخبار الوزراء المصريه ، texte publié intégralement dans la Partie arabe, p. 5-154 ; voir l'*Avant-propos*, p. V-IX, et plus haut, p. 80-81 et 338.

3. 'Oumara, *An-Noukat*, p. 93, l. 10.

4. Id., *ibid.*, p. 81, l. 4.

de Zabîd, où l'étudiant, devenu professeur, compose pour ses élèves un manuel, aujourd'hui perdu, alors classique, sur les successions en droit schâfi'ite[1], aux petites cours des princes de Zabîd et d'Aden, où le jurisconsulte, s'étant initié aux entreprises commerciales, est victime de persécutions basses et d'intrigues mesquines[2]; à La Mecque, où il accomplit cinq pèlerinages[3] ; à Miṣr, où le Yéménite patriote, le Schâfi'ite intransigeant, après un séjour provisoire, après une reconnaissance du pays, de sa dynastie, de ses habitants et de ses ressources, revient se fixer dans la capitale du khalifat hétérodoxe[4]. Les « Facéties contemporaines » s'arrêtent brusquement au meurtre et à la décapitation, le dix-sept rabî' II 564, le dix-huit janvier 1169, du vizir Schâwar[5].

Au risque d'un anachronisme, je ne puis laisser mon esquisse, embrassant d'un coup d'œil tout l'œuvre littéraire de 'Oumâra, sans y indiquer, en quelques traits superficiels, ses épîtres en prose rimée. Dans ce genre, il eut, dans Al-ḳâḍî al-fâḍil, non seulement un promoteur théorique lui conseillant de s'y adonner, mais encore un artiste s'offrant à lui servir d'introducteur, d'exemple et de guide expérimenté. Depuis longtemps, 'Oumâra avait eu la jouissance d'apprécier sa science du protocole, son habileté d'épistolier, son vaste arsenal de vocables et de locutions. Il se mit à son école avec adresse et se délassa de la prose courante, ainsi que des vers, en s'assimilant les procédés portés à la perfection par le chef de la chancellerie[6]. Il imita le rythme

1. Plus haut, p. 58.
2. Plus haut, p. 48-88, chapitre deuxième.
3. Plus haut, p. 65-68; 78; 89-91; 109; 113-116.
4. Plus haut, p. 92-109 et 117.
5. Plus haut, p. 315, n. 3, 335, 338.
6. Al-ḳâḍî al-fâḍil avait été appelé à ces hautes fonctions pour suppléer Al-Mouwaffaḳ Ibn Al-Khallâl, aveugle et malade, qui était émérite et ne

d'un parallélisme au balancement régulier, sans prosodie et sans métrique, mais avec accord au moins couplé des consonances. Neuf épîtres de 'Oumâra, composées par le disciple sous la direction et selon la manière du maître, ont été conservées[1] et accusent plus la docilité de l'élève que l'originalité de son *ḳalam*. La cadence des mots y sonne creux et, à l'exception de la dernière, elles sont remplies d'allusions voilées à des personnages innomés désignés par des titres mal définis et à des faits d'intérêt local dont les détails nous échappent. Pour résoudre ces énigmes, il faudrait un commentaire contemporain et une clef bien adaptée. La neuvième épître est décisive sur la date du recueil, si même on peut supposer que maintes pièces lui sont quelque peu antérieures. Ces questions seront discutées à leur place dans le chapitre sixième. Contentons-nous de remarquer ici que, dans le morceau final, 'Oumâra dit « avoir obtenu la faveur d'Al-Malik an-nâṣir et l'accolade de son vizir éminent, Al-Fâḍil[2] », c'est-à-dire la faveur du sultan Saladin et l'accolade de son vizir Ibn Al-Baisânî, ce qui nous amène à la chute des Fâṭimides et à l'avènement du sultan Saladin en mouḥarram 567, en septembre 1171.

Ce n'est point par 'Oumâra que nous sommes informés des événements qui se passèrent en Égypte après l'assassinat de Schâwar. Le khalifat Fâṭimide n'était pas mort, mais il agonisait dans une longue et incurable maladie de langueur. L'émir des croyants Al-'Âḍid avait assisté, témoin et complice, au crime perpétré contre Schâwar, comme il avait vu

sortait plus de sa maison. La mort l'y atteignit le vingt-trois djoumâdâ II 566, le deux mars 1171; voir Ibn Khallikân, *Biographical Dictionary*, IV, p. 568.

1. 'Oumâra, *At-Tarassoulât*, dans la Partie arabe, p. 431-490; cf. *Avant-propos*, p. xv et xix-xx.

2. 'Oumâra, *At-Tarassoulât*, p. 489-490.

sans révolte défiler devant ses yeux hagards les cadavres de ses vizirs, victimes sacrifiées, Aṣ-Ṣâliḥ Ṭalâ'i', Al-'Âdil Rouzzîk et Al-Manṣoûr Ḍirgâm. Schîrkoûh triomphant reçut d'Al-'Âḍid « le costume d'honneur du vizirat, et c'étaient des vêtements blancs brodés d'or, aux larges manches, une longue pièce d'étoffe roulée autour de la tête à la manière du bouclier arrondi en cuir, avec une frange qu'on laissait pendre jusqu'à la couverture placée sur la croupe du cheval, un collier en or pour le cou, avec incrustation de pierres précieuses et de perles, avec, pour le lier et pour le dénouer, un cordon de soie surmonté (?) de perles grosses comme des pois chiches (?)[1] ». En même temps que les insignes de vizir égyptien, Schîrkoûh héritait des titres vacants de « Roi victorieux, Émir des armées[2] » et était investi par un diplôme louangeur rédigé par Al-ḳâḍî al-fâḍil selon les règles du protocole, annoté à la marge par « le serviteur et l'ami d'Allâh Aboû Moḥammad l'imâm Al-'Âḍid li-dîn Allâh, l'émir des croyants[3] ».

Bien que la troisième campagne de Schîrkoûh se fût faite sur l'ordre et au nom de Noûr ad-Dîn et que la gloire

1. Le continuateur de l'*Histoire des patriarches d'Alexandrie*, ms. 302, II, p. 255, passage traduit par M. E. Blochet, dans la *Revue de l'Orient latin*, VIII (1901), p. 209, dont voici le texte inédit : واخلع عليه الخليفة خلع الوزارة وهى ثياب بيض مذهّبة واسعة الاكمام ومنديل كبيرة مشدودة (ms. مسدودة) [على] مثال الدرقة مرخاة (ms. مرخية) الهدبه الى كفل الفرس وطوق ذهب فى عنقه مرصّع بجواهر ولآلى يربط ويحلّ بشرابه حرير مظفوره بلؤلؤ حمّص كبار.

2. Ibn Al-Athîr, dans *Hist. or. des croisades*, I, p. 560 ; II, II, p. 253 ; Aboû Schâma, *Kitâb ar-rauḍatain*, I, p. 158, l. 36 et 37.

3. 'Imâd ad-Dîn, dans id., *ibid.*, I, p. 159, l. 4-13 ; cf. Aboû 'l-Fidâ, dans *Hist. or. des croisades*, I, p. 37-38 ; Reinaud, *Extraits*, p. 136.

de la conquête lui fût attribuée[1], son nom ne figurait pas dans le document authentique. Le contrat de Schîrkoûh avec l'Égypte était scellé, sa rupture avec la Syrie consommée.

Tandis que Schîrkoûh était appelé par le khalife Al-'Âḍid à « marcher en traînant le pan de la robe de la fierté[2] », Noûr ad-Dîn, déçu, frustré, indigné, réclamait avec une vaine insistance le retour de l'homme, « dont l'absence a renforcé contre les musulmans les troupes de l'erreur ». Noûr ad-Dîn ajoutait dans une lettre au khalife Al-'Âḍid[3] : « En effet, Schîrkoûh ne cessait pas d'atteindre les satans de l'erreur par son feu dévorant, de frapper de mort le polythéisme (chrétien) par sa flèche pénétrante aux coups droits. »

Quant à 'Oumâra, plongé dans ses travaux littéraires et historiques, il s'y enfonçait pour ne pas prendre parti dans les compétitions dont il préférait attendre l'issue. Al-ḳâḍî al-fâḍil, qui n'avait pas eu à se louer de Schâwar, souhaitait depuis longtemps l'avènement de Schîrkoûh, qu'il avait été heureux de lui notifier. Devenu vizir, Schîrkoûh s'empressa de le maintenir à la tête de sa correspondance officielle[4]. Des deux frères de Schâwar, Nadjm s'était volontairement exilé parmi les Banoû Soulaim dans la Barḳa du Magrib[5], Ṣoubḥ n'aspirait qu'à être oublié dans son domaine de Sandafâ[6].

1. Ibn Abî Ṭayy, dans Aboû Schâma, *Kitâb ar-rauḍatain*, I, p. 172, l. 27; Reinaud, *Extraits*, p. 140.

2. Annotation d'Al-'Âḍid sur le diplôme, d'après 'Imâd ad-Dîn, dans Aboû Schâma, *op. cit.*, I, p. 159, l. 6, et d'après Aboû 'l-Fidâ, *Annales moslemici*, III, p. 615 (*Hist. or. des croisades*, I, p. 38); Reinaud, *Extraits*, p. 136.

3. Ibn Abî Ṭayy, dans Aboû Schâma, *Kitâb ar-rauḍatain*, I, p. 172, l. 30-31. Au lieu de مقل, je lis مثقل avec le ms. Ce passage est traduit dans Reinaud, *Extraits*, p. 140.

4. Aboû Schâma, *Kitâb ar-rauḍatain*, I, p. 159, l. 14-19.

5. Plus haut, p. 310.

6. Plus haut, p. 305, n. 3.

Quant aux trois fils de Schâwar, la tête de l'aîné Ṭayy avait passé au sommet d'une lance, sous les fenêtres de 'Oumâra, le vingt-huit ramaḍân 558, le trente août 1163[1]. Quant aux deux autres, Schoudjâ' et Soulaimân, après le meurtre de leur père, « ils retournèrent dans le Grand Palais et ce fut comme s'ils descendaient dans le tombeau[2] ». « Consternés, ils supplièrent à genoux le khalife de leur accorder la vie sauve. Celui-ci leur aurait répondu que le salut pouvait être espéré par eux, à la condition de n'ourdir aucune intrigue occulte avec les Turcs. Violant aussitôt ce pacte formel, les deux fils de Savar (Schâwar) commencèrent à envoyer des émissaires à Siracon (Schîrkoûh) pour négocier avec lui de la paix. Le khalife, informé de leur conduite, ordonna de les passer tous deux au fil de l'épée[3]. » Si ce prétexte a été vraiment forgé pour imaginer un semblant d'accusation contre les deux infortunés, condamnés d'avance, c'est qu'Al-Kâmil Schoudjâ', associé naguère au vizirat de Schâwar, et Soulaimân, son plus jeune fils, tenus au secret, ignoraient « la paix » conclue, aussitôt leur père expiré, entre le khalife et Schîrkoûh, le nouveau « Roi victorieux », le nouvel « Émir des armées ». Le seul fait avéré, c'est le silence qui se fit sur les deux prisonniers, dont on prolongea cruellement les espérances de salut, c'est qu'on n'entendit plus parler d'eux[4] jusqu'au jour où l'on apprit que le khalife les avait fait mettre à mort dans l'enceinte du Palais le lundi, quatre djoumâdâ II 564[5], le cinq mars 1169.

1. Plus haut, p. 274.

2. 'Imâd ad-Dîn Al-Kâtib dans Aboû Schâma, *Kitâb ar-rauḍatain*, I, p. 180, l. 7. Soulaimân, pour ne pas être inquiété, avait précédemment fait courir le bruit de sa mort ; voir plus haut, p. 287.

3. Guillaume de Tyr, dans *Hist. occ. des croisades*, I, p. 957 ; cf. p. 958.

4. Ibn Al-Athîr et Aboû 'l-Fidâ, dans *Hist. or. des croisades*, I, p. 560 et 38.

5. J'emprunte cette date à 'Imâd ad-Dîn, dans Aboû Schâma, *Kitâb ar-rauḍatain*, I, p. 180, l, 6-7.

CHAPITRE VI

VIZIRATS DE SCHÎRKOÛH ET DE SALADIN
MORT DU KHALIFE AL-ʿÂḌID ET SULTANAT DE SALADIN
CONSPIRATION ET MORT DE ʿOUMÂRA
(1169-1174)

Ni le Kurde Asad ad-Dîn Aboû 'l-Ḥârith Schîrkoûh, fils de Schâdhî, ni son neveu le Kurde Ṣalâḥ ad-Dîn (Saladin) Aboû 'l-Mouṭhaffar Yoûsouf, fils de Nadjm ad-Dîn Ayyoûb, fils de Schâdhî, ne songèrent à regagner Damas après le succès décisif de la troisième campagne égyptienne. Ils se défiaient prudemment de Noûr ad-Dîn, dont ils avaient reçu un mandat défini terminé par la conquête du Caire et de la Basse Égypte, qui n'eût pas manqué de saisir la proie lâchée par Amaury Ier. En effet, les Francs n'avaient pas attendu l'arrivée des Turcs et des Gouzz pour s'éloigner de Bilbîs le deux janvier 1169[1] et pour remonter précipitamment vers Jérusalem. « Leur flotte, commandée par Iṣâl[2], après avoir lancé en avant sur le Nil jusqu'au coude de Mounyat al-fi'rân, près de Mounyat Zaftî, dix galères et

1. Plus haut, p. 315, n. 2.

2. Dans ce paragraphe emprunté au continuateur de l'*Histoire des patriarches d'Alexandrie*, le ms. 302 de la Bibliothèque Nationale, II, p. 255, porte deux fois اصال, ce qui m'amène à supposer loisible d'identifier peut-être l'amiral chrétien avec Gilbert d'Assailly, grand-maître de l'Ordre des Hospitaliers de 1163 à 1170, sur lequel voir Guillaume de Tyr, dans *Hist. occ. des croisades*, I, p. 948-949; J. Delaville Le Roulx, *Les Hospitaliers en terre sainte*, p. 65-78 et 408.

vingt brûlots, avait rebroussé chemin et subi une défaite. Les musulmans vainqueurs avaient contraint Iṣâl à ramener les navires en fuyant[1]. » L'un d'eux fut submergé dans la déroute[2].

Schîrkoûh, informé des embuscades préparées par les Francs sur sa route directe pour lui en disputer le passage[3], avait, en quittant Damas, tenu strictement ses étapes à l'Est et, le dix-sept décembre 1168[4], était parvenu, en compagnie de Noûr ad-Dîn lui-même, à la tête d'une armée formidable, à Ra's al-mâ, dans le Ḥaurân[5]. Tandis que son adversaire Amaury Ier montait vers le Nord, à l'Ouest de la Mer Morte, il traversait, le long de la rive opposée, l'Arabie Pétrée, foulait le trente-et-un décembre la terre d'Égypte[6], parvenait vers le trois janvier à Bilbîs

1. Voici le texte, déjà traduit par M. E. Blochet, dans la *Revue de l'Orient latin*, VIII 1901), p. 209, n. 1 : وىصال مقدّم مراكب الاسطول على بحر النيل قد وصل الى عطف منية الفيران قريب من منية زفتى بعشرة شوانى وعشرين حرّاقه فلمّا تواصلت اخبار وصول اسد الدين الى قرب البلاد رحل الملك من على بابيس رجع الى بلاده وقوى المسلمون على ىصال فكسروه فرجع بالمراكب هاربا (ms. هارب). La position du Jardin des rats est fixée par son voisinage du Jardin de Ziftî. Celui-ci, dans la Garbiyya, est cité par l'*État des provinces*, dans Sacy, *Relation de l'Égypte, par Abd-Allatif*, p. 649, n° 431 ; Amélineau, *La Géographie de l'Égypte*, p. 531 ; cf. Zifté, dans Bædeker, *Lower Egypt*, éd. de 1895, p. 221.

2. Guillaume de Tyr, dans *Hist. occ. des croisades*, I, p. 953.

3. Plus haut, p. 315.

4. Ibn Al-Athîr, *Chronicon*, XI, p. 223 (*Hist. or. des croisades*, I, p. 558) ; *Atabeks*, *ibid.*, II, II, p. 250 ; Aboû Schâma, *ibid.*, IV, p. 117.

5. Ra's al-mâ' « La Source », au sud d'Aṣ-Ṣanamain (Yâḳoût, *Mou'djam*, III, p. 429), a été bien situé par Stevenson sur la carte qui termine ses *Crusaders in the East*.

6. Plus haut, p. 315, n. 3. Le continuateur de l'*Histoire des patriarches d'Alexandrie* (ms. 302, II, p. 255), donne la date du vendredi, premier rabî' I 564 (trois décembre 1168) pour l'entrée de Schîrkoûh au Caire ; voir la traduc-

juste à temps pour en constater l'évacuation par la garnison chrétienne et, après une halte de quelques jours, dressait ses tentes le huit janvier[1], « en demi-cercle autour du Caire » occidental, comme en pays conquis, dans les trois faubourgs, « à Al-Loûḳ, à Al-Maḳsam et dans le Canton de la Timbalière. Le khalife Al-ʿÂḍid lui fit apporter aussitôt des présents d'hospitalité et des manteaux d'honneur éclatants pour lui, ainsi que pour les émirs connus et les officiers de son armée. L'envoi comprenait aussi de fortes sommes pour les dépenses courantes, des tentes, l'ensemble de l'équipement et des objets si nombreux qu'on ne pourrait en décrire complètement les genres et les espèces[2]. »

Ce fut à Al-Loûḳ que Schîrḳoûh établit son quartier

tion de M. Blochet dans la *Revue de l'Orient latin*, VIII, p. 209. Il y a une double confusion sur la date, où il faut lire le vendredi, premier rabîʿ II (deux janvier 1169) et sur le fait, le départ des Francs en ce jour même, l'arrivée de Schîrkoûh à Bilbîs le deux ou le trois janvier.

1. Ibn Al-Athîr, *Chronicon*, XI, p. 223 (*Hist. or. des croisades*, I, p. 558), avec le sept djoumâdâ II au lieu du sept rabîʿ II; *Atabeks, ibid.*, II, II, p. 251, avec la date exacte, ainsi que de même Aboû Schâma, *Kitâb ar-rauḍatain*, I, p. 156, l. 32; Ibn Khallikân, *Biographical Dictionary*, IV, p. 491 ; Aboû 'l-Fidâ, dans *Hist. or. des croisades*, I, p. 37.

2. Le continuateur de l'*Histoire des patriarches d'Alexandrie* continue en ces termes après le passage cité p. 350, n. 1 : وتزل اسد الدين شيركوه بعساكره على مدينة بلبيس ورحل الافرنج وارتجعوا من قدامه فى البرّ والبحر واستراح ايام يسيره ثمّ رحل عن بلبيس ترل اللوق والمقسم وارض الطبّاله واحاط بالقاهره مستديرا وحمل اليه الخليفه ضيافه وخلع سنيّه له ولمن وصل معه من الامراء المشهورين والمقدّمين للعسكر واموال كثير برسم النفقه وخيم وعدد واشياء كثير لا يقدر على وصف فنونها واصنافها بعدّتها. Du Nord au Sud, les trois campements de Schîrkoûh s'étageaient ainsi : le Canton de la Timbalière, le Maḳsam et Al-Loûḳ; cf. l'excellent plan *Cairo before 1200*, dans Stanley Lane-Poole, *The Story of Cairo*, p. 165, et plus haut, p. 300, n. 1 et 2; 304, n. 2.

général[1], ce fut là qu'une nuit, le khalife Al-Âḍid pénétra furtivement dans sa tente à la faveur d'un déguisement[2]. Le vizir Schâwar n'en fut informé ni par l'un ni par l'autre, en dépit des relations quotidiennes qu'il entretenait avec tous deux. Car, il avait pris l'habitude de visiter Schîrkoûh et de se promener à cheval avec lui chaque jour[3] dans la plaine fleurie que bordent à droite et à gauche le *Khalîdj* et le Nil. « Schâwar, dit un historien[4], comblait son interlocuteur de ses engagements solennels et lui faisait tout espérer, de même que *Satan ne promet aux hommes que pour les décevoir*[5]. » Je me rallierais plutôt à une autre opinion, d'après laquelle Schâwar aurait cherché à gagner les bonnes grâces d'Asad ad-Dîn et à se le concilier par ce qui était plus efficace que des promesses, par l'envoi de vivres abondants et de sommes considérables pour lui et pour ses troupes, au point qu'il l'aurait conquis et que Schîrkoûh se serait proposé de le maintenir dans sa royauté[6].

Et cependant, le dix-huit janvier, Schâwar avait été mis à mort et, sans un interrègne d'un jour, les griffes du Lion de la religion s'étaient accrochées à l'Égypte[7]. Schîrkoûh, à son tour, avait été proclamé « le Roi victorieux, l'Émir

1. Ibn Abî Ṭayy, dans Aboû Schâma, *Kitâb ar-rauḍatain*, I, p. 171, l. 27 (*Hist. or. des croisades*, IV, p. 142). Asad ad-Dîn s'était d'abord arrêté au Maḳsam ; voir Ibn Abî Ṭayy, dans Aboû Schâma, *op. cit.*, I, p. 171, l. 13 (*Hist. or. des croisades*, IV, p. 141).

2. Aboû Schâma, *op. cit.*, I, p. 171, l. 28 (*Hist. or. des croisades*, IV, p. 142).

3. Bahâ ad-Dîn Ibn Schaddâd, *ibid.*, III, p. 47 ; Ibn Al-Athîr, *ibid.*, I, p. 558 ; II, II, p. 251 ; Aboû Schâma, *ibid.*, IV, p. 118 ; Aboû 'l-Fidâ, *ibid.*, I, p. 37.

4. Ibn Al-Athîr, reproduit par Aboû Schâma et par Aboû 'l-Fidâ, *loc. cit.*

5. *Coran*, IV, 119 ; XVII, 66.

6. Ibn Abî Ṭayy, dans Aboû Schâma, *Kitâb ar-rauḍatain*, I, p. 171, l. 33-34 (*Hist. or. des croisades*, IV, p. 143).

7. Bahâ ad-Dîn Ibn Schaddâd, *ibid.*, III, p. 47 ; cf. Aboû Schâma, *ibid.*, IV, p. 118.

des armées[1] » par un contrat tel qu'il n'y en avait jamais été fait de semblable en faveur d'aucun vizir[2]. Schirkoûh, revêtu du costume somptueux, dont la richesse éclatante[3] éblouissait les yeux des habitants accourus en foule sur son passage, s'était aussitôt dirigé vers l'Hôtel du vizirat, pour en prendre possession, comme Schâwar avant lui, comme avant Schâwar l'un après l'autre de ses prédécesseurs. Mais la foule, excitée et ameutée, mettait en péril l'ordre public et la sécurité de la population paisible. Le danger imminent que ces forcenés faisaient courir au khalife, au vizir et à la ville, contraignit Schîrkoûh inquiet à autoriser, au nom de l'Émir des croyants, le pillage de la demeure officielle que sa fonction lui assiégeait. Les bandits déchaînés usèrent de cette faculté sans restriction et s'acharnèrent à saccager l'Hôtel au point de n'y pas laisser un coussin pour s'asseoir[4].

Saladin n'avait suivi son oncle jusqu'au Caire qu'en rechignant, s'était montré, au départ, plein d'aversion pour ce qui devait lui être le plus avantageux[5] et s'était laissé tirer par des chaînes vers le paradis[6]. A l'instigation du

1. Plus haut, p. 345.

2. Annotation du khalife Al-'Âḍid d'après 'Imâd ad-Dîn Al-Kâtib, dans Aboû Schâma, *Kitâb ar-rauḍatain*, I, p. 159, l. 4; cf. Aboû 'l-Fidâ, dans *Hist. or. des croisades*, I, p. 37; Reinaud, *Extraits des Historiens arabes*, p. 136; plus haut, p. 345, n. 5.

3. Voir plus haut, p. 345.

4. Ibn Al-Athîr, *Chronicon*, p. 224 (*Hist. or. des croisades*, I, p. 560; II, II, p. 252-253), cité dans Aboû Schâma, *Kitâb ar-rauḍatain*, I, p. 158, l. 37-199, l. 1; Ibn Khallikân, *Biographical Dictionary*, IV, p. 491 (*Hist. or. des croisades*, III, p. 408.

5. *Coran*, II, 213, cité par Bahâ ad-Dîn Ibn Schaddâd, dans *Hist. or. des croisades*, III, p. 46, et par Ibn Al-Athîr, *ibid.*, I, p. 557; cf. I, p. 563; II, II, p. 254-255; Aboû Schâma, *ibid.*, IV, p. 118; Ibn Khallikân, *Biographical Dictionary*, IV, p. 489; Aboû 'l-Fidâ, dans *Hist. or. des croisades*, I, p. 36 et 39.

6. *Ḥadîth* du Prophète, dans Ibn Al-Athîr, *ibid.*, II, II, p. 256; cf. Reinaud, *Extraits*, p. 138, n. 2.

nouveau vizir vieux et cassé, son jeune collaborateur de trente-deux ans, qui trépignait maintenant d'impatience et frémissait d'enthousiasme, « s'exerça au maniement et à la solution des affaires, exerça le droit d'ordonner et de défendre, qui lui fut déféré en raison de sa haute capacité, de ses connaissances, de son habileté à temporiser et à gouverner[1] ». ʿOumâra avait peut-être entrevu Saladin aux jours de Bilbîs et d'Alexandrie, mais il ne pouvait être introduit utilement auprès de lui par aucun ami commun, mieux placé pour opérer un rapprochement entre le Kurde et le Yéménite, qu'Al-ḳâḍî al-fâḍil, très bien disposé pour celui-ci, admis sans délai en faveur insigne par Schîrkoûh et par Saladin. Un poème, adressé tout de suite directement à Schîrkoûh, eût paru, de la part de ʿOumâra, l'indice d'une volte-face trop brusque pour ne pas éveiller la méfiance du destinataire, lamal veillance du monde. Saladin, plus rapproché de lui par l'âge et par la mentalité, semblait désigné pour recevoir les effusions prématurées du courtisan qui, par une habitude invétérée, s'efforçait déjà de complaire au « Roi victorieux » du jour. Il s'adressa donc à Saladin « du vivant de son père et de son oncle paternel » en ces termes[2] :

A toi la considération durable sur les talons du temps, bien plus la noblesse qui s'élève jusqu'aux sommets où brille l'Aigle.

Il en est ainsi. Puisse donc l'effort des rois[3]*, placé au*

1. Aboû Schâma, *Kitâb ar-rauḍatain,* I, p. 159, l. 2-3, sans indication d'origine.

2. ʿOumâra, *Dîwân,* p. 269-271, n° 141, complété par Aboû Schâma, *Kitâb ar-rauḍatain,* I, p. 163-164 ; cf. plus haut, p. 315. J'ai traduit les vers 1-9, 11-20, 27-40, 45-47 et le vers cité dans Aboû Schâma, *op. cit.,* I, p. 164, l. 8.

3. Parmi « les rois », ʿOumâra pense surtout à « l'effort » d'Asad ad-Dîn Shîrkoûh.

service des préoccupations les plus élevées, monter aux cimes de la gloire !

Vous avez porté les charges du vizirat[1] *avec une aisance qui vous a fait préserver vos pieds du glissement où ils auraient trébuché.*

Vous avez dissipé la tristesse qui couvrait la région, comme, par les lumières de l'opulence, vous avez éclipsé[2] *les ténèbres de la misère.*

Vous avez rendu inaccessible aux Francs la route vers un khalifat, grâce auquel vous êtes sorti de l'effroi pour courir dans la voie de la sécurité.

Et, lorsque le fils du Prophète[3] *cherche un refuge dans votre concours, le cercle des auxiliaires al-anṣâr étant devenu plus rétréci qu'un empan,*

Vous entraînez vers lui, comme troupes de renfort, Aus et Khazradj, aussi vrai que le nom des Anṣâr[4] *est dérivé de Naṣr (appui),*

Des armées, dont les arrière-gardes sont dans le Djairoûn[5] *et les avant-gardes au Nil sur les deux quais de Miṣr ;*

Vous montez et, à votre suite, vous faites monter à

1. Il s'agit des « charges portées » simultanément par Schîrkoûh et par Saladin ; voir plus haut, p. 354.

2. Calembour entre كشفتم et كسفتم que je ne puis pas rendre.

3. C'est-à-dire le khalife Fâṭimide Al-'Âḍid ; voir plus haut, p. 318 et 319.

4. Aus et Khazradj, deux tribus prépondérantes conjointement à Yathrib (Médine), se sont confondues sous le nom d'Anṣâr ; cf. Caussin de Perceval, *Essai*, II, p. 650-653 ; III, p. 21, 87, 92, 95, etc.

5. Le Djairoûn, un quartier (plus haut, p. 308, n° 2), peut-être un bazar ou un marché situé près de la mosquée cathédrale de Damas, fut incendié en dhoû 'l-ḥidjdja 559 (novembre 1164) ; voir Aboû Schâma, *Kitâb ar-rauḍatain*, I, p. 132, l. 36-133, l. 11, passage traduit par Sacy dans *Relation de l'Égypte, par Abdallatif*, p. 444-445. L'une des portes de la grande mosquée de Damas était dénommée le Bâb Djairoûn, d'après Al-Istakhrî, Ibn Ḳauḳal et Al-Mouḳaddasî, dans J. De Goeje, *Bibliotheca geographorum arabicorum*, I, p. 60 ; II, p. 115 ; III, p. 158 ; A. von Kremer, *Topographie von Damascus*, p. 35-36. Les armées de Schîrkoûh couvraient donc les routes depuis Damas jusqu'à Miṣr, s'il faut en croire le poète.

l'horizon des étoiles éclatantes d'aide efficace, là où la religion avait été une nuit sans aurore[1].

... Et, ô (Ṣalâḥ ad-Dîn[2]*), fils d'Ayyoûb, c'est à vous qu'a eu recours une dynastie qui, chaque jour, au crépuscule du soir, avait échangé des messages avec vous.*

C'est à vous que nous devons l'humidité bienfaisante de notre œil et la fraîcheur de la réunion pour nos côtes, qui l'ont reçue de préférence à la brûlure de l'émigration.

Et vos surnoms honorifiques se rapportant à la religion (ad-dîn) *élèvent votre gloire, les récits faisant connaître par eux la noblesse de ce dont ils sont informés.*

Il y a parmi vous un Asad ad-Dîn et un Nadjm ad-Dîn, parmi vous aussi un Ṣalâḥ ad-Dîn, et un Saif ad-Dîn[3]*. Certes c'est le comble de la gloire.*

C'est parmi vous qu'Allâh a protégé une résolution Asadîte[4]*, par laquelle vous avez délié l'islamisme du lacet de l'infidélité.*

Certes, s'ils (les Francs) établissent sur la terre ferme une chaussée, vous faites passer sur cette chaussée un océan de fer[5]*,*

Chemin, sur lequel vous avez engagé le combat avec les ennemis et que vous avez conquis, le roc étant frappé par le roc.

Vous avez enlevé aux Francs tout défilé et vous avez dit aux pieds de devant des chevaux : Passez outre sur Amaury[6]*.*

1. Substitution de l'aurore orthodoxe aux ténèbres schî'ites.

2. Appel à Ṣalâḥ ad-Dîn, le texte portant « fils d'Ayyoûb » au singulier. Le pluriel qui suit associe Asad ad-Dîn à l'éloge.

3. Al-malik al-'âdil Saif ad-Dîn Aboû Bakr ibn Ayyoûb est un frère de Saladin ; cf. 'Oumâra, *Dîwân*, p. 211-212, n° 79.

4. Locution abrégée pour une résolution d'Asad ad-Dîn.

5. Vers traduit plus haut, p. 315.

6. Vers traduit plus haut, p. 315, où il précède le vers, objet de la note précédente.

Une crainte pressante l'a arraché de Miṣr, comme a été pressé à l'aurore du lendemain un fuyard de nuit.

Et que de batailles vierges, lorsque tu les déflores par ton épée, n'abandonnent à aucun autre que toi rien de leur virginité.

. . . . Et vos mains brisent avec acharnement les ennemis, mais elles remettent par la générosité cette brisure.

Ton père[1] *est celui qui est apparu comme la réserve de votre gloire, tandis que tu es pour lui la meilleure des richesses et des réserves.*

Et toi qui es un bienfait pour lui, il a été réjoui par sa fierté d'un fils tel que toi. Il en est certes largement excusable.

Comment en serait-il autrement d'un père, pour lequel tu as été le feu de son briquet, ou sinon comme la lumière de la pleine lune ainsi qu'elle se manifeste éclatante ?

Tu le charges d'honneurs au milieu de l'assemblée publique et tu éloignes de lui toute charge qui l'accablerait.

Et tour à tour, en temps de guerre et de paix, se succèdent pour lui les dons d'un khalifat qui unit deux contraires, l'eau et le charbon.

Combien de fois t'es-tu élevé en courage, générosité et dignité à un degré qui l'a réjoui dans les circonstances graves, que tu fusses sur ton coussin ou à la frontière !

Et, si Allâh donnait la parole aux choses inanimées, elles n'atteindraient pas à la reconnaissance que mérite votre faveur,

Générosité que les musulmans ne sauront à tout jamais assez reconnaître, ô Ayyôubites,

C'est par vous que le Raḥmân a donné la sécurité aux

1. Nadjm ad-Din Ayyoûb, 'Oumâra étant décidé à interpeller Saladin de préférence à Schîrkoûh, sauf à rappeler quelques vers plus loin les autres « Ayyoûbites ».

os enterrés à Yathrib, qu'il a donné la sécurité aux colonnes du monument (de la Kaʿba) et à la pierre[1] noire.

Et, si l'Égypte revenait à l'infidélité, le tapis de la bonne direction y serait roulé après avoir couvert la région de la terre ferme et celle du Nil.

Mais vous avez serré le manteau de la bonne direction par un vizirat, mot dérivé de l'action de serrer le manteau[2].

Aussi soyez félicités d'une conquête, dont l'éclat antérieur a annoncé d'avance la bonne nouvelle que tout le reste en suivrait la trace.

Et il n'est resté dans l'infidélité qu'un petit nombre de gens, complément placé sous la garantie des épées blanches et des lances fauves.

Lorsque la royauté[3] s'est terminée, il (Saladin) est venu féliciter, en réclamant le salaire de sa divination et de ses augures.

.... N'était ma foi, certes ton panégyrique[4] serait un rapprochement, par lequel j'espèrerais obtenir la rétribution et le salaire

Pour avoir dit des vers après la dispense accordée à ma pensée[5], et il y a des années que je suis revenu de la poésie.

Or, prescris pour moi que mes jours seront meilleurs; car ma vie se modifiera au gré de ta défense et de ton ordre[6],

1. Lisez avec le ms. ﺍﻟﺒﻨﻴﺔ. — Les deux frères, Schîrkoûh et Ayyoûb, avaient demandé ce qu'ils obtinrent beaucoup plus tard, d'être enterrés à Médine aux côtés du Prophète, lorsque la sécurité ne serait plus troublée dans les deux villes saintes. Voir plus bas, p. 362.

2. Étymologie par à-peu-près reposant sur l'assonance des deux racines *wazara* et *azara*.

3. C'est-à-dire : la royauté de Schâwar.

4. De nouveau 'Oumâra s'adresse directement à Saladin.

5. Plus haut, p. 327, 336.

6. Sous le règne de Schîrkoûh, Saladin avait obtenu « le droit d'ordonner et de défendre » ; voir plus haut, p. 354.

Etant donné que votre cadeau me faciliterait l'obéissance à vos décisions, que votre rencontre me procurerait bonne humeur et joie.

ʿOumâra ne demande qu'à être pensionné par Asad ad-Dîn Schîrkoûh, concurremment avec son lieutenant Saladin, comme il l'a été par Aṣ-Ṣâliḥ Ṭalâ'iʿ, par Al-ʿÂdil Rouzzîk, par Schâwar à deux reprises, par Ḍirgâm pendant «le temps d'une gestation[1]». Le vizirat Schîrkoûh, vieillard épuisé par l'âge, par l'obésité et par les excès[2], lui apparaît comme un intermède de courte durée entre les «règnes» de Schâwar et de Saladin. Le panégyriste officiel, sorti de sa retraite autorisée pour se remettre spontanément à composer des épitres élogieuses en prose et en vers, qu'il rédige sincères et qu'il espère lucratives, a, dès sa première manifestation, on l'a vu, mis le neveu en évidence au premier plan, l'oncle en arrière dans la pénombre. La «main mise par Saladin sur les magasins publics de Miṣr», si elle affligea Noûr ad-Dîn au point de lui faire suspendre pendant trois jours ses audiences à Damas[3], éveilla par contre et encouragea les convoitises de ʿOumâra, mis en éveil et en goût par un appât de richesses accaparées pour être distribuées généreusement. La mort prochaine du spectre vivant, l'avenir représenté à bref délai par Saladin prodigue de ses largesses[4], voilà quelles sont les prévisions trop visibles de ʿOumâra, tels sont les mobiles de son langage et de sa conduite, dans ses relations immédiates avec les nouveaux

1. Plus haut, p. 281.

2. Plus haut, p. 294 et 354.

3. Ibn Abî Ṭayy, dans Aboû Schâma, *Kitâb ar-raudatain*, I, p. 172, l. 26; Reinaud, *Extraits*, p. 140. Sur les magasins de Miṣr, voir Wüstenfeld, *Calcaschandi's Geographie..... von Ægypten*, p. 175-179.

4. La générosité de Saladin allait jusqu'à la prodigalité, d'après Ibn Schaddâd, dans *Hist. or. des croisades*, III, p. 18-20; Ibn Al-Athîr, ibid., II, I, p. 74; II, II, p. 257; Reinaud, *Extraits*, p. 139, etc.

conseillers du khalife Al-ʿÂḍid. Il réussit cependant à se les concilier à la fois l'un et l'autre. Asad ad-Dîn Schîrkoûh était trop confiant dans sa longévité, trop rempli de la joie d'avoir enfin réalisé son double rêve d'émirat et de royauté au Caire, trop solidaire d'un second aussi qualifié que Saladin, pour discerner des nuances aussi délicates et pour constater ce léger manque de proportion dans les hommages rendus aux deux détenteurs du pouvoir par leur poète favori.

Après la mort d'Asad ad-Dîn Schirkoûh, ʿOumâra, implorant l'appui de Nadjm ad-Dîn Ayyoûb, a pu lui dire de son frère, du vizir défunt[1] :

Quelle perte que celle d'Asad ad-Dîn le héros et quelles larmes j'ai versées sur lui, des larmes de sang !

S'il vivait encore pour moi, je ne me trouverais pas dans ma situation actuelle, accablé par mes dettes, par mes enfants et par mes femmes.

Il m'élevait à la place d'honneur dans sa noble audience, élargissait mon intimité, lorsque j'apportais de la réserve,

Et connaissait mes ressources. Or, l'on sait que les hommes d'intelligence, lorsqu'ils sont au courant des besoins, deviennent des protecteurs.

Schirkoûh se montra « un homme d'intelligence » non seulement en ce qu'il connut les ressources peu abondantes dont disposait ʿOumâra et qu'il pourvut à ses besoins, mais en ce qu'il eut le tact de ne pas imposer son orthodoxie sounnite et de permettre aux habitants de Miṣr de rester fidèles à leurs opinions religieuses et leurs habitudes[2]. Il n'eut le temps que d'inaugurer ce régime de tolérance com-

1. ʿOumâra, *Dîwân*, p. 356, vers 40-43 du n° 266. Dans l'en-tête, p. 355, l. 5, lisez والد au lieu de ولد.

2. Ibn Abî Ṭayy, dans Aboû Schâma, *Kitâb ar-rauḍatain*, I, p. 172, l. 33.

plaisante, adoptée par lui en vue de se faire pardonner sa dissidence et son usurpation. Car, le samedi vingt deux djoumâdâ II 564 (vingt-trois mars 1169), deux mois et cinq jours après son avènement, Schîrkoûh fut foudroyé par une mort subite et saisi à l'improviste par Allâh au moment où il se réjouissait de ce qu'il avait reçu[1]. En effet, « le pied d'Asad ad-Dîn s'était affermi et il ne voyait plus devant lui aucun adversaire à redouter. Son bonheur en ce monde était pur de tout mélange, sa puissance était parvenue au plus haut degré et tous, de près ou de loin, surtout les Francs, le craignaient, lorsque l'ordre d'Allâh l'atteignit, ordre auquel personne ne peut se soustraire et contre lequel aucun roi n'est en état de se défendre, quelque nombreuse que soit son armée, quelque fortes que soient ses citadelles, quelque abondantes que soient ses richesses[2]. »

Or, Asad ad-Dîn était un carnivore intempérant et avait un appétit si glouton pour absorber nuit et jour les viandes les plus grossières que se succédaient chez lui les indigestions et les étouffements. Il en guérissait au prix de vives souffrances. Mais une crise grave, provoquée par l'absorption de viande cuite avec du lait aigre et par l'entrée sans intervalle dans l'étuve du bain arabe le terrassa. L'imprévoyant fut secoué par une angine violente qui l'acheva[3]. On a prétendu d'autre part qu'un poison lent était déposé d'avance dans son manteau de vizir, lorsqu'il l'endossa pour la dernière fois[4]. Quoi qu'il en soit, malade ou empoisonné,

1. Application du *Coran*, vi, 44, à ce dénouement imprévu par Ibn Al-Athîr, dans *Hist. or. des croisades*, I, p. 561; II, ii, p. 253.

2. Ibn Al-Athîr, *Atabeks*, dans *Hist. or. des croisades*, II, ii, p. 253.

3. Ibn Schaddâd, dans les *Hist. or. des croisades*, III, p. 48 et 56; Aboû Schâma, *Kitâb ar-rauḍatain*, *ibid.*, IV, p. 122; id., *op. cit.*, d'après Ibn Abî Ṭayy, dans l'édition du Caire, I, p. 172, l. 34-36.

4. Ibn Khallikân, *Biographical Dictionary*, IV, p. 491 (*Hist. or. des croisades*, III, p. 408).

il ne mérita que par la soudaineté du coup, qui l'emporta, l'épithète de « martyr » de *schahîd* que 'Oumâra semble lui avoir décernée[1]. Le corps resta provisoirement dans l'Hôtel du vizirat au Caire, jusqu'à son transfert, le jeudi quatre ṣafar 580 (dix-sept mai 1184)[2] à Médine, dans le voisinage du Prophète, avec celui de son frère Nadjm ad-Dîn Ayyoûb, mort le vingt-sept dhoû 'l-ḥidjdja 568 (neuf août 1173)[3]. Les dernières volontés de Schîrkoûh, relatives à sa sépulture définitive, ne furent exécutées que plus d'un an après le massacre des Francs, soldats et marins, après la destruction de leurs combattants, de leurs vaisseaux et de leurs équipages, après le désastre complet de leur armée et de leur flotte, dénouement en février 1183 de l'expédition qu'en 1132 Renaud de Chatillon avait organisée dans la Mer Rouge pour atteindre au cœur l'islamisme par le pillage de La Mecque et de la Ka'ba, par le sac de Médine, de sa mosquée et du tombeau contenant les restes du Prophète, son « habitant[4] ». On attendit sagement que la sécu-

1. 'Oumâra, *Dîwân*, p. 356, l. 8, si l'on admet la leçon de E, citée dans a Partie arabe, p. 536 ; cf. *ibid.*, p. 525, un en-tête de E, où Schirkoûh est appelé الولى الشهيد. D'après Lane, *An Arabic-English Lexicon*, p. 1610, col. 3, le Prophète aurait appliqué l'épithète *schahîd* à un individu emporté à la suite d'une colique, et elle ne serait déplacée pour aucun des morts, victimes de causes accidentelles et rapides de l'eau, du feu, de la peste, etc.

2. Ibn Khallikân, *Biographical Dictionary*, I, p. 246; cf. p. 627. La date de 580, donnée par les textes de l'édition Slane, p. 126, l. 4, et de l'édition du Caire 1299=1882, I, p. 151, l. 23, d'après le mémorial quotidien d'Al-ḳâḍî al-fâḍil, serait contredite par Ibn Wâṣil, *Moufarridj al-kouroûb*, dans la Partie arabe, p. 616, s'il ne fallait pas y lire سنين au lieu de سنتين, que portent le manuscrit et mon édition. Le passage manque dans l'édition Wüstenfeld, n° 106.

3. Plus haut, p. 304, n. 4 de la p. 303.

4. Aboû Schâma, *Kitâb ar-rauḍatain*, dans *Hist. or. des croisades*, IV, p. 214, où Renaud est nommé et où Moḥammad est appelé « l'habitant de Médine », et 230-235 ; Al-Maḳrîzî, *As-Souloûk*, tr. Blochet, dans la *Revue de l'Orient latin*, VIII, p. 550-552; Snouck Hurgronje, *Mekka*, I, p. 71; G. Schlumberger, *Renaud de Chatillon*, p. 255-283 et 383. Dans son plus

rité des communications fût entièrement rétablie dans le territoire des deux villes saintes, que le pèlerinage de 579 fût accompli pieusement sans troubles et sans discordes et que la Rauḍa[1] du Prophète ne fût plus menacée.

Ibn Abî Ṭayy, qui jeune avait aperçu Schîrkoûh âgé, a tracé de son modèle, d'après les souvenirs de son père et les siens[2], un portrait qui a des analogies avec celui qu'a dessiné un contemporain de Schîrkoûh, l'archevêque chrétien Guillaume de Tyr[3]. Voici comment s'exprime l'historien

récent et excellent ouvrage, M. G. Schlumberger, *Campagnes du roi Amaury Ier*, p. 99, n. 1, après Rœhricht, *Kœnigreich Jerusalem*, p. 321, n. 5, appelle l'attention sur un passage d'Ibn Abî Ṭayy (Aboû Schâma, *Kitâb ar-rauḍatain*, édition du Caire, I, l. 29-33; *Hist. or. des croisades*, IV, p. 127 ; Reinaud, *Extraits*, p. 118), d'après lequel, en 1164, Renaud de Chatillon, seigneur de Karak et de Schaubak, aurait, au mépris de ses engagements, aposté des troupes sur le passage de Schîrkoûh en route pour Damas, afin de le «surprendre au sortir du désert et de le tuer». Au lieu de rejeter bien loin le témoignage d'Ibn Abi Ṭayy, comme Reinaud, Rœhricht et M. Schlumberger, ne conviendrait-il pas de rechercher 1° si une interruption plus ou moins longue dans ses dix-huit années de captivité alépine n'a pas favorisé son manquement à l'honneur, qui était dans son caractère et dans ses habitudes; 2° si l'ancien prince d'Antioche n'est pas désigné d'avance comme le futur seigneur de Karak et de Schaubak, bien qu'il le soit devenu seulement en 1176? Je pose ces deux questions, sans essayer d'y répondre.

1. Le tombeau de Moḥammad à Médine est appelé *rauḍa* « jardin » d'après une parole du Prophète : « Ce qui est entre ma demeure et ma chaire est un des jardins du Paradis et ma chaire est contiguë à mon bassin d'ablutions.» (Cf. Wüstenfeld, *Geschichte der Stadt Medina* (Göttingen, 1860), p. 64-65.

2. Yaḥyâ Ibn Abî Ṭayy Ḥâmid ibn Ṭhâfir ibn 'Alî Al-Ḥalabî Al-Gassânî, ainsi se nomme-t il lui-même dans le manuscrit 314, son autographe, de l'Escurial, écrit en 618 (1221); voir mes *Manuscrits arabes de l'Escurial*, I, p. 197. Il mourut en 630 (1232-1233). On ignore la date de sa naissance, mais c'est moins en témoin oculaire que comme porte-parole de ce que son père avait vu et rapporté qu'il a raconté les événements entre 559 et 564, entre 1164 et 1169. Il cite même parfois son père ; cf. Aboû Schâma, *Kitâb ar-rauḍatain*, I, p. 169, l. 18 ; 173, l. 31 ; 174, l. 2-4 ; 206, l. 14; 210, l. 5 ; II, p. 52, l. 9 et 28; etc. J'ai consacré une courte notice à Ibn Abî Ṭayy dans ma *Vie d'Ousâma*, p. 403, n. 3.

3. *Hist. occ. des croisades*, I, p. 891-892; cf. Stanley Lane-Poole, *Saladin*, p. 97.

musulman[1] : « Schîrkoûh était courageux, supérieur, puissant, essentiellement ferme, énergique dans la répression des infidèles[2], violent dans son impétuosité pour la cause d'Allâh, continent, religieux, très vertueux, aimant les hommes de piété et de science, donnant des marques répétées de sa préférence affectueuse à ses femmes et à ses plus proches parents. Il était cupide et laissa après lui de grandes richesses, ainsi que nombre de chevaux, de montures et de chameaux. Sa succession comprenait aussi un certain nombre d'écuyers, cinq cents mamloûks appelés d'après lui les Asadites[3]. Et il fortifiait la dynastie issue de Schâdhî[4] et la royauté nâṣirienne[5]. »

Des deux fils de Schîrkoûh, l'un, Fatḥ ad-Dîn, était mort avant son père en 561[6] (1166), l'autre, Nâṣir ad-Dîn Moḥammad, surnommé Al-malik al-ḳâhir « le roi puissant », fut non seulement évincé de ses prétentions à la succession de la « royauté » paternelle, mais dépouillé tout d'abord par Noûr ad-Dîn des fiefs qu'il avait naguère concédés à son généralissime. Saladin ne les restitua à Moḥammad, comme marques de sa confiance, qu'après la conquête de Damas, au milieu de schawwâl 570, en mai 1175[7].

1. Ibn Abî Ṭayy, dans Aboû Schâma, *Kitâb ar-rauḍatain*, I, p. 172, l. 36-173, l. 2.

2. Il s'agit des chrétiens avec lesquels Schîrkoûh ne pactisa pas, comme Schâwar et tant d'autres musulmans sans pour cela être des apostats.

3. Ibn Al-Athîr, dans *Hist. or. des croisades*, I, p. 623, 637, 663 ; Aboû Schâma, *ibid.*, IV, p. 117, 237, 416, 424 ; V, p. 17, 21, 51, 58, 75.

4. Schâdhî ibn Marwân, père de Nadjm ad-Dîn Ayyoûb et d'Asad ad-Dîn Schîrkoûh.

5. Expression empruntée au titre de Saladin, lorsqu'il fut au pouvoir : *Al-malik an-nâṣir* « le Roi vainqueur », variante d'*Al-malik al-manṣoûr* « le Roi victorieux », titre usé par son application ininterrompue à Ḍirgâm, à Schâwar et à Schîrkoûh.

6. Aboû Schâma, *Kitâb ar-rauḍatain*, I, p. 141, l. 10-14. Nous ne connaissons que ce surnom du personnage.

7. 'Imâd ad-Dîn, dans Aboû Schâma, *op. cit.*, I, p. 250, l. 33-36 ; Ibn Abî

'Oumâra avait vu avec inquiétude les âpres compétitions des émirs candidats au vizirat. Quant à lui, il avait pris parti nettement, sans tarder, du vivant de Schîrkoûh, sans différer son adhésion prématurée à Saladin, en adressant délibérément, avec ses félicitations au « roi », un appel, à la fois hardi et intéressé, à celui en qui consistaient pour lui « le trésor et la réserve de l'espérance »[1], dont il souhaitait et prévoyait l'élévation prochaine[2].

Ce fut pour 'Oumâra un soulagement de son agitation et de ses craintes, une satisfaction sans bornes de ses désirs, lorsque, deux jours après la mort naturelle de Schîrkoûh, trépas exceptionnel pour un vizir du dernier Fâṭimide, le lundi, vingt-cinq djoumâdâ II 564, le vingt-six mars 1169, le khalife Al-'Âḍid conféra le sultanat, avec le titre de « Roi vainqueur »[3], au neveu et au compagnon d'armes de Schîrkoûh, à Saladin. Ṣalâḥ ad-Dîn Yoûsouf, fils de Nadjm ad-Dîn Yoûsouf, fils de Schâdhî, l'emporta sur la masse de ses rivaux, non point en raison de sa jeunesse, de sa faiblesse et de son incapacité signalées au khalife comme des vertus l'appelant à la fonction vacante[4], mais, au contraire, en raison de l'admiration provoquée par son intelligence, par sa droiture[5], par son autorité précoce, par ses qualités

Ṭayy, *ibid.*, I, p. 174, l. 4-5; Ibn Al-Athîr, *Chronicon*, XI, p. 280, 297, 300, 319, 320, 338 (*Hist. or. des croisades*, I, p. 632, 635, 636); Ibn Khallikân, *Biographical Dictionary*, I, p. 627, d'après lequel Nâṣir ad-Dîn mourut le neuf dhoû 'l-ḥidjdja 581 (quatre mars 1186) en pleine possession de ses fiefs. Même date est donnée par Ibn Al-Athîr, *Chronicon*, XI, p. 341, et par Aboû 'l-Fidâ, dans *Hist. or. des croisades*, I, p. 55; cf. p. 49 et 54.

1. Vers de 'Oumâra, dans la Partie arabe, p. 617, l. 6.
2. Plus haut, p. 354.
3. Ibn Abî Ṭayy, dans Aboû Schâma, *Kitâb ar-rauḍatain*, I, p. 173, l. 19-20.
4. Ibn Al-Athîr, dans *Hist. or. des croisades*, I, p. 564; II, II, p. 255; Reinaud, *Extraits*, p. 137-138.
5. Ibn Abî Ṭayy, dans Aboû Schâma, *Kitâb ar-rauḍatain*, I, p. 173, l. 10-11.

supérieures, par sa générosité abondante, torrentielle[1], par sa bravoure éprouvée sur les champs de bataille, qui a fait saluer son avènement en ces termes[2] :

Grâce à lui, l'Égypte a retrouvé la beauté et l'éclat de sa jeunesse après avoir été courbée par l'âge ;

Que de prétendants à sa main elle a repoussés comme indignes d'elle, jusqu'à ce qu'elle ait été demandée en mariage par un prétendant, lui offrant son épée comme dot !

'Oumâra était sans doute accouru pour s'incliner devant le soleil levant[3] et s'était joint à la foule rassemblée qui acclamait le « sultan », le « Roi vainqueur », lorsque, aussitôt sa désignation rendue publique, il avait reçu du Palais les manteaux d'honneur et les insignes du vizirat[4] : « un turban blanc en gaze de Tinnîs[5] brochée d'or, avec, pour la laisser pendre, une pièce d'étoffe de Dabîḳ à deux rangs de broderies dorées, une veste ajustée doublée en soie aux deux bordures d'or, un manteau de Dabîḳ, avec une marge mince d'or, un collier de perles valant dix mille dînârs, une épée ornée de pierreries valant cinq mille dînârs, une jument alezane prise aux écuries d'Al-'Âḍid, d'une valeur de huit mille dînârs, la meilleure coureuse qui fût en Égypte[6]..... et de plus quelques ballots, quelques chevaux, quelques menus objets et le diplôme du vizirat, roulé

1. Ousâma, *ibid.*, I, p. 177, l. 1 ; cf. ma *Vie d'Ousâma*, p. 347.

2. Même poésie d'Ousâma, *loc. cit.*

3. « Tu n'es rien moins que le soleil », dit Ousâma à Saladin dans Aboû Schâma, *op. cit.*, I, p. 177, l. 7 ; voir ma *Vie d'Ousâma*, p. 347, et cf. p. 346.

4. Ibn Abî Ṭayy, dans Aboû Schâma, *Kitâb ar-rauḍatain,* I, p. 173, l. 12-21 ; Reinaud, *Extraits*, p. 138-139.

5. Ce passage sur les étoffes et le vêtement est éclairé par les notes de ma *Vie d'Ousâma*, p. 224.

6. J'omets les détails du harnachement précieux et scintillant dont était parée, de la tête aux pieds, la jument alezane.

dans une enveloppe de satin blanc[1]..... Le diplôme fut lu devant le Roi vainqueur le jour même où il s'installa dans l'Hôtel du vizirat, en présence de tous les chefs des deux dynasties, de l'Égyptienne et de la Syrienne[2]. Et ce fut un grand jour. Le sultan Saladin distribua aux émirs, aux grands et aux notables de la ville, ainsi qu'aux chefs attachés au service d'Al-ʿÂḍid et à toute la population les cadeaux et les présents. » ʿOumâra ne se laissa pas oublier par Saladin, lorsque « les nuages de sa libéralité et de ses bienfaits versèrent leurs eaux avec une abondance telle que la pareille n'avait jamais été signalée dans l'histoire[3] ».

Vizir de la dynastie Égyptienne, Saladin fut trop avisé pour rompre ses attaches avec la dynastie Syrienne. A l'exemple de son oncle Asad ad-Dîn Schîrkoûh, il[4] « continua d'agir en qualité de lieutenant de Noûr ad-Dîn et de faire prononcer la *khoṭba* au nom de ce prince dans toutes les villes de l'Égypte..... Quand Noûr ad-Dîn écrivait à Saladin, il lui donnait sur l'adresse le titre de « l'émir, le général en chef » *(al-amîr al-iṣfahsâlâr)* et se contentait d'apposer son paraphe sur la dépêche pour ne pas compromettre sa dignité en y inscrivant son nom. Ces lettres n'étaient pas adressées à Saladin en particulier, mais ordonnaient à l'émir général en chef et à tous les émirs d'Égypte de faire telle et telle chose. » Ce simulacre de

1. Le diplôme, rédigé par Al-ḳâḍî al-fâḍil, portait, comme celui d'Asad ad-Dîn Schîrkoûh, une annotation marginale autographe du khalife Al-ʿÂḍid ; voir les extraits donnés par ʿImâd ad-Dîn, dans Aboû Schâma, *Kitâb ar-rauḍatain*, I, p. 161, l. 31-162, l. 3. Aboû Schâma, dans le passage que je traduis, donne ensuite la date de la fête, le lundi vingt-cinq djoumâdâ II ; voir plus haut, p. 365.

2. Les émirs d'Al-ʿÂḍid et ceux de Noûr ad-Dîn.

3. Bahâ ad-Dîn Ibn Schaddâd, dans *Hist. or. des croisades*, III, p. 49.

4. Ibn Al-Athîr, dans *Hist. or. des croisades*, II, ii, p. 257; cf. I, p. 565 ; Reinaud, *Extraits*, p. 139.

vassalité ne reposait sur aucune réalité au point de vue politique, mais, par l'introduction d'un atâbek sounnite dans la *khoṭba*, soumettait Saladin à sa suprématie religieuse et préparait l'Égypte schî'ite des Fâṭimides à la renaissance de l'orthodoxie. Le schâfi'ite 'Oumâra prévoyait que la faveur allait revenir aux doctrines, qu'en dépit des sollicitations contraires, il n'avait jamais cessé de professer et d'aimer[1], probablement aussi à leurs adeptes.

La communauté de leur foi était de nature à resserrer les liens d'une union désirable entre Saladin et « le pauvre 'Oumâra »[2]. Notre héros, sympathisant avec son coreligionnaire « vainqueur », qui le délaissait, réclamait de lui des avantages matériels urgents. Il admirait sa libéralité, mais souhaitait pour lui-même quelques gouttes de la pluie qu'il répandait sur les humains[3]. Jamais 'Oumâra n'en avait éprouvé un plus pressant besoin. Malade, endetté, réduit aux expédients pour vivre et pour nourrir les siens, désespéré du présent, mais non de l'avenir, l'ancien *ḳâḍî*, qui n'avait plus du magistrat que la science juridique et le costume, languissait dans un abandon et dans une misère dont Saladin averti le délivrerait. C'est dans cette conviction et dans cette perspective que, trois mois après son élévation, trois mois après sa première profusion de gratifications répandues sur tous et sur lui-même occasionnellement, vers le premier juillet 1169, 'Oumâra exposa au sultan la pénurie de ses ressources et la lourdeur de ses charges de famille dans une épître en vers, qu'il intitula « La plainte de l'opprimé et la souffrance de l'affligé ». Voici ce plaidoyer qui

1. Plus haut.
2. Plus haut, p. 359.
3. Bahâ ad-Dîn Ibn Schaddâd, dans *Hist. or. des croisades*, III, p. 49, et plus haut, p. 339.

fut mis sous les yeux de Saladin, sans que son auteur eût été admis à le lui réciter[1] :

Ô oreille des jours, si je parle, écoute l'essoufflement d'un homme atteint à la poitrine et le gémissement d'un malade,

Et retiens tout son dont tu entends l'appel. Car, il n'y a aucun bien dans une oreille que l'on invoque, sans qu'elle retienne.

La rigueur du temps et sa brasse m'ont peu à peu écourté, raccourcissant mon avant-bras et mes avant-bras ont été tenus de court.

Le temps m'avait fait sortir d'un endroit dont j'étais originaire et m'avait établi, parmi les hommes généreux, dans un autre endroit que le mien[2].

C'est par l'épée d'Ibn Mahdî[3] *et par celle des fils de Fâtik*[4] *que mon existence et ma couche ont été durcies là où je résidais.*

Aussi me suis-je dirigé vers Miṣr[5], *à la recherche des honneurs et de la richesse, que j'ai atteints à l'ombre d'une vie protégée,*

Et j'ai visité les rois du Nil[6], *alors que leur faveur a été en hausse ; aussi mon champ a-t-il réussi et mon pâturage a-t-il été fertilisé.*

Et j'ai reçu mille présents d'Al-Fâ'iz[7], *dont les cadeaux*

1. ʿOumâra, *Dîwân*, p. 287, l. 3 et 4. Le morceau, n° 181, y occupe les p. 287-291. La littérature est donnée p. 287, n. 2.

2. Le Yéménite avait émigré en Égypte.

3. Plus haut, p. 84-86.

4. Ce sont les fils du Nadjâḥide Fâtik III, qui fut le seigneur de Zabîd à partir de 531 (1136) ; voir plus haut, p. 68, 87, 90.

5. En rabîʿ I 550, en mai 1155 ; voir plus haut, p. 92.

6. Les rois du Nil sont les vizirs-rois Ṭalâ'iʿ, Rouzzîk, Ḍirgâm, Schâwar, Schîrkoûh. Remarquez le calembour entre النيل et نيلهم.

7. Le premier bienfaiteur de ʿOumâra, dès sa venue au Caire, a été le khalife, le Fâṭimide Al-Fâ'iz en 550 (1155) ; voir plus haut, p. 96. L'article a été omis du surnom honorifique à cause du mètre.

étaient inspirés par l'amour du bien, non par le désir de se faire valoir.

Et combien m'est-il arrivé de dons d'Al-ʿÂḍid[1], *me parvenant de nuit, alors que mes yeux étaient entre la veille et un sommeil léger !*

Ibn Rouzzîk[2] *m'a comblé d'honneurs et de richesses au delà de ce que visaient mon espérance et mes désirs.*

Et il a confié à mon ouïe les dépôts de ses poésies, parce que son expérience de moi lui avait prouvé que j'en étais le plus sûr dépositaire.

Les bienfaits de Schâwar[3] *n'ont pas mérité non plus d'être dédaignés, et ma reconnaissance pour eux n'est pas perdue.*

C'étaient des rois qui m'avaient prodigué les égards, dont la plante est devenue une paille sèche, dont les vicissitudes se sont repues sans leur témoigner d'égards.

Je suis allé m'abreuver au soleil de leurs libéralités parce qu'ils ont atteint le soleil, comme on a dit, en hauteur et en étendue.

Leurs principes dans la générosité sont ceux d'une sounna, malgré leur désaccord avec moi dans leur foi schîʿite[4].

1. Al-ʿÂḍid avait succédé à son cousin Al-Fâʾiz en 555 (1160); voir plus haut, p. 145-146.

2. Al-Malik Aṣ-Ṣâliḥ Ṭalâʾiʿ Ibn Rouzzîk fut vizir de 550 à 556, de 1155 à 1161; plus haut, p. 94-170; son fils Al-Malik Al-ʿÂdil Rouzzîk, de 556 à 558, de 1161 à 1163; plus haut, p. 171-263.

3. Les deux vizirats de Schâwar en 558 (1163) et de 559 à 564 (1164-1169) ont été décrits d'après ʿOumâra, plus haut, p. 254-275 et p. 301-347. La « générosité sans limites » de Schâwar est vantée par lui à la p. 261.

4. Ce vers est cité dans Wüstenfeld, *Calcaschandi's Geographie... von Ægypten*, p. 195 et 224, avec la leçon pour le premier hémistiche : افاعليهم في الجود افعال سنة « Leurs actions dans la générosité sont celles d'une *sounna* ». ʿOumâra avait résisté à des tentatives réitérées ayant pour objet de le convertir; voir plus haut, p. 121-125 et 368.

C'est pourquoi dis à Saladin, et la justice est son fait : Quel est l'arbitre attentif à ma parole, afin que je formule ma demande ?

Je me suis tu, laissant parler les cris de ma détresse qui ont dit : Alors que les anneaux du battant seront pendus, frappe à la porte.

Puis j'ai usé de coquetterie comme l'amoureux et j'ai dit : Je ne me soucie pas de me faire pardonner mon caractère, ni de le modifier,

Et je porte en moi des talents tels que, si je les déployais, tu me considérerais comme le modèle suivi par Ibn Al-Mouḳaffa'[1].

Je suis resté l'un de vos hôtes pendant trois mois, répétant à mon cœur, toutes les fois qu'il a été resserré : Dilate-toi,

N'ayant, pour contenter mes fils, mes chevaux et mes femmes, que ce que j'ai forgé en fait d'excuses faibles, ressassées[2],

Tandis que vos lieutenants, en présence des arrivants dans chaque ville, attribuent à chacun une part dans l'ensemble des dons.

Et combien y en a-t-il parmi les hôtes de ta porte, dont la langue, une fois coupée, ne vaudrait pas un doigt[3] *!*

Les chemins qui mènent aux abreuvoirs de ta faveur,

1. 'Abd Allâh Ibn Al-Mouḳaffa' est le Persan lettré qui, dans la première moitié du deuxième siècle de l'hégire, traduisit en arabe les fables de Kalila et Dimna. Une revue littéraire très avisée du Caire vient de publier son *Al-adab aṣ-ṣaguir;* cf. le *Mouḳtabas*, III (1908), p. 6-15 et p. 81-89.

2. C'est-à-dire : pour nourrir ma famille et entretenir mon écurie je n'ai que de mauvaise excuses à leur offrir.

3. Dans l'édition d'Aboû Schâma, *Kitâb ar-rauḍatain*, I, p. 233, l. 7, et dans le ms. 1700 de Paris, fol. 118 r°, on lit باصبعى ; le sens est alors : « dont la langue, si on la coupait, ne vaudrait pas un de mes doigts ».

je les ai visités et, à plusieurs reprises, celui d'Alexandrie[1] *m'a désaltéré.*

Mais j'ai été pressé par mes créanciers et, hors votre porte, je n'ai contre cela ni refuge, ni retraite.

Ô gardien de l'islamisme, comment nous as-tu abandonnés[2] *dans deux catégories de misère, nus ou affamés ?*

Nous t'avons imploré de près et de loin, donne-nous ta réponse ; car, le créateur répond lorsqu'il est imploré[3].

C'est à Allâh que je me plains des nuits, où j'ai souffert d'une indigence, pour laquelle nous sommes retournés une fois de plus vers ta seigneurie.

Nous nous étions résignés et nous ne t'avions rien demandé dans notre patience et notre continence, jusqu'à ce que nous n'ayons plus eu le nécessaire de l'homme sobre.

Et, lorsque la salive encombre l'entrée de nos gorges, nous sommes venus nous plaindre à toi de la suffocation douloureuse.

Si tu t'intéresses aux hommes uniquement au point de vue de la jurisprudence, c'est d'elle que provient ma broderie, que proviennent plus encore mon bandeau et mon voile[4].

Ne t'es-tu pas intéressé à moi à cause d'Asch-Schâfi'î[5], *étant donné que tu es un très noble intercesseur dont l'intercession est agréée auprès du Très-Haut*[6],

1. Les impressions de 'Oumâra sur Alexandrie ont été relatées plus haut, p. 312-313, n. 1 de la p. 312.

2. Lisez تركتنا avec Aboû Schâma, *op. cit.*, I, p. 233, l. 8, et le ms. 1700 de Paris, *loc. cit.*

3. Lisez فالبارى avec Aboû Schâma, *ibid.*, l. 9 ; de même le ms., *loc. cit.* Ce passage est imité du *Coran*, II, 182 ; cf. aussi XXVII, 63.

4. Allusion du « jurisconsulte 'Oumâra » (plus haut, p. 123) à son uniforme de *kâḍî* (plus haut, p. 183-186). Je l'avais supposé (p. 186) sans broderie.

5. Plus haut, p. 184, n. 3 et 7.

6. L'article de الاعلى a été omis à cause du mètre.

Et à cause de ma lutte pour sa cause alors que tu n'étais pas encore (le Roi) vainqueur, alors que je frappais avec des épées lisses mieux que je n'aurais pointé avec des lances,

Pendant des nuits, où la jurisprudence du 'Irâḳ n'était pas acclimatée à Miṣr[1], où le vent de Syrie n'y soufflait pas impétueux[2] ?

Je semblais y être un croyant du peuple de Pharaon[3], moi qui combats pour ma religion, malgré les mauvaises conditions de ma lutte.

Est-ce parmi les beautés ou parmi les laideurs de l'époque qu'est ta satisfaction de ce que cette vie a fait de moi ?

Tu as saisi les rênes de la victoire, puis tu m'as abandonné, tandis que mon état est sous les yeux et près des oreilles de ta hauteur.

Pourquoi donc ne pas me mettre à l'aise et ne pas tourner tes regards vers moi à la façon du bienfaiteur donnant spontanément ?

Est-ce parce que je suis à l'écart des compagnies, auxquelles tu as ouvert la porte du cadeau élargi ?

Ou est-ce à la suite de ce que j'ai dévoilé d'ouragans qui ont soufflé avec violence sur ma religion, sans que j'aie été ébranlé,

Et à la suite de ce que j'ai refusé les milliers de dînârs, sans y jeter un coup d'œil, sans y faire attention, sans les prendre en considération ?

Ou encore est-ce à cause d'un genre de mes connaissances, l'art d'écrire en vers, bien que j'y sois un novateur ?

1. Il s'agit de Bagdâd et de l'*imâm* 'Abbaside, dont Saladin se proposait de rétablir le nom à Miṣr dans la *khoṭba*.

2. Période d'accalmie par rapport à Noûr ad-Dîn, « le vent impétueux de Syrie ».

3. *Coran*, XL, 29.

Or, si tu m'imposes de te louer en vers, tu auras conquis un poète exceptionnel ; si c'est en prose, tu auras conquis un orateur éloquent.

Ce me sont des qualités naturelles et, chez l'homme doué, ses inspirations sont indépendantes des différents genres du langage embelli avec art.

Je t'avais prié d'acquitter pour moi une dette, que tes nuits ont amenée et que tu m'as imposée malgré moi, malgré mes dispositions contraires[1],

Et, si j'avais émigré ici, c'était dans l'espoir que tu m'accorderais une solde telle qu'elle a été fixée depuis les temps de Cosroès et des Tobba'[2].

Et plût à Allâh que tu fusses parmi ceux qui ont autorisé ma montée vers le soleil levant[3], *afin que, si tu m'examinais, tu reconnusses mon suc et mon ricin*[4] *!*

Or, je ne suis que la poignée du sabre sans le secours d'une main, que des perles[5] *n'ayant pas trouvé de sertisseur.*

Qu'une hyacinthe arrondie[6], *dans le fil d'un collier, sur des enfilures de cornalines couleur d'onyx.*

Et combien en ai-je vu mourir, à qui la soif faisait agiter la langue, combien de fois, d'autre part, les coins des

1. C'est à cause des « nuits » écoulées dans l'indifférence manifestée par Saladin et dans le manque de subsides à 'Oumâra que la « dette » forcée a été contractée.

2. C'est-à-dire ma solde d'antan, telle qu'elle m'a été accordée tout le temps qui a précédé ton accession au vizirat.

3. « Le soleil levant », c'est Saladin ; voir plus haut, p. 366.

4. Traduction douteuse ; peut-être : « ma race forte et ma plante fragile » ; en tout cas, deux mots contraires pour dire : afin que tu me reconnusses en tout point.

5. Lisez : ودرٍّ.

6. Lisez : وياقوتةٍ et مدارةٍ

bouches d'hommes quelconques ont-ils été suffoqués par l'abondance d'eau!

O toi, qui donnes les rations nécessaires, pourquoi m'as-tu laissé tendre vers la satisfaction de mes vœux une main de manchot?

Pourquoi veux-tu qu'aucun homme n'éternue avec un beau nez aquilin, sans que j'éternue avec un nez mutilé?

Le tort causé à un malade du cœur est-il une voie pour réparer ce cœur atteint par la maladie?

Et, je le jure, si tes nuits disaient à l'obscurité : Ramène les gémeaux qui se couchent, l'obscurité leur dirait : Levez-vous à l'horizon.

Demain matin, par un effet de ta décision, tu peux me faire parvenir ma part ou la supprimer. Aussi donne généreusement à ton gré ou refuse.

C'est ainsi que sont les destinées des hommes. Si au matin ils dépendent de ta décision, garde ou supprime à ton gré.

Ô semeur de la générosité[1] *dans tout champ, tu t'es emparé d'une terre qui fait pousser la gratitude. Sème-la.*

Lorsque le bienfait extraordinaire s'égarera sur moi, j'ai en réserve un éloge semblable au parfum, qui se répand, du musc.

Dans le pli de ce poème a été en première place une requête, dans laquelle mon désir est allé au matin vers le meilleur objet désiré,

Par lequel je voudrais le payement de ma dette et de ma solde; acquitte-les toutes deux et, puisque la décision est tienne, appose ton sceau.

Entre moi et l'honneur, entre la puissance et la ri-

1. Mon texte porte : « semeur de l'islamisme » : j'ai traduit la leçon de B[2] : voir p. 291 du texte arabe, note 3.

chesse, il y aurait des conflits que je crains, dans le cas où tu n'aurais pas apposé ton sceau.

Et ce n'est qu'un peu d'encre dont nous réclamons l'assistance[1], *alors que les rations ont jailli de toutes les sources.*

C'est jusqu'ici que je fais parvenir mon récit et que je parviens moi-même. Quel que soit le bien que tu veux accomplir pour mon bon droit, accomplis-le.

Car c'est toi qui es capable de générosité, de charité et de religion, et à qui tout endroit est bon pour y placer tes mains blanches[2].

'Oumâra avait naguère réussi auprès de Schâwar en louant devant lui les Banoû Rouzzîk dont celui-ci avait précipité la chute[3]. Le même procédé eut-il autant de succès auprès de Saladin, lorsque le poète lui vanta la munificence de Schâwar, déchu de sa grandeur d'abord, tué ensuite grâce aux intrigues de Schîrkoûh et de son neveu, le Roi vainqueur, qui peut-être lui avait même assené le coup mortel[4] ? C'étaient des souvenirs pénibles d'un passé récent que 'Oumâra aurait eu intérêt à ne pas évoquer, que Saladin s'efforçait d'oublier et surtout de faire oublier. Du moins 'Oumâra, malgré son entêtement incurable, malgré son amour de ses « qualités naturelles[5] » et sa persistance dans ses habitudes invétérées, eut-il le tact, dans son épître

1. Calembour entre مدّة et نستمدّها, que le traducteur n'a pas pu rendre. Le substantif arabe signifie le contenu d'une plume en fait d'encre, juste ce qu'il faut pour sceller un acte officiel.

2. Lisez : ووضّح. Tes mains blanches sont tes bienfaits.

3. Plus haut, p. 259.

4. Ibn Abî Ṭayy, dans Aboû Schâma, *Kitâb ar-rauḍatain*, I, p. 172, l. 12-15 (*Hist. or. des croisades*, IV, p. 145).

5. Plus haut, p. 374.

conciliatoire, de ne faire aucune allusion au fantôme de khalife, « habitant du Grand palais[1] ». Lorsqu'il embrassera imprudemment la cause des Fâṭimides après leur chute, il payera de sa vie son retour de fidélité à la dynastie tombée. Cette prédilection pour appuyer les revendications des vaincus tiendra une place prépondérante dans ses pensées dernières et dans ses actes ultimes, au point de lui faire braver, de l'exposer à subir une mort violente[2].

ʿOumâra, pour atteindre son but de solliciteur, dut-il exhaler d'autres « Plaintes de l'opprimé »? Ce qui est avéré, c'est que Saladin prit à sa charge les dettes les plus criantes de ʿOumâra et lui renouvela cette vieille pension, « qui datait de Cosroès et des Tobbaʿ[3] ». Le réconforté se déclara satisfait de son sort et cessa de se lamenter sur l'abandon où il était laissé. Lorsqu'il eut été exaucé, il remercia en ces termes, probablement avant la fin de 564, avant le vingt-quatre septembre 1169, « le seigneur considérable, le Roi vainqueur, celui qui sert de trait d'union pour l'affirmation de la foi, qui frappe à la tête les adorateurs des croix[4], Ṣalâḥ ad-Dîn Yoûsouf, fils d'Ayyoûb[5] » :

.....[6] *La royauté de Ṣalâḥ ad-Dîn n'a pas eu les cordages*

1. Aboû Schâma, *Kitâb ar-rauḍatain*, I, p. 161, l. 31; 166, l. 34; 181, l. 28; 183, l. 14; cf. plus haut, p. 294.

2. Les détails seront donnés à la fin de ce chapitre.

3. Plus haut, p. 374.

4. Ce protocole est donné avec tous ses développements dans ma *Vie d'Ousâma*, p. 365; cf. Ousâma *Souvenirs historiques et récits de chasse*, p. 163.

5. ʿOumâra, *Diwân*, p. 192-193, n° 55; cf. Aboû Schâma, *Kitâb ar-rauḍatain*, I, p. 164, l. 15-22 (ms. 1700, fol. 85 v°).

6. Je n'ai pas traduit les v. 1 et 2, le couplet banal sur le départ de l'amoureux et sur l'abandon de la bien-aimée. ʿOumâra s'est éloigné d'elle, « alors que les ténèbres avaient leurs ailes garnies de plumes noires et sans avoir endossé le vêtement du péché ».

de ses tentes démontés ; c'est la royauté de la religion[1] *et de la sainteté*[2].

C'est une vie de justice qui a embelli à nos yeux ce qui fut du visage des nuits laides.

On a vu voyager sur la terre et dans ses contrées une renommée qui, au matin et au soir, l'a montré en beau.

Les jours ont eu au lendemain la tête soumise à ses deux mains, après avoir été rétifs,

L'ouïe des jours écoutant tout ce qu'il dit de prémédité et d'improvisé.

L'époque a été arrosée par la pluie[3] *de ses jours, depuis qu'il a versé une ondée et une averse, depuis que son eau a coulé.*

Et, s'il lançait la cohorte de son sultanat[4] *sur l'un des Thabîr (de La Mecque*[5]*), ce Thabîr serait ruiné et s'écroulerait.*

Dis au fils d'Ayyoûb — et combien y a-t-il de conseillers sincères qui sont plus utiles que le guerrier armé de pied en cap — :

Combats comme[6] *s'il s'agissait de conquérir les étoiles du ciel*[7] *; car la possession de l'Égypte est une question sur laquelle est un accord général.*

..... *Dis-lui d'une parole adressée à celui dont la réso-*

1. Je lis التقى avec le ms. E de 'Oumâra et avec le ms. 1700 du *Kitâb ar-rauḍatain*, fol. 85 v°.

2. Impossible de rendre le calembour entre Ṣalâḥ ad-Dîn et *aṣ-ṣalâḥ*.

3. M. Émile Amar appelle mon intention sur ce sens de نَيَل. J'invite à comparer aussi Sacy, *Chrestomathie arabe*, 2e éd., I, p. 223-227.

4. Le sultanat de l'époque, c'est celui de Saladin.

5. Sur les quatre collines dites Thabîr, voir Yâḳoût, *Mou'diam*, I, p. 911.

6. Le ms. 1700 porte par erreur على مصر au lieu de على مثل.

7. Lisez : السما, sans *hamza* final.

lution a un moment d'arrêt : Reviens au sérieux et laisse de côté le badinage.

Car, pour ce qui est de Jérusalem, ses verrous ont annoncé[1] *qu'ils seraient ouverts par les mains de Yoûsouf*[2],

Roi, dont la rosée, lorsque tu parles de sa bravoure, dit : Pense aussi à parler de sa générosité.

Informe les rois de la terre que, grâce à lui, j'ai pu me passer du présent des mains avares

Et que je l'ai choisi parmi eux comme bienfaiteur, leur écume ne valant pas le lait pur.

Celui qui est à l'ombre[3] *sous la protection de ses belles actions*[4] *ne réclame pas un plus beau pâturage.*

Ses faveurs me disent, toutes les fois que je me propose[5] *de partir : Séjourne ici sans fin.*

Plus d'une fois un compagnon, auquel j'ai récité son éloge en vers[6], *m'a crié : Ajoute-moi quelques rimes*[7] *éloquentes !*

Ce sont des petites, nées dans une même année, que sa libéralité a fécondées. Quelle mise au monde ne provient pas d'une fécondation ?

Les mots s'y sont imprégnés de ton nom ; leur parfum souffle dans le panégyrique.

Ce sont des effluves dont je n'ai pas su si c'est le réci-

1. Lisez avec le ms. 1700 : قد اذنَ.

2. Pronostic osé et prématuré, puisque Jérusalem ne devait être abandonné par les Latins et occupé par Saladin qu'en 1187.

3. Lisez ظلّ ou avec E : حلّ ; cf. la Partie arabe, p. 515.

4. Lisez avec E : إحسانه.

5. Lisez avec E : كلّما هممتُ.

6. E : مدحه que j'ai traduit.

7. E avec raison : قوافٍ.

tateur qui, par sa bouche, leur communique[1] *sa bonne odeur ou si c'est le musc qui s'y exhale.*

Réjouis-toi de l'année, dont le bonheur est contre tes ennemis un arrêt fixé par Allâh,

Année, dont les jours ont garanti qu'ils serviraient la dilatation de ta poitrine.

Le même « parfum souffle[2] » dans un autre panégyrique, que je suppose contemporain du précédent et qui nous montre l'orthodoxe Saladin aussi hostile au dualisme des manichéens qu'à la trinité des chrétiens[3]. Son action réparatrice en Égypte le fait comparer par ʿOumâra à son homonyme, Joseph le Véridique (*Aṣ-Ṣiddîḳ*[4]). L'auteur de ce parallèle n'a jamais fait un abus aussi choquant du calembour que dans cette épître. La traduction, impuissante à les rendre, ne peut être qu'approximative. Voici mon essai, à cela près :

Ô toi qui ressembles à Aṣ-Ṣiddiḳ en justice, en bonté et en joli nom, qui l'as reproduit en pensées et en résidence[5].

Ceci est le Miṣr de Joseph. Un Joseph y a demeuré en roi, sans y avoir demeuré dans une prison.

Ce qui y a rappelé aux hommes le fils de Jacob, c'est, ô fils d'Ayyoûb, ta belle manière de vivre.

C'est toi qui as interdit qu'on y triplât ou qu'on y doublât par un culte autre que celui d'Allâh l'unique,

1. La vraie leçon فاهُ provient de E.

2. Plus haut, p. 379.

3. ʿOumâra, *Dîwân*, p. 407-408, n° 322, d'après E ; cf. Aboû Schâma, *Kitâb ar-rauḍatain*, I, p. 164, l. 11-15. Rien de ce poème dans D.

4. Surnom du Joseph biblique dans le *Coran*, XII, 46 ; surnom aussi du premier khalife Aboû Bekr, qui fut le beau-père du Prophète.

5. Calembour entre معنى et مغنى.

Et qui l'as réparé par une victoire et par une lame[1], *en substituant à la crainte qui voyage dans les ténèbres une ère de sécurité.*

Ô roi, dont les nuits font l'éloge et devant lequel les petits doigts de la royauté sont recourbés[2],

Et, ô salut pour la religion[3], *qui, à son service, n'a choisi que le dos du cheval de race comme point d'appui et comme citadelle*[4],

Et, ô (sultan) généreux, qui ne nous réclame rien comme prix de son bienfait[5], *qui, lorsqu'il confère la faveur, en félicite,*

Puissent les jours ne te racheter que par un homme qui, dans leurs vicissitudes, a été satisfait et a trouvé un vert pâturage[6].

Et en vérité, lorsque les rois te rachètent, c'est toi qui es plus libéral et plus disposé[7] *qu'eux à donner.*

S'ils veulent pénétrer dans ton champ, ils le trouvent très noble; s'ils recherchent ta rosée[8], *il la trouvent très proche.*

Combien de fois nous sommes-nous dirigés vers toi pour obtenir protection et défense, puis t'avons-nous trouvé armure et bouclier[9] *!*

1. Assonance de بنصر ونصل.

2. Après la deuxième forme de ثنى au vers 4, il y a ici calembour sur deux sens de la quatrième.

3. Jeu de mots basé sur le surnom honorifique de Ṣalâḥ ad-Dîn.

4. Le second hémistiche est rempli de concetti.

5. Remarquez المَنّ مِنّا.

6. De même أغنى وأعنى. J'ai traduit le second verbe d'après Lane : L'homme satisfait, repu, c'est ʿOumâra.

7. Assonance de اسخى . . . واسنى.

8. Assonance de مداك et de نداك.

9. Assonances de دفاع ودفع ; autres de جنّة ومجنّا.

Tu as atteint ce que ton illustration t'a souhaité anciennement. Aussi sois bienveillant et ne souhaite plus rien[1].

Et prête-nous l'appui de ta puissance, là où les difficultés de l'époque l'ont interrompu pour nous.

Les fils de Rouzzîk m'avaient fixé pour mon entretien une somme[2] *qui, de leur temps, était assurée, profitable.*

Après eux sont venus des rois qui ont suivi envers moi la voie où était entré le Ṣâliḥ égyptien[3],

Et qui ont eu des égards pour moi, soit par imitation de ce qui avait été fait auparavant, soit par intention personnelle, étant tous pleins de sollicitude pour moi[4].

Et la beauté du panégyrique survivra et sera rapportée, lorsque le don considérable — qu'Allâh te préserve! — aura disparu.

Puissent les nuits ne point atteindre de faiblesse tes sentiments, tant qu'au milieu des nuits[5], *les constellations de la voie lactée suivront leurs cours!*

La royauté et le vizirat ne sont qu'un seul corps, dans lequel c'est toi qui es une âme et l'expression d'une pensée.

Autre fragment de même jet et de même date ou à peu près[6] :

Et tu as pris la lieutenance de Miṣr en raison de ton joli

1. Lisez à la rime تَتَمَنَّا, qui rappelle تَمَنَّى du premier hémistiche et fait calembour avec امنٌ du second.

2. Plus haut, p. 370. Remarquez la similitude presque absolue de رزّيك et de رزقا, de مسنًّى et de مهنًّى.

3. Mot à mot : « l'intègre (le *ṣâliḥ*) du peuple », c'est-à-dire le vizir égyptien Al-Malik Aṣ-Ṣâliḥ Ṭalâ'i' Ibn Rouzzîk ; cf. le vers précédent.

4. Calembour entre لمعنى et معنّى.

5. Calembour entre بوهن et وهنا.

6. Fragment qui n'est ni dans D, ni dans E, que j'emprunte à Aboû Schâma, *Kitâb ar-rauḍatain*, I, p. 164, l. 23-26 ; mètre *ṭawîl*.

nom Joseph, comme une pluie fine qui dégoutte a pris la lieutenance en raison de la fertilité[1] *répandue.*

Tu as imité les deux effusions de sa rosée et de sa bonne direction, bien que ni prison, ni fosse ne t'ait renfermé,

Et tu t'es accordé avec lui dans le pardon de tout péché, étant donné qu'il n'y a pas réprimande[2] *de ta part, même pour une faute grave.*

'Oumâra, rafraîchi par « la rosée » répandue sur lui en abondance et par « la bonne direction », purificatrice à son gré de l'atmosphère religieuse qu'il respire, heureux de se sentir à l'abri de la réprimande et du besoin, se reprend à suivre en spectateur vigilant et en témoin attentif les événements qui intéressent l'Égypte et qui s'imposent successivement au Caire, soit à ses yeux, soit à ses oreilles. C'est à travers ses impressions versifiées que seront ici recueillis ceux dont l'aspect ou l'écho nous est parvenu par son intermédiaire.

Les Francs, désireux de prémunir leur territoire[3] menacé par l'ambition et l'audace de Saladin, s'unirent aux Grecs de l'empereur Manuel Comnène et aux Siciliens de Guglielmo II, pour porter l'invasion en Égypte, assiéger Damiette et pousser jusqu'à la capitale pour étouffer dans l'œuf la puissance naissante du Roi vainqueur. Ce fut le trente octobre 1169 que les flottes latine, byzantine et sicilienne apparurent devant le port de Damiette, trois jours après que le roi Amaury Ier était arrivé devant la place à la tête des armées de terre confédérées. L'attaque et le siège abou-

1. Lisez avec le ms. 1700, fol. 85 v° احيا.

2. Dans le *Coran*, voyez la sourate XII, dite de Joseph, verset 92.

3. Bahâ ad-Dîn Ibn Schaddâd, dans *Hist. or. des croisades*, III, p. 49; cf. p. 51 sans dates précises et la reproduction dans Ibn Khallikân, *Biographical Dictionary*, IV, p. 492 et suiv.

tirent pour les Francs et leurs alliés à la capitulation du dix-sept décembre[1]. 'Oumâra, avant de féliciter Saladin de cette heureuse issue, attendit, je ne sais pourquoi, un autre événement heureux pour le vizir, l'arrivée au Caire, le vingt-quatre radjab 565, le treize avril 1170, de son père Nadjm ad-Dîn Ayyoûb, qui se morfondait à Damas, au service de Noûr ad-Dîn, qui demanda au suzerain et obtint de lui l'autorisation d'aller rejoindre un fils bien aimé, impatient de le revoir, résolu à le prendre désormais sous sa sauvegarde, lui offrant en vain de renoncer au pouvoir pour l'investir d'une autorité absolue[2].

Saladin ne commit pas l'imprudence de quitter Le Caire pour diriger en personne les opérations militaires pour la défense de Damiette. Sa présence lui parut justement indispensable à la préservation de son autorité menacée et à l'affermissement de son pied sur le sol mouvant de l'Égypte[3]. Ce fut au Caire que Saladin se trouva à point pour y faire

1. Hamacker, *Takyoddini Ahmedis Al-Makrizii Narratio de expeditionibus a Græcis Francisque adversus Dimyatam susceptis*, Amstelodami 1824; Al-Makrîzî, *Description de l'Égypte*, trad. Bouriant, I, p. 635-636; Reinaud, *Extraits d'historiens arabes*, p. 144-145. Les documents orientaux et occidentaux sont largement cités et excellemment mis en œuvre par R. Röhricht, *Geschichte des Kœnigreichs Jerusalem*, p. 345-347, et G. Schlumberger, *Campagnes du roi Amaury Ier*, p. 263-280. Deux poésies d'Ousâma sur le succès décisif de Saladin et sur « les profonds soupirs des vaincus » ont été traduites d'après Aboû Schâma, *Kitâb ar-raudatain*, I, p. 156, l. 12-25, dans ma *Vie d'Ousâma*, p. 348-349.

2. Ibn Schaddâd, dans *Hist. or. des croisades*, III, p. 51-52, où la date donnée, djoumâdâ II 565 (vingt février au vingt mars 1170), paraît être celle du départ de la caravane, comme l'a supposé W. B. Stevenson, *The Crusaders in the East*, p. 198, n° 3. La date de l'arrivée est donnée par Ibn Khallikân, *Biographical Dictionary*, I, p. 245; cf. IV, p. 493. 'Imâd ad-Dîn, dans Aboû Schâma, *Kitâb ar-raudatain*, I, p. 183, l. 14, dit qu'Ayyoûb « parvint à Miṣr le vingt-sept radjab » 565, donc le 16 avril 1170. Sur la piété filiale de Saladin, voir ma *Vie d'Ousâma*, p. 362. « Ce qui se passa, dit Ibn Schaddâd, *loc. cit.*, ressemblait à l'histoire du prophète Joseph Aṣ-Ṣiddîk »; cf. plus haut, p. 380.

3. Ibn Al-Athîr, *Atabeks*, dans *Hist. or. des croisades*, II, II, p. 259.

un accueil digne d'elle à la caravane organisée, défrayée par Noûr ad-Dîn[1], qui comprenait son père, Nadjm ad-Dîn Ayyoûb, ses frères[2], ses parents venus avec leurs gens, avec « leurs cliques et leurs claques[3] ». Ce fut au Caire également que 'Oumâra s'associa à la double joie de Saladin par une poésie, quelque peu tardive pour la délivrance de Damiette, opportune pour les témoignages évidents de tendresse filiale et fraternelle que Saladin prodigua sur-le-champ à ses plus proches groupés à ses côtés[4].

.....Qui témoignera de la reconnaissance (et Allâh est le plus reconnaissant de tous[5]!) des bienfaits accordés par les Ayyoûbites?

La bonne direction a réclamé un secours. Elle a dit, lorsqu'ils sont venus : Me voici satisfaite, car vous êtes l'objet de son extrême désir.

...Ils (les ennemis) ont réuni à Damiette assiégée la puissance du fort et l'humiliation du vaincu.

Et ils y ont dissipé, en l'écartant de l'islamisme, un cha-

1. 'Imâd ad-Dîn, dans Aboû Schâma, *op. cit.*, I, p. 183, l. 19; Ibn Khallikân, *Biographical Dictionary*, I, p. 245.

2. 'Oumâra, dans Aboû Schâma, *op. cit.*, I, p. 183, l. 10 (cf. le titre *ibid.*, l. 5); Ibn Abî Ṭayy, *ibid.*, I, p. 184, l. 4-6; Ibn Al-Athîr, *Atabeks*, dans *Hist. or. des croisades*, II, II, p. 249; Al-Maḳrîzî, *As-Souloûk*, dans la *Revue de l'orient latin*, VIII, p. 211; Reinaud, *Extraits*, p. 139; plus bas, p. 386.

3. 'Imâd ad-Dîn, dans Aboû Schâma, *op. cit.*, *ibid.*, l. 13. J'ai imité plutôt que traduit l'assonance de وولده سده.

4. D'après Ibn Abî Ṭayy, dans Aboû Schâma, *op. cit.*, I, p. 184, l. 3-5, « le sultan installa pour son père un hôtel voisin du sien et lui donna comme fiefs Alexandrie, Damiette et la Bouḥaira (voir plus haut, p. 129, n. 5), tandis que son frère Schams ad-Daula recevait de lui en fiefs Ḳoûṣ, Ouswân et 'Aidhâb ». Schams ad-Daula désigne Toûrânschâh, le frère aîné de Saladin. La poésie de 'Oumâra n'a été conservée ni dans D, ni dans E. Je traduis les deux fragments (mètre *kâmil*) cités par Aboû Schâma, *op. cit.*, I, p. 181, l. 33-182, l. 1, et 183, l. 7-11.

5. *Asch-Schakoûr* « le Reconnaissant » est un des 99 « beaux noms » d'Allâh.

grin qui, dans le cas où ils ne l'auraient pas fait paraître[1], *en eût amené d'autres.*

Car les anciens, dans toutes les provinces d'Égypte, éloignés ou rapprochés,

Si tu n'avais pas considéré ces hommes comme écorce de fruits vide, tandis qu'il s'en croient la pulpe[2], *tu n'aurais pas montré ton intelligence.*

.....Par lui (Saladin) l'Égypte est revenue à la santé, et avant lui, elle se plaignait d'une maladie qui n'avait reçu l'appui d'aucun médecin.

Ô merveille d'un miracle qui s'est produit à son époque, temps qui est le père de toute merveille !

C'est par lui qu'Allâh a renouvelé l'histoire de Joseph par un enchaînement de circonstances rapprochées.

Ses frères et son père sont venus le joindre à Miṣr par étapes, en ordre régulier.

Sois donc heureux par un très noble arrivant et par une race, dont les fortes respirations t'ont assisté par leur souffle !

Le jeudi, quinze rabî' I 566[3], le vingt-six novembre 1170, Saladin, qui s'était risqué pour la première fois hors du Caire peu de jours auparavant, levait son camp installé sur les bords de l'Étang du puits *(Birkat al-djoubb*[4]*)*. Il se propo-

1. Je n'ai pas pu rendre le jeu de mots entre وجلوا et يجلوها.

2. Interprétation et traduction douteuses.

3. Epître d'Al ḳâḍi al-fâḍil, adressée à Ḳoûṣ, c'est-à-dire au seigneur de Ḳoûṣ, à Schams ad-Daula Toûrânschâh, frère de Saladin (plus haut, p. 385 4), dans Aboû Schâma, *Kitâb ar-rauḍatain*, I, p. 192, l. 21.

4. Même épître, *ibid.* L'Étang du puits est situé au Nord du Caire. Lorsqu'on est parvenu à Matariyya, on l'atteint en tournant vers le Nord-Est sur une étendue de sept kilomètres. Al-Maḳrîzî, *Al-Khiṭaṭ*, II, p. 163, l'appelle l'Étang des pèlerins *(Birkat al-ḥoudjdjâdj)*. Variante ayant le même sens *Birkat al-ḥâdjdj* dans Sacy, *Chrestomathie arabe*, 2e éd., I, p. 187, leçon corroborée par l'appellation actuelle d'après Bædeker, *Égypte*,

sait de reconnaitre par lui-même la situation des Francs et, en attendant qu'il leur disputât Jérusalem, « avait fait incursion dans les districts d'Ascalon et de Gazza et envahi les faubourgs de Gazza qu'il pilla, puis était revenu au Caire[1] ». L'itinéraire de cette campagne a été relaté en style de chancellerie arabe par Al-ḳâḍî al-fâḍil, le chef du protocole de Saladin, qui l'adjoignit à son expédition comme conseiller, secrétaire et historiographe. ʿOumâra ne fut pas associé à ce voyage d'éclaireurs et s'indigna contre l'injustice de ce double départ et exprima le dépit de son « cœur embrasé par les charbons du désir et de la tristesse ».

« Notre arrivée, écrivait Al-ḳâḍî al-fâḍil[2], eut lieu le vingt-sept rabîʿ I 566 (huit décembre 1170)...... alors que les armées d'Allâh dans cette région signalée avaient été visiblement aidées par les armées du ciel. Le lendemain, au matin du mercredi (vingt-huit), nous livrions à Ad-Dair[3]

éd. de 1898, p. 103ª. C'est là qu'au dehors du Caire, le pèlerinage d'Égypte s'organise et se concentre avant de prendre la route de La Mecque.

1. Ibn Al-Athîr, *Chronicon*, XLI, p. 240 (*Hist. or. des croisades*, I, p. 577-578); cf. ʿImâd ad Dîn, dans Aboû Schâma, *Kitâb ar-rauḍatain*, I, p. 191, où la date manque de précision.

2. Al-ḳâḍî al-fâḍil, dans Aboû Schâma, *Kitâb ar-rauḍatain*, I, p. 192, l. 22.

3. *Ad-Dair* « Le Couvent » est le premier village que l'armée envahissante, au sortir « des Sables » (*Al-Djifâr*), ait rencontré au Nord de Rafaḥ, au Sud de Gazza presque aussitôt qu'elle eut foulé le sol palestinien. Le nom subsiste, peut-être écourté du *Dêr al-balaḥ* « Couvent des dattes », que G. Gatt a constaté à une heure et demie au Sud de Gazza; voir *Zeitschrift des deutschen Palaestina-Vereins*, VII (1894), p. 12. Guillaume de Tyr (*Hist. occ. des croisades*, I, p. 975) a expliqué le nom usité de cette station *Ad-Dâroûm* des Arabes, *Darom* chez lui, « quod priscis temporibus ibi fuerit monasterium Græcorum, unde adhuc nomen tenet Darom; quod interpretatur Domus Græcorum ». Guillaume de Tyr, avec sa connaissance de l'arabe, avait donc considéré *Ad-Dâroûm* comme contracté de *Dâr ar-Roûm*. Quatremère (*Histoire des sultans mamlouks*, I, II, p. 238, propose de comparer l'hébreu הַדָּרוֹם « le Sud ». C'est moi qui ai ajouté l'article, sans me rallier, mais aussi sans savoir rien substituer de meilleur à cette explication topographiquement très admissible. La culture des dattiers (cf.

un combat qui transforma chaque défenseur de la citadelle d'Ad-Dair en terrifié [1]. »

Dêr al-balaḥ) est attestée dans la région d'*Ad-Dêr* par Carl Ritter, *Die Erdkunde, Palästina und Syrien*, p. 41-44.

1. Al-Ḳâḍî al-Fâḍil joue sur le double sens de راهب « moine » et « terrifié » et la phrase peut être entendue, par manière de plaisanterie, « qui a fait moine quiconque était dans le couvent ».

INDEX DES NOMS PROPRES

de personnages, peuples, tribus, sectes, etc.

INDEX DES NOMS PROPRES GÉOGRAPHIQUES

TABLE DES MATIÈRES

CHALON-SUR-SAÔNE, IMP. FRANÇAISE ET ORIENTALE E. BERTRAND 523

CHALON-SUR-SAÔNE, IMPRIMERIE FRANÇAISE ET ORIENTALE DE E. BERTRAND 523

www.ingramcontent.com/pod-product-compliance
Ingram Content Group UK Ltd.
Pitfield, Milton Keynes, MK11 3LW, UK
UKHW020153250726
13967UKWH00003B/1041